2020
ŞİFRELERİ ÇÖZÜYOR

ZEYNEP TURAN

Twitbur

2020 Şifreleri Çözüyor / *Zeynep Turan*

Yayıncı ve Matbaa Sertifika No: 44066

Editör Büşra Öklük
Yayıma hazırlayan Mehmet Bozkurt
Kapak tasarım Gilas Çoşkun
Sayfa tasarım Şevval Ulusoy

ISBN: 978-975-10-3551-6

19 20 21 22   7 6 5 4 3 2 1
İstanbul, 2020

Baskı ve Cilt
İnkılâp Kitabevi Yayın Sanayi ve Ticaret AŞ
Çobançeşme Mah. Sanayi Cad. Altay Sk. No. 8
34196 Yenibosna – İstanbul
Tel : (0212) 496 11 11 (Pbx)

İnkılâp Kitabevi Yayın Sanayi ve Ticaret AŞ
Çobançeşme Mah. Sanayi Cad. Altay Sk. No. 8
34196 Yenibosna – İstanbul
Tel : (0212) 496 11 11 (Pbx)
Faks : (0212) 496 11 12
posta@inkilap.com
inkilap.com

2020

ŞİFRELERİ ÇÖZÜYOR

ZEYNEP TURAN

Twitburc

İNKILÂP 93. yıl

İÇİNDEKİLER

TÜRKİYE VE DÜNYA GÜNDEMİ

Önsöz

Keskin ve kararlı bir yıl bizleri bekliyor. 2020 yılı şifreleri çözerken derin mesajlarıyla hayatımıza yön verecek etkilere sahip. Gezegenlerin burçlar kuşağındaki seyri 2020 yılında yeri göğü inletirken, kendimizi beklenmedik her türlü dönüşümün eşiğinde bulacağız. Eski çağlardan günümüze kadar gözlemlenen gökyüzü seyri, insanların yaşamlarına dair bilinmezlikleri bu yıl çok daha net ortaya koyacak. Hayatımızın hangi bölümlerini ön plana çıkarmamız gerekir ya da doğru zamanda doğru yerde olmak için neler yapmalıyız gibi pek çok sorunun da cevabını verecek bir yılın içinden geçerken iç dünyamızdaki belirsizliklere de artık bir son vereceğiz.

2020 yılı ilkleri yaşatacak.

Gezegenlerin burçlar kuşağındaki seyri 2020 yılının bir sebebe hizmet ettiğini hepimize anlatacak. Bu yıl, yaşanan olayların hiçbirine yalnızca seyirci kalmayacağız. Yüz yılda kavuşan gezegenlerin ışığı hepimizin ruhuna farklı dokunuşlarda bulunacak. Kendimizi sevmeyi, kendimiz için bambaşka planlar yapmayı öğreneceğiz. Hayata dair öncelik listemiz değişirken, korku duvarlarını yıkıp hayal ettiğimiz adımları atma cesaretini kazanacağız.

2020 yılı olayların akışını soyut olandan uzaklaştırıp somut olana yaklaştırırken belirsizlikleri dağıtan, hedefleri sınava tabi tutan, daha önce evrende az rastlanan enerjiler açığa çıkacak. Gezegenlerin seyri kâinatta insanoğlunun ulaşmayacağı ne kaldı ki dedirtecek.

Hiç kimse için alelade bir yıl olmayacak.

Bu yıl gökyüzü olayları sadece gezegen hareketleri ile sınırlı değil. Kavuşumlar, tutulmalar ve bolca gerilemelerle benzenmiş bir gök kubbe var. Eli kolu dolu 2020 yılı hepimizin hayatında dönüm noktalarını barındırıyor. Dünyanın her köşesinde 21.

yüzyılın doğum sancılarının başlayacağının altını çiziyor. Gök kubbede akışı anlatan gezegen dizilimleri dünyanın her köşesinde yer alan bilinmezliklerin kapılarını aralamayı hedefliyor. Astrolojiye göre hepimizi yeni bir çağın eşiğine getiren gezegenler kimlerin final yapacağını da gösterecek.

Kişisel hayatların yenileneceği bu yıl ülkemizin ve dünyanın gündemi de büyük bir dönüşümden geçecek. Hayatımızın en iddialı yıllarından biri olmaya aday 2020 yılı dünyanın potansiyelini ortaya çıkaracak. Bu yılın ana temasında bireysellik var. Her burç özelinde bu durumu farklı farklı yorumlarken dünya gündeminin de kişisel hayatlardan pek farklı olmadığını göreceğiz. Adrenalin 2020 yılının her ayında karşımıza çıkacak. Gelişi olaylı gidişi daha da olaylı olan 2020 yılı anlatılmaz yaşanır tadında hayatlarımızı, ülkemizi, dünyayı sarıp sarmalayarak akacak.

Kitabımın arka yüzünde ayın temaları bölümündeki tüm ülkeler, kurumlar ve kişiler, kuruluş yıllarına göre özel olarak çalışılmıştır. Kişilerin, kurumların ve ülkelerin doğum ya da kuruluş saat bilgilerinin bilinmediğini göz önünde bulundurursak 2020 yılının astro gündem bölümünde ülkelerin ve kurumların natal haritalarında derece kaymaları söz konusu olabilir. Son 4 kitabımın reftikasyonunu yaptığınızda ele aldığım konuların ay ay dünyada gündeme geldiğine tanıklık edenlerden olabilirsiniz. *2020 Şifreleri Çözüyor* kitabımda da deneyimleyerek bir kez daha kurum ve kişilerin haritalarını en önemlisi de yıllarının doğru olup olmadığını birlikte yaşayarak göreceğiz.

Bu yılın heybeti hepimizin başını döndürecek bundan hiç şüpheniz olmasın. Eğer yüz yılda bir yaşanacak gezegen seyrinin altında önünüze gelen fırsatları, olayları iyi konumlandırırsanız büyük sıçrayışı da yapabilirsiniz. Unutmayın gökyüzünde ne varsa yer yüzüne o yansır. Şimdi önümüzde koskoca bir yıl var. Eğer bu zamana kadar hayatınızı istediğiniz gibi şekillendiremediyseniz 2020 yılının rehberliğinden faydalanabilirsiniz.

Sevgilerimle

Zeynep Turan

BURÇLAR

KOÇ BURCU

OCAK

İçinizde kopan fırtınaları dindirmek için 2020 yılı karar yılınız olacak. Bu zamana kadar yaşadığınız tüm sorunları artık arkanızda bırakma zamanı! Çünkü siz her zaman güçlü kalmayı başardınız. Geçen yıl yarım kalan birçok konunuz olmuştu. 2020 yılında ise hayatınızda hiçbir konu eksik kalsın istemeyeceksiniz. Her detayı ince ince işleyecek, yapmak istedikleriniz için sağlam temeller oluşturacaksınız. Ocak ayının eteklerinde hepimizi bir Ay Tutulması karşılayacak. Aile evinizde etkili olacak Ay Tutulmasıyla, sevdiklerinizin kendi ayakları üzerinde durmaları konusunda kararlı bir tutum sergileyeceksiniz. Yılın ilk ayında tüm dengelerin değişeceğini anlamak en büyük kazançlarınızdan biri olacak. Diğer yandan geçtiğimiz yıldan kalan sorunlar bu ayın gündemini oluşturacak. Çevrenizdeki pek çok kişi sizi sabırsızlığınız ile bilirken gösterdiğiniz sabırla siz bile kendinize şaşıracaksınız. Kalp kırıklıklarınızın peşini bırakacak, yeni bir yıla girmiş olmanın farkını hissetmeye başlayacaksınız.

3 Ocak'ta ateş burcuna geçecek mücadele gezegeni aynı zamanda sizin de yönetici gezegeniniz olan Mars, deyim yerindeyse sizi sarıp sarmalayacak. Kendinize olan inancınızı artıracak. Hayatınızın merkezine kendinizi koyacaksınız.

- Hayatınızın temel taşı olarak gördüğünüz konulardan, çevrenizden 3 Ocak'tan itibaren uzaklaşmaya başlayabilirsiniz.
- Aile içinde son 3 yıldır süren küslükler bu süreçte bitebilir.

Kimseye iyi ya da kötü demekte acele etmeyeceksiniz.

4. ve 10. Evinizi etkisi altına alacak olan Ay Tutulması, 10 Ocak'ta su burcunda gerçekleşecek. Başıma ne işler açacak dedi-

ğinizi duyar gibiyim. Kariyeriniz yılın başından itibaren gündeminiz olacak. Tabi ki yalnızca bu kadarla kalmayacak. Bir süredir çekişmeli olduğunuz kişilerle de yüzleşmeler yaşayacaksınız.

• Boşanma sürecinde olan bir Koç burcuysanız, eşinizle belli başlı konularda anlaşmakta zorlanabilirsiniz.

• İlişkisi yeni biten bir Koç burcuysanız, eski sevgilinizin size ulaşmaya çalıştığını öğrenebilirsiniz.

• Kendi işini yapan bir Koç burcuysanız, iş yapınız ile ilgili köklü değişiklikler yapabilirsiniz. Ortaklı bir yapıya geçmeniz ise sizin en büyük şansınız olacak.

• Uzun zamandır aynı iş yerinde çalışan bir Koç burcuysanız ve 2019 yılının son aylarında işten ayrılma kararı aldıysanız bu kararınızı erteleyebilirsiniz.

Zamanın hızına yetişmekte zorlanırken; sorumluluklarınızı ihmal etmemek için elinizden geleni yapacaksınız. Siz her zaman lider ruhlu oldunuz. Bu yüzden de ikinci planda kalmak, birilerinin kurallarına uymak asla size göre değil. Bunu en iyi siz biliyorsunuz. 7 yıl boyunca ağırladığınız ve geçtiğimiz yılın mart ayında burcunuzdan tamamen uğurladığınız Uranüs, size kendisini bir kez daha hatırlatacak. 11 Ocak'ta Uranüs Retro'su ile yüzleşirken; yaşadığınız bazı olaylar hafızanızda yeniden canlanabilir.

Anlamı derin Yeniay!

24 Ocak tarihini şimdiden ajandanıza not almanızı tavsiye ederim. Hava burcunda gerçekleşecek Yeniay sadece duygularınızı değil önceliklerinizi de hızla değiştirmeye başlayacak. 16 Ocak'ta Merkür'ün burç değiştirmesi ile de siz zaten bu sürece girmiş ve birtakım kararlar da almış olacaksınız. Şimdi ise artık her detayı daha net bir şekilde fark etme zamanı! Ancak Yeniay'ın size getirileri olduğu kadar götürüleri de olacak. Bunu aklınızdan hiç çıkarmayın.

• Yakın çevreniz, varsa kardeşleriniz, arkadaşlarınız hakkında gizli kalan gerçekleri öğrenebilirsiniz.

• Bir süredir üzerinde çalıştığınız proje için finansman bulabilir, sektörünüzü geliştirebilirsiniz.

• Evlilik hazırlığı içinde olan bir Koç burcuysanız ve bir de üzerine 1984-1998 yılları arasında doğduysanız, unutmayın sizin Neptün'ünüz Oğlak. Bu anlamda bu ayki tutulma yüzünden aileler arasında çekişmeler yaşayabilirsiniz.

• 1989-1996 yılları arasında doğduysanız, sizin de Uranüs'ünüz Oğlak burcunda. Tutulma, hiç aklınızda olmayan birinden hoşlanacağınızı işaret ediyor.

ŞUBAT

Yoğun geçen bir ayın ardından, duygularınıza rehber olacak bir dönem başlıyor. İç sesinizi dinleyeceğiniz bu evrede çevrenizi toparlamak isteyeceksiniz. Şubat ayı sevdiklerinizi daha çok sahiplendiğiniz, onlar için özveride bulunduğunuz günleri temsil ediyor. Aşk ve ilişkiler konusunda kendinizi değerli hissedeceksiniz. Gezegenlerin seyri 2020 yılının şubat ayında geçmişte kafa yorduğunuz, zamana bıraktığınız her ne varsa çözüm odaklı olacağınızı işaret ediyor. Bu ay iletişim gezegeninin geri hareketine eşlik eden gökyüzü, bazı sırların da çözülmesine neden olacak. Ruhsal olarak sorgulama döneminden geçen Koç burçları için bu süreç oldukça yapıcı.

Bilinçaltınız sizi hangi konuda zorluyor? Hangi çözümleri sunuyor?

• Sevdiğiniz kişilerin sırlarını öğrenebilirsiniz. Açığa çıkan sırlarından dolayı zor durumda kalan kişilere yardımcı olmanız gerekebilir.

• Ailenizde ve arkadaşlarınız arasında 1989-1991 doğumlu kişiler varsa; duygusal iniş ve çıkışları sizi kaygılandırabilir. Çözümlerinize yanaşmayan, sizi yoran kişilerden bir süreliğine de olsa uzaklaşabilirsiniz.

• Uzun zamandır hayatınızda yapmak istediğiniz değişikliği hayata geçirebilirsiniz.

• Merkür Retro'su yüzünden elektronik aletlerle sıkıntı yaşayabilir, önemli dosyalarınızı ve resimlerinizi kaybedebilirsiniz, dikkat!

Venüs burcunuza aşk fısıldıyor.

Sorumluluklarınızın ağır bastığı uzun günlerin ardından Venüs, aşk için kapınızı çalıyor. İlişkiye bakış açınızı toparlayan bu döngü dünyaya bakış açınızı da değiştirecek. Venüs'ün burcunuzdaki seyri duygusal dünyanızı olumlu anlamda etkileyecek. Tutkunuz, sahiplenme güdünüz artacak. Son 40 gündür tutulma yüzünden birbirinden kopuk olan ilişkiler ise şifalanıyor.

• Evli bir Koç burcuysanız, ilişkinizdeki güven olgusunu tazeliyor. Eş ailesinde küs veya mesafeli olduklarınızla barışıyorsunuz.

• Toparlayan, düzenleyen yönünüzü ve lider tarafınızı ikili ilişkilere yansıtabileceksiniz.

Yeni başlayan ilişkilerde tutku ön plana çıkarken; ilişkinizin temellerini sağlamlaştırma yolunda adım adım ilerleyeceksiniz.

• 9 Şubat'ta ateş burcunda bir Dolunay meydana geliyor. Bu süreç yakın çevrenizde gelişecek olayları temsil edecek. Değişime ön ayak olan konular ardı ardına bazı çözümleri de beraberinde getirecek.

• 1950-1959 arasında doğmuş ebeveyn olan Koç burcuysanız, çocuklarınızla jenerasyon kaynaklı çekişmeler yaşayabilirsiniz. Maddi konularda oluşan fikir uyumsuzluğu bazı kararlar aldırabilir.

• Modaya ve fiziksel görünüşe olan merakınız artacak.

• Estetik fikirleriniz gelişecek. Bu alanda iş yapmayı düşünüyorsanız, sizin için olumlu gelişmeler yaşanabilir.

• 17 Şubat'ta Merkür su burcunda geri gitmeye başlıyor. Mücadele noktasında sizi teşvik edecek. Kariyer yolunda tutumunu ve tavrını yönetebilen Koç burçları, bu süreçten kazançlı çıkabilir. Köklü kararlar almanızı sağlayan gökyüzü bir taraftan da size son 2,5 yılın muhasebesini yaptırabilir.

• Sektörde rakipleriniz artabilir. Patronunuzla karşı karşıya kalabilirsiniz. Bitirmek üzere olduğunuz projenizi, başarınızı çekemeyen insanlar olacak.

• 1960-1969 arasında doğmuş bir Koç burcuysanız ve üst düzey yöneticiyseniz, bu aya en çok siz dikkat etmelisiniz. Şirket içindeki yaptırımlardan dolayı ani iş ayrılıkları yaşayabilirsiniz.

Merkür gerilemesi korkularınızı tetikliyor!

Yılın en kısa ayında Merkür gerilemesi 12. Evinizde etkili olurken sizi kaygılandırabilir. Sizden bir şeylerin gizlendiğini düşünebilirsiniz. İletişim gezegeni sizi hiç olmadığınız kadar takıntılı yapabilir. İlişkilerde ise ayın son günlerinde kıskançlık artabilir. Kalıplarının dışında davranan Koç burçları, sevdiklerini şaşırtabilir. İçinizde biriken dertlerden, aniden yükselen kuruntularınızdan arınmak adına uzun telefon görüşmeleri yapabilir, sizi anlayacağına inandığınız, güvendiğiniz kişilerle mesajlaşabilirsiniz. 10 Mart'a kadar duygusal dünyanız bir ileri bir geri gidebilir. Bu ayın diğer konusu ise sağlık olacak. Ayaklarınızda hassasiyet oluşabilir. Uyuşuk hissedebilir, uyku haliniz artabilir. Alerjiye bağlı lekelenmeler, cilt reaksiyonları oluşabilir.

MART

Baharın haberciliğini yapan Mart ayına yeni kararlar almaya başlayarak giriş yapacaksınız. Lider ruhlu tarafınız kendinize olan özgüveninizi tazeleyecek. Risk almaktan korkmayacaksınız. Cesurca atacağınız adımlarda daha akılcı ve öngörülü davrandığınızı fark edeceksiniz. 2020 yılının mart ayı içinizdeki potansiyeli açığa çıkarmanız için güzel fırsatlar barındıracak. Evet, her işin üstesinden gelebilecek kadar güçlü bir iradeye sahip olmak sizi zaman zaman yordu. Bu anlamda geçmiş yıllarda destek görmek istemeniz de kaçınılmazdı. Şimdi ise kimsenin artık işinize karışmasını istemeyeceksiniz. Yönlendirmeler ile hayatınızı şekillendirmeyi kabul etmeyeceksiniz. Orijinal yönünüze geri dönüş yapıyorsunuz.

Peki, gökyüzü sizi nasıl yönlendirecek?

Ayın ilk 10 gününde Merkür gerilemesi ile gündeminiz belirleniyor. İletişim gezegeni belli başlı teknik krizlere neden olurken, ruhsal duruşunuzu da manipüle edebilir. Objektif olmakta zorlanırken, ne kadar kırılgan olduğunuzu da fark etmiş olacaksınız. 10 Mart'tan itibaren yavaşlamaya hazırlanan iletişim gezegeni, kariyer yaşamınıza hız kazandıracak.

- İşinizden dolayı sık sık seyahat etmeniz gerekebilir.
- Daha önce planlanmış organizasyonlarda takvim değişikliği oluşabilir.
- Yükseldiğiniz, emek verdiğiniz pozisyonlarda değişimler yaşanabilir.

Küçük aksilikleri yönetmekte usta olan siz Koç burçları, bu sürecin ardından 'iyi ki bunlar yaşandı' diyebileceksiniz. Tüm bu yaşananları uzun vadede hayra yorabileceksiniz.

Mart ayının ahengi, havaya aşk kokusu yayıyor.

Venüs'ün yüceldiği burçta olması kendinizi ilişkilerde akışa bırakacağınızı gösteriyor. İlgi göstermek yerine ilgi görmek isteyeceksiniz. İş ve eğitim çevreniz sayesinde yeni insanlarla tanışabilirsiniz. 9 Mart'ta ise toprak burcunda bir Dolunay meydana geliyor. Dolunay, yakınlaşmaları tetiklerken, aşk için tüm engelleri yine siz kaldıracaksınız. 6. Evinizi yakından ilgilendirirken, sağlığınıza daha da dikkat etmenizi vurgulayan bir dönemin başladığını hissettirecek!

- Eğer kilo probleminiz varsa, dengeli beslenmek ve daha aktif olmak için belli yöntemler deneyebilirsiniz.
- Aileden kaynaklı tansiyon ve şeker sorunu olanlar bu evrede sağlık kontrollerini artırabilir.
- 2018 yılından bu yana size dert açmayan dişlerinizde belli hassasiyetler oluşabilir.

Bahar Ekinoksunu karşılayan Koç burçları; sizin için etkili olacak bir süreç başlıyor. Gelecek planlarınızı hedeflerinize uyarlayacaksınız. 2009 yılından bu yana geri kaldığınız, ilerleme kaydedemediğiniz, engellerle karşılaştığınız konularda güncelleme yapacaksınız. Farklı bir enerjiye sahip olacaksınız. Bitişlerin ardından gelen başlangıçları seveceksiniz.

- 8 yıl içinde yaşanan kayıpların, küslüklerin hesabı kapanıyor.
- Sizi adeta yedekleyen, monotonluktan kurtaran yılın en önemli değişimini yaşayacaksınız.
- Mars-Jüpiter kavuşumu 11.Evinizde etkili olurken, haksızlıkların rövanşını alacak ve özgürleştiğinizi hissedeceksiniz.

Doğum gününüzü kutlamaya hazırlanırken; kariyer evinizde olumlu gelişmeler söz konusu. Gök kubbe, yaşadıklarınızı tahlil etmenizi sağlarken; önünüze türlü türlü engeller koyanlarla hesaplaşmaya başlayacaksınız. Gökyüzü ataletli kaldığınız konularda yardımcınız olacağını vurguluyor. En kritik gün ise 23 Mart! Gökyüzündeki sert kavuşum, bulunduğu şirkette yönetici pozisyonunda olanları işaret ediyor. Sırları deşifre eden bu tetiklemeyle öngörülerinizi destekleyecek gelişmeler de yaşayacaksınız. Sansasyonel haberlerin yayıldığına tanıklık ederken, sizi hiç ummadığınız olayların içine çekmeye çalışanların olduğunu anlayacaksınız. Ancak merak etmeyin, artık siz eski saf Koç burcu değilsiniz.

Yeniay toparlıyor.

Bitmek bilmeyen, uzun gün ve geceleri barındıran mart ayı nihayet pozitif bir Yeniay ile bitiyor. 24 Mart'tan itibaren kişisel olarak potansiyeliniz düzene giriyor. Burcunuzda meydana gelen Yeniay, yorulmuş ruh halinize çok iyi gelecek.

- İlişkilere perspektif getiren bu döngü bekâr, boşanmış, yalnızlığa demir atmış Koç burçlarını yakından ilgilendiriyor.
- Tecrübelerinizden faydalanmak isteyen kişilerle karşılaşacaksınız.
- Bu ay en çok seyahat edenler arasında siz olacaksınız.

NİSAN

Hayatı seven, orijinal fikirleri olan, düzenleyen yanınız bahar ayında kendinizi daha rahat hissetmenizi sağlayacak. Enerjisini bahar esintisinden alan burcunuz 2020 yılının özgünlüğünden faydalanırken sizi ardı ardına seyahat planları yapmaya teşvik edecek. Keşkeler, acabalar ve sorgulamalarınız birçok şeyi önünüze getirecek. Rastlantıların ardındaki nedenler açığa çıkacak. Bu süreçte başkalarının yaşamlarını odak noktanız olmaktan çıkarabilirseniz; kendinize olan güveniniz yenilenecek ve omuzlarınızda ağırlaşan yüklerden kurtulmaya başlayacaksınız. Yaşamınızda yer alan insanların art niyetli mi yoksa iyi niyetli mi olduklarını göreceksiniz.

Başarı bir bilim gibidir; sonuçlarını eninde sonunda alırız.

Bazı şeylerin yolunda gitmediğini ve bunların neler olduğunu siz çok iyi biliyorsunuz. Kıymetinizi bilenleri tenzih edebiliriz. Ancak son yıllarda yaşananları göz önünde bulundurursak, hayatın sizi yol ayrımına soktuğu bir dönemdesiniz. Artık ne istediğinize odaklanacaksınız. Nisan ayında tarihi kavuşumlar devam ediyor. 4 Nisan'da jenerasyonu ve hızı temsil eden iki gezegen kavuşum yapacak. Dünyada az rastlanan bu gökyüzü şöleni herkesin yaşamına dokunuşlarda bulunacak. Bu süreçte kendinizi sürüncemede hissedebilir, belli konularda sınandığınızı fark edebilirsiniz. Aslında aşk insanı olduğunuzu tüm dünyaya haykıramasanız da çevrenizdekilere ifade etmelisiniz. Çünkü gizlemek veya eleştirilmek size göre değil.

• 4- 5 Nisan tarihlerinde gezegenler ayrı ayrı köşelerde kavuşum yapıyor. Neptün-Merkür ile Jüpiter- Plüton ile kavuşurken; yakın çevrenizden gelen haberleri, ani kayıpları ve sağlık konularını temsil edecek.

Eğer yaşamınızda bu tarz gelişmeler yoksa, bilin ki siz şanslı olanlardansınız. Birilerini sevindirmeniz gerektiğini bilmelisiniz. Çember bu kadar daralmışken üst üste gelen kavuşumlar hepimizin yaşamına derin izler bırakacak. farkındalık kazandırırken bir yandan da itiş gücü oluşturacak.

Kalbinizi değiştirerek hayatınızı da değiştirebilirsiniz.

8 Nisan'da gerçekleşecek Dolunay, 7.Evinizin konularını temsil edecek. 1970-1984 yılları arasında doğmuş, Neptün'ü Yay olan Koç burçları; hali hazırda olan problemlerin üzerine gidecekler. Eş ailesi ve ortaklıklar gündemde olacak.

• Alacak verecek konusunda önemli gelişmeler yaşayacaksınız.

• Eşinizin duygu olarak çok uzağınıza düştüğünü fark edebilirsiniz. İlişkinizde denge oluşturmakta zorlanabilirsiniz.

• Eğer 1981- 1982 yılları arasında dünyaya geldiyseniz haritanızda öğreten gezegeniniz Satürn Terazi burcunda. Bu etkiyle Dolunay, iş yerinizden alacaklarınızı düşündürecek.

İnatlaşmalar, iletişimdeki kopukluk radikal geçişlere neden olabilir.

• Uzun süredir küs kalan akrabalar görüşebilirler.

• Yıllar önce ortak olduğunuz, birlikte çalıştığınız insanlarla yolunuz kesişebilir, tesadüfen karşılaşabilirsiniz.

Burcunuza yerleşen iletişim gezegeni zihninize ve size yenilik kazandırıyor. Hızlı düşüneceksiniz, karar verirken acele etmeyeceksiniz. Merkür'ün 11 Nisan'da sizden yana olması yeni iş ve yeni bir girişim anlamına gelebilir.

• Fikir değişikliği ve işten ayrılmalar kaderinizi belirleyebilir.

• 1970-1984 yılları arasında doğmuş bir Koç burcuysanız, Neptün'ünüz Yay burcunda demektir. Bu da hayatınıza dair radikal kararlar alacağınız anlamına geliyor.

Sevgili Koç burçları, 19 Nisan'dan sonra rahat bir nefes alabileceksiniz. Güneş'in toprak burcuna geçtiği bu evrede maddi güvence isteğiniz artabilir. 2,5 yıldır içinde bulunduğunuz mali durumu, harcamalarınızı düzene sokabileceksiniz. Kredi ödemeleri ve şahsi borçlarınızı kapatmak için maddi getirisi olacak bir satış yapabilirsiniz. Miras, vasiyet, mesleki yetenekler ve ticaret alanlarında 19 Nisan'dan sonra düzeniniz oturabilecek.

23 Nisan Yeniay!

Yeniay, duygusal ve yapıcı olmanızı sağlarken, olayları akışına bırakmanız gerektiğini işaret ediyor. 23 Nisan'da meydana gelen toprak burcundaki Yeniay, kardeşler ve iletişim odaklı konuları gündeminize alacak. İletişim bozukluğu yaşayan kardeşler arasında geçici gerilimlere neden olabilir. Herkesin niyetini bu süreçte öğrenmeniz kolaylaşacak. Zihin aktivitesi ve hâkimiyetini bir arada yaşarken rahatsız olduğunuz her konuyu sakinlikle dile getirebileceksiniz. Ailede kime sır veya sorumluluk vereceğinizi artık daha iyi biliyor olacaksınız.

MAYIS

Mevsim sabitlenirken kendinizi teste tabii tutuyorsunuz. Öncülük eden, harekete geçiren misyonunuzu saran kara bulutlar, sınırlamalara gelemediğinizi gösterdi. Sosyal ortamınızdan çalışma hayatınıza kadar birçok inatlaşmalara, keskin çıkışlara tanık oldunuz. Sistematik kıskançlıkların, rekabetin önünü alamadınız. Merak etmeyin bu aylar geride kalıyor. Mayıs ayına farklı duygularla ve sakin bir şekilde gireceksiniz. 2020 yılının mayıs ayında herkese ve her şeye rağmen daha toparlayıcı, yapıcı, tutarlı olmayı becereceksiniz. Yaşadığınız olayların birçoğunun sizin iyiliğiniz için geliştiğini fark edeceksiniz. Çalışkanlığınız, becerikli yanınız ve yardımsever yönünüz çoğu konunun üstesinden gelmenizi sağlayacak.

Üzerine düşünmeniz gereken konular olacak.

Mayıs ayı herkes için birtakım sıkıntıları barındırırken, sizin için de bazı getirileri ve götürüleri olacak. Bu ayı elinizden geldiğince sükûnet içinde karşılamalısınız. Siz kimi zaman sabırsızlığınızla kimi zaman ise her işin üstesinden gelmenizle bilinirsiniz. Mayıs ayında her iki yönünüzü de ortaya koyacaksınız. Zaman sizin için farklı akarken planlarınızı da bir bir hayata geçirmeye başlayacaksınız. Yeter ki çıkışlarınızı yönetin.

• İlişkinizin bitiş tarihi bu sürece denk gelirse yüzleşmeler sert olabilir, dikkat!

• İkinci evliliğini yapmış bir Koç burcuysanız bu süreç size eski günlerdeki halinizi hatırlatabilir.

• Yaşam alanınız ile ilgili radikal kararlar alabilirsiniz. Eğer ailesi ile beraber yaşayan bir Koç burcuysanız taşınma kararı alabilirsiniz.

• Uzun süreli ilişkinizin gidişatının sizi kısıtladığını, yorduğunu fark edebilirsiniz.

• Geçmişte bıraktığınızı düşündüğünüz olaylarla tekrar uğraşmak zorunda kalabilirsiniz.

• 1984-1989 yılları arasında doğan bir Koç burcuysanız, Neptün'ünüz Oğlak. Bu da öncü bir haritaya sahip olduğunuzu gösterir. O yüzden haklarınız ile ilgili keskin konuşmalar yapabilirsiniz.

Venüs geri giderken, duygularınız raydan çıkabilir.

Aşk ve cazibe gezegeni Venüs, 13 Mayıs'ta geri hareketine başlıyor. 44 gün boyunca hava burcunda seyrini sürdüren aşk gezegeni, 2018 Kasım ayında yaşadığınız krizlerin benzerlerini önünüze getirebilir. Sadece sevginizi birtakım testlerden geçirmekle kalmayacak hayatınızın birçok bölümünde yanılmanıza ve yanlış yapmanıza neden olabilir.

• Aşk hayatınızda yaşanan belirsizlikler kıskançlığın dozunu arttırabilir.

• İlişkinizde yorulan taraf olduğunuzu düşüneceksiniz.

• Başkalarından hoşlanabilir, kendinizi tanımakta güçlük çekebilirsiniz.

Sorgulayıcı, zorlayıcı Venüs Retro'su değişimleri, kopmaları işaret edecek. Bu esnada düşündükleriniz, sergilediğiniz davranışlar en çok sizi şaşırtacak. İlişkiler bir nevi pamuk ipliğine bağlı olacak.

Kime ne anlattığınıza dikkat edin!

13 Mayıs-25 Haziran aralığındaki süreçte kiminle ne paylaştığınıza dikkat etmeniz gerekecek. Sevdiğiniz insanlar büyük olaylardan geçerken ömür boyu saklamanız gereken sırlar olabilir. Aşka bakış açınız sevgilinizle ayrışma noktasına gelebilir. Sadece ikili ilişkilerde değil, bazı konularda da dikkatli olmalısınız.

• Koordine olduğunuz birçok konuda basiretiniz bağlanabilir. Bilgi edinmede tıkanmalar yaşayabilirsiniz.

• Eğer bir hukukçuysanız, bu süreçte gözünüzden önemli detaylar kaçabilir.

• Yanlış yatırımlar, dijital dünyanın handikapları ticari anlamda durgun bir pazar yaşamanıza neden olabilir.

• Maddi konularda iniş çıkışlar yaşayan kardeşleriniz sizden yardım isteyebilir.

Sadece Venüs değil, bu ay şans ve bolluk gezegeni Jüpiter de geri hareketine hazırlanıyor. 14 Mayıs'ta toprak burcunda gerçekleşecek bu geri hareket 10.Evinizi yakından ilgilendirecek. Aile büyükleri, itibarınız, kazanımlarınız ile ilgili değişimler söz konusu!

• İş ve meslek seçiminizde söz sahibi olmak isteyen insanlar olacak.

• Eşinizin ailesinde vasiyet, miras konuları yaşanabilir.

• Uzun zamandır satılmasını beklediğiniz bir mülkün alıcısı çıkabilir.

22 Mayıs'ta Merkür-Venüs kavuşum yapacak. Arada kalan bazı konular netleşebilir. Çevrenizdeki kişilerin yaşam biçimleri, aldatmalar ve çarpık ilişkiler gündeme gelebilir. Alışkanlıkları, normları yıkan yaşam tarzlarını gözünüzle göreceksiniz.

HAZİRAN

Tutulma ayına hoş geldiniz. 2020 yılını tarihe kazıyacak aydan geçerken hiçbir duygu küçük olmayacak! Haziran ayı doğrularınızın yerini değiştirmeyi hedefliyor. O yüzden bu ayı karşınıza almayın! Kendinizle yüzleşip itiraflarda bulunduğunuz 2020 yılının tam ortasından geçerken içsel dünyanıza daha yakın olduğunuzu fark etmiş olabilirsiniz. Hayata bakış açınızdan, duygusal tarafınıza kadar yeni kavramlarla karşılaştınız. Melankolik hallerinize çare bulan yine siz oldunuz. Hayata karşı barışçıl olmayı, kendinize zaman tanımayı deneyimlediniz. Bu ay iki tutulma gerçekleşiyor. Uzak akrabalar, kardeş evlilikleri, yurtdışı konuları, toplumsal konular, beklentileriniz, kırılmalar gündeminizde olacak. Şimdi haziran ayının ne denli önemli olduğuna tek tek bakalım.

Yüreğinizi farklı yönlere çevireceksiniz.

2020 yılının haziran ayı itibariyle kaderi temsil eden Ay Düğümleri aks değiştiriyor. 5 Haziran'dan itibaren de etkisini göstermeye başlayacak. Size çok farklı bir bakış açısı katacak. 3. ve 9.Evlerinizde etkili olacak Ay Düğümleri, hayatınızın rotasını değiştirecek. Daha rasyonel davranabilecek, geleceğe odaklanmanız gerektiğini fark edeceksiniz.

- Gereksinimleriniz ön planda olacak.
- Hayatın sizi nelere mecbur bıraktığını göreceksiniz.
- Bağımsızlığa olan düşkünlüğünüzü fark edeceksiniz.
- Eğitim hayatını yarıda bırakanlar öğrencilik yaşamına yeniden başlayabilir.
- Bebek düşünmeyen Koç burçlarının değişen fikirleri, kendilerini bile şaşırtabilir.

Bugüne kadar yaşadıklarınız aslında birer seçimden ibaretti. İçgüdülerinize sığınacağınız bu dönemde kadersel gelişmeler hayatınızda yer alan yorucu faktörleri devre dışı bırakabilir. Kabullenmek, paylaşmak, içsel çatışmaları durdurmak, düş kırıklıklarını geride bırakmak ve sabır bu aydan itibaren kendinizi garantiye almanızı sağlayacak. Mekanınızı da makamınızı sadeleştiriyorsunuz.

Yılın en önemli tutulması!

Bir yılla bitmeyecek etkilere sahip ateş burcundaki Ay Tutulması, Türkiye üzerinden gözlemlenebilecek. Toplumsal duyarlılığı, düşünceleri, inançları, insanî ilişkileri temsil eden bir yanı olacak. Siz de bu alanlarda daha hassas ve daha duyarlı olacaksınız. Koruyan, gözeten, inanç ve düşünceye saygı duyan, toplumsal normlara saygılı ilişkiler kurmak konusunda titizleneceksiniz. Tutulmanın etkileri bunlarla sınırlı kalmayacak!

• 5 Haziran'da meydana gelen Ay Tutulması yurtdışı planlarınızı hızlandırmanızı sağlayacak.

• Ailenizin doğrularına uymayan ilişkiniz veto alabilir. Kendinizi büyük bir cenderenin içinde hissedebilirsiniz.

• Uzakta yaşayan kardeşleriniz varsa, yaşamlarında belli başlı kırılma noktaları olduğunu öğrenebilirsiniz.

İşle ilgili döngüler de olacak. Yılın başından beri mücadele ettiğiniz kariyer konusuna tutulma süreci atıfta bulunacak. Ateş burcunda meydana gelen Ay tutulması; eğitiminizin yanı sıra dil öğrenme, bilgi alışverişinde bulunma, felsefe, ilim gibi alanlara eğilim göstermenize yardımcı olacak. Pazarlama ve satış gibi alanlarda çalışan Koç burçları için başka bir süreç gelişebilir.

Entrikası bol bir Ay tutulması.

• Eski dostlar ve akrabalardan şaşıracağınız, 'asla olmaz' diyeceğiniz duyumlar gelebilir.

• Bacaklarda duyarlılık oluşabilir, kemik ağrılarınız size 2008-2009 yıllarında yaşadığınız sorunları hatırlatabilir.

• Sevgiliniz veya eşinize farklı davranan insanlar gözünüze çarpabilir.

• Aile içindeki dedikodular artabilir.

Tarihe büyük harflerle yazılacak; 21 Haziran!

Haziran ayı ikinci kez tutuluyor. Güneş tutulması, 21

Haziran'da semada oluşurken ' 2020 yılı şifreleri döküyor' diyeceğiz. Dünyanın her köşesinde hissedilen hızla yeryüzünün sıkıştığını derinlemesine hissedeceğiz. Haziran ayı uykusuzluğunuzu tetikleyecek, devamlı bir şey olacakmış hissi verecek. Ev, yuva, yakın arkadaşlıklar, iş çevreniz, patronunuz, fedakârlıklarınız, kırılganlığınız tutulmayla birlikte temel konularınız haline gelecek.

• Kardeşlerle geçireceğiniz zaman artabilir. Boşanma, yeni ilişkiler gibi konularda onlara destek olmanız gerekebilir.

• Eski arkadaşlarınızla bir araya gelmek isteyebilirsiniz.

• İş çevrenizde birilerinin sizden hoşlandığını fark edebilirsiniz.

• Heyecana kapıldığınız, iletişimde eksik kaldığınız alanları yenileyeceksiniz.

28 Haziran ise sizin için özel bir dönemin başladığını işaret ediyor. Çünkü bu tarihten itibaren yönetici gezegeniniz Mars, burcunuzda olacak. 10 Eylül'e kadar bu durumun avantajını fark etmenizi ve bu döngüyü çok iyi değerlendirmenizi öneririm. Bu döngü elde edemediklerinizi elde etmenizi sağlayabilir. Eğer hayattan alacaklı olduğunuzu düşünüyorsanız, yönetici gezegeniz Mars'ın size el verdiğini unutmamalısınız.

İstediğiniz koşulları sağlayabilirsiniz. Yeter ki eksiklere takılmayın.

• Arabanızı değiştirebilirsiniz.

• Evinizde tadilat yaptırmak için gerekli girişimlerde bulunabilirsiniz.

• Yazlığı olan Koç burçları, yazlıklarını maddi gelire dönüştürebilirler.

• Kız kardeşi olan bir Koç burcuysanız, 2017 yılından beri devam eden soğukluğu, mesafeyi aşabileceksiniz. Hiç olmadık bir zamanda, dertlerinizin, sevinçlerinizin ortak olduğunu göreceksiniz. Affedeceksiniz.

Bu ay özellikle size büyük değişiklik katacak. Sadece fiziksel görünümünüzde değil, insanlara yaklaşım biçiminizde de çok değişeceksiniz.

TEMMUZ

Duygusal olarak kendinizi çok sorguladınız. Hatalarınızın sizden mi yoksa başkalarından mı kaynaklandığı konusunda dürüst olmaya çalıştınız. Bu ay evrenden size mesajlar var! Retro ile yeni bir aya giriş yapıyoruz ve geçmişe dönük hesaplaşmalarınızı artık kapatmaya başlıyorsunuz. Öncü burçta geri giden iletişim gezegeni düşüncelerinizi işgal eden, kafanızı karıştıran her ne varsa karşı karşıya gelmenize de neden olacak. Her sorunun cevap bulduğu günlerden geçiyorken, cevapsız kalmak istemeyeceksiniz. İş yerinizdeki karışıklık ise öyle kolay bir karışıklık olmayacak. 12 Temmuz'a kadar bu süreci yönetirseniz kazanan siz olursunuz. İşinizden çevrenize kadar büyük düzen değişiklerinin sonucunu gözlemleyeceksiniz. Hatta bu süreçte semt ya da şehir değiştirebilirsiniz.

Ya başlamalı ya bitirmeli!

• Arkanızdan konuştuğunu düşündüğünüz insanlar sizi şaşırtacak. Güveninizin zedelendiği günler yaşayacaksınız.

• 2016 yılında çalıştığınız kurumda büyük olaylar yaşadıysanız, bir benzerinin geleceğini hissedeceksiniz.

Hisleriniz kuvvetli sevgili Koç burçları. İçtenliğiniz ve güvenli yapınız sayesinde oyunlara gelmiyorsunuz. Belki bazı insanlar sizi üzebilir. Öyle ki insan insanı seyahatlerde tanır diyenlerden olabilirsiniz. Merkür geri giderken her şeye meydan okumak yerine hızlı çözümler üretin ki yaz aylarınız güzelleşsin. Haksızlığa tahammülünüz hiçbir zaman olmadı bu ay da olmayacak. Fakat artık her olayın için de sizi çekemeyecekler. Özelikle sosyal medyada! Satürn gerilemesi ile karşı kaşıya gelen iletişim gezegeni öğretisi bol günlere vurgu yaparken çok kişiyi de gözlemleyeceksiniz.

Çalıştığınız ortamda gücünü gösterenlere meydan okuyacaksınız.

• Torpille gelen yine torpille gidecek, unutmayın.

• Bu ay doğruları söylemekten kaçınmayacaksınız.

• Sosyal medyada temizlik yapacakmış gibi yaşayanlardan uzaklaşacaksınız.

Duygularınızı göstermekten çekinmeyeceksiniz. Temmuz ayında başkalarının hakkını koruyacaksınız, dedikoduları bertaraf edeceksiniz. Gökyüzü öncü burçların hâkimiyetine bu ayda devam ediyor. 5 Temmuz'da öncü burçta bir Ay Tutulması gerçekleşecek. Toprak tutulmasıyla son kez buluşacağız.

- Para odaklı konular ön plana çıkacak.
- Öncü burçlarda iki kat etkili olan bu süreçte; Satürn ve tutulma size birikim yapmanız gerektiğinin mesajını verecek.
- Dertlerini sizinle paylaşan yakınlarınızın güvenini kazanacaksınız.
- Son 2 yıldır atanmayı yahut terfi almayı bekleyenlere müjdeli haberler gelecek.
- Eğer 2008- 2009 yıllarında iş kurduysanız, işinizi başka sektörlerle güçlendirebilirsiniz.
- Oğlak aksında gerçekleşen tutulma, Satürn ile kol kola. Bu yüzden keskin bir dönemde olduğunuzu belirtmeliyim. Size parasal fırsatlar getirirken; akıl veriyor, mesajlarını iletiyor. Kişilerin dediklerine takılırsanız yanılırsınız. Dikkat!

Kusursuz insan yoktur.

İleriye taşıyan, özgün olmanızı sağlayan Ay Tutulmasının etkileri uzun bir döneme yayılacak. Sağlıklı yaşamaktan, kilo dengesine kadar yaşamınızda eksik gördüğünüz her konuyu düzenleyebileceksiniz. Projeleriniz varsa, nihayet ilk üçünün başarıya ulaşması mümkün olacak.

- 1984-1998 yılları arasında doğmuş olan koç burcu Neptün'ü Oğlak burcu olanlar; estetik görünüş, mide küçültme operasyonu gibi konularda araştırma yapacaklar. Tüm bu süreci kendi dünyanızda çözmek ve planlamak isteyebilirsiniz.
- 1960-1969 yılları arasında doğmuş aile fertleriniz varsa yaşamlarının değiştiğini, yeni başlangıçlar yapacaklarını fark edeceksiniz.
- 1984-1998 yılları arasında dünyaya gelmiş ve son 3 yıldır evli bir Koç burcuysanız, ilişkinize müdahale eden eşinizin ailesiyle son badireleri atlatabilirsiniz. Keskin hesaplaşmalar son bulacak.

Sevgili Koç burçları, gökyüzünü sıkıştıran enerjiler, gezegenlerin hareketliliği insanî yanınızı daha da ortaya çıkaracak. Sahiplenici, iyicil, cefakâr tarafınızdan beslenen kişiler olacak. Ancak iyi niyetiniz birileri tarafından yanlış yorumlanabilir, aman dikkat. Sevmeye, sevilmeye ehemmiyet veren Koç burçlarının enerjisi 20 Temmuz'dan itibaren yükseliyor. Yeniay ile birlikte sevdiklerinizi şaşırtacaksınız. Daha önce 'olmaz, hayır' dediğiniz hususlarda onayınızı alabilecekler. Öncü burçtaki Yeniay içten davranmanıza, kendinizi şımartmanıza vesile oluyor.

• Eğer bekâr bir Koç burcuysanız; uzun zamandır görmediğiniz biriyle yeniden karşılaşabilirsiniz. İlginizi belli edeceksiniz.

• Politik davranmayacaksınız, samimi tavırlarınızla çevrenizdekileri etkiliyorsunuz.

• İşi iletişim endeksli olan Koç burçları, ek gelir getiren kısa süreli projelere dâhil olabilecekler.

• Hiç aklınızda olmayan bir seyahate çıkabilir, farklı şehirlere misafir olarak davet edilebilirsiniz.

• En sevdiğiniz arkadaşınızdan biraz uzak durmak isteyebilirsiniz.

• En iddialı gün 20 Temmuz'da! Yakın arkadaşlarınızla aranızda bazı sorunlar gündeme gelebilir. Yaşadıkları güzel gelişmeleri sizden saklayan insanlar olacak, bu kişilere gönlünüz kırılabilir. Gürültücü komşularınızın başka bir şehre taşınmasını sürpriz gibi karşılayabilirsiniz.

AĞUSTOS

Bu ay refaha kavuşmak isteyeceksiniz. Perspektifinizi değiştirmek için elinizden geleni yapacaksınız. Öncelikle bazı bilgileri zihninizde toplamak isteyeceksiniz. Alışkanlıklarınızdan, konuşma tarzınıza kadar birçok detay sizi rahatsız edecek. İletişim diliniz, kendinizi ifade ediş biçiminiz revizyondan geçecek. Titiz, itinalı, insanları kırmamaya özen gösteren hümanist yapınız, bu ay sadece kendini eleştiriyor. Özeleştiri yaparken başkalarının başarılarına gıpta edeceksiniz. Asla taviz vermem dediğiniz konular da var. Gururunuzu yüksek noktalara taşıyan öncü hareketteki gökyüzü, maddi çıkarlar için insanların düştükleri durumu size yansıtacak. Çıkarları için yan yana duran insanlar olacak. Hak edilmeden kazanılan başarılar, evlilikler, terfiler dillerde dolaşacak.

Şu hayatta dört dörtlük kim var?

Ağustos ayı aslında sizi kendinizle baş başa bırakıyor. Çevrenizde gelişen olayları gözlemlemenizi sağlıyor. Kendinize koyduğunuz sınırlamaları yeniden gözden geçireceksiniz. Temmuz tutulmaları bir araya gelmez dediğiniz insanları kavuşturup aynı ortamda buluşturmuştu. Şimdi ise sebeplerini görmenizi sağlayacak. Olmazları olduran gökyüzü bir anda yıldız gibi parlayan kişileri fark ettirecek. Hava burcunda 3 Ağustos'ta bir Dolunay meydana geliyor. Sosyal yaşamınızı temsil edecek Dolunay, teknik konularda beceriler getirebilir. Yıllar süren aradan sonra yine eğitime meyil edebilirsiniz.

- Uluslararası organizasyonlara katılma planları yapacak, farklı insanlarla tanışmanın yollarını arayacaksınız.
- Dernek ve hayır işlerine kafa yormak, bu alanda kariyer yapmak isteyebilirsiniz.
- Çıkar ilişkilerine tahammülünüz olmayacak. Öyle ki her gün telefonla konuştuğunuz arkadaşınızı bile engelleyebilirsiniz.

Venüs öncü burçta, gönlünüzü dikte ediyor.

Aşk gezegeni Venüs öncü ve su burcunda hareket edecek.

7 Ağustos'tan itibaren duygularınız derya olacak. Suyun gücüne sahip Venüs'ün etkisiyle geçmiş ilişkilerinize özlem duyabilir, iletişim kurma arzunuz artabilir. Yılın başından beri iniş çıkışlı devam eden birliktelikler Venüs'ün su haliyle bir dirhem toparlanırken, haber beleyen bir Koç burcuysanız, içinizi ısıtacak telefonlar bir gece ansızın gelebilir.

• Dünya evine girecek çiftler aileleri yüzünden küçük gerginlikler yaşayabilir.

• Örf ve adetler konusunda kendinizi kısıtlanmış, bastırılmış hissedebilirsiniz. Ailenize katılan yeni üyelerin göz hapsine takılabilirsiniz.

• Evliliğini kurtarmak isteyen Koç burçları; büyüklerinden yardım alırken, gerçekten ne yapmak istediklerine karar vermekte zorlanabilirler.

Umutları toplama zamanı.

Ateş burcunda meydana gelen Yeniay, size hitap edecek. 19 Ağustos'ta meydana gelen bu gökyüzü olayı yaratıcı yanınıza destek çıkacak. Eğlence hayatı, sanat dünyası, hobileriniz bu dönemle birlikte hareketleniyor. Hoşgörülü tavrınız güzel arkadaşlıkların başlamasını sağlayabilir. Bağımlılıklarınızı yönetmeye çalışırken, gerekirse bir danışman yardımı almayı tercih edebilirsiniz. Yapıcı, düzenleyen ateş burcundaki Yeniay sizi ilgilendirdiği kadar yakın çevrenizi de mercek altına alacak.

Özel hayatınız gizliliğini korunuyor.

• Aile üyelerinizle geçireceğiniz tatilde bazı detayları eskisi gibi anlatmak istemeyeceksiniz.

• Evli birinin ilgisini belli belirsiz hissedebilirsiniz.

• Kendinizi ilişkilerde boşa kürek çekiyor gibi hissedebilir, eskiden görüştüğünüz kişilere şans vermeyi düşünebilirsiniz.

• Eski eşinizin kafa karışıklığını fark edebilir, asla dediğiniz barışma fikrini gözden geçirmeye başlayabilirsiniz.

Yeniay, kalbi boş olan Koç burçlarını ise yaz bitmeden ümitlendiriyor. Yalnız bir Koç burcuysanız, ateşin sabit burçtaki etkisi huyunuza, tarzınıza uyan kişilerle yakın temas kurmanızı sağlayacak. Bu günlerde sık sık zaman geçirdiğiniz kişilerden etkilendiğiniz biri olacak. Yeniay eğlenceli günlerinize geri dönmenizi sağlayacak. 25 Ağustos'u destekleyen iyicil gezegenler, deneyiminizin olmadığı imkânları oluşturuyor. İlkleri temsil eden bu döngüde efor sarf edeceksiniz. Yaratıcılığınızı taçlandırıyorsunuz.

• Fiziksel görünümünüze para harcamaktan çekinmeyeceksiniz.

• İş fırsatları sayesinde önerileri değerlendirebilirsiniz.

• Alım-satım gibi konularda inisiyatif kullanacaksınız.

• Ortaklı işlere sıcak bakacaksınız.

• 2012 yılından sonra doğmuş çocuklarınız var ise Plüton'u Oğlak olan çocuklarınızın bu süreçte geliştiğini daha da serpildiklerini göreceksiniz.

• 1970-1984 yılları arasında dünyaya gelmiş Koç burçları; bu tarihte evliliklerine dair sorunları, kaygıları dile getirebilecekler. İlişkinin içindeki tutkuyu sorgularken, cinsel hayatınızın korktuğunuz noktaya gelmediğini fark edeceksiniz.

• Özgürlüklerini dile getiren müzmin Koç burçları; ezber bozacak ani evlilik kararlarında, tutkuyu yakaladıkları için ikna olduklarını fark edecekler.

EYLÜL

Mars geri gidecek ve olmazları olduracaksınız.

Mars'ın yansımalarını yeryüzünde taşıyan Koç burçları; 2020 yılının en güçlü döneminden geçiyorsunuz. Yönetici gezegeniniz, 9 Eylül'den 14 Kasım'a kadar burcunuzda geri gidecek. Hayatınızın belki de en derin izlerini bu süreçte alırken, kendinize yüklenecek, yaşamınızın tıkanan her bölümüne savaş açacaksınız.. Aslında bu dönemin size faydası da olabilir. 67 gün boyunca inatçılığınızı yönetebilirken cüretkâr tavırlarınız artacak. Ancak öfkenizi de kontrol altına almanız gerek. Bu durum biraz zor olabilir. İhtiyatlı davranmanız gerektiğine vurgu yapan bir gökyüzü var!

Mars'ın geri hareketinin sizi direkt olarak etkilemesi, kendi öz burcunda seyretmesinden kaynaklanıyor. Bu noktada eylül ayı sizin için avantaja da dönebilir dezavantaja da! Birtakım karışıklıkları birkaç ay önce geride bırakan Koç burçları, eminim bugünleri olumlu değerlendirmek isteyecektir. Üstelik son 1, 5 yıldır hayatını toparlamak için elinden geleni yapanlar, daha sistemli ve kontrollü olacaklar.

- Bu ay hiç olmadığı kadar hayatın olumlu taraflarına odaklanacak, arada kendinize küçük esler vereceksiniz.
- Uyumsuzluk içinde çalışan bir iş arkadaşınız varsa; sırf bu yüzden iş feshine gidebilirsiniz.
- Ortak iş yapanlar için de yol ayrımına ramak kalabilir, dikkat.

Mars Retro'su sizin için çok önemli.

9 Eylül'den 14 Kasım'a kadar sağlıklı beslenmeyi, düzenli spor yapmayı, içsel olarak enerjinizi doğru kullanmayı ihmal etmeyin. Öfke ve sinirinizi tetikleyecek dış etkenlere maruz kalabilirsiniz. Tam da kalbinizin üstünde yaşamınızı temsil eden mücadele gezegeni, burcunuzda geri giderken birtakım kırılmaları da beraberinde getirebilir. 67 gün boyunca etkisinde kalacaksınız. Bu yüzden canlılığınızı, zekânızı, yapıcı tarafınızı kendinizle har-

manlamalısınız. Çünkü bu süreçte Mars'ın geri hareketini sizin kadar temkinli yönetebilen olmayabilir.

• Pratik yönünüz sivrilirken, hırsınız farklı yorumlanabilir.

• Duygusal olarak uğradığınız suiistimalleri fark edeceksiniz.

• Kimlerden, hangi yolla tehlike gelebileceğini keşfedeceksiniz.

• Birçok kişiye atalet, yorgunluk, miskinlik verirken, sizin için mücadele devam edecek.

• Beklenmedik kazalara karşı temkinli olmalısınız.

Sınırları zorlamaya çalışırken kendinizi aşmak isteyeceksiniz. Buna görünüşünüzde yapmak istediklerinizle başlayabilirsiniz. Büyük çıkışlar yaparken rakipleriniz artabilir. İddialı bir tutum sergilerken, açıklamalarınız sansasyonel etkiler yaratabilir. Ne denli haklı olduğunuzu 67 günün sonunda herkes görecek.

Özel hayatınızı hareketlendireceksiniz.

• Cinsel dürtülerinizde minimal durgunluk oluşabilir.

• Eğer cinsel yaşamı bir süredir aktif olmayan bir Koç burcuysanız, tam tersini yaşayacağınız günler kapıda.

• Karşınızdaki kişiyi fiziksel, davranışsal olarak eleştirmeniz mümkün.

22 Eylül'de Güneş 7. Evinize geçiş yapacak.

Öncü burca yerleşen Güneş'in konumu nefes almanızı sağlayacak. Öncelik sıralaması yaparken tedirgin olmayacaksınız. Yönetici gezegeninizin yarattığı fırtınayı dindirmek bugünlerde sizin için kolay olacak. Yolculukları destekleyen bir gökyüzü var. Yoğun çalışan Koç burçları sonbahar henüz gelmeden kısa bir tatil yapabilirler.

• Hayattan tat almaya yeniden başlayabilirsiniz. Güneş'in azalttığı stres sayesinde kendinizi doğru noktalarda ifade edebileceksiniz. Yaratıcılığınızı yakalayan insanlar olacak.

• Evli bir Koç burcuysanız, baskıcı yönünüzü fark edeceksiniz. Kendinizi bu açıdan geri planda tutabilirsiniz.

• Bekâr Koç burçları; uzun mesajlaşmalar, telefon konuşmaları size yeni bir aşk getirecek.

24 Eylül'e dikkat etmeniz gerekebilir. İletişim gezegeni ve yönetici gezeniniz Mars'ın birbirine karşıtlık yapması; baş, boyun, sinir sıkışması gibi konularda yardım almanıza neden olabilir.

EKİM

Bilinçaltınızı işgal eden, sürekli tetikte tutan, bütün fonksiyonlarınızı harekete geçiren Mars Retro'su yine devrede! Burcunuzun üzerinde etkili olan yönetici gezegeniniz Dolunay'a eşlik edecek. 'Gökyüzünün benimle bir derdi mi var?' sorusu kafanızda dönüp durabilir. Zihninizin askıya aldığı bazı bölümleri canlandırmak istiyor. Coşkunuzu, enerjinizi son yıllarda ortaya koyamadığınızı gösterecek. Bir burçta gök kubbe üst üstte hareketlilik yapıyorsa, bilin ki size derin mesajları vardır. Bunların neler olduğuna tek tek bakalım.

Herkes kendine yakışanı yapacak.

Son zamanlarda uykunuzu kaçıran, motive olmakta zorlandığınız konularda ciddi konuşmalar yapabilirsiniz. Burcunuzda meydana gelen Dolunay, bir türlü hayata geçiremediğiniz konularda uzlaşma oluşturuyor. Göz ardı ettiğiniz alışkanlıklarınızı toparlamanız gerektiğine vurgu yapacak.

- Kendinizi şımartmanız gerektiğini hatırlatacak.
- 1 Ekim'de meydana gelen Dolunay önemli bir döngüden geçtiğinizi işaret ediyor.
- Muallâkta kalan ilişkinize resmiyet kazandıracaksınız.

Kafanızda yer alan kaygıları ateş Dolunay'ı temsil ediyor. İçinde bulunduğunuz durumu kelimelerle anlatmanız çok zordu. Artık üzerinizdeki bulutlar yavaş yavaş dağılırken sezgilerinizi dayanak olarak kullanabileceksiniz. 14 Ekim'de Merkür geri hareketine başlayacak. Hava burcunda başlayan Retro, su burcuna geçiş yaparak devam edecek. İletişimde kopuşları temsil eden iletişim gezegenindeki geri hareket hem soyut hem de somut değişimleri vadediyor.

Peki, 3 Kasım'a kadar sizleri neler bekliyor?

- Güzellikle baktığınız insanların gerçek yüzlerini göreceksiniz.
- 'Hayatta olmaz' diyenlerin kuralları nasıl çiğnediğine tanık olacaksınız.

• 1989-1998 yılları arasında doğan Koç burçları, yönetici gezegeniniz iletişim gezegeni ile çatışınca kafa karışıklıklarını yükseltebilir. Geleceğinizi sorgulayabilirsiniz.

• Terk edilen değil, terk eden taraf olacaksınız!

Azami güce sahip benliğiniz Yeniay ile birlikte badireleri atlatabilecek. 16 Ekim'de meydana gelen hava burcundaki Yeniay, bazı insanları sebepsiz yere eleştirdiğinizi fark ettirecek. Herkesin kendine yakışanı yaptığı bugünlerde yaşam gurusu olacaksınız. İlişkilerde ehemmiyet arayanlar, savunmalarıyla duayen olanlar dinginleşiyor.

• Ani çıkışlarınız dengelenecek. Abartılı tutumlarınızdan vazgeçeceksiniz.

• Dostlarınızla ilgili keskin kararlar verirken düşüncelerinizi törpülüyorsunuz.

• Size değer veren, dertlerinizi dinleyen insanlara itina göstereceksiniz.

• Uzun seyahatlere çıkabilir, yollarda kafanızı dağıtmaya çalışabilirsiniz.

İlişkiniz için en önemli gün 28 Ekim olacak.

14 Ekim-3 Kasım tarihleri arası en hararetli günleriniz olacak. Merkür gerilemesinin aktif olduğu bugünlerde duygularınızın ayarı ile oynanmış gibi hissedeceksiniz. İlişki evinizde yoğun etkilere sahip bir gökyüzü olacak. İlişkisinde sorunları olanlar, başkalarına karşı platonik duygular besleyebilirler. Evliliğinde uzun zamandır sorunlar yaşayanlar, ilişkilerinde bazı duyguların bittiğine ikna olacaklar.

• Tutumlu bir Koç burcuysanız; lüks tüketime yöneleceksiniz. Yıllardır kullandığınız arabanızdan bir kalemde vazgeçebileceksiniz.

• 1970-1984 yılları arasında doğan kardeşleri olanlar; ani aksilikler, sarsıcı gelişmeler, umulmadık boşanma haberlerinin gündeme gelmesiyle şaşırabilirler.

23 Ekim'de ise Güneş, kardeş burcunuza geçiyor. Ortak yönetici gezegeniniz olan Mars'ın geri gitmesi aynı sorunla-

rı paylaşacağınızı işaret ediyor. Yakın çevrenizde Akrep burcu tanıdıklarınız varsa benzer bir süreçten geçtiğinizi fark edeceksiniz. Miras, nafaka, boşanma, mal paylaşımı gibi konularda birbirinizden destek alabilirsiniz. Güven ilişkisine sığındığınız bugünlerde kalbinizin sesini dinlerken; şüphelerinizi yüceltmek istemeyeceksiniz.

KASIM

Hayatınızın en tuhaf, en değişik, belki de en garip sessizliğini deneyimlediniz. Yönetici gezegeniniz tüm hızıyla geri gitmeye devam ediyor. Merkür gerilemesi ile girdiğiniz kasım ayına çeşitli anlamlar yükleyeceksiniz. Hayatın anlamını çözmeye çalıştığınız bugünlerde kariyerinizi, çevrenizdeki etkileri kendi haline bırakmaya hazırlanıyorsunuz. Bu önemli süreç sizi sakinleştireceği gibi pişmanlıkları da silip atmanıza yardımcı olacak. Bu yıl belki de en çok tepkilerinizi kontrol edebilmeyi öğrendiniz. Coşkulu, çocuksu, enerjisi yüksek hallerinizi nihayet özünüzle birleştireceksiniz. Bu sefer her şeyi akışına bırakmayı tercih edebilirsiniz.

14 Kasım'dan sonra her şey değişecek!

Eylül ayından beri peşinize takılan mücadele gezegeni, 14 Kasım'dan itibaren düz seyrine giriyor. Bu ayın ilk yarısı sizin için gri, diğer yarısı ise aydınlık olacak. Hemen ardından Mars'ın dahil olduğu, ortalığı kasıp kavuracak Yeniay ile birlikte yeni başlangıçları bir çırpıda yapacaksınız. 2020 yılında sizi savuran, dertlendiren, ayrıştıran kişisel konuları geride bırakmaya hazırlanacaksınız. Sakin, ılımlı, gözlemleyen, duyarlı, öğrenen yanınızı büyük bir kazanım olarak göreceksiniz. Anlayışınızın artması, empati kurmada ustalığınız bu yılı geride bırakırken iyi şeyleri hatırlamanızı sağlayacak. Yeniay bu farkındalığı iyiliklerle süsleyecek.

- Su burcunda gerçekleşen Yeniay, insanların hırslı taraflarını görmenizi sağlayacak.
- Borçlarınızı planlamak için gökyüzünden destek alacaksınız.
- Yeni bir yaşam stili, beslenmenizde yapacağınız radikal değişimler, Yeniay'la birlikte hayatınıza girecek.
- Uzun yıllardır evli bir Koç burcuysanız, Yeniay geçmiş sorunları geride bırakmanız konusunda size destek verecek.

Duyarlı ve ruhsal bir ay!

Venüs'ün su burcuna geçişi ve 21 Kasım'da Güneş'in aynı burçta salınması tutkularınızı, arzularınızı gündeme getiriyor.

Aşkla birlikte gizli, kaçamak ilişkiler bu dönem popüler olabilir. Kendinize itiraf etmekte güçlük çektiğiniz duygularla tanışacaksınız. Sizden yaşça büyük birine ilgi duyabilirsiniz. Eğer öğrenci bir Koç burcuysanız, ailenizin onay vermediği kişilerle yeniden bir araya gelebilirsiniz. Yasaklara, sınırlamalara karşı gelemediğinizi fark edip, kendinizi mühürlenmiş gibi hissedeceksiniz.

Yılın son iki tutulması gerçekleşiyor.

Bu ayın son günü meydana gelen hava burcundaki tutulma, etkisini önceden göstermeye başlayacak. Hava burcunda meydana gelen 30 Kasım'daki Ay Tutulması size bambaşka tecrübeler kazandıracak. Yılın bu döneminde başka bir şehre ya da ülkeye taşınmak isteyebilirsiniz. Kimseye kin tutmak istemiyorsunuz. Bu yüzden sizi kıran insanlarla son kez yüzleşmeye hazırlanabilirsiniz. Evlilikleri yolunda gitmeyen ve bu yıl boşanma kararı alan Koç burçları, dostlarınızı, düşmanlarınızı tanıyacaksınız.

• Kafanızın en dağınık olduğu tutulma ile karşı karşıyasınız. Bu anlamda aylar önce aldığınız kararda şimdilerde net olmayabilirsiniz.

• Yakın arkadaşlarınızla yaşadığınız maceralı günler, dillere düşebilir.

• Dostlarınızın niyetlerini sorgulayacaksınız.

• Arabaya ilgisi olan Koç burçları, bu ay hayallerini gerçekleştirebilirler.

Kurumsal firmada çalışan Koç burçları; maaş zammı, bölüm içi yaşanan değişim, ani işten ayrılmalar Ay tutulmasının diğer gündemini oluşturabilir. Yalnız Koç burçları bu kış günlerini dolu dolu geçirirken oldukça sosyalleşecekler. Alımlı ve pırıltıyı seven Koç burçları tarzları ile dostlarının arasında orijinallik kazanacaklar.

• Baş döndürücü, etkileyici paylaşımlar ve yakınlaşmalar oluşabilir.

• Aşkta samimiyetinizi net bir şekilde ortaya koyacağınız günler yaşayacaksınız.

- İşkolik Koç burçları gündüzün yoğunluğunu geceleri gezerek çıkartabilecekler.
- Sosyalleşmenin doruklarını yaşarken cinsellik, tutku, deneyimler ön planda olacak.

Çevreniz de bu yıl büyük dönüşümlerden geçiyor.

Sadece siz değil, istisnasız yakın çevreniz de 2020 yılından nasibini doluca aldı. Kasım ayında yaşanan Ay Tutulması yaşananları kıyaslıyor olacak. Aynı anda birden fazla kişinin benzer durumlarda olduğunu öğrenebilirsiniz. Bilhassa 1970-1984 yılları arasında doğan bir Koç burcuysanız, sevdiklerinize yardımcı olmak isteyeceksiniz. Kariyer beklentilerinden semt değiştirmelerine kadar birçok konuda önerilerde bulunabilirsiniz.

ARALIK

Yılın son ayına hoş geldiniz. Ne badireler atlattınız, nelerden vazgeçtiniz; tek tek gözlerinizin önünden geçtiğine eminim. Yaşamınızın altın günleri aslında şimdi başlıyor. 2021 yılına girerken kazanımlarınızın kıymetini bileceksiniz. Aralık ayı sizin için yılın en yapıcı ayı olacak. Yılbaşına gönlünüz rahat hazırlanabilirsiniz. Gökyüzü uyumlu, detaycı, kusursuz planları bu ay sizin için geliştirecek. Yön değiştiren gezegenler, ekmeğini taştan çıkartabilen Koç burçlarına destek çıkacak. Yılın son gününe kadar beklediğiniz haberleri alabilirsiniz. En stresli Koç burçları; okul hayatı devam edenler; sonuç odaklı olmakta zorlanabilirsiniz ancak gelecek sizin için bir zümrüt pırıltısında olacak.

İlham perilerine ihtiyacınız olacak.

14 Aralık'ta ateş burcunda gerçekleşecek Güneş Tutulması sizi yakından ilgilendiriyor. Yeni yıl coşkusuna kapılan Koç burçları; tutku, arzu, ilham dolu günleri kucaklayacak. Tutulma gerçekleşirken size hareketlilik kazandırabilir. Ateş burcunda meydana gelen tutulma, kendi işinizin sahibi olmanızı desteklerken; çalışmayan Koç burçlarına ise yeni kariyer başlangıçları sağlayabilir.

- Yurtdışı iş imkanları, işten kaynaklı yolculuklar, spontane giden gündelik sorumluluklarınızı hızlandırabilir.
- Özellikle akademik çalışmalar yapıyorsanız, keşifçi, araştırmacı zihniniz sizin için daha da verimli olacak.
- Farklı deneyimleri tatmaya açık bir dönemdesiniz.

Esnek ruh haliniz sizi yeni, farklı kültürden kişilerle tanıştıracak. Tüm yılın kargaşasından dolayı yapamadığınız tatili bugünlerde organize edebilirsiniz. Kış aylarında tatil yapmaya alışık olmayan Koç burçları bu gezilerden mutlu ayrılacaklar. Yoğun ve yorucu günlerin ardından sizi yeni bir dönem bekliyor. Hırslarını rafa kaldıran Koç burçları endişelerini bastırabilecekler. Eskiden kafa yorduğunuz, aklınıza taktığınız konuları halledebileceksiniz. Artık kendinize karşı cömert ve iyi niyetli olacaksınız.

Sosyal hayatınıza odaklanıyorsunuz.

Son iki aydır yönetici gezegeniniz Mars'ın geri hareketini bir düşünün. Kabul edin size çok çektirdi. Neler yaşadığınızı en iyi siz biliyorsunuz. Tutulma esnasında Mars'ın artık düz seyirde olması dejavu tadında olayları önünüze dizebilir. Duygularınız, kararlılığınıza destek olacak.

• Eğer geçmişte, kariyerinizde ayağınıza kadar gelen fırsatı yakalayamadıysanız; yeniden geliyor, değerlendirebilirsiniz.

• Eğitim hayatı devam eden bir Koç burcuysanız, sorumluluk alanlarınız genişleyecek.

• Sosyal yaşamınızda mesainiz artacak. Bu kış günlerinde sık sık dışarıda zaman geçireceksiniz.

• Ebeveynlerinizi mutlu edeceksiniz.

Aralık ayı en anlayışlı, mutluluktan beslenen, naif ve kendinizle barışık olduğunuz bir ay. Başarı odaklı hareket ederken karakterinizdeki olumlu özellikler ortaya çıkacak. Ataletli kaldığınız her konuda adımlarınız net olacak. Çocuksu, coşkulu, samimi, içten hallerinizi nihayet yakalıyorsunuz. Deneyimleriniz sizi olduğunuzdan daha güçlü kılacak.

Hiç umulmayan ataklar sizden gelecek:

Yılın bu son günlerinde unutulmaz zamanlar sizi bekliyor. Dönüştürücü, toparlayıcı gökyüzünün ahengi size motivasyon verecek. Satürn ve Jüpiter'in eş zamanlı olarak hava burcuna geçmesi pratik zekânızı, yapıcı yanlarınızı devreye sokacak. Gezegenlerin geçişi ve kavuşumuyla deyim yerindeyse yüzyılların en sırlı kapıları aralanırken, özgüveniniz artacak ve hayatı arkanıza alacaksınız.

• Bekâr bir Koç burcuysanız, güveninizi kazanacak kişiyle tanışacaksınız.

• İnsanlar marifetlerinize hayran kalacak.

• Şehvetli, cazibeli, tutkulu tarafınız havadaki aşk esintisine eşlik edecek.

Hoşgörülü, samimi, dost canlısı yanınıza destek olacak bir süreç başlıyor. Bu özel gökyüzü olayı burcunuza destek olurken, yaşamınızı yeniden dizayn etmenizi tetikleyecek. Bu süreçte en büyük yol göstericiniz aklınız olacak! Duygularınızın sizi yanıltabilecek kuruntularını dinlememelisiniz. Öğreten gezegen ve şans gezegeni size hayatın mucizelerle dolu olduğunu gösterecek. İçinizden hiçbir şeyin aslında tesadüf olmadığını tekrarlayabilirsiniz. Bu aydan itibaren rastlantıların birer hediye olduğunu göreceksiniz.

BOĞA BURCU

OCAK

Hayatınızın belki de en yapıcı, en iyimser olduğu dönemi başlıyor. Dünyaya daha farklı bir pencereden bakacağınız bir yıla giriş yapıyorsunuz. 2019 yılında kader sizin için yeniden yazılmıştı. Şimdi kendinizi her anlamda hazır hissedeceğiniz, koskoca yeni bir yıl başlıyor. Ocak ayının ilk desteği kaygılarınızı bertaraf etmekle başlayacak. Artık daha net ve kendinden emin bir Boğa burcu sergileyeceksiniz. Geçtığiniz yıllarda irdelediğiniz, deneyim kattığınız konuların meyvesini toplayacaksınız. 'Yaptığım içimde kalmadı, ne istediğimi daha iyi biliyorum' dedirten bir döngüye hazırlanıyorsunuz.

2020 yılının şanı; kendinize zaman ayırmak olacak.

Eğitime ve araştırmaya bu ay daha çok önem vereceksiniz. Bu bir tesadüf değil! Devrim gezegeni Uranüs size geçmişi geride bıraktırırken, öğrenmenin, eğitimin peşine takacak. Aynı zamanda hayatınızdaki dalgalanmaları dinginleştirmeye çalışabilir. Zodyak'ın toprak elementli sabit burcu olarak, 2020 yılı sizin için değişimi, dönüşümü temsil ediyor. Ne istediğini bilen tarafınızı da sabitleyeceksiniz. Yılın ilk tutulması, öncü su burcunda meydana gelecek. Ay Tutulması 10 Ocak'ta meydana gelip size 2019 yılının Temmuz ayında yaşadıklarınızı hatırlatırken, bir zamanlar el olanları kapınıza getirecek.

- Geçen yaz aylarında içinizde kalan, bir türlü tamamlayamadığınız konular şekillenebilir.
- Olumsuz fikirlerinizden kurtulacak, kendinizi eleştirdiğiniz konularda barışçıl olacaksınız.

• İnsanları olduğu gibi kabul etmeniz kolaylaşacak.

• Sonuç odaklı davranmanız kariyer evinizde olumlu etkiler bırakacak.

Ay'ın kendisini yönettiği burçta tutulması sizi yakından ilgilendiriyor. Tam anlamıyla duygunuza farklı bir boyut kazandıracaksınız. Ailenizde sorunlu gördüğünüz, depresif, kendinizden uzak tuttuğunuz kişilere karşı affedici olacaksınız. Ay Tutulması her ne kadar melankoli oluştursa da ailede yaşanan ani olayların şerden hayra dönüştüğünü fark edeceksiniz.

Uranüs ile yan yanasınız!

Burcunuzda geri giden Uranüs, 15 Ağustos'a kadar size rehber olacak. Yaklaşık 6,5 ay boyunca jenerasyon gezegeni geri gidecek. Kişisel olarak esneklik, değişim, sakinlik kazanmanızı sağlarken yeteneklerinizi de besleyecek bir döngü başlıyor.

• 1975-1982 yılları arasında doğmuş bir Boğa burcuysanız; işinizde önemli bir pozisyon değişikliği yaşayabilirsiniz. Doğduğunuz yıllarda Uranüs'ünüzün Akrep burcunda olması hayatınızı daha da genişletmeyi hedefliyor.

• Dijital medya, teknoloji alanında çalışanlar, eğitim görenler için devrim niteliğinde yenilikler oluşabilir.

• Yeme içme düzeninizde büyük değişiklikler yapmak zorunda kalabilirsiniz.

2018 yılındaki Uranüs döngüsü ile benzerlikler söz konusu. İki yıl önce ağustos ayında yaşadıklarınız önünüze gelebilir.

• Evli bir Boğa burcuysanız, eşinizin ailesine dair geçmişte yaşanan konuları öğrenebilirsiniz. Ekonomik şartları yeniden düzenleyen Boğa burçları da olacak. Hiç deneyimizin olmadığı alanlarda atılım yapabilirsiniz.

Gökyüzünde yalnız gezen gezegen yok!

Gök kubbede ardı ardına yaşanan kavuşumlar bu ay dikkat çekici olacak. Toprak endeksli Satürn- Plüton kavuşumu dünyayı değiştirirken, 9. Evinizde etkili olacak. Ya kariyerinizle ilgili tarih yazacaksınız ya da yıkıp yeniden başlayacaksınız. Bu kavuşumu arkanıza alırsanız kariyerinizde son 7 yıldır beklemede olan her türlü konuyu çözersiniz.

- Eğitim için yurtdışında olan Boğa burçları yılın en mükemmel fırsatını yakalayabilir.
- Yurtdışına çıkmaya hazırlanan bir Boğa burcuysanız; evraklarınıza, eksik kalan işlemlerinize dikkat etmeniz gerekebilir.
- 1969 Mayıs- 1971 Mayıs tarihleri arası doğduysanız Satürn'ünüz de Boğa burcunda. Bu süreç sizi yakından ilgilendiriyor, herkesi şaşırtacaksınız.

Boğa burçlarını bol bol iş ve eğitimden kaynaklı yolculuklar bekliyor. Bu seyahatlerde kültürel birikimleriniz yükselecek. İlgi duyduğunuz alanlara karşı araştırmacı yanınız gelişebilir. Gastronomi, tıp, mühendislik, tasarım, dijital gibi başlıklarda yurtdışı deneyiminiz artabilir. Adaleti temsil eden evde etkili olan bu kavuşumlar, aynı zamanda yaşama bakış açınızı sıradan olmaktan kurtaracak. Eğer 2016 yılından beri devam eden bir davanız varsa, bu konuda olumlu gelişmeler yaşayabilirsiniz.

ŞUBAT

Yılın en kısa, en duygusal ayına hoş geldiniz. Gökyüzü bu ay sizi olabildiğince duyarlı ve bir o kadar da ilginç yapmayı planlıyor. Şubat ayı kendi içinde sürprizlerle dolu olacak. Hiç tahmin etmediğiniz yanlarınız ile tanışabilirsiniz. Çünkü mücadele gezegeni Mars ve yönetici gezegeniniz Venüs benzer noktada olacak. Birlikten kuvvet doğarken, gezegenler yaşamınıza yenilik katacak. Duyarlı ama girişken olamadığınız alanlarda hız almanızı sağlayacak. Diğer yandan şubat ayı sizin için ilişki odaklı bir ay olabilir.

- İlgisizlikten şikâyeti olan Boğa burçları eşleri ya da sevgililerine serzenişlerde bulunabilirler.
- 1999-2000 yılları arasında doğduysanız sadece burcunuz değil Satürn'ünüz de Boğa burcunda. Bu durum duygularınızın da görünüşünüzün de değişeceği anlamına gelir. Sizin döneminiz başlıyor!
- Yaşam alanınıza dair değişiklik yapmak zorunda kalacağınız şartlar ortaya çıkabilir.

Kabuğunuza çekilmeyi tercih edebilirsiniz.

Bu ayın ilk yarısında kendi halinizde kalacaksınız. Sosyal aktivitelerde yer almamak tercihiniz olacak. Kendinize zaman ayırmak ve kafanızı karıştıran olaylardan uzak durmak isteyebilirsiniz. Sağlığınıza daha bir özen gösterirken hobilerinize, kısa süreli kurslara yönelmeyi tercih edeceksiniz.

Görüşmek istediğiniz kişi sayısı azalabilir.

Ailesinden uzakta yaşayan Boğa burçları özlem duygusunu bastırmak için kısa süreli ziyaretler gerçekleştirebilirler. Aşk konusunda kendisini şanssız görenler, karşı cinsle yakın arkadaş kalmayı tercih edecekler. Yılın bu mevsimi sakin geçerken, Merkür devreye giriyor. Geri hareketine başlayacak olan iletişim gezegeni, 17 Şubat'tan itibaren etkili olacak.

- Düzenli spor yapmaya başlayabilirsiniz.
- Yardım kuruluşlarında gönüllü çalışmak isteyebilirsiniz.

• Duygusal beklentileriniz yeniden artabilir.

Yılın en kısa ayında, koşullar ne olursa olsun kriz yönetmek misyonunuz olacak. Ayın başında tercih ettiğiniz yalnız kalma ihtiyacınız son bulacak. Daha çok kalabalıklara karıştığınız, yeni insanlarla tanıştığınız bir dönem başlıyor. Grup çalışmaları, ortak projelerde yer alma heyecanınızı destekleyecek. Zaman zaman bazı aksiliklerle karşılaşsanız da her koşulda hamarat, becerikli yanınız devrede olacak.

Bazı işlerinizi zamana yaymanız gerekecek.

İletişim gezegeninin 10 Mart'a kadar etkisinden kurtulmak zor. Hiç planınızda olmamasına rağmen ekstra sorumluluklar üzerinize yıkılabilir. Ancak bazı konuları zamana yaymanız gerekecek. Kontrolünüzün dışında gelişen konulara müdahale etmek zor gelebilir.

• Kimlik, ehliyet, vize, pasaport işlemleriniz uzayabilir.

• Sizden bağımsız planlanmış toplantılar ertelenebilir.

• Kriz yönetme şekliniz yöneticiniz tarafından yakın takibe alınabilir.

• Uçak, tren, otobüs saatlerini kaçırmak gibi sorunlar yaşayabilirsiniz.

Dakiklik, titizlik, nizam, sakinlik bir arada yönetmeniz gereken durumları temsil edecek. Sadece sinirleri alınmış gibi davranan Boğa burçları bu sınavdan başarı ile geçebilecek. Eğitimi devam eden bir Boğa burcuysanız, tez aşamasını hassasiyetle takip etmeniz gerekebilir. Dikkat!

Başkalarını dinlemekte üstünüze yok!

İstediğiniz zaman adeta bir psikolog görevi gördüğünüzü bu ay daha da net anlayacaksınız. Dertlerini sizinle paylaşan dostlarınızın sayısı artacak. Bu evrede sırlarını saklamak, sıkıntılarını unutturmak için yanında yer alacağınız kişiler olacak. Merkür Retro'su kırılan kalpleri ifşa edecek. Kapalı kapılar ardında kalan küçük günahları öğreneceksiniz. Yargılamadan, yadırgamadan desteğe ihtiyacı olacak insanları yalnız bırakmayacaksınız.

Yanlığa katlanamayan Yeniay!

23 Şubat'ta su burcunda bir Yeniay meydana geliyor. Yeniay kendinizi, isteklerinizi irdelediğiniz bir dönemi temsil edecek. Eksik kaldığınız, sorumlu olduğunuz her ne varsa odaklanmanız gerektiğine vurgu yapacak. Yüreğinizin affedemediği olaylar karşısında duygularınızı paylaşma konusunda daha da şeffaf davranabilirsiniz. Dedikodu kaynaklı duyumlara ani tepkiler vermeden sıyrılabileceksiniz. Bu durum ilişkinizin en önemli engelini aşmanızı sağlayabilir.

- Evli bir Boğa burcuysanız, ilişkinizde anlayışlı tavrınız, paylaşımlarınız artacak.
- İlişkisine renk katmak isteyenler ise eskisine oranla daha sosyal olacaklar.
- Günlük ihtiyaçlara, rutine boğulduğunuzu fark edeceksiniz.
- Abartılı duyguları tetikleyen Yeniay libidonuzu da artıracak. İlişkinize daha sıkı sarılacaksınız.

Algılarınız, rüyalarınız, sezgileriniz bu dönem artacak. Çocukları olanlar için hassas günler olabilir. Şubat ayının en uzun günleri, ayın son günlerinde yaşananlarla test edilecek. Kurgudan uzak, abartıdan sıyrılmış ruh halinize 26 Şubat günü yetişecek. Gökyüzündeki güçlü gezegen kavuşumları iddialı olduğunuz konuda hakkınızı almanızı sağlayacak.

MART

2020 yılının en hızlı ayına hoş geldiniz. İlgi görmekten, sevilmekten hoşlanan, naif hislere sahip bir burçsunuz. Nihayet, rengârenk günler sizi bekliyor. Gökyüzü yıldızınızı parlatacak! Sizin için çok önemli bir döngü ve ön plana çıkmanızı sağlıyor. Mart ayının kapısında yönetici gezegeninizin burcunuza geçişi var. İyimser, pozitif, sevdiklerine jest yapmayı seven yanınız tam anlamıyla ortaya çıkacak. Sevginizin öne çıktığı bugünlerde sosyal hayatınız daha da renklenecek ve genişleyecek. Burcunuzda yücelen Venüs; aşk, ilişkiler, sevmek, sevilmek gibi olguları yeşertecek. Ailenize karşı paylaşımlarınız ve ilginiz de artacak.

Kabuğunuzdan sıyrılıyorsunuz.

Venüs 5 Mart'ta burcunuza yerleşiyor. Tüm ay boyunca hayatınızı iyileştirecek, kendinizi iyi hissetmenize yardımcı olacak. Daha yapıcı, toleransı yüksek, yüzünüzde güllerin açtığı bir dönemi temsil edecek. Baharın ilk işaretini veren aşk gezegeni, ilişkilerde paylaşımcı tarafınızla besleyecek.

- Kendinize fiziksel olarak özen göstereceksiniz.
- Âşık olabilirsiniz!
- İlişkinizde cazibe, cinsel çekim artıyor.
- Birden fazla kişinin ilgisine maruz kalabilirsiniz.
- Evli Boğa burçları; monoton giden ilişkilerini tazeliyorlar.

En özel gün!

8 Mart'ta yönetici gezegeniniz Venüs, jenerasyon gezegeni Uranüs'ün tam kalbinden geçecek. Hayatınızın belki de en enteresan haberlerini alabilirsiniz. Bu dönem başlayan işlerinizin ayakları yere sağlam basacak. Ömürlük, uzun vadeli kariyer planı yapmak için kendinizi hazır hissedeceksiniz. Bu süreçte maddi konularda huzur arayışınız artacak. Beklediğiniz paranın geç de olsa gelmesi güvende hissetmenizi sağlayacak. Sanatsal yeteneği olan Boğa burçları; bu alanlarda kazanç sağlayabilirler.

Bahar Ekinoksu!

20 Mart'ta Güneş öncü burca yerleşirken, bahar ekinoksu meydana geliyor. 12. Evinizde etkili olacak. Ataklarınızı tetikleyen, korkularınızı yükselten olayları geride bırakmanızı sağlayacak. İyicil, iyileştirici etkilere sahip olan Güneş'in konumunun şifacı bir yanı olacak. Bazı konuları abarttığınızı, bunlardan beslendiğinizi, bazı detayları gereksiz yere uzattığınızı fark edeceksiniz. 2020 bahar ekinoksu; kaygı ve korkularınızı yönetirken, bahar temizliği etkisi yaratacak. Bilinçaltına yüklediğiniz konuların üzerine gidebileceksiniz.

• Bir türlü çözemediğiniz konuları netliğe kavuşturabilirsiniz.

• Yaşadığınız mekânı renklendirmek, stil yaratmak isteyeceksiniz. Evinize yeni eşyalar alacaksınız.

• 1960-1969 yılları arasında doğanlar, çocuklarının ilişkilerine kafa yormak isteyecekler.

Sevgili Boğa burçları, 23 Mart'ta savaş gezegeni Mars, yer altı gezegeni Plüton ile toprak burcunda kavuşuyor. Yurtdışında yaşayan sevdikleriniz ile ilgili ani olaylar duyabilirsiniz. Yeniden evlenenler, ikinci baharını yaşamak isteyenler, şehir değiştirme kararı olanlar gündeminizi oluşturacak. Amaçların belirlendiği bu dönemde nüfuslu insanlarla tanışabilirsiniz.

Öncü burçta Yeniay meydana geliyor.

12. Evinizi etkisi altında bırakan Yeniay, hayatınızdaki endişeleri törpülemenizi sağlayacak. Anne ailesine dair konular gündeminizde yer alabilir. Eğitimde, iş bulmanızda size destek olan, yardımını her zaman hissettiğiniz bir aile büyüğünüze karşı vefanızı göstermek isteyeceksiniz. Nostaljik, koruyucu, sahiplenici yanınızı keşfedenler sizi hayranlıkla izleyecekler. Eğer sürekli baş ağrılarınız varsa, alternatif çözümlere başvurmak isteyebilirsiniz. Bu ay sağlığınızla ilgili ufak tefek konuları bilinçaltınızda büyütebilirsiniz. Kendinizi sürekli internette araştırma yaparken bulabilirsiniz.

• Net ve sade ilişkilere açık olacaksınız. Gizemli insanlar ilginizi çekmeyecek.

• Para harcama konusunda dikkatli olurken, yanlış anlaşılabilirsiniz.

• Merhameti ile gönlünüzü çalacak eski ilişkiniz, kafanızı karıştırabilir.

Gündelik rutininize dikkat edin.

25 -31 Mart tarihleri arasındaki günler sizin için önemli olacak. Öncü burçlarda ve sabit burçlarda meydana gelen üst üstte kavuşumlar, kişilerin eş zamanlı olarak sağlık sorunları yaşayacağını işaret ediyor. Küçük ev kazalarına bu dönemde dikkat etmeniz gerekecek.

NİSAN

Tarihte az rastlanır, herkesi karşı karşıya getirecek 2020 yılının nisan ayı bir başka olacak. Gök kubbe, inanması güç olayları işaret edecek. Bu iddialı cümleleri söyleten nisan ayının gökyüzü hareketleri oldukça kalabalık. Şans ve yer altı gezegeni kavuşum yaparken kendisine son derece güvenen, hiçbir şeyi beğenmeyen, eleştiren insanların yaşamlarını deşifre edecek. Hem de ne çözülme! Sırları, enteresan ilişkileri, gizli görüşmeleri öğreneceksiniz. Toprak burcunda meydana gelen bu kavuşumlar duygusal bir döneme girmenize neden olabilir. Soğukkanlı tavrını her koşulda koruyabilen Boğa burçları, bu evrede tepkilerini ölçmede zorluk çekebilirler. Dinleyen, gözlemleyen yanınızı ancak 10 Nisan'dan sonra yönetebileceksiniz.

Sizi bu kadar şaşırtacak ne olabilir?

Enteresan skandallarla dolu nisan ayı, büyük resmi görmenizi sağlayabilir. Öncelikle ikili ilişkiler, dostlarınız, ailedeki bireyler gündeminizde olacak. Çıkar ilişkileri gözünüze batacak. Gözlemci kalmayı becerebilen Boğa burçları; bu ay bittiğinde ne kadar güçlü bir duruş sergilediklerini fark edecekler. Size anlatılanlarla gerçeklerin uyuşmaması kırgınlık yaratabilir.

- Bir yakınınızın gerçekten neden boşandığını öğreneceksiniz.
- Maddi çıkarları için sizi geri planda tutan ortağınızın niyetini çözeceksiniz.
- Bir yakınınızın evli olmasına rağmen yasak ilişki yaşadığını fark edeceksiniz.

Güven bir kale gibidir.

Sizin için hiç koşulsuz en önemli olgulardan biri de güven. Yönetici gezegeniniz hareketli bir burca yerleşecek. Hızlı, en hareketli tartışmaların içinde gözlemci kalmayı yeğleyeceksiniz. Güven evinizde etkili olan bu geçiş, kime ne kadar itimat edeceğinizi işaret edecek. Elinize bir miktar para geçebilir. Eksiklerinizi tamamlamak isteyebilirsiniz ancak tutulma yazı yaklaşıyor.

Eğer bu sıralar ekonomik düzeninizi kontrol edebilirseniz, ileride kendinize teşekkür edeceksiniz. Bir süredir elden çıkarmak istediğiniz aracınız varsa, değerinden daha yüksek bir miktara satışı gerçekleşebilir. Yönetici gezegeniniz sizi eğlencesi bol ortamlara da sokuyor. Konuşkan, dedikodusu bol, yaşça daha genç insanlarla sık sık ev partileri düzenleyebilirsiniz.

Doğum gününüz yaklaşıyor!

19 Nisan'da Güneş burcunuza yerleşiyor. Bir ay boyunca size bambaşka bir dönemi vaat edecek. Bu sıralar doğum gününü kutlamaya hazırlanan Boğa burçları 2020 yılının ince ince işlediğini fark edecekler. Planlarınızı bu sıralar daha net uygulama şansınız olacak. 23 Nisan'da desteklenen gökyüzü, burcunuzda Yeniay'ı meydana getiriyor. Çocuklar kadar şen olacaksınız.

- Uranüsyen Yeniay; 1960-1969 yılları arasında doğan Boğa burçlarına yenilik katacak.
- Görmezden gelinen konularda ne denli haklı olduğunuzu ispat edeceksiniz.
- Son 7 yıldır iş koşullarından mutsuz olan Boğa burçları, farklı bir arayışa gidebilir.

Beş yıldızlı gün!

26 Nisan günü Güneş-Uranüs kavuşumu meydana geliyor. Yılın sizin için en önemli gününü temsil edecek. Bugün kendinizi şımartın, tabuları, kalıplarınızı yıkın. Sizin için özel bir dönem başlıyor, keyfini çıkarmaya bakın. Sevildiğinizi, değer gördüğünüzü fark edeceksiniz.

İletişim gezegeni Merkür, burcunuzda!

27 Nisan'da Merkür burcunuza geçiş yapacak. Hızlı akan günlerin ardından zekice, mantıklı bir şekilde işlerinizi kovalamanızı sağlayacak. Zodyak'ın prestijli burçlarından biri olarak bu dönemin avantajını hissedeceksiniz.

- Ulaşmak istediğiniz kişilerle iletişim sağlayabilirsiniz.

- İş arkadaşlarınızla görevleri adaletli bir şekilde paylaşabileceksiniz.
- Suiistimal ilişkilere kapınızı kapatacaksınız.
- Küçük seyahatlerinizi planlayabileceksiniz.

Tarzını değiştirmek konusunda tutucu olan Boğa burçları, radikal seçimleri ile dikkat çekecekler. Kendinize zaman ayırmak, dinlenmek, adaletli yanınızla barışmak için huzurlu bir ay olacağını vurguluyor gezegenlerin seyri. Şimdiden yaz ayları için planlarınızı ufak ufak detaylandırmak isteyeceksiniz.

MAYIS

Sevgili Boğa burçları, mayıs ayı sizin ayınız. Ayın ilk günü iletişim gezegeni burcunuzda hareket etmeye başlayacak. Devrim gezegeni Uranüs ile de kavuşacak. İş, para, ekonomik koşullar gibi alanlara vurgu yapacak. Fikir geliştirmek, ortak projelere göz kırpmak bu ayın temasını oluşturacak. Özellikle ilk iki hafta sizi destekleyen güzel gelişmeler olabilir. Son 7 yıldır kendi işini yapan, eğitim aldığı alanda kariyerini planlayanlar için de ekstra avantajlı bir gökyüzü var. Ayın diğer gündemi ise Venüs olacak. Aşk ve zarafet gezegeni, yönetici gezegeniniz, hava burcunda geri gitmeye başlayacak. Neler getireceğine birlikte bakalım.

• Kendi işini yapan Boğa burçları inanılmaz fikirler geliştirebilecek.

• Hiç ummadığınız kişilerden iş imkânları doğabilir.

• 1-5 Mayıs günlerinde yaşanacak ilginç buluşmalar yeni girişimlere sebep olabilir.

Fikirleriniz bir anda muhataplarınıza cazip gelecek. Uzun zamandır hayal ettiğiniz kişilerin ve projelerin kariyer planınıza dâhil olduğunu göreceksiniz. Mayıs ayının en gri rengi ise su burcundaki Dolunay olacak. Ciddi meseleleri gündeme getirecek. Türkiye'yi de yakından ilgilendiren bir süreç bu. Sabit elementin su grubunda meydana gelen Dolunay, ilişki ve evlilik konularına vurgu yapabilir.

Kural belli az insan az konuşma.

7.Evinizde etkili bir döngüden bahsedeceğim size. Evlilik ve ilişkilerde arada kalacaksınız. Eğer sorunlu giden bir ilişkiniz varsa; bir kat daha dikkatli olmanız gerektiğinin altını çizecek gökyüzü. Bir anda gündeminizin değiştiğine tanık olacaksınız. İşlerine odaklanan Boğa burçları eşlerini ihmal ettiklerini düşünebilirler. Sosyal hayatın coşkusuna kapılanlar için de tehlike çanları çalacak.

• Sebepsiz gibi görünen ani tartışmalar sıklaşabilir.

• Kolay kolay büyük laflar etmeyen Boğa burçları iddialı davranabilirler.

• Sınırları çizen, eleştirileri reddeden taraf siz olabilirsiniz.

Dolunay'ın savunma yaptıran bir yönü olacak. Köşeye sıkıştığını düşünenler için tartışmaların boyutu uzayabilir. Küslükler uzun vadeye yayılabilir. Burcunuzun tam karşısında gerçekleşen bu gökyüzü olayı, güven ilişkisini de sorgulatacak. Sadık, itaatli, geleneksel yönlerinize dokunulmasından hoşlanmayacaksınız. Aşk ve cazibe gezegeni Venüs'ün geri hareketi ile taşlar bir süreliğine yerine oturmayabilir.

Yanılmadığınızı kanıtlayacaksınız.

Yönetici gezegeniniz Venüs, hava burcunda geri gidiyor. 'Bir bu eksikti' dediğinizi duyar gibiyim. 2. Evinizde etkili olan gerileme aşk, güven, sadakat, para ilişkisini merceğine alacak. Zarafeti temsil eden Venüs, 13 Mayıs'tan 25 Haziran'a kadar 44 gün boyunca geri hareketini sürdürecek. Telaşlı, konuşkan, iletişimi aksatan bir Venüs düşünün. Bir de üstüne ilişkileri, para konularını yan yana getirecek. Bir süre sonra aslında neye, neden itiraz ettiğinizi siz bile unutabilirsiniz. Kendinizi tanımakta güçlük çekebilirsiniz. Çünkü yönetici gezegeniniz hızlı düşünen, pireyi deve yapan bir burçta geri gidecek.

• Devamlı savunma yapan bir Boğa burcuna dönüşebilirsiniz.

• 44 gün boyunca kıskançlıklarınız artabilir.

• Evden ayrılmayı, odaları ayırmayı bile düşünebilirsiniz.

• Lüks harcamalarınızda artış olabilir.

• Stilinizi, saç renginizi, saç şeklinizi takıntı haline getirebilirsiniz.

Aynalarla barışık Boğa burçlarından 44 gün boyunca eser kalmayacak. Sevdikleriniz sizin sakinliğinizi, esnek yanlarınızı özleyecek. 13 Mayıs-25 Haziran günleri arasında yönetici gezegeniniz geri giderken giyiminizden kuşamınıza kadar memnuniyetsizliğiniz artabilir. Herkesin evet dediğine siz hayır diyeceksiniz. Güven konusu da gündeminizde olabilir. Eğer ortağınız yahut birlikte proje çalıştığınız bir okul arkadaşınız varsa, sizden bir şeyler sakladığını düşünebilirsiniz.

En tehlikeli tarihe dikkat dikkat!

Venüs, iletişim gezegeni Merkür ile 22-25 Mayıs tarihleri arasında kavuşuyor. Asla tahmin edemeyeceğiniz kişilerin bağımlılıklarını, olumsuz alışkanlıkları duyabilirsiniz. Venüs'ün geri hareketine eşlik edecek bu kavuşum, insanların kendilerini ispat süreçleriyle de şekillenecek. Sizi ikna etmeye çalışanların, yanlışı düzeltmek için dil dökenlerin sayısı hayli artacak.

• Hemcinslerinizle fikir çatışmaları yaşayabilirsiniz.

• Alınganlığınız artabilir, arkanızdan konuşulduğunu düşünebilirsiniz.

• İşten çıkarılacaklar arasında olduğunuz konusundaki kaygılarınız artabilir.

• Hem kavuşum hem de Retro, içinizdeki şüpheleri dalga dalga yayabilir ve sizi huzursuz edebilir.

Enteresan kırılmaların olduğu bir dönem.

Yönetici gezegeniniz geri giderken yaşam alanınız gözünüze batacak. En sevdiğiniz mobilyanıza ya da değer verdiğiniz bir eşyanıza zarar gelebilir. Aksiliklerin peşi sıra devam ettiği bugünlerde beklenmedik küçük sürprizler de var. Yalnızlığa alışan Boğa burçlarının eski ilişkileri yeniden alevlenebilir. Karmaşık geçen bu dönemde yeni ilişkilerin filizlendiğini de fark edeceksiniz. Sevgili Boğa burçları; boğaz ağrısı, tiroit, ses tellerinde iltihaplanma gibi sorunlar, mayıs ayının gündemine yerleşebilir.

HAZİRAN

Bu yılı güçlü yapan, şifreleri çözen döngü yeniden başlıyor. Farklı köşelerde gerçekleşen tutulma ayına hoş geldiniz. Bu ayın tutulmaları yönünüzü yenileyecek. Ay Düğümlerinin burç değiştirmesi; görüşlerinizi etkileyecek ve iletişim adına önemli günler yaşatacak. Son iki yıldır engel olamadığınız, sorunlu değişimlerden geçtiniz. Şimdilerde ise kasıtlı, bilinçli küçük farklılıkları yaşamınıza yedirmek istiyorsunuz. Hayatınızın bazı yönlerini aydınlatmaya ihtiyacınız olacak. Uzun vadeli girişimler için zamanı kaliteli kullanmak isteyeceksiniz. Ay Düğümleri ile iletişim kuran tutulmalar birbiriyle itici güç oluşturacak. İş yükünüz yıl sonuna kadar uzayabilir. Bu aydan itibaren profesyonel yaşamınızda samimi ilişkiler kurabileceksiniz.

Ay Tutulması hayatınızda belirleyici olacak.

5 Haziran akşamı gerçekleşecek ateş burcundaki Ay Tutulması, Türkiye'den gözlemlenecek. Bu durum yaşamınızda tutulmanın etkisini ve fonksiyonunu belirleyecek. Tutulma, yakınlarınıza destek vereceğinizi, sizin de yardımlara açık olacağınızı işaret ediyor. Bağlı kaldığınız değerleri, garantide gördüğünüz konuları süzgeçten geçirmenizi sağlayacak. Eviniz ve işiniz ile ilgili denge oluşturmanız gerektiğine de vurgu yapacak. Aile içindeki huzurunuz bu tutulmanın getirileri ile şekillenebilir.

- Duygusal manipülasyonlara kulak asmayacaksınız.
- Ailedeki belli konuları düzene oturtmak isteyeceksiniz.
- Herkese koşulsuz sorumluluk almayı öğreteceksiniz.

Kendi yaşam alanınızı geliştirmeye çalışırken, finansal konuları, son ayda artan gelirinizi farklı bir yatırımla değerlendirmek isteyebilirsiniz. Ateş burcundaki tutulma hukuksal problemleri olan Boğa burçlarına şans getirebilir. Gökyüzü uzun zamandır devam eden davaları sonuca bağlayacak. Ay Tutulması adalet ve haklar konusunda size ödül getiriyor.

Çıkar ilişkisi değil içtenlik kazanacak!

2020 yılının Haziran ayı, profesyonel cephedeki durumunuz

için aktif bir süreci temsil edecek. Zamanınızın çoğunu rutin işleri düzene sokmakla, acil mücadele gerektiren konulara vakit ayırmakla geçirebilirsiniz. Cesaretinizi kanıtlamak için tutulma döngüsü iyicil sinyaller oluşturacak.

• Kredi ödeyenler taksitlerini tamamlamak için farklı düzenlemelere gidebilir.

• Kendi işini yapanlara tutulma süreci disiplin kazandıracak.

• Para konularının öne çıktığı bu süreçte, gelir gider tablosunu yöneteceksiniz.

Tutkuyu vadeden bir Ay tutulması.

Arzularınız, ikili ilişkilere dair iletişiminiz, sezgileriniz bu dönem artabilir. Sevdiğiniz kişi ile aranızdaki iletişim yoğunluk kazanabilir. Aynı anda birbirinizi düşünmek, aynı anda iletişime geçmek gibi benzer çekimleri eş zamanlı yaşayabilirsiniz. Sözlerle değil bakışlarla anlaşabilen Boğa burçlarının sayısı artacak. 8. Evinizde gerçekleşen tutulma etkisi savaşçı ruhunuzu keşfettirecek. Yeni işe girenler; hatırı sayılır görünmek, saygı görmek için baskın tavırlar sergileyebilirler.

21 Haziran Güneş Tutulması.

Bu yılın ikinci tutulması öncü su burcunda meydana gelecek. 2019 yılının yaz aylarına benzer bir seri gelişmeye tanık olacaksınız. Geçmişten bu zamana hedeflediğiniz ama yapamadığınız konuları hızlıca çözmenizi sağlayacak. Ay tutulurken hiçbir şeyin eskisi gibi içinizi acıtmadığını hissedeceksiniz. Daha hızlı ve pratik olabileceksiniz. Problemlere analitik çözümler bulabileceksiniz. Duyarlılığınızı yönetirken bilgiye önem vereceksiniz. Kimsenin sizi talan etmesine izin vermeyeceksiniz.

• Yazan, araştırma yapan Boğa burçları, eğitim alanında başarılı olabilecekler.

• Proje bazlı çalışanlar tutulmayla birlikte gelen teklifleri kabul edecekler.

• Kurumsal yerde çalışan, satış, pazarlama, halkla ilişkiler alanlarında uzman olanların önü açılacak.

Kısa mesafeli yolculukları organize ettiğiniz bir dönem. Aile büyüklerini de temsil eden tutulma onların sağlıklarıyla ilgili gelişmeleri işaret ediyor.

• 1984- 1998 tarihleri arasında doğan kardeş, kuzen veya yakın akrabalarınız varsa, evlilik haberlerinin yanı sıra çocuk sahibi olacaklarını da bu dönemde duyacaksınız.

• Eğer çocukları olan bir Boğa burcuysanız; okul tercihleriyle ilgili güzel sürprizler evinizi sarıp sarmalayabilir.

TEMMUZ

Yeteneklerinizi test edeceğiniz bir ay olacak. Öncü ağırlıktaki gökyüzü ilerlemeniz, yön bulmanız için size dayanma refleksi verecek. Planlarınızı biraz daha öteye taşımak isteyeceksiniz. Hiç mi engellerle karşılaşmayacaksınız? Elbette ki gezegenlerin bu kadar aktif olduğu bugünleri çabalamadan atlatmak pek mümkün olmayacak. Önünüze gelen dersleri öğreti olarak kabul edeceksiniz. Sizi yanıltan, yanlış yola teşvik edenler de olacak. Ancak sabırlı bir Boğa burcu olarak, inandığınız her konuda tutarlı olacaksınız. Satürn'ün öncü burçtaki geri hareketi ile temmuz ayına giriyoruz. Donanım, tertip, organize olmak açısından kıymetli bir dönem olacak.

Potansiyelinizi ölçmeniz gereken zamanlar.

Ayın ilk gündemini öğreten gezegen Satürn belirliyor. Toprak burcunda geri giden bu gezegen hayata geçirmek istediğiniz planları toparlamanızı sağlıyor. Enerjinizi, kapasitenizi fark etmenizi de sağlayacak. Eğitimle ilgili düzenlemelerinizi gözden geçirebileceksiniz. En başta da yüksek eğitim için yurtdışında olan Boğa burçlarını yakından ilgilendiriyor. Çünkü yaz dönemi ailenizi ziyaret etmek için yaptığınız planlar şimdilik iptal olabilir. Sizi kariyer adına daha önemli günler bekleyebilir. Yaz günlerini kendinizi geliştirmek için kullanacaksınız.

- 1989-1998 doğumlu Uranüs'ü Oğlak olan Boğa burçları; rehavete kapılmadan, yaşıtlarına göre daha bilinçli hareket edebilecekler.
- Öğrenmeye açık, bilgiye önem veren Boğa burçları, kendileri için yatırım yapmaya devam edebilecekler.
- Çok istediğiniz bir bölümde staj yapma, proje temelli çalışma imkânız doğabilir.
- Eğitim aldığınız bölümde bir kademe daha ilerleyerek, eğitmen olmayı düşünebilirsiniz.

Gökyüzü katı fikirleri desteklemiyor.

Geleneksel yapıdaki kişileri esnetmeyi vadeden bir gökyüzü var. Eğer ebeveynleriniz arasında kalıplarının dışına çıkamayanlar varsa fikirlerinin, inançlarının tamamen değiştiğine tanıklık edebilirsiniz. Devrim gezegeni Uranüs bir ileri bir geri giderken, Satürn'ün de geri gittiği bugünlerde sabit fikirli kişilere devinim kazandırıyor. Emektar yanınızı, toparlayıcı vasıflarınızla şekillendirebileceksiniz.

• Bu evrede size en çok destek olan kişiler aile büyükleriniz olacak.

• Sizden gizlenen sırları öğreneceksiniz.

• Bu süreçte varsa kardeşlerinizin ya da kuzenlerinizin fark etmediğiniz huylarına tanıklık edeceksiniz.

Sağlığınıza bu sıralar önem vermelisiniz.

Satürn öncü burçta geri giderken, geçmişte üzerinde durmadığınız belli rahatsızlıkları gündeme taşıyacak. Mide, bağırsak, diz gibi bölgelerde duyarlılığınız artabilir. İdare ettiğiniz bu problemlerinizi doktor kontrolüne bırakmanız gerekecek. İhmali affetmeyen bir döngüdeyiz sevgili Boğa burçları. Ufak sorunlar bugünlerde sağlığınızı tehdit edebilir.

Adalet arayacaksınız.

Gökyüzü kime karşı adaletli olduğunuzu yeniden tasarlayacak. Konulara daha farklı pencereden bakıp daha önce denemediğiniz bir perspektiften yorumlayacaksınız. 5 Temmuz'da Ay Tutulması gerçekleşecek. Öncü burçtaki bu tutulma geçen yıl meydana gelen tutulma akslarına oldukça benziyor. 2019 yılının yaz döneminde yaşadıklarınızı bir kez daha hatırlayabilirsiniz.

• Eğitimle ilgili başarılarınız ön plana çıkacak.

• Yurtdışına çıkmak için çabaladığınız günlerin büyük deneyimler kazandırdığını fark edeceksiniz.

• Dilini bilmediğiniz bir ülkede yaşama atılımınızı temsil edecek.

Türkiye'den gözlemlenmeyecek Ay Tutulması, planlarınızı büyük ölçüde değiştirmeyecek. Ancak nereden nereye geldiğinizi görmenizi sağlayacak. Sizi hangi aşamaların beklediğini analiz edebileceksiniz.

Dikkat etmeniz gereken tarihler!

Yaşamı temsil eden Güneş, önce şans gezegeni sonra da yer altı gezegeni ile karşıtlık yapacak. 14 Temmuz -30 Temmuz tarihleri arasında içinize sığmayan haberler alırken, hayatın bir günde ne kadar değiştiğini hissedeceksiniz. Bu hafta özellikle seyahat ve organizasyonlarınız yön değiştirebilir. Sevdiklerinizle zaman geçirmek sizin için daha özel olacak. Jenerasyon ve hızı temsil eden gezegen 14 Temmuz'da karşı karşıya gelirken tahmin etmediğiniz insanlardan haber alabilirsiniz. Birçok kişinin eş zamanlı olarak yaşamlarında değişiklikler olduğunu fark edeceksiniz. Dolaylı olarak tanıdığınız kişilerin aile hayatlarında da ani değişimler öne çıkabilir.

AĞUSTOS

2020 yılının sizin için en sakin ve dingin ayına hoş geldiniz. Kendinizi uzun bir süredir bu kadar akışa bırakmamıştınız. Durgun bir ay sizi bekliyor. Hızla gelişen olaylardan nihayet ayrışmış olacaksınız. Fırtına öncesi sessizlik gibi yorumlar geçiyorsa içinizden dertlenmeyin, gökyüzü sizi bu ay azat edecek. Ayın ilk günlerinden itibaren gündelik işlerinize, sorumluluklarınıza odaklanabileceksiniz. Örf ve adetlerine bağlı bir Boğa burcu olarak kendi döngünüz içinde modern, yaşamı kolaylaştıran seçenekleri tercih edeceksiniz. Güneş'in sabitlediği bu ay etkisinde, yazın tadını çıkarmak isteyeceksiniz. Ruhen ateşe teslim olan iletişim gezegeni, inanılmaz cesaret verecek.

• Doğrularınızın peşine giderken, affedici olabileceksiniz.

• Gözlerden uzak bir ilişki yaşayabilirsiniz.

• Özel yaşamınızı paylaştığınız insanların sayısı eskisine oranla artabilir.

Ateş elementli Merkür!

İletişim gezeni ateş burcunda nefes alacak. Bu ayın belirleyici gezegen geçişi sahneleri coşturacak. 4. Evinizde etkili olan Merkür aile konulu mevzuları şekillendirebilir. Önem verdiğiniz konuların başında çekirdek aile içindeki huzurunuz olacak.

• Gayrimenkul değeri yüksek aile mirası atışmalara neden olabilir.

• Ağustos ayının dinginliğini hakkınızı korurken bozabilirsiniz.

• Kardeşler arasındaki ego çatışmaları geçmiş konuları açabilir.

Ve gelelim Venüs'ün yaratacağı etkilere;

Aşk ve zarafet gezegeni, burcunuzun yöneticisi Venüs, öncü burca yerleşiyor. Duygusal olmanızı sağlarken ilişkilerden beklentiniz artabilir. Evli olan Boğa burçları için durum biraz daha genele yayılacak.

• Eşinizin ailesinden talep etmekten imtina ettiğiniz mevzuları açık yüreklilikle dile getirebileceksiniz.

• Eşinizin, sevgilinizin çevresinde yer alan arkadaşlarıyla aranıza mesafe koyabilirsiniz.

Rutin konuşmaların dışına çıkarken; naif kişiliğinizi bozmadan insanları ikna edebileceksiniz. Önem verdiğiniz insanların isteklerinin bitmemesini şımarıkça karşılayacaksınız. Sizi üzen, yoran, yılın başından beri bir türlü hesaplaşamadığınız kişilere, birkaç çift laf edebileceksiniz. Venüs size bir yandan da duygusal, alıngan bir hâl kazandırabilir.

Gökyüzü mesajlarını iletiyor.

Güneş 22 Ağustos'tan sonra toprak burcuna geçiş yapacak. 5.Evinizde etkili olan Güneş'in konumu ani seyahatleri desteklerken, hizmet alanında yer alan konuların altını çizecek. Çalışma hayatında olan Boğa burçları için yeni bir dönem başlayabilir. İş yükü artarken; yoğun çalışanların iş paylaşımına sıcak bakmaları gerekecek. Bu süreçte bölümler birleşebilir ve çalışma arkadaşlarınız değişebilir.

• Çalıştığı birimde yöneticileri değişen Boğa burçlarının önü açılabilir.

• Uzun zamandır harekete geçemediğiniz kariyer noktalarında aktifliğiniz artacak.

• Hobinizi sektöre çevirebilir, sosyal medya kullanımını artırabilirsiniz.

Sağlık alanında çalışanlar için yeni yasalar gündeme gelebilir. Ağırlaşan şartlar sizi özel sektöre geçmeye teşvik edebilir. Eğer aile büyükleriniz varsa; onların yaşam alanını kolaylaştırmak için pratik çözümler üretebilirsiniz. Bu ay kendi alanınızı rahatlatırken, aynı zamanda saygı duyduğunuz insanların da yaşamlarını şekillendireceksiniz.

EYLÜL

2020 yılının eylül ayı sizi hassas yapacak. Bu ay birbirini dinlemeye mecali olmayanların sayısı artıyor. Tahammül noktasını zorlayan Eylül ayını merak ediyorsanız; bu bölümde yazılanları tekrar tekrar okumanızı tavsiye ederim. Eğer hayata dair sonbahar zarafeti bekliyorsanız dikkatli olun. Eylül ayının sıradan bir ay olmadığını sıra dışı bir cesaret bulduğunuzda fark edeceksiniz. İçsel gücünüz artacak, konuşmaktan korkmayacaksınız. Genel anlamda aklınızda olanları ilk aşamada söylemeyen bir burçsunuz. Bunu herkes bilir. Eğer 'bana neler oluyor' gibi düşüncelere dalarsanız endişelenmeyin. Bu ayın genel havasında asilik, dik başlılık söz konusu olacak.

Mars size kumpas kurabilir, dikkat!

Mücadele gezegeni bu aya damgasını vuruyor çünkü çekişmeli günleri temsil ediyor. Bu yüzden eylül ayının gündemi, hiçbir aya benzemeyecek. 1988 yılından beri bu kadar azimli bir görünüme sahip olmamıştı Mars. Eğer 1988 yılında dünyaya geldiyseniz, siz şanslı olan taraftasınız. Doğduğunuz gökyüzündeki göstergeler ile eş zamanlı giden Eylül 2020, size kapılar açacak. Görmediklerinizi işaret edecek. Tabiri caizse işinizi kolaylaştıracak. Mars geri hareketine başlamışken, gökyüzünün hâkimi gibi davranacak. Peki ya değilseniz, 46 gün boyunca sizi neler mi bekliyor?

- Savunmalarınız artacak, düşünmeden bir çırpıda içinizden geleni söyleyeceksiniz.
- Kavgacı, mücadeleci Mars, bilinçaltınızda yatan korkuları yüzeye çıkartacak.
- Sevdiğiniz kişilere karşı endişeleriniz artabilir. Hiç olmadığınız kadar kaygılanabilirsiniz.

Sakinliği seven yanınız huzursuzlukla tanışacak. Aklınızdan geçenleri düşünürken, neden bu kadar korktuğunuzu kendinize açıklayamayacaksınız. Genel anlamda ruhsal ihtiyaçlarınız artabilir. Özlem duygusu ağır basabilir. Çevrenizde gelişen ani kayıplar, yıkımlar sevdikleriniz için endişelenmenize neden olabilir.

Çocukları olan Boğa burçları eylül ayından kasım ayına kadar onlar için daha güvenli programlar yapmak isteyeceksiniz. Spor dalından, okul taşıtına kadar en ufak detayı planlamak isteyeceksiniz. Hatta onları gözünüzün önünden ayırmak istemeyebilirsiniz.

Korkularınızın üzerine gitmelisiniz.

Mars'ın geri hareketi ateş burcunda salınırken 12.Evinizi etkisi altına alıyor. Aslında bu durum tedbirlerinizi iki katına çıkarabilir. Ama endişelerinizi yönetmeniz de mümkün. Korkularına teslim olmak istemeyen Boğa burçları, riskten uzak duracaklar. Küçük tehlikeler yaratacak riskleri yaşamınızdan çıkarabilirsiniz. Eğer dikkat etmeniz gereken günleri merak ediyorsanız: 17-27 ve 28 Eylül günlerini not edebilirsiniz.

- Ağır spor yapmaktan, yük taşımaktan uzak durun.
- Sağlığınıza özen gösterin.
- Gereksiz tartışmaların içinde bulunmayın.

Gökyüzünde birbirinden nadide gezegenler, Mars ile iletişimde olacak. Bu tarihlerde riski arttırırken, içinizde dalga dalga yayılan endişe duvarını geçemeyebilirsiniz. Gökyüzünde artı ve eksi enerjiler karşı karşıya gelecek.

- Sizden saklanan bir paranın olduğunu öğrenebilirsiniz.
- Size karşı bencil olanlarla hesaplaşmak isteyeceksiniz.

Maneviyata kıymet veren Boğa burçları bu döngüyü aşabilecekler. Korktuğunuz konuları gözünüzde büyütmemeye başlayacaksınız. Toprak grubunun yapıcı etkilere sahip burcu olarak gündelik yaşamanıza odaklanacaksınız. Minimal hareket edip, küçük işlere kafa yormak isteyebilirsiniz. Sorgulayan, meraklı yanınızı bu evrede bastırmanız gerekecek. Sağlıkla ilgili en duyarlı bölgeniz bacaklarınız olabilir. Bilhassa ayak tabanlarında, bileklerde zaman zaman ağrılar yaşayabilirsiniz.

EKİM

Tarihte az görülen aylardan birini yaşayacaksınız. İddialı Retroların denk geldiği bir aydan geçiyorsunuz. Ekim ayı hayatınızın her bölümüne dokunacağını vurguluyor. Kol kola giren gezegenler, semada birbirlerine meydan okuyacaklar. Ekim ayının ilk günü meydana gelen ateş burcundaki Dolunay, mücadele gezegeni Mars ile bağdaşacak. Bu ay aktif olmak yerine seyirci olmanızı tavsiye ediyor gökyüzü. Uyarıyla başlayan bugünler, bir yandan da size ne kadar temkinli olduğunuzu hatırlatacak. Gezegenlerin birbirine kafa tuttuğu Ekim ayı çözüm odaklı düşünmeniz gerektiğine vurgu yapabilir. Sizin gibi sabit fikirli birine, bugünlerin özel mesajı nedir?

- Ortaklıkları olanlar; bu duruma ekstra kafa yormak zorunda kalabilirler.
- Fedakâr olduğunuz aşikâr ancak sevdiklerinize sınırlar koymanız gerektiğini işaret edebilir.
- Kaygıları, kuruntuları hayatınızdan çıkartmanız gerektiğinin altını çizecek.
- 1996 – 1998 yılları arası doğan, Satürn'ü Koç olan Boğa burçları bu süreçte keskin çekişmeler yaşayacaklar.

Merkür'ün hezimeti, Mars'ın sürprizleri...

Geri giden iletişim gezegeni, 7.Evinizi etkiliyor. Mars ise kaygı evinizde etkisini göstermeye devam edecek. Dünyaya önemli sinyaller gönderen bu iki gezegenin hareketi, herkes gibi sizi de unutmuyor. Sizi aslında mücadeleci yapmak istiyor ve kısır döngü alanlarından çıkmanızı öneriyor. Konfor alanlarınızı yeniden düzenlemeniz gerektiğine vurgu yapıyor. Rutin giden birçok alanda devrim niteliğinde çıkışlar yapmanızı bekliyor. Peki, nelere dikkat etmelisiniz?

- İletişim aletlerine, mesajlarınıza, mail adreslerinize,
- Çalışma dosyalarınıza, önemli evraklarınıza,
- Kapı kilidinize, alarm sistemine,
- Kıymetli eşyalarınıza, aileden miras kalan değerli bir takıya bir kat daha değer vermelisiniz.

• Tabi sırlarınıza ve en sevdiklerinizle ilgili yorumlarınıza da sitemleriniz farklı algılanabilir.

Heybetli Süper Dolunay!

Ayın en anlamlı, yılın en tılsımlı zamanlarından geçerken Süper Dolunay gündemde olacak. Ekim ayı iki Dolunay'ı misafir ediyor. Rengi ve ismi ile dünyada heybetli bir şekilde yer bulacak Dolunay, burcunuzda meydana gelecek. Çok önemli finansal konuları gündeme getirecek. Devrim gezegeni ile yapacağı karşıtlık makro dönüşümü temsil edecek. Süper Dolunay, muhalefet ettiğiniz konuları gündeminize getirebilir.

• Fiziksel sıhhatinize özen göstermeniz gerektiğinin altını çizecek.

• Aldığınız sorumlulukları analiz etme imkânınız olacak.

• Görüşünüzde ayrıcalık yaratmak isteyeceksiniz.

Stabil yaşamı seven Boğa burçlarının yaşamları hareketlenecek. Olabildiğince sadeliği tercih edenler için de dönüşüm başlayacak. Sizi yakından ilgilendiren bu döngüde değişimi yaşayacaksınız. Devrim gezegeni ve iletişim gezegeninin aktivasyonu işlerin sizin adınıza tamamen başkalaşacağını vurguluyor. Dıştan gelen etkiler de önemli olacak. Hem sözlü hem de tavırlarınızla bu durumu yansıtacaksınız. Sosyal medyayı yakından takip etmeye başlayacaksınız. Buralarda gördükleriniz sizi şaşırtsa da düşüncelerinizle küçük isyanlar yaratacaksınız.

Retroların size faydası olacak mı?

• Fikirleriniz önem kazanacak.

• Kendinizi herkese ispat edebileceksiniz.

• Önünüze gelen imkânları araştırmak için zamanınız olacak.

İkili ilişkilerde mevzular karışabilir.

Çekiciliğinizi, duygusal bir silah gibi kullanmanız ilişkinize zarar verebilir. İkili ilişkilerde egoları yükselten tutumu teşvik eden gökyüzü yeni çiftlerde sorunlar oluşturabilir. Boğucu, tutucu, sıradan ilişkiler tıkanabilir. Yüzleşmelerin de fazlasıyla açık konuşmalara sebebiyet vereceğini vurguluyor. Romantizm için uygun günler olmadığını bilmelisiniz.

Hepimizin zayıf anları vardır.

Süper Dolunay, Merkür'ün geri hareketi, Mars'ın dur durak bilmeyen oyunları sizi zorlayabilir. Egzersiz, yoga gibi sporlar yapmayı ihmal etmemenizi öneriyor gökyüzü. Geminin kaptanı sizsiniz, unutmayın. Rotayı nereye çevirmek isterseniz o tarafa yönelebileceksiniz. Ya kuruntularınızı yöneteceksiniz ya kurutular size yanlış yaptıracak dikkatinize!

KASIM

2020 yılının en enteresan günlerini, sonbaharı geride bıraktınız. Geçirdiğiniz 67 günü yazsanız, adeta bir dizi senaryosu olur. Merkür düz seyrine girerken kasım ayına başlıyorsunuz. Nihayet gezegenlerin geri hareketi son bulurken, derin bir nefes alabileceksiniz. Ruhunuzun dinginleşmeye ihtiyacı olduğu kadar fiziksel olarak dinlenmeye de ihtiyacınız var. Sağlıkla ilgili konular hem sizi hem de çevrenizdekileri yormuştu, tüm bu ağır hava artık gündeminizden çıkıyor. Merkür gerilemesi biterken tıkanan, sürüncemede kalan mevzularda rahatlama oluşacak. Özellikle Mars Retro'sunun son bulması, endişelerinizin yavaş yavaş yaşam alanınızdan kalktığını hissettirecek.

Samimiyetin muhasebesini yapacaksınız!

• Bu süre zarfında uğraştığınız meseleler yeniden gündeminize gelebilir.

• Yaptığınız konuşmaları tekrarlamak zorunda kalabilirsiniz.

• Almak istemediğiniz kararları bu evrede mecburen devreye sokabilirsiniz.

Spor, workshop, kısa dönemli eğitim gibi aktivitelere aniden başladıysanız, 10 Kasım'dan sonra iptal edebilirsiniz. Bazılarının aslında size uygun olmadığını düşünebilirsiniz. Bunun yerine alternatifler geliştirmek isteyeceksiniz.

Şimdi arkanıza yaslanabilirsiniz.

Bu ayın en güzel haberi geliyor; mücadele gezegeni Mars, 14 Kasım'dan itibaren düz seyrine giriyor. Gözünüz aydın, sizi köşeye sıkıştıran bu kadar olaydan sonra Yeniay'ın Mars ile yapacağı karşıtlık bütün düğümleri çözeceğini vurguluyor.

• 1970-1984 doğumlu bir Boğa burcuysanız, ilişkinize dair sorunları çözebileceksiniz.

• Eski eş veya uzun bir ilişki yaşadığınız kişiyle çok farklı bir ortamda denk gelebilirsiniz.

• Son iki yıldır boşanmış bir Boğa burcuysanız, alamadığınız hakları talep edeceksiniz.

Şu evrende gezegenlerin seyrinden, enerjisinden daha büyük bir oluşum yoktur. Bu satırları okurken tüm bunlar size imkânsız gelebilir. Ancak iddialı olanın gökyüzü olduğuna siz de şahit olacaksınız. Ve Yeniay karşıt burcunuzda etkili olacak. Son Retroların yarattığı karışıklığı şifalandırarak düzenleyecek.

Yeniay neleri temsil edecek?

• Eğer iş arayan bir Boğa burcuysanız, standartlarınızı değiştirebilir, farklı sektöre meyil edebilirsiniz.

• Eğer yöneticiyseniz, yeni bir firmadan iş teklifi alabilirsiniz.

• 1984-1998 yılları arasında doğduysanız, iş yerindeki kaos sizi yorabilir, iş değişikliği yaşayabilirsiniz.

Sevgili Boğa burçları, hangi aşamada olduğunuzu görmek istiyorsanız, geriye dönüp bakmanız yeterli olacak. 2020 yılının iyileştirici tarafını aslında bu ay hissedeceksiniz. Yılın son Ay Tutulması, etkisini 15 gün önce göstermeye başlayacak. Hava burcundaki tutulma hızınızı, yaşama karşı dirayetinizi, tutumunuzu şekillendirecek. Önceleri sessiz kaldığınız konularda söz sahibi olmak isteyeceksiniz. Sizi elemek istedikleri konularda tavırlı olacaksınız. Devran sizin için dönerken, mücadele gezeninin yarattığı hezimetten tamamen kurtulacaksınız.

Hava burcundaki yılın son Ay tutulması.

• Uzun zamandır aynı evde oturan Boğa burçları, semt değiştirmek isteyebilirler.

• Ev tadilatı masraflı gelenler ise satış için girişimde bulunabilirler.

• Farklı şehirde yaşayan ailenize destek olmak için onları sık sık ziyaret edebilirsiniz.

• 1969 -1971 yılları arasında doğmuş, Satürn'ü de burcu gibi Boğa olanlar; şehirden uzak, ılıman iklimli yerlerde yatırım yapma girişiminde bulunabilirler.

Metropolün içinde kaybolmuş, yaklaşık 19 yıldır kariyer mücadelesi veren Boğa burçları, uğraşılarının verimini alacaklar. Minimal bir hayat size uygun gelmeyebilir. Çünkü siz modern dünyanın içinde şehir düzenini seven bir burçsunuz. Tutulmayı sadece 30 Kasım ile ilişkilendirmek doğru olmaz. Etkilerini peyderpey yaşayıp, deneyimleyeceksiniz.

ARALIK

Yaşınız kaç olursa olsun, aslında son bir buçuk yıldır çok değiştiğinizin siz de farkındasınız. 2020 yılının ilk günlerinden itibaren kendinizi nasıl hırpaladınız, neler için mücadele ettiniz, en iyi siz bilirsiniz. Hayata karşı kurallar koyarken, bir yandan esnediniz, tarzınızı, bakış açınızı değiştirmeniz gerektiğini gördünüz. Bir okul gibi eğitiminiz tüm yıl devam etti. Sadece konu başlıklarınız zaman zaman rol değiştirdi. Kendinizi rahatlıkla ifade edebildiniz ve 2020 yılını uğurlamaya hazırlanıyorsunuz. Kalbinizin yorgunluğunu ise aralık ayı giderecek. Size tüm yıl içinde sunduğu değerlerin farkına varacaksınız. Geç gelen kış, hızlı biten günlerin ardından ümidinizi koruyacak.

Yılın son tutulması!

Ateş burcunda bir Güneş tutulması gerçekleşiyor. Gölgesini ayın ilk günlerinden itibaren hissettirecek. Adalet, haklar, sahip olduğunuz her şeyin önemi sizin için artacak. Haksız davranan kişilerden uzak duracaksınız. Size destek oluyormuş gibi görünen insanların bir yandan da sıkıntılarınızdan beslendiğini fark edeceksiniz. Kişilerin tutumu, size yaklaşımları Güneş tutulmasıyla birlikte netleşecek.

• Ödün vereceğiniz kişiler arasında önce aileniz yer alacak.

• Kuralcı yanınızı bazen devreye sokmanız gerektiğini fark edeceksiniz.

• Aileniz gibi gördüğünüz kişilerin ani sağlık sorunları sizi üzebilir.

Problemleri çözmekte, akıl vermekte üstünüze yok. Ancak bu ay kimsenin planına karışmamalısınız. Çünkü insanları bu dönem çok materyalist bulabilirsiniz. Duygusuz bulduğunuz kişilerden uzlaşma beklememelisiniz. Güneş tutulması size insanları mantıken çözdürecek. Niyetlerini görebileceksiniz.

Adalete sığınıyorsunuz.

• 2012 yılından beri belirsiz giden sağlık sorunlarınız nihayet düzene girebilecek.

• Son 7 yıldır kredi ödeyen bir Boğa burcuysanız tutulma döngüsü ile farklı çözümler oluşturabileceksiniz.

• Eşinizin işinde yükselmesi başka bir ülkede yaşam için koşul oluşturabilir.

• 2013 – 2014 yıllarında yarım kalan her ne varsa bu süreçte size geri dönecek.

Kapasitenizi yükselten bu tutulma bazı konularda ilkelerinizi size hatırlatacak. Çevrenize de bu durumu yansıtacaksınız. Gereksiz bulduğunuz yatırımlardan, zamansız çıkan masraflardan uzak durmak isteyeceksiniz. Bir yıldır yeni bir mekâna taşındıysanız, geriye dönük ödemeler hayli keyfinizi kaçırabilir. Parayı araç olarak gören, güvence olarak hisseden Boğa burçları için bu süreç bir parça sancılı geçebilir. Siz ne kadar tedbir alsanız da bir şekilde önünüze tüm bunların çıkıyor olması, bocalamanıza yol açabilir.

Dünya dönüyor, devran değişiyor.

Satürn, sabit burca yerleşiyor. Mart ayında sabit burca yerleşen öğreten gezegen, bir süreliğine geri hareket derken toprak burcunda misafir olmuştu. Şimdi, tam ve kesin dönüşünü yapıyor. Bu süreç yaşam alanınızda değişikler yapacağınızı ifade ediyor. Hayatınızdaki öncelikleri sıralarken itibarınızı korumak isteyeceksiniz.

• Radikal kararlar alabilir, yeni şehir değişimleri söz konusu olabilir.

• Çalıştığınız sektörden çok daha farklı bir alana geçiş yapabilirsiniz.

Güneş'in toprak burcuna geçişi, 21 Aralık'ta 2021 yılının açılışını yaptıracak. Kariyer, miras, para akışınız ile birlikte hukuksal konularda büyük çözümler geliştireceksiniz. Düğümlerin tek tek açıldığı bu evrede, sahip olduğunuz sorumluluklar azami önem taşıyacak. Gökyüzü 2020 yılının son günlerinde aile şirketindeki hissenize, görevinize vurgu yapacak. Yüzleşmeler net kararlar almanızı sağlayabilir. Yüzyıllarda bir yaşanan Jüpiter-Satürn kavuşumu dünyayı değil sadece sizi de değiştirdiğini göreceksiniz.

İKİZLER 2020

OCAK

2020 yılının sizin için öyle büyük planları var ki şu anki durumunuza baki kalmayacaksınız. Doğrularınız değişirken, çıkarlarınızı her zamankinden daha çok düşüneceksiniz. Merakınızı ve coşkunuzu arttıracak tutulma ayına hoş geldiniz. 2020 yılı duygularınızı değiştirecek, ruhunuzu yenileyecek ve dolu dolu günler sizin için akacak. Bu yılın size kazandıracağı çok şey var. Hayatınızda hiçbir şey eskisi gibi olmayacak. En önemlisi ise so nunda kendinizi güvende hissedeceksiniz. Geçmişe dönük kaygı ve korkularınızın kalmadığını fark edeceksiniz. Yaşınız kaç olursa olsun hedeflerinizle, doğrularınızla, kendinizden emin tavrınızla kendi tarihinizi yazacaksınız. Bu yıl sizin için zorluklar üzerine değil, iyileşme üzerine kodlanıyor. Ve başlasın 2020 diyerek, sizin için ocak ayını yorumlamaya başlıyorum.

Başlasın 2020!

Mars, 3 Ocak'ta 7. Evinizde etkili olacak. Mücadele etme konusunda geri durduğunuz her ne varsa gündeminizde olacağını vurguluyor.

- 2015 - 2016 yılından beri göz ardı ettiğiniz konularda yüzleşmeniz gereken bilgiler bir anda önünüze gelecek.
- Evli İkizler burçları maddi konularda yaşanan sıkıntıları, eşlerinin desteğiyle beraber atlatacaklar.
- Son 5 yıldır aynı iş yerinde çalışıyorsanız, çalıştığınız iş yeri ile ilgili değişimler yaşanacak.
- İlişkisi olmayan İkizler burçları için hareketli günler başlayacak.

• 2019 yılında boşanma süreci yaşayan, 1970-1984 yılları arasında doğmuş Neptün'ü Yay olan İkizler burçlarının eşleri ile ilgili farklı gelişmeler söz konusu olabilir.

Sevgili İkizler, son iki yıldır yaptığınız sözleşmeler Mars'ın 7. Evinizdeki etkisiyle revizyona gidebilir. Telefon hattınızdan evinizin kira sözleşmesine kadar belli düzenlemeler yapmanız gerekebilir.

Yılın ilk tutulması öncü burçta

10 Ocak'ta su burcunda Ay tutulması meydana gelecek. Tarihin tozlu sayfalarına atıfta bulunan bu döngü sizi 2010 yılına sürükleyecek. Su burcunda tutulan Ay, bu süreçte duygusal olarak herkesi derinden etkileyecek. Aileyi, insani değerleri, duyarlılığı temsil eden bir burçta meydana gelmesi, kendinize verdiğiniz değeri de ölçmenizi isteyecek. Öncelikle sağlıkla ve alışkanlıkla ilgili özenli olmanız gereken detayların altını çizebilir. Ödem, kilo, vücutta oluşan iltihap gibi durumları işaret edecek. Hayatınızda elzem olan konuların başında öncelikle kendinize iyi bakmanız gerektiğini fark ettirecek.

Ay tutulması güven evinizde etkili olacak.

Ekonomik koşullarınız, gelir kaynaklarınız, miras ve yetenekleriniz öne çıkacak. Eğer bu alanlarla ilgili kaygılarınız varsa, duygusal çatışmalara bir süreliğine ara vermeniz gerektiğine vurgu yapabilir. Ailesine destek olan İkizler burçları için maddi anlamda zorlanmalar söz konusu olabilir. Özellikle miras gibi hukuki süreçleriniz varsa bir uzmandan yardım almanız gerekebilir.

• Eğer üst yönetici bir İkizler burcuysanız; vicdanınız bugünlerde ağır basacak.

• Ekip çalışması yapanlar, birlikte çalıştıkları arkadaşları koruyup kollamak isteyecekler.

• Haksızlığa boyun eğmemek için fevri hareket edebilirsiniz.

Farklı düşüncelere, kültürel farklılığa önem verdiğiniz günler.

Bambaşka kültürlere ve yaşamlara karşı duyarlı olacaksınız. Araştırmak, öğrenmek, yeni insanlarla temas etmek bu sıralar sizin için önemli olacak. Eğitim hayatı devam eden İkizler burçları için oldukça verimli günler. Uluslararası siyaset, diplomatik ilişkiler, kültürel miras gibi alanlarda çalışanlar için akademik gelişmeler oluşabilir.

10 Ocak'tan 27 Ocak'a kadar toprak burcunda jenerasyon gezegeni, hızlı hareket eden gezegenler ile kavuşum yapacak. Parasal anlamda bitirmeye çalıştığınız çözümler, önünüze gelecek.

• Eğer son yıllarda başka bir alanda çalışmak istiyorsanız, fırsatları bu sıralar değerlendirebilirsiniz. Bir anda kendinizi global bir markanın iş birliğinde bulabilirsiniz.

• Son 2,5 yıl içinde boşananlar; miras, velayet, tazminat gibi konularda uzlaşma sağlayabilirler.

ŞUBAT

Yılın bu en kısa ayında farklı duygularla tanışmanıza neden olacak. Uzun masa sohbetlerinde, davetlerde, sosyal ortamlarda bulunmanızı destekleyen gezegen seyri, uykusuzluğa, işe geç kalmaya, mesaiyle özel hayat arasında koşan bir trafik yoğunluğuna da neden olacak. 2020 yılının ikinci ayı bir yandan keyifli bir yandan da yorucu geçecek. Sürekli koşturmak zorunda kalan, bir yerlere yetişmeye çalışan bir burç olacaksınız. Şubat ayının ilk 19 günlük evresinde Güneş yurt dışı, seyahat, sosyalleşme, yeni insanlarla tanışma evinize denk düşüyor. Güneş'in hava burcundaki seyri ile çevrenizdeki insanların kendi hesaplarının peşine düştüğünü, ince düşünüp mesafelerini koruduklarını fark edeceksiniz. Şubat ayında kariyer ve eğitim planlarınız öne çıkarken farklı ülkelere, kültürlere ve inançlara merak salabilirsiniz.

• İşinizle ilgili kaygılarınızı iş yerinizde dile getirmeniz sorun yaşamanıza neden olabilir.

• Haklarınız ve kazanımlarınız için mücadele etmeniz gerekebilir.

• Yıllık izin hakkınızdan, mesai ücretinize kadar aklınıza takılan konular olacak. Gökyüzü size her ne kadar işinizle ilgili titizlik, detaycılık verse de doğru yolda olduğunuzu göreceksiniz.

Hareketten bereket doğar.

Aşk gezegeni Venüs, 7 Şubat'tan itibaren ateş burcuna geçiş yapıyor. 11. Evinizde etkili olurken, kış günlerinde yerinizde durmayacağınızın da vurgusu yapıyor. Heyecanlı, hevesli Venüs etkisi meraklı, ince düşünen biri olmanızı sağlayabilir. Aşka destek çıkacak bu etki, bir yandan da yaratıcı işler yapan İkizler burçlarının yüzünü güldürecek. Farklı kültür veya milletten gelecek aşk sizi sımsıkı sarabilir.

• Eğer evli bir İkizler burcuysanız, uzun soluklu seyahatlere gitmek zorunda kalacaksınız.

• İşinizin bir bölümü şehir dışındaysa sorumluluğunuz artacak.

• Yoğun tempolu İkizler burçlarını, sevgilileri kıskanabilir.

• Hiç ummadığınız bir arkadaşınızın rahat davranışları sizi rahatsız edebilir.

Şubat ayı size detaycılık verecek.

Kafanızı karıştıran, size bu ince hesapları yaptıran gökyüzü hareketi ile tanışın. Yılın ilk Merkür gerilemesi su burcunda meydana geliyor. 17 Şubat'tan 10 Mart'a kadar iletişim gezegeni birden fazla konuyu ablukaya aldığını hissettirecek. İş yerinizdeki konumunuzu hesabınıza göre ayarlamanız, çizmeniz gereken sınırları da belirlemeniz gerektiğine vurgu yapacak.

• Eğer küçük bir işletmede çalışıyorsanız; işlerin büyümesi, sorumluluğunuzun ve statünüzün artması anlamına gelebilir.

İletişim gezegeni su burcunda sessizce geri giderken, takıntı ve vesvese verebilir. Ancak işle ilgili konuları yönetirken, kuruntularınızı idare edebileceksiniz. Eğer evli bir İkizler burcuysanız; gökyüzünün suya teslim olduğu bugünlerde, dünyanın her köşesi, iletişimle ilgili zorlanırken, siz tam aksine son aylarda yaşadıklarınızı sentezleyeceksiniz. İlişkiye dair yorgunluğunuzu daha rahat konuşup, birbirinize kol kanat gerebileceksiniz.

Hangi konulara dikkat etmelisiniz?

• Merkür'ün para ve ödemeler konusunda şakası olmayacak.

• İş konusunda, istekli ve azimli olmanız gerekecek.

• Kazalara, unutkanlıklara karşı dikkatli olun.

Yılın en düşündüren günü 26 Şubat.

İş yine sizin için ön planda olacak. Sürpriz gelişmeler söz konusu olabilir. Eğer bu fırsatı değerlendirebilirseniz kariyerinizde önümüzdeki 3 ay içinde farklı bir sıçrayış yaşayabilirsiniz.

MART

Gökyüzünün el değiştirdiği hem rutini yaşamaya çalıştığı hem de mücadeleye tutuştuğu dönemler. Gezegenler tam anlamıyla devir teslim döneminde olacaklar. Safların tamamen değiştiği, duyguların birbirine karıştığı bir ay olacak. Sizin için duygusal bir dönem başlarken görüşlerinizin devrim geçireceği bir evreyi de temsil edecek.

Aklı yöneten Merkür, ruhunuzu dindiremiyor.

• Son 6 ay içinde yeni bir ilişkiye başlayan İkizler burçları, ilişkinin geleceği sorgulayacaklar.

• Hangi duyguda olursanız olun, bu ay birilerini sorgulamak, merak etmek, çözmeye çalışmak isteyeceksiniz.

Sevgili İkizler burcu, mart ayının en yapıcı etkisi Venüs'ün kendi burcunda yüceliyor olmasından kaynaklanacak. İnançlarınızı perçinleyecek ortamlara ya da yardımlara dahil olacaksınız. 5 Mart'ta kendi burcunda yükselen Venüs, size güç verecek. Bilinçaltında bastırdığınız korkularınızla, özgüven eksikliğinizle başa çıkmanızı sağlayacak. Bilhassa yalnız İkizler burçları bu transit size çok iyi gelecek. Girdiğiniz ortamda beğenileceksiniz, ilgi göreceksiniz. Hatta geçmişte kalan kişilerden –her ne kadar siz istemeseniz de- kapınızı çalanlar olacak. Tüm bu gelişmeler hem ruhunuzu okşayacak hem de egonuzu.

Olumsuz düşüncelerden uzaklaşıyorsunuz.

• İyicil düşünceleriniz artacak, olumsuz bakış açısından uzaklaşabileceksiniz.

• İçe dönük kış günlerinin aksine, Venüs sayesinde yüreğinizde çiçekler açacak.

• Farklı sosyal gruplar içinde yer alırken, birbirini tanımayan kişilerin de ortak noktası siz olacaksınız.

Bu ay sizin için farklı olacak. Arkadaşlarınızla bir arada olmak için daha sosyalsiniz. Birebir ilgilenmek istediğiniz dostlarınız da olacak. Hiç ummadığınız insanlar size bir kez daha tesadüf yok dedirtebilir. Öğreten gezegen bu ayın diğer favori gezegeni. 22 Mart'ta burç değiştiren Satürn, 3 yıl boyunca hayatınızın bambaşka evresiyle tanışmanızı sağlayacak ama önce önünüzdeki 5 ay boyunca büyük bir sürece tabi olacaksınız. Yaşamınızın en değişmez bölümleri bile hareketlenecek. Bir süreliğine toprak burcunda geri gidecek ancak hava elementinde uzunca bir süre kalması, sizi yakından ilgilendiriyor. Devran sizin için dönmeye başlıyor.

Satürn, Kova burcuna yerleşiyor.

İkizler burçları, hava grubunun temsilcilerinden biridir. Bu yüzden bu gezegen geçişi sizi de yakından ilgilendiriyor. Her ne kadar kaygı verici bir öğretisi olsa da Satürn astrolojinin mihenk taşıdır. Değiştirir, dönüştürür, öğretir. Hava elementini temsil ettiği bu süre zarfında; onunla anlaşır, temsil ettiği ruha bürünürseniz size şans da getirecektir. 9.Evinize geçen Satürn canınızın üstüne oturan yorgunluğu alacak.

- Öğrenmeye açık olduğunuz bir dönemi temsil edecek.
- Konuları çabuk kavramanızı sağlayacak.

Satürn hangi burca taşınırsa, haritada hangi eve denk düşerse, o bölümle ilgili uyarılar verir. Aslında bu alanları toparlamanız gerektiğine vurgu yapar. Eğer kabul edemediğiniz bir sorununuz varsa, Satürn çözmeniz konusunda zorla fark ettirip geride bırakmanızı sağlayacak.

- Kırgınlığını taşıdığınız eski ilişkinizle ilgili yüzleşmeler yaşamak zorunda kalabilirsiniz.
- Bu süreçte tutkunuzu, yenilikçi ruhunuzu tazeleyecek, tek tip yaşayamayacağınızı fark edeceksiniz.

Satürn'lü günler hayatınızda yer alacak.

Size daha çok desteği olacak. Temkinli davranmak isteyeceksiniz, huysuzluğunu yönetebileceksiniz, yardımsever yanınızı dengeleyeceksiniz. Öncelikle kendinize karşı merhametli olacak, dürüst davranacaksınız.

- 'Hayır' demeyi öğreneceksiniz.
- Kuşkucu, mantıklı, araştırmacı, orijinal, yaratıcı yönünüzle buluşacaksınız.
- Bilinçaltında kalan, affedemediğiniz konuları çözeceksiniz.

Tüm bunları son yıllarda ortaya koyamadığınız bir gerçek. Gelin görün ki Satürn Kova geçişiyle birlikte analitik yapınız devrede olacak. Arkadaşlarınızı ne hayatınızdan çıkaracaksınız ne de onları hayatınıza çok fazla karıştıracaksınız.

NİSAN

Aşk ve sevgi gezegeni Venüs'ü burcunuzda karşılarken, nisan ayına başlıyorsunuz. Sevgi, paylaşım, merhamet, güzellik en önemlisi uyum burcunuzla el elle tutuşacak. Nisan ayının sizi olabildiğince güzelleştireceğini fark edeceksiniz. Diplomatik davrananları, telkinde bulunanları artık başka bir gözle değerlendireceksiniz. İnsanların sizi etkilemesine, manipüle etmesine izin vermeyeceksiniz. İnsancıl tavrınız zenginleşecek, hayattan keyif alabilecek, gündelik hayatınızdaki rutininizi olumlu bir enerjiye dönüştürebileceksiniz.

Dolunay'ın size mesajları olacak.

8 Nisan'da hava burcunda Dolunay meydana gelecek. Çevrenizdeki insanların ne kadar tekdüze olduklarını fark edeceksiniz. Öncü burçtaki Dolunay, konuşurken sabırlı olmanız, sosyal medyadaki paylaşımlarınızda daha anlayışlı ve yapıcı olmanız gerektiğine vurgu yapıyor. Bir yandan ne kadar gergin olduğunuzu fark edecek, küçük şeylere sinirlendiğinizi gözlemleyeceksiniz

• Eğer ailenizde son yıllarda kardeşler veya kuzenler arasında boşanmalar olduysa, ekonomik sorunları olduğunu fark edeceksiniz.

• Sosyal olacaksınız. Dinlenmek, yönlendirmek görev bilinciniz olacak.

• Ergenlik döneminde çocukları olanlar; yaşadıkları çelişkileri onarmak size düşecek.

• Eğer hamile bir İkizler burcuysanız ya da planlarınızda varsa; her duyduğunuzu referans almamanızı tavsiye ederim.

Dolunay'ın arkasında büyük bir enerji olduğunu, kimsenin bu aralar susmadığını, uyumadığını ve en önemlisi konuları geride bırakmadığını fark edeceksiniz.

Tutarlı olmak yaşamınızı kolaylaştıracak.

Güneş 19 Nisan'da burç değiştirecek. 23 Nisan- 27 Nisan tarihleri arasında ise Güneş ve Uranüs kavuşumu ve Merkür'ün burç değiştirmesiyle 12. Eviniz coşacak. Korku ve kaygılarınıza hükmetmeye çalışabilirsiniz. Şans ve seçimlerin birbirinden farklı şeyler olduğunu anlayacaksınız. Hayatın kırmızı çizgilerini fark edeceksiniz.

• Kendinizi kurban psikolojisinden çok hızlı bir şekilde çıkaracaksınız.

• Çalıştığınız ortamda, iş arkadaşlarınıza dair düşünceleriniz değişecek.

• İşinize olan ilginiz veya sektörünüze olan merakınız başka bir yöne doğru kayabilir.

• Meslek alanınızı geliştirmek için kısa süreli kurslara katılabilirsiniz.

Jenerasyon gezegeni düz seyrine giriyor, hem de gökyüzü tamamen toprağa teslim olacak. Bugüne kadar hayatınızda oturmadığını düşündüğünüz bölümlere işaret edecek. İlişki ve yaşam alanınızda kök salmanızı tetikleyecek. Gökyüzünün kalitesi güçlü olacak. İçinizi içinize sığmayacak, eğer tansiyon ya da şeker rahatsızlığınız var ise daha temkinli olmalısınız. İçe dönük hareket etmeniz, çevrenizdekilerin dikkatini çekecek.

• Kendinizi cesaretli konuşmalar yaparken bulacaksınız.

• Uzun süredir görüşmediğiniz eski sevgilinizle yeniden iletişim kurmak isteyeceksiniz.

• Bir zamanlar çok değer verdiğiniz birinin kaybı sizi derinden üzebilir.

MAYIS

Aşkı konuşarak, duygularınızı tartarak, hiç olmadığınız kadar kendinizi iyi hissederek mayıs ayına başlıyorsunuz. Doğum gününü kutlamaya hazırlanan İkizler burçları kendi koydukları kuralları yine kendileri yıkacak. Doğru bildiklerinizin yanlış olduğunu fark edeceksiniz. Her şeyi hoş gören, affeden yanınızla yeniden buluşacaksınız. Yalnız olmayı tercih etseniz de insanları dinlemek, onlara yardımcı olmak isteyeceksiniz. Sevmeyi bilen bir burç olduğunuzu etrafınız çok iyi biliyor. Mayıs ayı tam da bunu göstereceğiniz bir dönemi temsil edecek.

Unutmayın siz Merkür'den referans alıyorsunuz.

11 Mayıs'ta burcunuza taşınacak olan yönetici gezegeniniz Merkür, yaşamınıza hız kazandıracak. Kendinizi çok daha rahat ifade edecek, güçlü, neşeli, hızlı konuşan, coşkulu, hızlı toparlayan yanınızı ortaya koyacak ve kendi günlük sorunlarınızı bile daha basit bir dille anlatabileceksiniz. Yani sizin için çözümsüz hiçbir şey kalmayacak.

- Para işlerinizi, ödemelerinizi, planlarınızı çok daha rahat yapmanızı sağlayacak.
- Yeni mezun İkizler burçları, global firmalardan teklif alacaklar.
- Teknoloji bağlantılı işler yapmak size maddi kazanç getirebilir.
- Değişime her zaman açık olan İkizler burçları; bugünlerde kendinize ekstra özen göstereceksiniz.

2020 yılının bu ayı sizi düzene sokan günleri temsil ediyor. Ancak aynı zamanda ikili ilişkilerde en gürültücü ay olacak. İki yılda bir gerçekleşen Venüs gerilemesi bir yanardağ hareketi gibi ortaya çıkacak. Bir süre burcunuzda gerilemeye başlayacak. Aşkı ve sevgiyi temsil eden gezegenin burcunuzda geri gitmesi, herkesin hızlı düşünmesine sebep olurken, derinlerde hareket eden duygularınızı, kolay atlattığınız alınganlığınızı, üstünde durmadığınız kırgınlıklarınızı çok daha fark edilir bir hale getirecek.

• Geçtiğimiz yaz yakınınızdan ayrılmayan arkadaşlarınızdan uzaklaşacaksınız.

• Evli bir İkizler burcuysanız ve 1983-1984 tarihleri arasında doğduysanız, ilişkinizdeki problemlere önem göstermeniz gerekebilir.

• 1970-1984 yılları arasında doğan İkizler burçları; sevgilinizin işiyle ilgili yoğunluğunun ilişkinizi zedelediğini düşüneceksiniz. Aşk adına kırılmalardan geçebilirsiniz.

Sevgili İkizler Venüs'ün Retro halinde olması işlerin yolunda gitmesini engeller. Duygularınızı karıştırabilir, hiç ummadığınız kişilerden ilgi görmenize sebebiyet verir. Birlikte olduğunuz kişiyi kıyaslamanıza neden olabilir. Bildiğiniz tüm doğruları karşı karşıya bırakır. Adeta kendiniz ile kavgaya tutuşabilirsiniz.

Güneş burcunuza geçiyor!

Doğum günü arifesindesiniz. Güneş huzur, maddi güvence, manevi rahatlamanın haberciliğini yapar. Aktif bir burç olan İkizler burcu için düşünmek, akıl yürütmek, analitik tarafı kullanmak öncelik olacak. Fiziksel ve ruhsal olarak kendinize zaman ayıracaksınız. Venüs'ün yarattığı belirsizlikleri sosyalleşerek giderebileceksiniz. Konuşmak, kendinizi, derdinizi anlatmak önemli olacak.

• Mesleki kazanımlarınız artacak.

• İç huzurunuzu bozan insanları kendinizden uzaklaştıracaksınız.

Bir ay boyunca Güneş, burcunuzda misafir olacak. İdare etmekten vazgeçeceksiniz. Sosyal medya kullanımınız artarken, laf sokan kişilere kendinizce haddini bildireceksiniz. Düşünen, yapıcı, iyileştiren, toparlayan, merhametli tarafınızı destekleyen Güneş'in burcunuzdaki ziyareti, yaratıcı ve pratik olmanızı da sağlayacak.

HAZİRAN

Bu yılın tüm şifrelerini döken ayından geçiyorsunuz. Duyacaklarınız sayesinde özgürleşecek, yüzleşecek, hayatı bundan sonra farklı bir yöne kıracaksınız. Direksiyon hâkimiyetinizden emin olacağınız gibi bugüne kadar kalbinizde taşıdığınız geçmişle ilgili konularla da yüz yüze geleceksiniz. Ailede affedemediğiniz bir konunun çözümü bu ay gerçekleşecek. 5 Haziran'da Kuzey Ay Düğümü burcunuza geçiyor, Güney Ay Düğümü ise 7. Evinize taşınıyor. Ay Düğümleri 1,5 yıl boyunca İkizler-Yay aksında hâkimiyet kuracak.

Ay Düğümleri sizi destekliyor.

Burcunuza yerleşen Ay Düğümleri kaderinizi şekillendiriyor. Marjinalliğinizi, tekâmülünüzü arttıracak. Hiçbir şeyi şansa yorumlamadığınızı, bağımlı olduğunuz konularda fanatik davrandığınızı, hayata dair duruşunuzda içsel anlamda ciddi değişimlerin yaşadığının haberciliğini yapacak. Bu duygulara açılan yeni kapılar sizi büyütecek, yaşamın derinliklerine inip kendi prangalarınızı kıracaksınız.

• Merak duygunuz, sıkılma duygunuz azalacak.

• İnsanları analiz ederken soru sormaktan çekinmeyeceksiniz.

• İlgiye ihtiyacınız olduğunu belli edeceksiniz.

Ay Tutulması, ilişki evinizde etkili olacak.

Uzun bir aradan sonra Ay tutulması, 7. Evinizde gerçekleşecek. 5 Haziran'da ateş burcunda meydana gelen tutulma, ilişki merkezli konularda aktif olacak. Bugünden itibaren kalbinizin sesini dinlerken daha gerçekçi olabileceksiniz. 'Ya tamam ya devam' dediğiniz günler yaşayacaksınız. Eğer evli bir İkizler burcuysanız bu tutulma sizleri biraz daha ilgilendiriyor olacak.

• 1964-1967 tarihleri arasında dünyaya gelen bir İkizler burcuysanız, evliliğinizle ilgili sizden saklanan sırları öğrenebilirsiniz.

• Hislerinizin heybeti büyürken, şüphelerinizin peşine takılacaksınız.

Sevgili İkizler, haziran ayının sizin için şöyle bir önemi daha var: Ay Düğümleri tam da bu tutulma evresinde Ay'a birebir eşlik edecek. Sezgilerinizi baştan aşağıya değiştirirken, bazı şeylerin tesadüfe bağlı olmadığını fark edeceksiniz. Ay Düğümleri; tutulma esnasında size kadersel yaklaşmayabilir, hatta seçim zamanı olduğunu ifade edebilir.

Hiç kimsenin sırrı saklı kalmayacak!

Yargılanmaktan hoşlanmayan, deşifre olmayı kabul etmeyen, gizemli ilişkiler yaşayan herkes bu dönemden nasibini alacak. Sır saklamakta usta İkizler burçları için sancılı bir dönem olabilir. Değişen yaşamları incelediğinizde, itiraf etmek zorunda kalacağınız kritik konular olabilir. Sizin içinde 2020 yılı dönüşüm yılı, unutmayın. Aşk ve ilişkiler konusunda en büyük değişimi siz yaşayabilirsiniz.

• Güzel dostluklar sürpriz aşklara dönüşebilir.

• Bir arkadaşınız sayesinde arzu ettiğiniz, kalıcı bir ortama girebilirsiniz.

• 1970-1984 yılları arasında doğanlar; son 7 yıl içinde boşandıysanız, evleneceğiniz kişiyle bu yıl içinde tanışabilirsiniz.

Yaz dönencesi!

Güneş burcunuzdan ayrılırken 20 Haziran'da yaz dönencesine giriyor. Bir nevi kalbinizde kelebekler uçuşacak. Kendisine bakmayı seven, ilgi göstermekten hoşlanan İkizler burçları için keyifli günler. Estetik, kilo, cilt bakımı gibi konularda araştırma yaparak, sizin için en iyisini bulmaya çalışacaksınız. Ay'ın yüceldiği burçta Yeniay ile birlikte fiziksel görünümünüze dair motivasyonunuz artacak.

• Bir uzman eşliğinde diyete başlayabilirsiniz.

• Doğal yöntemlere başvurarak, cilt ve vücut kürleri yapabilirsiniz.

• Anti depresyon ilaçlarını uzman kontrolünde bırakmak isteyebilirsiniz.

21 Haziran'da Ekinoksa arkadaşlık eden Güneş tutulması

kafanızdaki soruların cevaplarını bulurken yine hayatı sorgulamak isteyeceksiniz. Bu esnada uzun yolculuklara çıkmaya çalışacaksınız.

• Çocukları olan İkizler burçları, onlarla geçirdikleri zamanın kalitesini artıracaklar.

• Farklı şehre ya da ülkeye sık sık ziyaret yapmak zorunda olan bir İkizler burcuysanız düzeniniz değişebilir.

• Eşi ve çocukları olan İkizler burçları için farklı bir yaşam biçimi gelişecek.

Güneş tutulması, güven evinizde etkin olacak.

21 Haziran'da meydana gelen su burcundaki tutulma, 2.Evinizde etkili olacak. Bazı şeyler tam da istediğiniz gibi olmayabilir. Bu durum size kendinizi biraz öfkeli ve çaresiz hissettirebilir. Yardım isterken, kendinizi yalnız hissedebilirsiniz. Güven evinde etkili olan Güneş tutulması, plan ve programları yine size emanet ediyor. İş başa düşüyor sevgili İkizler.

• Maddi gelirlerinizi düzenlemek zorunda kalabilirsiniz.

• Anne ailesi ile ilgili konular gündeminize gelebilir.

• 1971-1973 yılları arasında dünyaya gelen bir İkizler burcuysanız unutmayın Satürn burcunuz da ikizler! Kardeşleriniz varsa maddi olarak yardım etmeniz gereken durumlar olurken, annenizin sağlığı gündeme gelebilir.

Tutulma, tüm İkizler burçlarına hassas olduğu konuları sıralıyor. Aslında küçük, halledilebilir görünen konuları biriktiriyor. Dikkatli ve kırıcı olmamanız gerektiğini vurguluyor gökyüzü. Bu ay en dikkat etmeniz gereken gün ise; 30 Haziran. Şans ve yer altı gezegeni bu yıl 3.kez kavuşum yapacak. Sert etkilere açık bugün ani kazaların habercisi de olabilir. Bu birkaç günü ön görmeye çalışın ki gezegenler içten içe size bir şeyler öğretmeye çalışıyor.

• Ev ya da araba alım-satım işleriniz varsa evraklarla ilgili sorunlar çıkabilir.

• Bugüne özel bir başvurunuz varsa; tüm dosyaların, belgelerin eksiksiz olduğundan emin olun.

TEMMUZ

Bu ay hem eğlenceli zamanlar geçirecek hem de sürpriz tesadüflerle karşılaşacaksınız. 2020 yılının temmuz ayı, geçmiş temmuz aylarından farklı olacak. Bugüne kadar değiştiremediğiniz huylarınızdan çok rahat ödün vereceksiniz. Peki, neden böyle olacak? Temmuz'un kapısında bekleyen Ay tutulması buna sebep olacak. Son iki yıldır temmuz ayında meydana gelen tutulmalar, bugünlere rehberlik yapabilir. Benzer etkilere sahip temmuz ayı tutulmaları, geçmişi de yâd ederken kesip atan tavrınız tüm dengeleri değiştirebilir. Ancak etkilerinin diğer yıllara göre daha olumlu daha ve yapıcı olacağını da vurguluyor.

Ay, kendini rahat hissetmediği burçta tutuluyor.

Ay'ın konumu hassas ve gergin olacak. Kalıbı içinde kendini huzursuz hissedecek. Dolayısıyla bu süreci zorlu kılan faktörleri oluşturacak. Çevrenizdeki hareketliliği bu duruma bağlayabilirsiniz. Birtakım özel bilgilerini öğreneceğiniz tanıdıklarınız olacak. Sevdiklerinizi paylaşmaktan pek hoşlanmadığınızı fark edeceksiniz. İletişimi bizzat yöneten burçsunuz. Bu sayede oldukça sosyalsiniz, geniş bir arkadaş çevreniz var. İnsanları bir araya getirmeyi, tanıştırmayı seversiniz. Ancak tutulma dönemi bu özelliğinize ket vuracak. Nefisleri, egoları ortaya dökecek.

- Arkadaşlarınızı kıskanabilirsiniz.
- Yanlış anlaşılmalar küslüklere neden olabilir.
- Ev arkadaşı olan İkizler burçları, ev arkadaşları ile anlaşmazlığa düşebilir.
- Kardeşleri olan İkizler burçları, kardeşlerinin arkadaş çevresini eleştirebilir.

Yıllardır kendi alanında uzmanlığı olan bir İkizler burcuysanız, çalıştığınız alanda önemli değişiklikler olacağını vurguluyor gökyüzü. Son aylarda öngördüğünüz, birtakım sıkıntıların faturasını birilerine dayandırmak isteyenler olacak. Çalıştığınız işte hata yapanları affetmeyen bu döngü, faturayı yöneticilerinize kesebilir.

Planlarınızı kendiniz organize etmelisiniz.

• Eğer bu ay seyahatleri olan bir İkizler burcuysanız; kalabalık organizasyonları tercih etmeyeceksiniz.

• Bu ayı kabuğunuza çekilerek geçirmek isteyebilirsiniz.

• Sevgilisi ile tatile gidenler; çok daha gözlemci olacaklar.

• Cep telefonunuzun veya sosyal medya hesabınızın şifrelerini unutabilirsiniz.

• Bu ay saçlarınızla daha çok uğraşacaksınız.

Tutulma döngüsünü gezegen açıları rahat bırakmıyor.

Güneş- Satürn karşıtlığı 20 Temmuz'da gerçekleşecek. Bu iki gezegen birbirine meydan okurken, son 6 aydır alım-satım işleriyle uğraşanlar küçük engellerle karşılaşabilir. Konuyu paylaştığınız, fikir alışverişi yaptığınız kişilerle farklı fırsatların olabileceğini fark edebilirsiniz. Araba değiştirmeyi, taşınmayı planlayan İkizler burçları için 20 Temmuz'da enteresan fırsatlar oluşacak. Aynı zamanda bugünlerde fazla cömert davrandığınızı anlayacaksınız. İçsel olarak huzurlu ama kendinizle ve yaşam alanınızla daha çok uğraşan bir tutum sergileyeceksiniz.

• Eşinizin veya sevgilinizin ailesiyle olan iletişimine dâhil olmak zorunda kalabilirsiniz.

• Özellikle dişil enerjinin baskın olduğu temmuz ayında, ailenizdeki kadınlarla ilişkinizi irdeleyeceksiniz.

• Kendinizi aile içinde dışlanmış hissedebilirsiniz.

Bu ay çevrenizdekilere hem daha kapalı hem de biraz daha efsunlu görüneceksiniz. Eğer yalnız bir İkizler burcuysanız, kolay âşık olamadığınız sonucunu çıkaracaksınız. Tez canlı oluşunuzu, eskisine nazaran daha iyi yönettiğinizi göreceksiniz. Farklı alanlara ilgi duyacaksınız. Her zaman gittiğiniz tatil veya restoranlardan sıkıldığınızı fark edeceksiniz. Ailenizdeki kadınların, özellikle 1970-1984 doğumlu olanların küçük yalanlarını yakalayabilirsiniz.

AĞUSTOS

Haksızlığa gelemiyorsunuz, sevdikleriniz için tepkilerinizi herkesten daha önce koyuyorsunuz. Korkusuz bir burçsunuz, adaletiniz tamamen haklar üzerine kurulu. Evet, gezmeyi, yaşamayı, eğlenmeyi herkesten çok seviyorsunuz. Aynı duygunun içinde günlerce kalamıyorsunuz. Güneş'in en tepeye çıktığı ağustos ayında kendinizi çok daha güçlü hissedeceksiniz. Sevdiklerinizi korumak isteyeceksiniz. Ailenizle para konularını daha rahat konuşup kendinize yatırım yapmak isteyecek yeni fikirler ortaya koyacaksınız. İş yerinizde sahiplendiğiniz insanlara bir psikolog gibi davranabilirsiniz. Bu ayı yorumlarınızla, davranışlarınızla yönetirken büyük sözler yine sizden çıkacak.

Dolunay ile gündem belirlenecek.

Ağustos ayının başında sabit hava burcunda gerçekleşecek Dolunay, hayata dair görüşünüzü somut hale getiriyor. Dolunay 3 Ağustos'ta herkesi benmerkezciliğe itecek. Sevdiklerinizi dinlerken, haklarını aramaları için desteklerken, birtakım olguları ortaya koyacaksınız. Haliyle kimileri bu durumdan mutlu olacak, kimileri gücenecek. Bir süredir görmediğiniz insanlarla karşılaşabilirsiniz. Yoğun bir iletişimi vadeden gökyüzü gündeminizi şekillendirmenize yardımcı olacak.

- Bir tatil beldesinde çocukluk veya lise arkadaşlarınızla karşılaşabilirsiniz.
- Bu ay hayatınıza başka kültürlerden insanlar girebilir.
- Anne ailesindeki akrabalarınızın sağlık sorunları için koşturmanız gerekebilir.
- Hukuksal bir probleminiz varsa ve son iki buçuk yıldır belli sorunlarla uğraşıyorsanız, elinize çok ciddi avantajlar geçeceğini de bu ay göreceksiniz.

Venüs yeniden hareketleniyor.

Zevkleri, renkleri temsil eden iyicil gezegen Venüs, 7 Ağustos'tan itibaren öncü su burcuna geçiyor. Biraz ruhunuzu besleyecek, biraz da ilişkilere derinlik katacak. Aynı zamanda özlemek, merak etmek, sahiplenmek gibi duygularınızı da artıracak. Venüs, kendinize olan güveni desteklerken aynı zamanda para bekleyen ya da alacakları olanları da unutmuyor.

• Unuttuğunuz, hatta üstünü çizdiğiniz ödemelerinizi alabilirsiniz.

• Tekstil, moda işi yapan İkizler burçları; iş birlikleriniz artacak.

• 1970-1975 yılları arasında doğan Neptün'ü Yay burcunun ilk derecelerinde doğan İkizler burçları; güven konusuna bir kat daha değer verirken, iş yerinizdeki dedikodulara kulak kapatanlardan olacaksınız.

Gökyüzünün bu ayki ateş teması 19 Ağustos'a kadar aktif olacak.

Bu etki sizi evinizde, ilişkinizde bazı şeyleri daha fazla düzene sokmaya itecek. Yaşamınızdaki eksiklikleri eşinizle, sevgilinizle paylaşmak isteyeceksiniz. Ona sorumluluklar vermek isteyeceksiniz. Sevgilinizin sahiplenici yanına takılacaksınız veya onun sahiplenici yanının eskisi gibi olmadığını hatırlatacaksınız. Aile içindeki ilişkilerden koptuğunu ona hissettireceksiniz. Evliliğinizin gündelik hayattaki birtakım yorgunluklarda kaybolmasına izin vermeyeceksiniz.

Sahiplenici duygular artıyor.

19 Ağustos'ta sabit burçta bir Yeniay meydana geliyor. Bu ayın ateş teması sahiplenici duyguları, ilgiyi ortaya çıkaracak. Kendi kabuğuna çekilen eşinizi keskin bir dille eleştireceksiniz. İlişkinizin bir onarımdan geçmesi gerektiğini fark edeceksiniz. Kendine çeki düzen vermeye hazır İkizler burçları, kazanımlarını da revize edecek.

• Döngü maddi gücünüzü ön plana çıkaracak. Gayrimenkulü olan bir İkizler burcuysanız ve 2009-2012 yıllarında yatırım yaptıysanız, kiracınızla birtakım düzenlemeler yapacaksınız.

• Uzun yıllar devre mülkü kirada bulunan İkizler burçları, bu süreçte yatırım amaçlı satışa çıkarabilirler.

• Eğer ailenizde Mayıs 2001 – Mayıs 2003 doğumlular var ise eğitim ve duygusal çıkışları şok olayları beraberinde getirebilir.

Tüm bu planlarla birlikte yaşam alanınızı değiştirmeyi de düşüneceksiniz. Kendinize özel harcamalar yapmak isteyeceksiniz. 25 -30 Ağustos tarihleri arasında toprak karşıtlığı tıpkı bir ayin gibi yaşanırken, içinizi huzursuz eden konulara takılabilirsiniz, dikkat! Ayrıca en yakın arkadaşlarınızda aile düzeni bozulmaz dedikleriniz bile sizi şaşırtabilir. Birbirine küsmez dediğiniz kişilerin iletişiminin bozulduğunu görebilirsiniz. Bu ayın son günlerinde insanların yaşamlarında dağınıklık göreceksiniz. Toprak dizilimi sayesinde oluşan bu rehavetten kurtulmak için keskin konuşmalar yapmanız gerekebilir. Baskın sorularınızı ise ayın sonuna saklıyorsunuz. Aşırılığa kaçmadan, kimseyi incitmeden aynı zamanda herkesi yönlendirerek, ağustos ayında istediklerinizi oluşturabileceksiniz.

EYLÜL

Uzun zamandır ihmal ettiğiniz arkadaşlarınızla bu ay görüşeceksiniz. Yakın olduğunuz iş arkadaşlarınızdan, sizinle aynı fikirde olmayan yöneticilerinize kadar herkesin size uyum sağlaması, önerilerinizi onaylaması, yeni fikirler almaya çalışması sizi çok şaşırtacak. Eylül ayının bir sihri var ve sizi ön plana çıkaracak. Arkanızdan gizli bir el uzanmış gibi sizi destekleyen bir gökyüzüyle karşı karşıyasınız. Evet, belki başta ufak çaplı oyalayacak, birtakım engellerle karşılaşacaksınız ama genel anlamda eylül ayında kendinizi yenileyecek, güçlenecek, özgüveninizi toplayacak, duygusal anlamda ise daha net kararlar alabileceksiniz.

Eylül ayının renkleri size iyi gelecek.

Elinizde somut veriler, konular olmadığı sürece hiçbir şekilde, hiçbir varsayımla hareket etmezsiniz. Eylül ayının ilk gününde gerçekleşecek Dolunay ile bu durumu hatırlayacaksınız. 2 Eylül'de meydana gelen Dolunay yavaş, sistematik ve ilerlemeyen insanlara ayak bağı olacak. Sizin gibi pratik, hızlı düşünenlerin ise kurtarıcısı olacak.

Belirsiz ayların aksine, eleştirilerinizde net olacaksınız.

Eylül ayında dikkat etmeniz gereken ve her burcu yakından ilgilendiren bir süreç var. Mücadele gezegeni sağlığınıza özen göstermeniz gerektiğine vurgu yapacak. Son 9 aydır abartılı ve dağınık olan beslenme alışkanlıklarınızı düzenlemeye itecek. Mars gerilemesi aba altından sopa göstermeye devam ederken, en yakınlarımızı işaret edecek.

- Bu dönem alerjiniz artabilir. Sağlık kontrollerinizi aksatmamalısınız.
- Kariyer planınız değişiyor. Çalıştığınız kurumdaki bölüm kapanabilir.
- Ani işten çıkarmalar gündeme gelebilir.
- Eğer çocuk düşünen ve bir türlü cesaret edemeyen İkizler burcuysanız, sürpriz hamilelik hayatınızın akışını değiştirebilir.
- 1984- 1998 yılları arasında doğan, son 2,5 yıldır ebeveyn-

leriyle ilgili sağlık sıkıntıları olan İkizler burçları bu ayı özenle değerlendirmeliler.

Sevgili İkizler, bu süreçte taraf olmak yerine gözlemci olmanız sizin yararınıza olur. Mücadele gezegeni, çalıştığınız kurumda birleşmeleri, gelecekle ilgili büyük değişimleri ifade edecek. Kişilerle ilgili sorunların artık geride kaldığını fark edeceksiniz. Güncellemelere ayak uydurmak için gereğinden fazla çalışmanız gerektiğini fark edeceksiniz. 67 gün sürecek Mars Retro'su ile beklediğiniz haberler size geç ulaşabilir.

Beklentileriniz artıyor!

Mars, aşk hayatınızda çok büyük etkiler yaratmayacak. Ama ilişkiler konusunda beklentinizi daha yoğun ve taze tutacak. Sevdiğiniz kişiden ilgi görmek isteyeceksiniz. Son 1 yıldır evli olan İkizler burçları; küçük sürprizler, organizasyonlar, tatil planları gibi beklentiye girebilirler. Bu arada Mars Retro'su eylül ayında planlanan kısa yolculukları engelleyebilir.

- Eğer Retro doğumlu bir İkizler burcuysanız; kişiliğinizle ilgili baskın taraflarınız bu dönemde ortaya çıkabilir.
- 1984 -1998 yılları arasında doğan İkizler burçları hayallerinin peşini bırakmayacaklar. Belli kaosları fırsata dönüştürebilirler.
- İş yerinizde önemli evrak veya ihmal yüzünden zorlu bir süreçten geçebilirsiniz.

Öğreten gezegen Satürn, nihayet düz seyrinde.

Son 4,5 aydır baskılandığınız tüm konularda, geri plana atıldığınız her aşamada artık Satürn'ün düz seyrine girmesiyle eski halinizden eser kalmayacak. Üzerinizdeki o bastırılmış enerjiden tamamen kurtulacaksınız. Satürn'ün burç değiştirerek geri hareket etmesi cildinizde birtakım sorunlar yaratmış olabilir. Strese bağlı sağlık sorunlarınızı ihmal etmeyeceksiniz. Miras yüzünden birbirine küsen aile büyükleriniz varsa, aynı dili konuşabildiklerini fark edeceksiniz. Aynı ortama girip, aynı ortak paydada bir araya geleceklerini vurguluyor gökyüzü.

EKİM

Mars gerilemesiyle girdiğiniz ekim ayına birtakım sözlerin tutulmadığını fark ederek başlayacaksınız. İş anlaşmaları yapan İkizler burçları, tekrar yeni düzenlemeler yapmak, teklif hazırlamak zorunda kalacaklar. Bazı konularda kısıtlamalara maruz kalmak, bu ayın ilk haftalarını grileştirecek. Peşinize takılanın bir talihsizlik olduğunu düşünebilirsiniz. Ancak derin bir nefes alın. Mars gerilemesi mücadelede ne kadar güçlü olduğunuzu, nerede yorulduğunuzu gösterecek. Nasıl ayakta durmanız gerektiğini ifade edecek. Kolaya kaçan yanlarınızı iyileştirmeniz gerektiğine vurgu yapacak.

• Eğer uzun bir süredir ortağınız varsa; bu ayın belirli yaptırımları olacak. 'Tamam mı, devam mı' sorusunun cevabını alacaksınız.

• Duygularınıza gerçekçi bir şekilde yaklaşacaksınız.

• İş arayan bir İkizler burcuysanız aradığınız fırsat önünüze gelebilir.

Kafanızda bir şeyleri bitirmeye hazırsanız, bunların geri dönüşü olmayacak. Ancak kimse ile küs ya da kırgın ayrılmak da istemeyeceksiniz. Mücadele gezegeni geri giderken imkânlarını sıralamayı ihmal etmeyecek. Normalde sizin için zor, ümitsiz gibi görünen iş toplantılarından davet alabilirsiniz. Eğer kamusal alanda fırsat bekleyen bir İkizler burcuysanız; bu aralarda atanmanız bile yapılabilir. Görev alanlarınızı farklı bölümlere kaydırmak isteyenler de olacak. Mars Retro'su kariyer evinizde ve ekim ayında sizi unutmuyor. Bu ayı gelecek çıkarlarınız ve emekleriniz üzerine yöneteceksiniz.

14 Ekim'de gökyüzü şaha kalkıyor.

Dünyayı hareketlendirecek, enerjinizi yükseltecek, uykusuzluğunuzu tetikleyecek, iştahınızı artıracak, vücut dilinizi harekete geçirecek Merkür Retro'su başlıyor. 14 Ekim'den itibaren gökyüzünde ruh bulacak. Su burcunda geri giden iletişim gezegeni, buyurgan ve şahsına münhasır olacak. Duygularınızı temsil edecek. Psikolojik olarak kendinizi baskı altında hissetmenize sebep olabilir. Ancak siz de biliyorsunuz ki aslında müdahale gördükçe daha derleyen, daha toparlayan, alternatif düşünen birisiniz. Mars Retro'su ve Merkür Retro'su ile tüm ayı dizayn edeceksiniz.

• Para giriş çıkışı ve bütçe düzenlemesi için destek arayışınız olacak.

• Mesai saatlerinize, emeklerinize, çalışma koşullarınıza sahip çıkacaksınız.

• Üst solunum yolları, farenjit gibi rahatsızlıklar tekrarlayabilir.

• Ailenizden birisi küçük ev kazaları geçirebilir.

• Ani, beklenmedik yolculuklar, sürpriz seyahatler ailenizden ayrı kalmanıza sebebiyet verebilir.

Gündeminiz değişiyor.

Sosyal medya kullanımınız giderek artabilir. Su burcunda geri giden yönetici gezegeniniz araştırma yapmayı, yeni bilgiler edinmeyi teşvik edecek. Kilo sorunu olan İkizler burçları, görünüşünüzü dert edinip, yeni uygulamalarla ilgili bilgiler toplamak isteyebilirler. Yurtdışındaki teknikleri uygulatmak için farklı ülkelere yolculuk yapabilirsiniz.

Aşk ve cazibe gezegeni Venüs yüceliyor.

Venüs, kendini rahat hissettiği bir burca yerleşiyor. Dolayısıyla sosyal hayatınızı renklendirecek. Durağan geçen günlerinize ışık tutacak. 28-31 Ekim tarihlerinde kendinizi yaşamın akışına bırakabileceksiniz. Bugünlerde ayın en şanslı, en keyifli zamanları sizinle olacak. Beklettiğiniz dil kursunu, gastronomi akademisini, tasarım için özel dersleri yeniden aktifleştirebilirsiniz. 'Asla benimle ilgilenmez' dediğiniz kişilerin ilgisini fark edebilirsiniz. Ekim ayının sonbahar esintisi, yaz aylarında yaşadığınız kavurucu sıcaklara benzemeyecek. Yüzünüzün güldüğü bugünlerde, kendinizi iyi hissedeceksiniz.

KASIM

2020 yılında kendinizi tam anlamı ile gökkuşağı gibi hissedeceğiniz ayın adıdır kasım! Çünkü bu ay kendinizi çok daha farklı durumların içinde bulacaksınız. Gereksiz yere bugüne kadar üzülmüş, küçük sağlık sorunlarıyla uğraşmış, ebeveynlerinizin hayatına çok odaklanmış olabilirsiniz. İşle ilgili amaçlarınızdan taviz vermemek adına ciddi mücadeleler verdiniz. Tüm bunların hepsini farklı kılacak bir enerjiye sahipsiniz. Akıllı adımlar atmak için gözlemciden öte adeta avcı ruhuna bürüneceksiniz. Yaşam felsefeniz değişecek. Kendinize ilgili eksik gördüğünüz özelliklerin üstüne çok daha rahat gidebileceksiniz. Hayatınızın hangi bölümünün dağınık olduğunu düşünüyorsanız, kendinizi disipline edeceksiniz.

• Bu ay hafızanızda uzun zamandır yer edinen anılardan uzaklaşmak isteyeceksiniz.

• Aşırı hassasiyetinizi bir kenara bırakacaksınız.

• Bekâr bir ikizler burcu iseniz sevgilinizle aynı eve taşınabilir daha ileri boyuta taşıyıp evlilik kararı alabilirsiniz.

Kalpleri coşturan Ay Tutulması sizden feyz alacak.

Öncelikle gökyüzü Merkür Retro'sunu bertaraf ettiğinizi ve türlü krizlerin içinden başarıyla geçtiğinizi işaret ediyor. Birçok kişinin, sizin söylediğinize geldiğini fark edeceksiniz. Hemen arkasından Mars Retro'sunu arkanızda bırakacaksınız. 67 gündür yaşananları, çevrenizdeki kişilerin ruh halini ve birbirlerine yaptıklarını anlatacak bolca zamanınız olacak. Çünkü herkesin birbiriyle kıran kırana didiştiğini, bu geçtiğimiz süreçte yaşadınız. İyi insan olmanın zor, kolaya kaçmanın her şeyden daha basit olduğunu ve kişilerin seçimini bu yönde kullandığını anladınız.

• Retrolar adım adım biterken, motivasyonunuz artacak.

• Dikkatli olduğunuz sürece, olayların sizin lehinize işlediğini fark edeceksiniz.

• Eğer 67 gündür kalbi ağrıyan bir İkizler burcuysanız; sevgiliniz pişmanlıklarını size bir şekilde hissettirecek.

Ay Tutulması!

30 Kasım'da burcunuzda etkili olacak. Tutulma evlilik ve ortaklığa bakış açınızı değiştirecek. Duygusal ve sezgisel yönlerinizi ortaya çıkaracak. Alışılmışın dışında kendinizi tutkulu hissedeceksiniz.

- Tamamen duygularınızla hareket edeceksiniz.
- Uykusuzluk gibi bir derdiniz kalmayacak.
- Hem enerjik hissedeceksiniz hem de günün 24 saatine yetişebileceksiniz.
- Sosyal medyada çok daha aktif olacaksınız.
- Konforunuzu artıracak ev alma fikrini hayata geçireceksiniz.

Ruhsal anlamda yakınlarınıza desteğiniz, sahiplenici tavırlarınız olacak. Farklı ortamlarda gördüğünüz, karşılaştığınız güçlü kişilerle, bu dönemde tanışma fırsatı bulacaksınız. Eğer yeni iş kolu kurmak isteyen ve hayalleri olan bir İkizler burcuysanız; Ay tutulmasıyla birlikte kendi işinizi kurabilecek bir kıvılcım yakalayabilirsiniz.

- Hırslı yönünüzü geliştireceksiniz.
- Arkadaşlarınızı ayırt edecek noktaya geleceksiniz.
- İlginizi çeken kişiyle dijital platformda haberleşebilirsiniz.
- Staj imkânı için gözünüz en yükseklerde olabilecek.

ARALIK

Koca bir yılı geride bırakırken elleriniz boş olmayacak. Yaşamınızı iyileştirmek, performansınızı arttırmak, ilişkilerinizi başka bir üslupla değerlendirmek için küçük ödünler verdiniz. Rutin çalışmalara bağlı kalmadınız. Yenilikçi fikirler ve projelerle dolu bir dönem geçirdiniz. Ay düğümleri ile ilişki kuran tutulmalar, bu yılın son aylarının sizin için ne kadar değerli olduğunu vurguladı. Aralık ayında sevdikleriniz ile omuz omuza olacaksınız. Uyum sağlamakta zorlandığınız konularda, gökyüzü sizden desteğini esirgemeyecek. Tutkulu aşklar, beklenmeyen yolculuklar, yoğun geçecek özel hayatınız derken yeni bir yılı karşılayacaksınız.

Güneş tutulurken, hayatın iki yakasından da tutacaksınız

İletişim gezegeni karşıt burcunuzu selamlarken yeni bir aya giriş yaptınız. Bugünler sizin için ilişki odaklı olacak. Ay Düğümleri ile bağlantılı Güneş tutulmasına hazırlık yapan gökyüzü, ilk haftalardan etkisini göstermeye başlayacak. Güneş tutulması ateş burcunda ve karşıt evinizde meydana geliyor. İlişkilerinizi, ortaklıklarınızı, düzeninizi, yaşam tarzınızı temsil edecek. Haziran ayında yaşadıklarınızı yeniden önünüze getirebilir. Özellikle yaz günlerinde sevgilisinden, eşinden ayrılma noktasına gelen İkizler burçları, gerçekleri öğrenecekler. Size aktarılan bilgilerin eksik olduğunu fark edeceksiniz. Yepyeni ilişkiler için göz kırpan tutulma ve Ay düğümleri size şehir, semt hatta ülke değiştirtebilir.

- Eski sevgilinizle arkadaş kalamadığınızı göreceksiniz.
- Sabırsız doğanızı bastıran bir aşk ile karşı karşıya kalabilirsiniz.
- 2012 yılından beri aradığını bulamayan İkizler burçları, sevilmenin yüceliğini yeniden fark edecekler.
- Dostça yaklaşılan ilişkiler, aşkın ilk adımları olacak.
- Çok iyi anlaştığınız bir arkadaşınızla ortaklık kurabilirsiniz.

Sevgisizlikten, ilgi görememekten şikâyetçi olanlar bu ayın sürprizlerle dolu olduğunu görecek. Ruh eşini yakalayan İkizler burçları, kış günü evlilik hazırlıklarına başlayabilir. Güneş tutulması hiçbir duygunuzu idare etmek zorunda olmadığınızı hatırlatacak. Kimseyi idare etmek zorunda olmadığınızı düşüneceksiniz. Öğreten gezegen Satürn, uzun bir aradan sonra 2,5 yıl boyunca kalacağı burca geri dönüyor. Sabit burçta yerini belirleyen Satürn, 17 Aralık'tan itibaren, Jüpiter ise 19 Aralık'ta benzer hizada ilerleyecek.

Satürn ve Jüpiter tarih yazarken yeniden doğacaksınız

Son bir yıldır çözümsüz kalan, sizi sınırlayan, ilerletmeyen konuları değerlendirme zamanınız geldi çattı. Nedenlerini ve olasılıklarını bir arada yaşayacaksınız. Yurtdışında yaşayan eski dostlarınızdan ya da sevgilinizden haberler gelebilir. Uzun bir aradan sonra yeniden iletişime geçilmesini yadırgayabilirsiniz. Eğer işinizden kaynaklı bir şehir değişikliği yaşadıysanız, kimlerin oyununa geldiğinizi anlayacaksınız. 17 Aralık'tan itibaren gökyüzü 9. Ev konularınızı gündeme getirecek.

- Uzakta yaşayan yakınlarınızdan kayıp haberleri gelebilir.
- Yükseköğrenim için koşullarınız değişebilir.
- Gizli ilimlere, parapsikoloji gibi ruhsal alanlara ilginiz artabilir.
- Vicdanınızı sarsan dedikodularla mücadele etmek zorunda kalabilirsiniz.

Hayat elinizden tutarken, kâinat daha önce hiç açılmamış kapıları aralıyor

20 Aralık'tan itibaren Güneş'in toprak burcuna geçişiyle de birlikte finansal konular gündeminizde olacak. Global firmada çalışan İkizler burcuysanız çalışma şartlarınız gittikçe ağırlaşabilir. Yöneticisi olduğunuz bölümü küçültmek zorunda kalabilirsiniz. Evli İkizler burçları eşinizin kariyer planında aksamalar yaşanabilir. Yurtdışı deneyimine artık daha sıcak bakabileceksiniz. Karamsar, içe kapanık, hesaplamalarla meşgul olacağınız birkaç günü atlatıp, eski pozitifliğinize erişeceksiniz.

- Para biriktirmeniz gerektiğini fark edeceksiniz. Masraflarınızı azami derecede azaltacaksınız.

• Ortak kullanılan gelirlerinizi belli bir düzene oturtacaksınız.

• Banka, kredi, vergi gibi devlet endeksli ödemelerinizi planlamanız gerekecek.

• Otoriter, sektörde itibarı ile bilinen kişilerle iş temasına girebilirsiniz.

• Medya, yazı işleri yapan İkizler burçları için özel ve yıldızlı günler geliyor.

Kalabalık ortamlar, davetler, sosyal çevreniz aynı anda birçok konuda fikir sahibi olmanızı sağlayabilir. Şans gezegeni Jüpiter ile Satürn'ün kavuşum yaptığı 20 Aralık'tan itibaren bazı dedikodulara kulak vermemenizi öneririm. Eski eşinizle, eski sevgilinizle, görüşmediğiniz bir yakınınızla ilgili sansasyonel olaylar duyabilirsiniz. Bu yılı bitirirken geçmişle hesabınız olmayacak. Merhametinizi suiistimal edenlere artık üzülmemeyi de öğrendiniz. Çevrenizde size kendinize iyi hissettiren insanlar var. Onlarla hem iş hem de sosyal açıdan kendinizi daha güvende hissedeceksiniz. 2021 yılı başlamadan daha önce karşılaşmadığınız imkânlar kapınızı aralayacak.

YENGEÇ 2020

OCAK

Yaklaşık 2,5 yıldır burcunuzda gerçekleşen tutulmalar, hayatınıza türlü değişiklikleri de beraberinde getirmişti. Sizi yoran, motivasyonunuzu bozan her türlü duyguyu arkada bırakırken, yalnızlığı da geçmişte bırakarak gireceksеniz 2020 yılına! Aslında bu süreçte ne kadar güçlü olduğunuzu gördünüz. Artık eskisi gibi ödün vermediğinizi biliyorsunuz. 2020 yılından en çok siz alacaklısınız. Belirsizlikleri tamamen bertaraf edeceksiniz. Net kararlar almanızı sağlayacak. 2020 yılının kapısında sizi bekleyen bir tutulma var. Karakteri güçlü gezegenler ise 7.Evinizde toplandı. Ay tutulmasıyla birlikte hayatınızın en önemli günlerine başlıyorsunuz. Yönetici gezegeninizde gerçekleşen tutulma, dişil bir enerjiye sahip olacak. Ay'ın yüceliğinden referans alarak ailenize karşı daha hassas olacaksınız. Türkiye'den gözlemlenecek Ay tutulması yuva, aidiyet, gelenek gibi kavramları da perçinleyecek.

- Anne ve ailedeki kadınları temsil eden bir tutulma olacak.
- Oldukça sosyal ve aktif olacaksınız.
- Güçlü isimlerle, eski yöneticilerinizle bir araya gelebilirsiniz.

Ay tutulması hayallerinizi gerçekleştirmenizde size yol gösterecek. Duyguları, istekleri, narinliği temsil ederken gündelik yaşamınıza dair aktiviteleriniz hız alacak. Kısıtlandığınız konularda, engelleri çözebileceksiniz. Son günlerde iletişim açısından sorun yaşadığınız kişilerle daha uzlaşmacı olacaksınız.

Tutulma kalbinizi, duygularınızı sıkıştıracak.

- Sağlık sorunları bu dönem kadınları yakından ilgilendirebilir.

• Aşk yaşamınızda yoğun bir etkileşim meydana gelebilir.

• Yalnız yaşayan Yengeç burçları, evini bir arkadaşıyla paylaşabilir.

• Geçmişte tanıdığınız biri, bambaşka şartlarla yeniden karşınıza çıkabilir.

• Kurumsal firmalarda çalışan Yengeç burçları, çoğu alanda inisiyatif alabilecekler.

• Eğer son 2,5 yıldır işinizden memnun değilseniz, istifa edebilirsiniz.

'Asla affetmem' dediğiniz günleri geride bırakacaksınız Sevgili Yengeçler! Büyük konuştuğunuz, olmaz dediğiniz her şey bu ay yeniden düzene giriyor. Yengeç burçları sağlıklı yaşam için planlama yapma zamanı! Eklem ağrıları, dolaşım sistemi, varis gibi problemleri olanlar için tutulma dönemi hoş sürprizler yaratmayabilir.

2020 yılı sizin için büyüleyici olacak.

Neden mi? Jenerasyon gezegenleri 7. Evinizde kol kola hareket etmesi tarihte az rastlanan bu dizilime Merkür ve Güneş'in eşlik ediyor olması, toprak temasını büyütüyor. Hayatınızı çok başka yöne çevirirken, 2020 yılının tarih yazan ayları ilişki odaklı tüm sorunları, güvensizliği el birliği ile çözeceğinizi işaret ediyor. Şimdiye kadar hiç tecrübe etmediğiniz duygularla tanışmanızı da sağlayabilir. Evrenin sizi çember içine aldığı bugünlerde, duygusal anlamda 'olmaz' dediğiniz başlangıçlara imza atabilirsiniz. Ay tutulması, bu tarz ilişkilerin yönünü belirleyecek. Hangi noktalara gidebileceğinizi, nerelerde ayrışacağını gösterecek. Sevmeyi, hoş görmeyi, kapsayıcı olmayı seven Yengeç burçları; ilişki evinizde toplanan gezegenler ilahi düzeni devrimlere tabi tutarken size ilkleri yaşatmasına izin verin. Sadece aşk hayatınızda değil aynı zamanda iş konusunda da bireysel tutumlar almanızı teşvik eden döngünün başlangıcıyla, az insana vakıf olan zümrelere gireceksiniz.

Dikkat dikkat!

Gök kubbe 10 Ocak'tan itibaren daha önce görmediğiniz bir sürece, şölene gireceğinizi işaret ediyor. Siz sadece yengeç burcu değilsiniz insanın özünü temsil eden burçsunuz. Yöneticiliğinizi yapan Ay, 10 Ocak gecesi tutulurken evlilik, yuva, aşk gibi kelimeler artık size uzak olmayacak.

• Sıcakkanlı, sosyal Yengeç burçları; arkadaş toplantılarınızda sizin hakkınızda tehlikeli bir dedikodu dönebilir. Sözleriniz bambaşka aktarılacak, dikkat!

Satürn- Plüton kavuşum yaparken, bu iki zorlayıcı gezegen rahat durmayacak. Ayın ortasından sonra kendinizi olmadık konuların içinde bulabilirsiniz. Dâhil olmadığınız meselelerde adınız geçebilir. Kardeşleri olan Yengeç burçları, onları savunmak zorunda kalabilirler. Kaosu tetikleyen bu iki iyicil olmayan gezegen kaygılanmanıza neden olabilir. Ancak 24 Ocak itibariyle Yeniay'ın sabit burçtaki etkisiyle birlikte, arkanızdan söz edenler utanacak. Geriye çekilecekler. İşlerinize ve sosyal yaşamınıza yeniden adapte olabileceksiniz. Sıklıkla araba kullanan bir Yengeç burcuysanız bu hafta dikkatli olun.

ŞUBAT

Şubat, duygusal bir ay olacak. Yılın en kısa ayının sizin için renkli geçeceğini söyleyebilirim. 7 Şubat'ta 10. Evinize yerleşen aşk gezegeni Venüs, abartılı duyguları yüreğinizin ortasında hissettirebilir. İçi içine sığamamak sözü tam da sizi tarif edecek. En yakın arkadaşlarınızla üst üste programlar yapmak isteyebilirsiniz. Bu ay harcamalarınıza Venüs öyle cesaret verecek ki çevrenize küçük hediyeler almaktan, jest yapmaktan, bonkör davranmaktan asla geri kalmayacaksınız. Venüs sevdiklerini şımart sloganıyla, şubat ayınızı renklendirecek.

Venüs'ün kariyer evinizde etkisi olacak.

Venüs, yabancı kişilerle tanışabileceğinizi, seyahatlere gidebileceğinizi, iş yerinizde önemli toplantılara katılacağınızı işaret ediyor. İş yerinizde daha önce deneyiminizin olmadığı departmanda çalışma imkânı bulabilirsiniz. Ekstra sorumluluklar alarak cesaretinizle yükseleceğinizi fark edeceksiniz.

• Çalışma hayatınızda özgüveniniz düzene giriyor. Venüs'le birlikte pratik zekânız ortaya çıkacak.

• Arabanıza, evinize, özellikle stilinize dair değişiklikler yapacaksınız.

Zodyak'ın bonkör burcu olarak eliniz açık olacak. Sınırlamalardan, kısıtlamalardan hoşlanmayan Yengeç burçları diledikleri gibi para harcamak isteyecekler. İşinizde ve eğitim hayatınızdaki hızlı yükseliş, kendinizi ödüllendirmenize sebebiyet verecek. Uzun zamandır masraftan kaçınanlar ise kaygılarınızı artık geride bırakıyorsunuz. Gelir kaynağı olacak yatırımlara sıcak bakabilirsiniz.

Merkür, su burcunda geri gidiyor.

17 Şubat'ta su burcunda geri gidecek Merkür, 23 gün boyunca gözlerinizin dolu dolu olmasına neden olabilir. İletişim gezegeni Zodyak'ın son burcunda geri giderken sizi daha duyarlı yapacak. Burçlar kuşağının en romantik, duygusal burcu sizsiniz. Kendinizi bu süreçte ifade etmekte zorlanacaksınız.

- Eski ilişkileriniz gündeme gelebilir.
- Önemsemediğiniz, mesafe koyduğunuz kişilerle zorunlu olarak bir araya gelebilirsiniz.
- Dost bildiğiniz bazı kişilerle yollarınızı ayırabilir ve keskin bir şekilde kendinizden uzaklaştırabilirsiniz.
- En son söyleyeceğinizi başta söylemek, iletişimde köşeye sıkışmanıza neden olabilir.

Bu dönemde sizi dizginlemek zor olacak. Duygularınızı abartılı yaşayabilirsiniz. Küçük dağınıklıkları toparlamak için rutininize hâkim olmalısınız. Katılacağınız davetler, çıkacağınız yolculuklar aksiliklere sebebiyet verebilir. Önemli işlerinizi bir süreliğine erteleyebilirsiniz.

Peki, Merkür Retro'su sadece zorluk mu çıkarıyor?

Aslında hayır. Değişken su burcunda meydana gelen Merkür Retro'su yarım kalan işlerinizi tamamlamanızda yardımcı olacak. İş disiplininiz artacak. *Gökte ararken yerde bulmak* deyimi bugünlerin tesadüflerini ifade edecek. Prensiplerinizle uyumlu, birlikte iş yapabilme yetisine sahip kişilerle bir araya gelebilirsiniz. Sağlığınıza da bugünlerde dikkat etmelisiniz. Bilhassa 2 yıldır omuz bölgesinde, eklem yerlerinde, ayaklarda problem yaşayanlar, bu sıkıntıları tekrar yaşayabilir.

MART

Mart ayına sınavların ayı da diyebilirsiniz. 2020 yılının mart ayı herkesin dertlerinin ortaya döküldüğü, ayyuka çıkacağı bir ayı temsil edecek. Kışın nasıl geçtiğini anlamadan, yavaş yavaş baharı karşılayacağız. Venüs kendisini iyi hissettiği bir burca geçiyor ve aşk gezegeni yüceldiği noktada, mart ayının kapısında sizi karşılayacak. Bu ay sık sık yolculuk yapmanız gerekebilir. Evinizden hayli uzak ülkelere iş ve farklı nedenlerle yolculuk yapabilirsiniz. Kangren haline gelmiş aile konuları, bu ay bir neticeye kavuşabilir. Ortak mallar ve miras gibi şahsınızı ve ailenizi ilgilendiren meseleler ciddi boyutlara gelmeden çözülebilecek. Uzlaşması zor insanları bu ay bir araya getiriyorsunuz.

Venüs, moralinizi yükseltecek.

Cesaret edemediğiniz, bir türlü zaman ayıramadığınız bireysel konuları liste başı yapacaksınız. Kilo ile ilgili her daim problemi olan Yengeç burçları, estetik görünüme kafa yormak isteyebilirler. Venüs'ün yüceldiği gün olan 5 Mart itibariyle küçük çaplı bir operasyon geçirebilirsiniz. Keyfinizi yerine getiren, moralinizi yüksek tutan aşk gezegeni gündelik hayatınızı da toparlamanızı sağlayacak. Ancak hepsi bundan ibaret değil!

Hayat yeniden başlıyor!

Bu ayın her köşesinde toprak burçları kavuşum yapıyor. Enteresan olayları önünüze getirebilir. 20 Mart'ta Mücadele gezegeni Mars, şans gezegeni Jüpiter ile büyük buluşmaya imza atarken 7. Evinizde devrimleri yaratıyor.

- Eğer yalnız bir Yengeç burcu iseniz inanın bu dünyanın en şanslı insanı bu ay siz olabilirsiniz.
- 14 yıldır evli bir Yengeç burcuysanız eşinizin daha önce fark etmediğiniz bir sırrını fark edebilir, evliliğinizde girmediğiniz bir cendereye girebilirsiniz.

Yıkıcı ve yapıcı etkileri olan gezegenlerin 7. Evinizde kavuşması, sadece sırları ifşa etmeyecek, sizin de ona göre davranmanızı sağlayacak.

• İçinizden büyük bir güç çıkacağını, girişimcilik ruhunuzun artacağını, küllerinizden yeniden doğmak isteyeceğinizi işaret ediyor.

• Aile kaynaklarını değerlendirerek alım-satım kararları alabilirsiniz.

Her işin sonucu iyi olsun istemeniz elbette çok normal. Mars ve Jüpiter bir araya gelince güzel gibi görünen ama sonra sorgulayacağınız konular söz konusu olabilir. Bu yüzden alacağınız ciddi kararları zamana yaymanız en doğrusu olur. Hele bir de içinizde bu dönem de şüpheler oluşursa haklıyken haksız durumuna düşebilirsiniz. İlişki evinizde etkili olacak bir diğer transit ise Mars-Plüton kavuşumu. Bu transit dünyanın en tehlikeli kavuşumu! 2012 yılından bu yana değişmenize öncülük eden yeraltı gezegeni, sınırlarınızı zorlayacak. Önünüze ilginç haberler getirirken, hayatınızda belki de ilk defa parayı düşüneceksiniz.

• Az rastlanır haberlerle karşı karşıya kalabilirsiniz.

• Kendinizi, yaşam standartlarınızı düşüneceksiniz.

Peki, neler olabilir? Kardeş, aile, eş ailesi, ortaklık, haklar, en önemlisi ise bu haklardan edinilen maddi konularda güç kaybı... Bu başlıklarla ilgili beklenmeyen gelişmeler, sizden gizlenen birtakım olaylar, çözüldüğü söylenen ama çözülmeyen sorunlarla karşı karşıya kalabilirsiniz.

22 Mart'tan 31 Mart'a kadar olan dönem önemli.

Satürn, 7.Evinizden hava burcuna taşınıyor şimdilik!

• İkili ilişkilere dair konuşmalarda keskinliğinizi artıracak.

• Sabırsızlığınızı tetikleyecek.

• Gündelik hayatta, sokakta, trafikte dalgın olmanıza neden olacak.

• Çocukları olan Yengeç burçları daha da çok korumacı davranacak.

Tarihte az rastlanan 7. Evinizde etkili olan, yoğun bir gündem var. 10 günlük bu süreçte yaşananlar, bir film şeridi gibi gözünüzün önünüzden akıp geçecek. Küçük tartışmaların fitilini ateşleyeceksiniz, kimseyi bu ay tolere etmeyeceksiniz. Sorulara sorularla geri döneceksiniz. Merakınızı tetikleyecek şüpheli davranışlara da maruz kalabilirsiniz. Birinci derece yakınlarınızla ilgili tuhaf bilgiler öğrenebilirsiniz. Kendinizi bir tünelde hissedebilirsiniz ve çıkışı da yok gibi gelebilir. Ancak hayatınızın belli noktaları tamamen bu tünelin sonunda aydınlanıyor. Kendinizi çok güçlü, farklı, olgunlaşmış hissedeceksiniz.

NİSAN

Nisan ayı sakin bir ay olacak. İlişki evinizi yoran, sizi belli sınavlara tabii tutan günler geride kalıyor. Yoğun geçen bir ayın ardından, 5 Nisan'da şans gezegeni ile yeraltı gezegeninin kavuşumu, nefes almanızı sağlayacak. İşi bozan yeraltı gezegeni, iyicil bir gezegen ile bir arada olacak. Bu durum nisan ayını daha sükûnetli geçirmenize yardımcı olacak. Aile içindeki sorunları çözmeye yönelik sağduyulu konuşmalar yapacaksınız. Olgun, yaş almış büyüklerinizin sağlık sorunları ile bizzat ilgileneceksiniz. Fikir ve yol ayrılıkları karşısında çok güçlü durmayı, metanetli olmayı bir şekilde herkese öğreteceksiniz.

Duygusal konulara ince bir yaklaşım getireceksiniz.

Nisan ayında zorluk çıkaran kişilere, olaylara metanetle yaklaşacaksınız. İlişkinizde çabanızın karşılığını alacaksınız. Kendinizi yıpratmaktan daha uzak bir ay geçireceksiniz. Çünkü Plüton'u yatıştırmaya çalışacak Jüpiter devrede olacak.

- Sevgilinizle ya da eşinizle iş ortaklığı kurabilirsiniz.
- Kariyeriniz adına ses getiren günler yaşayacaksınız.

Güneş'in 19 Nisan'da toprak burcuna geçmesiyle birlikte, Ay da 23 Nisan'da Yeniay'ın ruhuna teslim olacak. Başta başa toprağa teslim olmuş gökyüzüne hiçbir güç karşı koyamıyorken, son zamanlarda yaşadığınız radikal değişiklikleri sindirmenize yardımcı olurcasına size farklı bir olgunluk katacak. Kayıplar, şoklar, kazançlar ardı ardına gelirken, hayatta her türlü duygu olduğunu fark edeceksiniz. İşin özünde bazı duyguların alıştırarak değil bir anda geldiğini anlayacaksınız.

Ekonomik anlamda rahatlama var. Nihayet geçmiş hesaplarını kapatıyorsunuz.

- Kariyerinde başarı merdivenlerini hızla çıkan kişilerle zaman geçirebilirsiniz.
- Hayranlık duyduğunuz kişilerle aynı ortamı paylaşabilirsiniz.

İçinizden geçen niyetlere dikkat edin.

Evren bugünlerde sizi sanki duyuyor; gönlünüzden geçen temennilere, ağzınızdan çıkacak niyetlere vurgu yapıyor. Düşündükleriniz sizi arıyor, aklınızdan geçenler bir şekilde meydana geliyor. Gökyüzünün toprak niteliği hayatın size karşı sürprizleri olduğunu gösterecek. Sadece yıkıcı olmadığını, birtakım güzel planları olduğunu da fark ettirecek. Bu ay olabildiğince doğal görünmeye çalışacak, sadeliğe yöneleceksiniz. Çünkü yapısı gereği doğal bir burçta gerçekleşen Yeniay, devrim gezeni semada Uranüs'ün omuz hizasında dururken, hayatın sesleri olduğunu kabul edecek, kendinizi biraz akışa bırakacaksınız.

• Gündelik hayatınızı daha konforlu bir hale getirmek isteyeceksiniz.

• Arabanız varsa, sorunları ile uğraşmaktan vazgeçip, bir üst model almayı planlayabilirsiniz.

• Hamilelik düşünen bir Yengeç burcuysanız, kendinizi hazır hissedeceksiniz.

Uzun zamandır alışkanlıklarını değiştirmiş bir Yengeç burcuysanız, bağışıklık sisteminizin zayıf olduğunu düşünebilir, hızlı yorulduğunuzu fark edebilirsiniz. Sağlığınıza destek veren bir ay olmasına rağmen, kendinizi halsiz ve çok yorulmuş, uzun bir yolculuktan gelmiş gibi hissedebilirsiniz. Ekstra dikkatli beslenmeniz ve vitamin takviyesi almanız gerekebilir.

MAYIS

Mayıs ayı sizin için önemli olacak. Son 2,5 yıldır ilişkilerinizi revize eden, sizi bir yandan da yorgun düşüren Satürn etkisini mart ayında yolcu etmiştiniz. Sizi azat eden, ilişki dünyanızı rahat bırakan, Satürn sahnelere yeniden geri dönüyor. Ancak bu sefer öğreten gezegen geri hareket ederken hava burcunda olacak. Kırgın yanlarınızı, mağrur hallerinizi nasıl etkileyecek? Nerede ruh bulacak? Birlikte bakalım. 8.Evinizde etkili olan Satürn, yüceldiği burçta can bulacak. Mesleğinizde öne çıkmanızı, hırslanmanızı sağlayacak. Keşfetmediğiniz savaşçı yanınızla el sıkışacaksınız.

- İşinizle ilgili daha büyük sorumluluklar almanıza neden olacak.
- Güçlü dostluklar kurmak için önünüze fırsatlar getirebilir.
- Bilgili, donanımlı insanlar hayatınızda yer edecek.

Sürpriz yolculuklar, bol davetler sizi bekliyor.

Satürn Retro'su geleceğe odaklanmanızı sağlayacak ve bugüne kadar ortaya koymadığınız egonuzu destekleyecek. Şartları daha akıllıca değerlendirmenizi vadedecek. Bu dönemde hem kendinize vakit ayıracak hem de sessiz kalmayı seçerek güç kazanacaksınız.

- Zihninizi dinlendireceksiniz.
- Sağlığınıza özen göstereceksiniz.
- Sürpriz yolculuklara çıkacaksınız.

İş yoğunluğunun baskın olacağı günler geçireceğinizi sanmayın. Bilakis her zamankinden daha çok tatil yapacaksınız. Satürn kendini güçlü hissettiği burçta, 8. Evde geri giderken bu dönemde duygusal kısıtlamalara da maruz kalabilirsiniz. İlişkinizdeki ilgisizliği gözden geçirmek isteyebilirsiniz. Duygularınızı her ne kadar öncelikle içinizde harmanlamaya, sindirmeye çalışsanız da hissettiklerinizin yüzünüze yansıması kaçınılmaz olacak. İçinizden geçenler adeta gözlerinizden okunacak. Kendinizi de organize edeceksiniz. Nasıl mı?

- Alışkanlıklarınızı; örneğin sigarayı, alkolü bırakmak için tedavi yöntemleri deneyebilirsiniz.

• Yeni bir beslenme düzenine geçebilirsiniz. Organik, doğal ürünlere olan ilginiz artabilir.

• Bol bol davetlere katılabilir, organizasyonlara dâhil olabilirsiniz.

• Barışmam dediklerinizle uzlaşabilirsiniz.

Venüs Retro'sunu iyi yönetmelisiniz.

13 Mayıs'ta sahneye Venüs Retro'su giriyor! 12. Evinizde korkularınızı tetikliyor, kuruntular veriyor, kıskançlığınızı artırıyor. Tabiri caizse gölgenizden şüphe edeceksiniz. Hiç yapmadığınız şeyleri yapacaksınız. İlişki odaklı hareket eden gezegenler geri giderken ilişkilerde konuşulamayanları da dile getirtecek. O yüzden Venüs Retro'su esnasında yaşadıklarınızı çok iyi analiz etmelisiniz.

• Birlikte kutladığınız özel günleriniz bu döneme denk geliyorsa; sevgilinizin ilgisizliğini sorun edebilirsiniz.

• Evinize yeni eşyalar almayı düşünürken, bir anda kendinizi ev taşınma fikri içinde bulabilirsiniz.

• Evli bir Yengeç burcuysanız, eşinizin ailesinde psikolojik sorunları olanlar ortaya çıkabilir.

• Son 2 yıldır devam eden birlikteliğiniz varsa; ilişkinizde tutkunun arttığını, daha da güçlendiğini, bağlandığınızı fark edeceksiniz.

Son 4 yıldır evlilik adımını bir türlü atamayan Yengeç burçlarını ise haziran ayına kadar yorulmaya devam edecekler.

Tüm bunlarla birlikte bu ay kendinize gösterdiğiniz hassasiyet artacak. Hızlıca geçen bugünlerde kendinize daha çok zaman ayırmak, ilgi gösterdiğiniz kadar ilgi görmek isteyeceksiniz. Evet, siz sevmeyi ve sevilmeyi arzu eden bir burçsunuz. Yaşama sevincinizi duygularınızdan alıyorsunuz. Ancak çevrenize karşı gösterdiğiniz beklentileri de bir dengede tutmalısınız. Böylece hayatın size sunduklarının tadını çıkarabilirsiniz.

HAZİRAN

Gökyüzün açıldığı aylar vardır. İşte 2020 yılındaki o ayın adı haziran! Kimi zaman ruhunuzu tatlı esintiler sararken, kimi zaman fırtınalı günlerin ortasında kaldınız. Evet, hayat bazılarımızı böyle büyütüyor. Etrafınıza çok yansıtmasanız da içsel olarak ne kadar değiştiğinizi en iyi siz hissediyorsunuz. Haziran ayında kendinize yeni sınırlar çizmeye başlayacaksınız. Başkalarının kafasındaki sizi yıkacak, aslında kalıpların dışında olduğunuzu göstermeye çalışacaksınız. Manevi değerler üzerine kafa yoracağınız bir ay. Dürüstlük, sadakat, samimiyet gibi kavramlar sizin için çok daha da önem kazanacak. Yakın çevrenizde gelişen olaylar karşısında prensiplerinizden ödün vermemek için özel bir çaba harcayacaksınız.

5 Haziran'daki Ay tutulması ateş burcunda gerçekleşecek.

Yakın çevrenizle ilgili önemli haberler alabilirsiniz. Birtakım evrak işleriniz varsa, haziran ayına denk getirmemenizi tavsiye ederim. Ay tutulmasıyla haklar, adalet, kardeşler, sorumluluk gibi konular ön planda olacak.

- Yeni tanıştığınız ve emin olmadığınız kişilerle özelinizi, sırlarınızı paylaşmanız başınızı ağrıtabilir.
- Son dakika alacağınız haberlerle aniden yolculuklara çıkabilirsiniz.
- Defalarca şans verdiğiniz bir ilişkiniz varsa, sevgilinizin sosyal medyasını yakın markaja alabilirsiniz. Yanlış anlaşılmalara dikkat!
- Aile içerisinde anlaşmaya varılan miras, mal paylaşımı konuları yeniden gündeme gelebilir.
- Anne ya da babanızın kardeşleriyle arasında inişli çıkışlı tartışmalar yaşanabilir.

Kendi sessizliğinize çekilmek isteyeceksiniz.

Burcunuzda Merkür gerilemesi meydana geliyor. İletişim gezegeninin geri gitmesi duygularınızı ciddi anlamda etkileyecek. Çevrenizdeki insanların bencillikleriyle yüzleşmek zorunda kalacaksınız. Etrafınızdaki bazı kişiler güveninizi sarsabilir. Bu süreçte kabuğunuza çekilmek isteyebilirsiniz.

• Bilgisayar, telefon gibi teknolojik aletlerle sınanabilirsiniz.

• Yakın arkadaşınızın bir anda sizden uzaklaştığını fark edebilirsiniz.

• Duygusal davranarak, keskin çıkışlar yapmanız an meselesi! Perde arkasındaki gerçeklerle yüzleşebilirsiniz.

• Ortaklıklı bir işte çalışıyorsanız, sizden habersiz işle ilgili yeni girişimlerde bulunduğunu öğrenebilirsiniz.

• Maddi manevi destek olduğunuz, değer verdiğiniz kişilerin vurdumduymaz tavırları sizi yorabilir.

Hayatınızda tarih yazacağınız günler kapıda...

21 Haziran'da burcunuzun ilk derecelerinde Güneş tutulması gerçekleşecek. Yönünüz, rotanız değişecek. Güneş tutulurken bir yandan da burcunuzda Yeniay gerçekleşecek. Kendi hayatınızda tarih yazacağınız günler olabilir. Yaşınız kaç olursa olsun iddialı kararlar alacaksınız. Hem şaşıracağınız hem şaşırtacağınız gelişmelerle iç içe olacaksınız. Baş döndüren haziran ayında Güneş tutulması burcunuzda gerçekleşirken davranışlarınızla, olaylara yaklaşım şeklinizle dikkat çekeceksiniz. Sürprizlere, büyük haberlere hazır olun!

• Yıllardır görüşmediğiniz kişiler sizinle iletişime geçmeye çalışabilir.

• Arabanızı değiştirmek istiyorsanız; bu konuda cesaret bulacağınız fırsatlar yakalayabilirsiniz.

• Son iki yıldır taşındığınız yerde komşularınızla kapalı bir ilişkiniz varsa, bu aydan itibaren sıcak temaslar kurabilirsiniz.

• Hem tarz hem de yaşam biçimi olarak sizden çok farklı biriyle tanışabilirsiniz.

• Evli bir Yengeç burcuysanız, taşınma gibi radikal kararlar alabilirsiniz.

• Hiç ummadığınız kişilerin ayrılık haberlerini alabilirsiniz.

Haziran ayı fedakârlıklarınızı, emeklerinizi, etrafınızı sorgulayacağınız bir ay olacak. Bu süreçte hobilerinize, ilgi alanlarınıza yönelerek içsel motivasyonunuzu korumaya alabilirsiniz. Gökyüzü yeni hayaller, yeni hedefler belirlemenizi sağlayacak. Tüm zorlukları göze alırsanız, uzun vadede kazanan siz olabilirisiniz.

TEMMUZ

2020 yılının temmuz ayı hikâyenizi yeniden yazacağınız bir ay olacak. Dostluklar, çevre, iletişim, arkadaşlık gibi sorun yaşadığınız konuların üstüne çizgi çekeceksiniz. Hayata bambaşka bir pencereden bakmaya başlayacaksınız. Pek hissettirmese de temmuz ayının ne kadar etkili bir ay olduğunu önünüzdeki 6 ay içerisinde fark edeceksiniz. İçinde bin bir gizemi barındıran, cesaret veren, sürpriz gelişmelerle dolu, birçok insana dair fikirlerinizin netleşeceği ayın adı temmuz olacak.

Peki, bu ay sizin için neden önemli?

Satürn, son 2,5 yıldır 7.Evinizde burcunuzla karşıtlık yapıyordu. İlişkilere dair bakış açınızı, dileklerinizi, cesaretinizi, kişisel çabalarınızı, sizi siz yapan birçok duyguyu zorladı, değiştirdi, köşeye sıkıştırdı. Satürn Retro halinde ve yeniden Oğlak burcuna geri dönecek. Vazgeçtiğiniz ne varsa, hepsini tekrar önünüze koyacak. Son 2 yıldır yaşadıklarınıza dem vuracak, 'ben bunları daha önce yaşamıştım, hissetmiştim' dedirtecek. Ancak paniğe kapılmayın. Çünkü Satürn bu kez yakmayacak, yıkmayacak adeta şifacı olacak.

- Size yapılan haksızlıklar ortaya dökülecek. Çalışma hayatınızda size çelme takanlar, benzer şekilde haksızlığa uğrayabilir.
- İş yerinizde sağ kolunuz gibi gördüğünüz kişiyle, bu dönemde fikir ayrılığına düşebilirsiniz.
- Ayaklarınızdaki hassasiyet artabilir. Bilhassa kemik ve eklemlerle ilgili sıkıntılar yaşayabilirsiniz.

Yaşam felsefeniz değişiyor.

Satürn, çevrenizle iş birliği içinde olmanızı sağlayacak, hayata başka bir köşeden bakacaksınız. Çabuk savunmaya geçen, çekinen, incinen tavrınızı tamamen esnetecek. Unutmayın; Satürn, enerjinizi düşürmek istemiyor, aksine verimli olmanızı, göz ardı ettiğiniz, idare ettiğiniz her şeye düzen getirmek istiyor. İlişkilerinizi de baştan aşağıya revize edecek.

• Son 2 yıldır evliliğinizle ilgili ciddi konuları konuşup, ayrılık için adım atamadıysanız, Satürn'ün 7.Evinize geçişiyle cesaret bulabilirsiniz.

• Zamanında sizinle ilgilenen ama ortadan kaybolan kişiler, yeniden hayatınıza girmeye çalışabilir.

Ay tutulmasının mesajlarına dikkat kesilin!

5 Temmuz'da yuva ve ilişki evinizde yaşanacak Ay tutulması, Satürn'le yakından ilişki kuracak. Ay tutulurken eğlenceli ortamlara girme isteğiniz artacak, kafanızı dağıtmak isteyeceksiniz. Ay tutulması; finansal ve maddi konularda size bazı uyarılar verecek. Ay'ın derdi aslında sizinle değil. Sadece gölgesi burcunuza düşüyor ve diğer yandan da uyarılarını ihmal etmiyor.

• Yeni başlayan arkadaşlıklarınızın sayısı artacak.

• Planladığınız yatırımları ertelemek zorunda kalabilirsiniz.

• Uzun zamandır süren davanızın yönü değişebilir.

• Tutulmada formunuz bozulabilir. Geç saatlere kadar katılacağınız organizasyonlar, sohbetler iştahınızı açabilir, abur cubur tüketiminiz artabilir.

• Ağır spor yapan bir Yengeç burcuysanız, gökyüzü risk almamanız gerektiğini, ani sinir sıkışmaları ve incinmelerle karşı karşıya kalabileceğinizi işaret ediyor.

Yeniay kalbinde huzur taşıyor!

20 Temmuz'da burcunuzda gerçekleşecek Yeniay ile maddi konularda yaşadığınız karışıklıklardan sıyrılacaksınız. Yöneticilerinizin, sizin hakkınızda olumlu fikirleri olacak.

• Yönetici bir Yengeç burcuysanız; dedikodu ve spekülasyon yaratanların kimler olduğunu öğreneceksiniz.

• Yeniay döngüsü cildinizi güzelleştireceği gibi sizi kilo vermeye yatkın hale getirecek. Daha hafif daha fit hissetmenizi sağlayacak.

Uzun yıllardır kilo ile ilgili problemi olan bir Yengeç burcuysanız, hayatınızı değiştirecek operasyon için ikna olacaksınız. Çevrenizde yükselen duygusal iniş çıkışlar, ani kararlar, beklenmedik değişimlerden kaynaklanacak. Zorlayıcı günler barındırsa da temmuz ayında güçlü ve sağlam adımlar atmaya çalışacaksınız. Duygularınızı yavaş yavaş yönetmeye başladınız, kontrol sizde. Şimdi hayalleriniz için harekete geçme zamanı!

AĞUSTOS

2020 yılının en rahat, kendinizi en iyi hissedeceğiniz ayına hoş geldiniz. İçinizdeki dinginlik çevrenizde garip karşılansa da irade sahibi olduğunuzu, kolay kolay her şeyi dert etmediğinizi, yıkıcı olmadığınızı gözlemleme fırsatı bulacaklar. Son zamanlarda çevrenizde yaşanan büyük karışıklıkları ve daha birçok konuyu, 7 Ağustos'a kadar elekten geçireceksiniz. Burcunuza yerleşen sevgi gezegeni Venüs, sizi yolculuklara iterken bir yandan da gündelik hayatınıza odaklanacaksınız. Evinizi düzenlemek isterken, duygularınızı da düzenleyeceksiniz. Kendinizi nasıl görmek istiyorsanız, Venüs sizi o hale sokmak için destek olacak.

Dikkatler üzerinizde olacak.

Bu ay sizinle ilgili detayları kimse kaçırmayacak. Uzun telefon görüşmeleri yapan bir Yengeç burcuysanız, çevrenizdeki birçok kişinin hem kaygısını hem de dertlerini öğreneceksiniz. Evet, zaten birçok kişi size derdini anlatmak istiyor. Çünkü bu durum burcunuzun mizacında var. Konuşmalarınızın kolaylığı, sesinizin naifliği karşınızdaki kişiye hemen geçer. Ancak sizin ketum olduğunuzu, kolay kolay sırlarınızı, dertlerinizi, yaşadıklarınızı, eski aşklarınızı dile getirmeyen biri olduğunuzu zaman içinde bir kez daha anlayacaklar. Dinleyici olmaya devam edeceksiniz.

• Yaşam alanınızda değişiklik yapabilirsiniz.

• Yakın çevreniz, arkadaşlarınız sizinle çok önemli sırlarını paylaşarak akıl danışabilirler.

• Aranılan, sevilen biri olduğunuz için kıskanıldığınızı fark edebilirsiniz.

Venüs'ün desteği yeni bir aura kazandıracak.

Sevgili Yengeç burçları, 2020 yılının ağustos ayında Güneş'in ateş burcundaki hareketi ve Venüs'ün burcunuzdaki yolculuğu, sizi 19 Ağustos'a kadar kafanızı toparlamanıza yardımcı olacak. Tatilinize ve sosyal hayatınıza odaklanacaksınız. İnsanlar sizi dışladığında, ilgiyi sizden çektiklerinde depresif bir moda girebiliyordunuz. Kırılıp incindiğiniz, telefonunuzu açmamanızdan dahi belli oluyordu. Ancak 2020 yılının ağustos ayında bu tarz durumları daha az yapacaksınız. Ailenizi, sevdiklerinizi kendi alanlarında, gözetim altına aldığınız konularda özgür bırakacaksınız. Yapıcı, toparlayan, yardımcı olan yanınız olduğunu herkese ispat edeceksiniz. Bu ay aşka da vakit ayıracaksınız. Medeni durumunuz ne olursa olsun Venüs desteğinden dolayı ve auranız yüksek olacağı için dikkat çekeceksiniz.

• Bekâr bir Yengeç burcuysanız karşınıza kalbinizin atışını hızlandıracak birisi çıkabilir.

• Boşanma sürecinde olan bir Yengeç burcuysanız, yakın çevrenizin sizi sorgulamaları sabrınızı zorlayabilir.

• Evlilik hazırlığın içerisindeyseniz, hayalinizdeki düğün için profesyonel yardım alabilirsiniz.

Çevrenizde problemli ilişkilerin sayısı artarken dert dinleyen tavrınız buralarda ateş ruhuna bürünecek. Zorla güzellik olmazı, insanların bir şeyleri abartılı yaşadıklarını onlara fark ettireceksiniz. Önce 'ben' diyen bir burç değilsiniz. Ancak seyahatlere, organizasyonlara beraber çıkacağınız kişilerin düşüncesizliklerini net bir şekilde dile getireceksiniz. Bu ay yaratıcılığınızı en iyi şekilde kullanacaksınız. Motivasyonunuzu yükseltecek detaylara sahipsiniz. Çünkü 20 Ağustos'tan itibaren Merkür'ün kendi burcuna geçmesiyle birlikte, bekleyen işlerinizi hızlı bir şekilde yoluna koyabileceksiniz.

EYLÜL

Hayata karşı perspektifiniz değişecek. Kendinizi yenilediğiniz bir aydasınız. 2020 yılının bu ayında ruhunuzu dingin hissedeceksiniz. Yengeç burcu olmanın zarifliğini ortaya koyarken, içinizdeki fırtınalar, sonbaharın ılık havasına dönüşecek. Yaşadıklarını kısıtlı paylaşan, Zodyak'ın en duyarlı burcu olarak, içgüdüleriniz berraklaşacak. Hayatınızı değiştiren tutulmalar, söylemek istediklerinizi dile getirtecek. Tutarlı davranışlarınızla son yılların hakkını vereceksiniz. Sizin için ilişkinin temeli sevgidir. Bu ay bir şeklide kendinizi sanatın yaratıcılık gerektiren işleri içinde bulabilirsiniz.

Siz bu dünyaya hedef koyup ulaşmaya gelmişsiniz.

Mücadele gezegeni Mars'ın yavaşlattığı, ağırdan aldığı bir dönem başlıyor. Gündelik yaşamınızda hızınız ve el çabukluğunuz azalabilir. Rutinden çıkmanız kendinizi daha rahat hissetmenizi sağlayacak. 67 gün boyunca geri gidecek mücadele gezegeni, kariyer evinizde olmadık baş ağrıları çıkarabilir.

• Kariyer evinizde etkili Mars gerilemesi, iş yerindeki düzenlemelere ayak uydurmanız gerektiğinin altını çizecek.

• Donanım eksikliği hissettiğiniz alanlara yöneleceksiniz.

• Sizi ezip geçmek isteyen kişilerin en yakınlarınız olduğunu fark edeceksiniz.

Bu süreçte iş arayışına girişen Yengeç burçları, aradıklarını bulmakta zorlanabilir. Çok istediğiniz, gözünüze kestirdiğiniz ilanlara başvuru yapabilirsiniz ama sonuç uzayabilir. Önünüzdeki iki ayı kendinizi geliştirerek değerlendirebilirsiniz. Eğitiminize zaman ayırmak, ilgi duyduğunuz konularda kısa kurslara katılmayı planlayabilirsiniz.

Mars Retro'su çektirirken ödüllendirecek.

• Cesaretinizle tanışıyorsunuz! Beğendiğiniz kişiye karşı ilginizi belli edebilirsiniz.

• Emeklerinizi hiçe sayan kişilerle ciddi konuşmalar yapmak isteyeceksiniz.

• Paranın değerini anlayacaksınız. Borç vermemeniz gereken bir dönemdesiniz.

Çalışmazsanız dağılırsınız.

İş ve kariyer konularından yorulan Yengeç burçları, bu dönemleri sakin atlatmak için farklı uğraşların peşine düşebilir. Ev mobilyalarını yenileme, eskitme, boyama, el işi gerektiren becerilere yönelebilirler. Hazmetmede zorlandığınız, fikir yürütmekten imtina ettiğiniz gündemlerden uzak durmak isteyeceksiniz. Eylül ayında meydana gelen toprak Dolunayı bu ayrışma döneminde size yardımcı olacak.

• Güven duygunuzu zedeleyen kişilerle girdiğiniz yol ayrımı canınızı sıkmayacak.

• Çok değer verdiğiniz bir eşyanızın bulunması sizi mutlu edecek.

• Para ile ilişkinizi düzenlerken, detaycı ve kuralcı olmanın hiç de fena bir fikir olmadığını fark edeceksiniz.

Sonbahar Ekinoksu demek yine merek edilen siz olacaksınız demek

Yaz dönencesinde doğan bir burç olarak, bugünleri coşku ile karşılamanızı tavsiye ederim. Kendinize torpil yapın, hayatın sizden aldıklarını yaşamınıza katın. Bir ekinoks çocuğu olarak sonbaharı tatlı bir esinti ile kucaklayabileceksiniz. Kendinize odaklanmak isteyeceksiniz. Hızlı dönen dünyaya kafa tutarak, arınarak, mola vererek günlerinizi daha kaliteli geçirmeniz mümkün olacak.

• Dış görünüşünüzde, saç stilinizde değişiklikler yapabilirsiniz.

• Tarz konusunda gelenekçi olan Yengeç burçları değişime sıcak bakacaklar.

• Estetik operasyon, botoks gibi uygulamaları merak edip, araştırma yapabilirsiniz.

• Spor alışkanlığı olmayanlar için de yeni bir dönem başlayacak.

Müzik, sahne sanatları gibi alanlarda profesyonel olmayan ama sizi tatmin edecek kurslara kayıt yaptırabilirsiniz.

Bu 5 yıldızlı günü kendinize özel kılabilirsiniz. Masaj, meditasyon, yoga gibi ruhunuzu besleyen aktivitelere katılabilirsiniz. Motive olduğunuz, kendinizi iyi hissettiğiniz bir dönemi temsil edecek eylül ayı. Kafanızda bir türlü oturtamadığınız ne varsa, toparlamanıza yardımcı olacak. 22 Eylül'den sonraki günleri daha kişisel yaşayabilirsiniz.

Gözünüz aydın!

Sevgili Yengeçler Satürn, 7. Evinizde, karşıt burcunuzda düz seyrine geçiyor. Son 2,5 senedir yaşadıklarınıza, kaderi yazdığınız günlere, ilişkilerinize verdiği zarara, kariyer ve maddi konulardaki çıkmazlara son verecek. Yaşamınızı yeniden toparlamak için enerjiniz olacak. Haklı olduğunuz konular bir bir önünüze gelecek. Sizi öfkelendiren, gücendiren insanların aynı durumlara maruz kaldığını öğreneceksiniz. Dinlemeden yargılayan insanlar, haklı olduğunuzu itiraf edecekler. Sizinle barışmak için bambaşka ruh hallerine giren insanlar olacak. Yaşadığınız sıkıntıların üstesinden gelebileceksiniz.

- Bolluk, bereket dönemi sizin için kapıları aralıyor.
- Aşk kırgınlığı yaşayanlar, geçmişi tamamen unutuyor.
- Hukuksal konularda yüreğiniz ferahlayacak.
- Alacağı ve borcu olan Yengeç burçları rahatlıkla çözüm üretebilecekler.

Rüzgâr artık sizden yana sevgili Yengeç burçları. Bu ay içerisinde dış nedenler sizi zorlasa da artık çektiğiniz sıkıntıları geride bırakmak için kolları sıvayacaksınız.

EKİM

İçi dışı kuşatan bir ekim ayına hazır mısınız? Her şeyi hesap eden, farkındalığı yüksek olan yılların tam ortasından geçiyoruz. Arada hayat kendinize de yönelmenizi istiyor olabilir mi? Ekim ayında gök kubbe hava grubuna teslim olurken, kurallarını hiçe sayanlar için sınav döngüsünü başlatacak. Yengeç burcu olmak affetmek üzerine kuruludur. 2020 yılının sonbaharında tesadüfleri düşüncelerinizle oluşturduğunuzu fark edeceksiniz. Sevgili Yengeç, başarmak için dünyaya geldiğinizi size hatırlatacak azmi katacak ekim ayı, hiç düşünmediğiniz bir köşeden başlayabilir, hazır mısınız?

Rengi kırmızı Dolunay ile bu aya başlıyoruz!

Var olma sebebinizi hatırlatacak Dolunay önceliklerinizin de yeri değiştirecek. Sizin ve sevdikleriniz için huzuru formüle edeceksiniz. Harcamalarınızı programlarken herkesin mutlu olmasını öncü kabul edeceksiniz. Ekim günleri ateş burcundaki Dolunay ile başlıyor. Uzun telefon görüşmelerine, mesajlaşmalara, gündeminizin kalabalıklaşacağına vurgu yapıyor.

- İlk defa yurtdışı tecrübesi yaşayan bir Yengeç burcuysanız yerleşme ve uyum problemi ile karşı karşıya kalabilirsiniz.
- Ev toplantıları, davetler, kültürel faaliyetler yoğun olacak.
- Doğa, huzur, sükûnet arayışınız kısa süreli hafta sonu tatillerini teşvik edebilir.
- Ailenizdeki erkekler sorunları tırmandırabilirler dikkat!

İletişim gezegeni Merkür, su burcunda geri gidiyor.

Su burcunda geri gitmeye başlayacak Merkür, tahammül sınırınızı ölçmenize yardımcı olacak. Gergin, yüksek duygular yaşayabilir, öfke yükselmeleri ile karşılaşabilirsiniz. 14 Ekim'den itibaren yaklaşık bir ay sürecek bu süreçte 5. Ev konularınız gündemde olacak. Konuşmalarınızı kesen, yanlış aktaran, sizi olduğunuzdan daha farklı göstermeye çalışanlara tepkiniz olacak. Ne kadar aşırıya kaçabileceğinizi bu zaman sürecinde göreceksiniz. Yüzeysel ilişkilere açık bir gökyüzü var. Duygularınızı yanlış yönlendirmesi mümkün. Tutku ve beklentileriniz aynı oranda ilerlemeyebilir. Eşinizi ya da sevgilinizi olur olmaz konularla suçlamaya gidebilirsiniz.

• Tarz olarak sizden uzak birinden hoşlanabilirsiniz.

• Alışkanlıklarınızı yönetmekte zorluk çekebilirsiniz.

• Egonuza yenik düşerek, istemeden de olsa birilerinin kalbini kırabilirsiniz.

• Organizasyon ve eğlence sektöründe çalışan Yengeç burçları biraz daha disiplinli hareket etmek zorunda kalabilirler.

Ve Süper Dolunay istediğinizi verecek.

Toprak burcunda gerçekleşecek Süper Dolunay, bu ayı olumlu kapatmanıza yardımcı olacak. 11. Evinizde etkili olan bu süreçte çevresel ilişkiler, yüksek eğitim, hayır işleri, kolektif bilinç ön planda olacak. Büyük değişimlerin dönemi değil ancak grup ilişkileri, kalabalık faaliyetlerde yer almak için güzel zamanlar. Bu süreçte sağlıkla ilgili de neticeli gelişmeler olacak.

• 2,5 yıl önce yeni bir eve taşınmış Yengeç burçları, yaşadığınız yerle ilgili kararlar alabilirsiniz.

• Miras konusu olan ve inatla devam eden çekişmeler güzel bir sona bağlanabilir.

• Üreme organıyla ilgili hassasiyet yaşayan ve test aşamasında olan Yengeç burçları, sevindirici haberler alabilir.

• Mide hassasiyetiniz, iştah probleminiz çözümsüz kalmayacak.

• 2 yıldır dişleri ile ilgili tedavi ya da diş estetiği ile uğraşan bir Yengeç burcuysanız, mutlu sona ulaşacaksınız.

Gündelik hayatınızda, yaşam kaliteniz artıyor. Küçük sürprizlerle karşılaşabilirsiniz. Sizin için aşk bu ay her yerde olacak. Bilhassa Süper Dolunay desteği ile eski flörtler yeniden devreye girebilir. Sizi beğenen insanları fark edebilirsiniz. Sosyal medya üzerinden buluşma teklifi alabilirsiniz. İş arkadaşınızın merceğinde olduğunuzu fark edebilirsiniz.

KASIM

Bu ay imkânsızın üstüne giderken, ilişkileriniz için ne kadar ödün verdiğinizi fark edeceksiniz. Dışarıdan bakıldığında farklı bir profil çiziyor olsanız da sizin için 'hayır' demek imkansız gibi bir şey. Hayatınıza her girene kıymet veren bir su burcu olarak, ilmek ilmek işlediğiniz 2,5 yılı geride bıraktınız. Burcunuz tutulmalardan çok etkilendi. Ne kadar mücadele dolu olduğunuzu fark etmenizi de sağladı. Sevgili Yengeç burçları, kalbinizin kapısını aralıyorsunuz. Büyük lafların arkasına sığınırken duygularınızın peşine gitmek isteyeceksiniz ancak gökyüzü dikkatli olmanızı da öğütlüyor.

Toplum sizi yukarıya taşıyor, önemli mevkilere geleceksiniz

12 Kasım'da şans gezegeni, nefsi yöneten yeraltı gezegeni ile kavuşum yapıyor. Jüpiter-Plüton kavuşumu 7. Evinizde etkili olacak. Bu yıl ikinci kez bu gezegenlerin bir araya gelmesi kasırga etkisi yaratabilir. Hayatınızda büyük kararlar almanıza neden olacak şoke edici haberler duyabilirsiniz. Sevdiğiniz insanları farklı bir açıdan değerlendirmeye başlayabilirsiniz. Evli Yengeç burçları, eşleriyle zorlayıcı konuşmalar yapabilirler.

Küçük bir hatırlatma;

2012 yılında Plüton 7. Evinizde seyretmişti ve düşüncelerinizi başkalaştırmıştı. O günden bugüne somut olarak kendini göstermeyen Plüton, iyicil bir gezegenle aynı hizada olacak. İçinizden akıp giden, yıkıcı tarafınızı devreye sokacak.

Sahnede siz varsınız!

Evcimen, uysal ve ılımlı karakterinizin altında gayet azimli ve tecrübeli olduğunuzu göstereceksiniz. Öncü karakterli ve iş yaşamında yüksekleri hedefleyen bir yapıya sahip olduğunuzu, yöneticilerinize, ortağınıza göstereceksiniz. Kafanıza takılan konularda elinizden her işin geldiğini göstereceksiniz. Kasım ayında özel hayatınızla işiniz arasında kalabilirsiniz. Farkında olmasanız da 2020 yılının sizin için en hızlı ayı olabilir.

Kasım ayının değişken Ay Tutulması!

Hava burcunda meydana gelen Ay tutulmasının burcunuzla teması yakın olacak. Hızlı düşünmenizi tetikleyecek. İletişimde olmadığınız kadar girişken olacaksınız. Akademik çalışmalar yapan Yengeç burçları bu dönemi verimli geçirebilirler. Çalışmalarınız dikkat çekebilir. Ancak gizli ilişkileri ve entrikaları da gündeminize taşıyabilir. Cesaretinizi tetikleyen Ay tutulması, size hiç uygun olmayan biriyle aşk yaşamanıza sebebiyet verebilir.

- Uzun zamandır görmediğiniz popüler arkadaşlarınız, sansasyonel haberlere konu olabilir.
- Tahmin etmediğiniz insanlar sizden yardım isteyebilir.
- Çalışanlarınızla ilgili beklentileriniz artabilir.
- Alacağınız kararlara kimsenin müdahale etmesine izin vermeyeceksiniz.
- Evli Yengeç burçları, eski ilişkilerini merak edebilirler.
- Sırlarınızı kimselere teslim etmemeniz gerektiğini fark edeceksiniz.

ARALIK

2020 yılının son ayı kalp doğruyu bulur, dedirtiyor. Dünyanın son gününe kadar sevgisini koruyabilecek tek burç sizsiniz. İnsanî duyguları taşıyan ve simgeleyen Zodyak'ın temsilcilerinden birisiniz. Görünüşünüzdeki heybet, söylemlerinizdeki samimiyet, Ay tarafından yüceliyor. Üzerinizdeki sorumluluk son 2,5 yıldır oldukça artmıştı. Bu yılda olduğu gibi tutulmaları can evinizde misafir ettiniz. Hem dünyada hem de sizde yansımaları büyük oldu. Geriye dönüp baktığınızda 2020 yılı size strateji yapmayı öğretti, yüreğinizin büyüklüğüne göre tavır almanızı kolaylaştırdı. Geçmişte kalan 11 ayı değerlendirince, kalbinizin iyiliklere açıldığını fark edeceksiniz.

Kuralına göre hareket ediyorsunuz.

Dünya çıkarına göre dönüp dursun, siz bildiğiniz doğrulardan şaşmayacaksınız. Somut getirileri olan bu yılı sadece tek başına yorumlamak doğru olmaz. Arkanızda bıraktığınız yıllar ve 7. Evinize hâkim olan Satürn'ü anmadan bu yılı uğurlamak da olmaz. Tutulma döngüleri aks değiştiriyor ve Satürn'e artık veda ediyorsunuz. Şans ve bolluk gezegeni Jüpiter, 12 yıl aradan sonra Güneş'inizin karşısına geçti. Hem cesaret verdi hem de atalet. Tarzınız olmayan insanları hayatınızda misafir ettiniz. Hiç olmadık sınavlardan kalbinizle geçtiniz. Denge sizin için oluşuyor, artık eskisine oranla daha güçlüsünüz. Farkındaysanız öyle ya da böyle evinize, eşyalarınıza, bağlı olduğunuz semte kadar sizi siz yapan değişimleri yaşarken özgürleştiniz.

Zor insanların sınandığı bir ay!

14 Aralık'ta tam Güneş tutulması gerçekleşirken sizi de haklarınızı düşünmeye itecek. Çevrenizde gelip geçici gördüğünüz kişilerini hayatınızdan çıkaracaksınız. 2020 yılını umutlarla değil hamlelerle kapatacaksınız. Tutulma ateş burcunda kendini ortaya koyarken, boş konuşanları geride bırakacaksınız. Ayrıca yaşadıklarına sahip çıkan yüce gönlünüz, sizin için detayların ne kadar önemli olduğunu ifade ettirecek.

- Çalışkanlığınızla takdir topladığınız günler yaşayacaksınız.
- Sağlığınızı bozan alışkanlıklarınız için kısa dönem tedavi olabilirsiniz.
- 2012 yılından sonra doğan çocuklarınız varsa hem bedenen hem de zihinsel olarak sıçrayışa geçtiklerini gözlemleyeceksiniz.
- 1984-1998 yılları arasında doğan Yengeç burçları, ilişkilerinin geleceğini tutulmayla birlikte ailelerine taşıyacaklar.

Geçmiş olsun!

17 Aralık'ta Satürn, 19 Aralık'ta ise Jüpiter nihayet burç değiştiriyor. Size kattıkları değerler için teşekkür edebilirsiniz. Resmen 2021 yılı sizin için başlıyor. Sizin için büyük bir döngü olacak. Statünüz, ilişkileriniz yaşamınıza yansıyacak.

- Korkularınız son buluyor. Içsel dengeniz oluşuyor.
- Tüm yıl süregelen sorunlarınıza çözüm bulabileceksiniz.
- Mütevazılığınızı suiistimal edenlere gövde gösterisi yapabileceksiniz.

Güneş, yılın başındaki köşesine tüm yıl boyunca dolaşıp geldi. Ne güneş yılın başındaki gibi yıkıcı modunda ne siz yılın başındaki Yengeç burcusunuz. Ancak bu sefer gezegenlerin gürültüsünden ve kargaşasından eser yok. Çünkü bir süre önce hava grubuna taşınıyorlar. Kafanız rahat, iç huzurunuz bir şiir edasında sakinleşiyor. 2021 yılının gelişini neşeli, evcimen halinizle karşılayacaksınız. 21 Aralık'ta yeni yıl hazırlıklarına başlayabilirsiniz. Yüzyılda bir olan Jüpiter'in, Satürn el ele tutuşup hava burcuna geçişi özgüveninizi bulutlara çıkarırken, kazanan siz olacaksınız.

ASLAN 2020

OCAK

Hayatın yakasını iki elinizle tutacağınız 2020 yılına hoş geldiniz. Duygularınızla baş edeceğiniz, geleceğinize odaklanacağınız bir yıl sizi bekliyor. İhtişamlı başlayacağınız 2020 yılının ilk ayında geçmişe sünger çekip, arzularınıza odaklanacaksınız. İnce ince planlar yapacağınız bu yeni yılı, yüksek bir enerjiyle selamlayacaksınız. Kalbinizde biten ne varsa, yalın bir dille anlatacaksınız. Bu ay birçok kişinin eleştirisine maruz kalacağınızı da işaret ediyor gökyüzü. İç dünyanızdan sizi uzaklaştıran yıllara inat, kendinize yöneleceksiniz.

Yeniden 'ben' demeye başladığınız bir yıl.

2 Ocak'tan 13 Ocak'a kadar gökyüzünde inanılmaz kavuşumlar gerçekleşiyor. Dünyada tükenen bazı değerlerin yeniden ruh bulacağını gözlemleyeceksiniz. Ağır hareket eden gezegenlerin bir çemberde birbirlerini yakalamaları imkânsızken, beyazı temsil eden gezegenler siyahı temsil eden diğer gezegenler ile kavuşacak. Bu durum 6. Evinizde büyük bir kırılmayı da beraberinde getirecek. Kendinizi "asla" dediklerinizi yaparken bulabilirsiniz.

- Eğer çocuğu olan bir Aslan burcuysanız, çocuğunuzun kronik rahatsızlığı ile ilgili alternatif tedavi yöntemlerine yönelebilirsiniz.
- Çocuğunuzun eğitim hayatından memnun değilseniz, ani bir gelişmeyle okulu değiştirebilirsiniz.
- Evli ve henüz çocuk düşünmeyen Aslan burçları, sürprizlere hazır olun.

• Çalışma hayatınızda yüzleşmeler yaşayacağınız kişiler olacak.

• 3 yıl önce sağlığınızla ilgili bir problem atlattıysanız 2-13 Ocak tarihleri arasında meydana gelen kavuşumlar, doktor kontrollerinizi aksatmamanız gerektiği konusunda sizi uyaracak.

Su burcunda yılın ilk tutulması...

10 Ocak'ta su burcunda yılın ilk Ay tutulması gerçekleşecek. Düşünceli, endişeli, özelinizi test eden tutulma 12. Evinizde etkili olacak. Bilinçaltını yöneten burçta etkili olması rüyalarınızı karıştırabilir, uykusuz gecelerinizi arttırabilir.

• Yeni tanıştığınız insanlara karşı önyargılı olacaksınız.

• Kaygılarınızı kontrol edemediğiniz konularda çok daha kontrollü olacaksınız.

Ay'ın yönettiği burçta tutulma meydana gelmesi size yüksek savunma verecek. Tepkilerinizi, çekimserliğinizi hislerinizle belli edeceksiniz. Ay ve güneş ışıkları ile birbirine dolanırken, çocukluğunuzda ukde kalan karanlık bulutları hafızanızdan silebileceksiniz. Daha sütliman, daha düzenleyen, daha şifalandıran bir döneme giriyorsunuz.

16 Ocak'tan 24 Ocak'a kadar gökyüzü size çalışacak.

Gezegenlerin toprak dizilimine es verircesine hava burcuna geçişinden dolayı bu tarih aralıkları size oldukça iyi gelecek. Bu ayın geri kalanını daha olumlu bir havada geçireceksiniz. 16 Ocak'ta iletişim gezegeni, hemen ardından Güneş ve 24 Ocak'taki Yeniay 7. Evinizde şenlik yaratacak.

Hayatınızı karıştıran, aksilikler dağılıyor.

• Evli Aslan burçları, önünüzdeki yorucu tempodan uzaklaşacak, sosyalleşeceksiniz. Sürprizlerle karşılaşacaksınız.

• 2 yıldır ilişkisi devam eden bir Aslan burcuysanız, evlilik teklifi alabilirsiniz.

• Eğer bir süredir uyku problemi yaşıyorsanız, sizi psikolojik olarak zorlayan bu durumdan kurtulacaksınız.

Dinlenmek, zihninizi tazelemek, evinizde huzuru yakalamak önceliğiniz olacak. Sakinleştiğinizi fark edeceksiniz. Hayata katılmak, sevdiğiniz insanların özel günlerinde yanlarında bulunmak size iyi gelecek. İlişki evinizde olumlu etkileri olan gezegenlerin seyri, hayatınıza yeni insanları sokabilir. Temposu düşük, minimal görüşmeleri tercih edeceksiniz. Sosyal medyayı çok fazla aktif olarak kullanan Aslan burçları ise kendi içlerine dönük hareket ederek bu mecradan uzaklaşacaklar.

ŞUBAT

Gökyüzü bu ay sizi hem koruyor hem de eksiklerinizi göstermek istiyor. Sizin aşkınız da sevginiz de gösterişlidir. Hiçbir konuda minimalist olmadığınız gibi kendinizi ifade ederken de sizden sıradan konuşmalar beklenmemeli. Şubat ayına Güneş, aşk ve sevgi evinizde hareket ederken başlıyorsunuz. Hiçbir zaman bir Aslan burcuna, kadın olsun erkek olsun paranın hesabını yaptıramazsınız. Eğer yapıyorsa yolunda gitmeyen bir şeyler var demektir.

Yarısı güneşli, yarısı bulutlu günler.

Yapıcı olduğunuz kadar, kesin konuşmalara da imza atacaksınız. Yılın ikinci Dolunay'ı burcunuzda gerçekleşiyor. Cinsel konularda sevgilinizin, eşinizin çekincelerini kırabilecek ve ona cesaret vereceksiniz. 9 Şubat'ta burcunuzda Dolunay meydana gelecek. Size çevrenizdeki insanların dağınık taraflarını arka planda toparlama gücünü verecek. Ancak serzenişleriniz de artacak. Dolunay bir yandan enerjinizi yükseltirken bir yandan da dilinizin kemiği olmadığını gösterecek. Ateş burcu ruhuna hâkim olan Ay, cesur ve yürekli konuşmalar yaptıracak. İki kişinin özelinde olan derin konular gündeminizde olacak; cinsellikten ilişkiye renk katmaya kadar uzun uzun görüşlerinizi sevdiğiniz kişiye ifade edeceksiniz.

- Giyim tarzınız, kalabalık içindeki tutumlarınız, insanlar tarafından oldukça cesur bulunacak.
- Mevsim değişimi ve indirimli günler size sıkça alışveriş yaptırabilir.
- Hiç prensibiniz olmamasına rağmen, üst üstte birkaç gün arkadaşınızın evinde kalabilirsiniz.
- Eski bir flörtünüze ilgi duyduğunuzu fark edebilirsiniz.
- Spontane gelişen davetler, doğum günü kutlamaları zamanınızın çoğunu dışarıda geçirmenize sebebiyet verebilir.

Aslan burcu olmanız şubat ayında ön plana çıkmanızı sağlayacak. Fikirleriniz iş hayatınızda onay görecek. 2020 yılının bu en kısa ayı, sizin için en uzun günleri temsil edecek. 7. Evinizde hareket eden Güneş, 19 Şubat'a kadar aşkta sınır tanımadığınızı bir kez daha gösterecek. Kıskanç olmadığınızı düşünüyorsanız kendinizi bu dönemde daha yakından tanıyacaksınız.

Merkür dostlarınızla bağınızı zorlayabilir.

İletişimi yöneten Merkür, bu ay geri hareketine başlayacak. Su burcunda geri giden iletişim gezegeni 8. Evin konularını gündeminize alacak. Yeni başlangıçlar, derin aşklar, tutku ve ikili ilişkiler için şimdilik şans tanımayacak. Önünüzdeki 23 gün boyunca birçok kişin sağlık sorunlarını da duyabilirsiniz. Acele eden, hareketli, karşılık bekleyen tarafınızı yönetmeniz zor olacak.

- Vergi ödemeleri, tapu işlemleri gibi konularda titizliğe vurgu yapacak.
- Gizli ilimler, metafizik gibi alanlara merakınız artabilir.
- Değer verdiğiniz bir eşyanız kırılabılır.
- Unutkanlığınız bugünlerde tatsız tesadüfleri de beraberinde getirebilir.

Yeniay ve Güneş aynı hizadalar.

19 Şubat'ta Güneş, 23 Şubat'ta ise Yeniay, suyun ruhuna teslim olurken, sırılsıklam sevmek isteyecek, kendinizi bırakamadığınızı fark edeceksiniz. Suyun kontrolünde salınan gökyüzü duygularınızın ateşini kora döndürecek. Evli Aslan burçları üzeri kapatılan konuları tekrar gündeme getirecek. En önemli gün ise 26 Şubat.

- Bugün katılacağınız davetlerde sürpriz konuşmalar gerçekleşebilir.
- İş yerinde yeni bir pozisyonun açıldığını öğreneceksiniz.
- Anılarınızda yeri olan eşyalarınızı korumaya alacaksınız.
- Telefon rehberiniz bir anda silinebilir.

MART

Mart ayı, sizi seyyah olmaya itecek. Kalbinize gömdüklerinizi tekrar gündeme getirirken bir amacınız olduğunu unutmayın. Son yaklaşık 2,5 yıldır tutunduğunuz korkularınızı azat edeceksiniz. Birilerine muhtaç gibi görünme kaygınız, ruhunuza ağırlık yapmıştı. Bu ay neler yaşadığınızı analiz edebileceksiniz. Baharın ilk ayında bir kuş gibi hafifleyeceksiniz. Asla açılmaz sandığınız kapılar ardına kadar açılacak. Daha önce kırgın ayrıldığınız, tam da ne olduğunu anlamadığınız, kalbinizin yara olduğu farklı şehir, ülke deneyiminiz varsa, bu eski hatıraları canlandıran yerlere yolunuz düşecek.

Kendi tarihinizi yazmak isteyeceksiniz.

Gök kubbe, bilinmezlerin kapılarını aralanırken, enerjiler bir bir açığa çıkarken siz aslanlar için tarih yazmayı hedefliyor. Çünkü aşk gezegeni Venüs ile devrim gezegeni Uranüs 8 Mart'ta kavuşurken neyi yük etiyseniz hepsinden bir gecede kurtulacaksınız. Özgürleşirken, yurtdışı seyahatlerinizi, işinizle ilgili yolculuklarınızı destekleyecek ve kariyerinizde büyük kapılar açacak. İnanması güç gelebilir ama maddi olarak, ön ödemeli projelerde de yer alacaksınız. Siz Zodyak'ın en tepedeki burcusunuz. Gökyüzü toprak niteliğinde hareket ederken kök salabileceğiniz yeni sektör ve adresleri işaret edecek.

Bu ekinoks tarihte az görülen ekinoks!

Son 23 gündür teknoloji ile sınanan bir Aslan burcuysanız, müjde! Merkür düz seyrine giriyor. İlişkinizdeki iletişim bozukluğu, yanlış anlaşılmalar da açığa çıkacak. Genelde ince ayrıntılara takılmayan Aslan burçları, Merkür düz seyrine girerken olabildiğince detaylı konuşmalar yapacaklar. 20 Mart'ta Bahar Ekinoksu yaşanırken enerjinizi toparlayacaksınız. Yenilenmek isteyecek, kendinize jestler yapacaksınız. 20 Mart ile ilgili size birkaç tavsiye... Sezon alışverişini, küçük tatil kaçamaklarını 20 Mart ve sonrasına erteleyin. Özelikle 20 Mart'ta fırsatınız varsa kendinizi dinleyin. Estetiğe ilgisi olan bir Aslan burcuysanız, 12 gün daha bekleyin.

Yılın en büyük günlerinden biri, 22 Mart!

Öğreten gezegen Satürn, kendini iyi hissettiği bir burca taşınırken, acaba hayatınızın hangi bölümünü etkileyecek? İlişki ve ortaklığı temsil eden 7.Evinizde. Güneşinizin tam karşına geçen Satürn, 2,5 yıl boyunca size çok şey katacak. Hayatınızın somut olarak değiştiğini göreceksiniz. Öncelikle, 4 ay boyunca hiç sapmadan karşıt burcunuzda ağırlığını koyacak.

- En önemlisi, düşünce yapınızı, hayata bakış açınızı tamamen değiştirecek.
- İlişkinizde kararları siz almak isteyeceksiniz.
- Rahatınıza düşkünlüğünüz ön plana çıkarken, lüks merakınız azalacak.
- Gezmeyi, eğlenmeyi ve sosyal aktiviteleri minimuma indireceksiniz.
- Eğer Aslan burcu erkeğiyseniz sorumluluğunuz artacak, yeni bir iş kurmak isteyeceksiniz.
- Satürn desteği ile evlilik fikrine daha sıcak bakacaksınız.
- Eğer ailenizde 1939-1957 yılları arasında doğan kişiler varsa jenerasyon gezegeni Aslan burcu demektir. Sağlık konusunda zorlanacakları bir bölüm başlayabilir.

Mars, 7. Evinize taşınıyor!

Mücadele gezeni, hayata dair tüm ortaklıklarınızı bir mali müşavir edasıyla denetleyecek. 31 Mart'ta ise Mars ve Satürn kavuşumu gerçekleşecek. Bu iki gezegenin burcunuzun karşısında el ele tutuşmasının çok az rastlanan bir transit olduğunu belirtmeliyim. Eğer bu süreçte bir mahkemeniz varsa, etraflı düşünmeli ve tüm olasılıkları gözden geçirmelisiniz. İki kötücül gezegeninin bir araya gelmesi işinizdeki yetkileri artırırken, bu süreçte ani olayların içinden geçebilir, kazaların etrafınızda dolandığını düşünebilirsiniz. Bu iki gezegenin kavuşumuyla dünyada yer yerinden oynarken, siz de içinizde anlamsız bir enerji patlaması hissedebilirsiniz.

- Eğer üstü düzey bir yöneticiyseniz, sizi zora sokacak kararlar alabilirsiniz.
- Son 3 yıldır evli olan bir Aslan burcuysanız, şüphelerinizi destekleyen detaylar önünüze gelebilir.

NİSAN

Dünyaya yapısal olarak en çok bezeyen gezegen, hızlı düşünen burca misafir oluyor. Nisan ayına Venüs'ün hava burcuna taşınması ile başlayacaksınız. Flört etmekten beslenen ruhunuza şifa etkisi yaratacak. Popüler, hırslı, özgürlükçü, kendinize dönük tavırlarınız bugünlerde daha da ortaya çıkacak. İlişkilerde daha ılımlı, daha dinleyen taraf olacaksınız. Gökyüzünde transitlerin ardı arkası kesilmiyor. O yüzden bu ay kendinizi tanımakta güçlük çekebilirsiniz. " Eskiden ben böyle davranmazdım.", " Ne oldu bana?" sözlerini sık sık içinizden geçirebilirsiniz.

Venüs'e kucak açan nisan ayı, size neler sunuyor?

- Eğer evli bir Aslan burcuysanız, görmezden geldiğiniz konular için eşinizin ailesiyle hesaplaşacaksınız.
- İhmal ettiğiniz arkadaşlarınızla bu dönem görüşeceksiniz.
- Bir akademisyenseniz, sosyal farkındalık üzerine çalışmalar yapabilirsiniz.
- Üniversite öğrencisi Aslan burçları, yurtdışı temelli staj başvuruları yapabilir.

Dolunay, herkesi ilgilendiriyor ancak en çok sizi!

8 Nisan'da öncü burçta bir Dolunay meydana gelecek. Ülkemizi yakından ilgilendiren bu gökyüzü hareketi, gündemi hayli değiştirecek. Hava burcunda etkili olacak Dolunay'ın ruhu birazcık hoyrat, havaî olacak. Yerinizde duramayacaksınız, girişken olacaksınız, merakınızı bir türlü bastıramayacaksınız. Kardeşleriniz, komşularınız, iş arkadaşlarınız gündeminizde yer alacak. Dikkat dağınıklığı, unutulan faturalar, aidatlar, tembih edilen ama yapılmayan ev işleri fazlaca keyfinizi kaçırabilir. Aynı konulardan dolayı sizde eleştiriye maruz kalabilirsiniz. Sorumlulukların sürekli birbirine atılmaya çalışıldığı günlerdeyiz.

- El becerileri ile ilgilenen Aslan burçları, iş hacminiz artabilir.
- Eğitim alanında çalışanlar, sektör içinde farklı bir planlamada yer alabilirsiniz.

• Çalışan Aslan burçları, mesai saatlerinizde artış olabilir.

• Tanık olduğunuz dedikodulara tepki verebilirsiniz.

• En yakın arkadaşınızın hatasını örtbas etmesine müdahale edebilirsiniz.

Dolunay, öncü burçta denge ve düzen arayışı isteyecek. Onu temsil eden gezegen Venüs, hali hazırda hava grubunda hareket ediyor olacak. Bu durum iş yerinizde olası denetimlerin habercisi olabilir. İhmal edilen evraklar, muhasebe işleri, çalışanların sigortası, resmi bildirimler bugünlerin önemle takip edilmesi gereken konuları arasında olacak. *Kendi işinizi kendiniz takip edin* sloganıyla bas bas bağıran Dolunay, başınızı ağrıtmadan önce sinyallerini göndermeye başlayacak.

• Özel evraklarınızı koyduğunuz dolabın kilidini kontrol edin!

• İmza yetkiniz yoksa hiçbir belgenin altına isminizi yazmayın.

• Borsa, tahvil senedi gibi yatırımlardan şimdilik uzak durun.

Güneş, kendi konforuna geri dönüyor!

Bu ne demek mi? Dünyayı aydınlatan, nimetlerinden faydalandığımız Güneş enerjisi 19 Nisan'da kendini en iyi hissettiği burçlardan birine yerleşecek. Güneş'in toprak burcundaki bir aylık bu süreci katılımcı, destekleyici olmanızı sağlayacak.

• Sizi işinizden edenlerin hikâyeleri kulağınıza kadar gelecek.

• Yaz hazırlığı için bir yazlık kiralamayı düşünebilirsiniz.

• Çocukları olan Aslan burçları, çocuklarının seçimlerini kolaylıkla kabul edebilecekler.

• Kilo alımına, beslenme pratiğinize bu dönem dikkat etmeniz gerekebilir.

Merhametiniz artacak, kendinize karşı daha vicdanlı olacaksınız. Çünkü Güneş, devrim gezgeni, şanı ile bilinen Uranüs ile kavuşacak. 26 Nisan'ı Astrodefteriniz'e not alın. Sizin için önemli bir gün. Kendinize döndüğünüz, muhakeme dönemi diyebiliriz. İç dünyanıza yöneleceksiniz, özlemleriniz artabilir. Görüşmediğiniz bazı insanları aramak için eliniz sürekli telefona gidebilir. Vicdan olgusunun yüksek olduğu bu zamanlarda, farkındalığınız artacak.

• Bağış yapmak, derneklerde gönüllü çalışmak gibi girişimleriniz olabilir.

• Adalet, hak arayışı gibi kavramlar bugünlerde daha çok ilginizi çekecek.

• Eğer bir hukukçuysanız içinize sinmeyen bir davanın takipçisi olmayacaksınız.

• Arkadaşlarınızın sizin dışınızda bir araya gelmelerine bozulmayacaksınız.

MAYIS

Mayıs ayında hayatınızın en farklı yolculuğuna çıkmaya hazır mısınız? Sevgili Aslan burçları 2020 yılının mayıs ayında kendinizdeki değişime inanamayacaksınız. Sizi siz yapan öncelikleri ikinci plana atacak büyük gelişmelerin dönemi mayıs olacak. Zodyak kuşağında her zaman farklı görünen burç oldunuz. 2016- 2017 yıllarında burcunuzda meydana gelen yüzyılın en uzun tutulmalarına eşlik ettiniz. Fırtınalı dönemlerinizi hatırlamanız için çok gerilere gitmenize gerek yok. 2020 yılının bu mevsimi size iyi gelecek. Kendinizi eskisinden daha güçlü hissediyorsunuz. Gönlünüzü çalacak duygular, artık yanlış kişilerin peşinde savrulmayacağınızın vurgusunu yapacak. Paha biçilmez bir özgürlük hissi size yoldaş olacak. Kendinizi de yüreğiniz de nasırlaşmış tüm duygularınızdan arındıracaksınız. Karşıt burcunuzdan bahsediyorum, evet öğreten gezegen bu ay geri gitmeye başlayacak. 11 Mayıs itibariyle etkisini hissettirecek.

- Aşk ilişkilerinizde yaşadığınız belirsizlikler dağılıyor.
- Evlilik kararı almış Aslan burçları için koşuşturmalı bir süreç başlayacak.
- Bu süreçte evlilik teklifi alabilirsiniz.
- Aile içinde ani boşanma kararı alanları duyabilirsiniz.
- Anlaşamayan ebeveynleriniz boşanma sürecine girebilir.
- Aile büyükleri sağlık sorunları nedeniyle hayatınızda daha fazla yer almaya başlayabilir.

Gezegenlerin devrim günü!

13 Mayıs'ta mücadele gezegeni Mars, su burcuna geçiyor. Özeleştiri yapmaya başlıyorsunuz, abartılı baktığınız konularda esnemeye başlayabilirsiniz. Mars'ın, rüyalar prensi Neptün ile muhatap olacağı günler başlıyor. Çevrenizdekileri şaşırtacaksınız! Kin duyduğunuz, unutmam dediğiniz konularda daha pozitif olacaksınız. Hatta 13 Mayıs'tan sonra kendinizi bile tanımakta güçlük çekebilirsiniz. Düşünceleriniz sizi başka bir boyuta taşıyacak. Eğer bu mevsime kadar seyahatleriniz belli nedenlerden dolayı iptal olduysa; kimsenin sizi tutamayacağını

söylemeliyim. Yeni yerler görmeye başlayacak, tercihlerinize savaş açacaksınız. Kız kardeşi olan Aslan burçları, ilk defa aranızda bir mesafe, soğukluk hissedeceksiniz.

13 Mayıs'ın etkileri birkaç gün içinde bitiyor mu?

Gök kubbe rahat durmuyor. Ayrı ayrı köşelerden atak yapmaya devam edecek. Aşk gezegeni Venüs geri hareketine başlayacak. Baş döndürücü ruhu ile sahalara geri dönerken, tüm âşıkların yolunu değiştirecek.

- Kabuğunuza çekileceksiniz. Gözlemci olacaksınız.
- Yalnızca aşka değil, sevdiklerinize de farklı gözle bakacaksınız.
- Para harcama konusunda temkinli davranacaksınız.
- Arkadaşlarınızla sebepsiz yere ayrı kalacaksınız.

Bu ay gezegenlerin geri hareketi sizi farklı bir tarza büründürüyor. Şanlı, şöhretli olmak yerine sade ve sakin olmayı tercih edeceksiniz. Bu döngüyü 44 gün olarak yorumlayabilirsiniz. Fiziksel görünüşünüzde değişime açıksanız araştırıp, gözlem yapmadan denemeyin.

HAZİRAN

Zodyak'ın kendinden emin bir burcunu arıyorsak, o sizsiniz. Yürüdüğünüz yolla, söylediklerinizle dikkat çeken özellikleriniz var. İnsanları arkanızdan sürüklüyorsunuz. Ancak haziran ayında birilerine birtakım olaylarla ilgili açıklama yapmak zorunda kalabilirsiniz. Fakat bu sefer herkesi kendi haline bırakacaksınız. Zaten cesur bir burçsunuz, haziran ayı desteğini üstünüzde hissettirecek.

5 Haziran'da kader rolünü belirleyecek.

Yüzeysel ilişiklerden sıkıldığınız bir dönem olacak. Yalnızlık, içe kapanış, varoluşunuzun nedeni, bilinçaltınızdaki korkularınız ile yüzleşmek zorunda kalabilirsiniz. İçgüdü ve sezgilerinize yönelik çalışmalar yapmak isteyebilirsiniz. Çocukken yaşadığınız problemlerin üzerine gitmek isteyeceksiniz. Toplumsal duyarlılığınız davranışınıza ve görüşlerinize yansıyacak.

- 1973-1975 yılları arasında doğan Aslan burçları, kariyerinizle ilgili herkesi şaşırtacak büyük bir çıkış yapacaksınız.
- 1992-1994 yılları arasında doğan Aslan burçları, işlerinden istifa edip yüksek lisans, doktoraya başvurabilirler.

Ay düğümlerine arkadaşlık eden Dolunay!

5 Haziran'da ateş burcunda bir Ay tutulması meydana gelecek. 5. Evinizde etkili olan tutulma sizi yakından ilgilendiriyor. Çevrenizde olan bitenlere hâkim olmakta zorlanabilirsiniz. Sizden bağımsız, oldukça hareketli günleri temsil ediyor gezegenlerin seyri. Kısa sürecek evlilik haberlerini, boş vaatler yüzünden kalbi kırılan insanları, aşk uğruna ailesini terk edenleri duyacaksınız. Bu dönem yakın çevrenizden gelecek darbelere dikkat etmelisiniz. Hakkınızda çıkabilecek dedikodular, hak ihlali yaşayacağınız olaylar gerçekleşebilir.

- Çok güvendiğiniz biri yüzünden iftiraya uğrayabilirsiniz.
- Sağlığınızı bozan alışkanlıklarınıza geri dönebilirsiniz.

Hakları temsil eden, adalet konusunda affı olmayan bir burçta Ay tutulması meydana geliyor. Ay düğümleri ile bir arada hareket etmesi ise kadersel olayları işaret ediyor. Büyük ayrılışlar, büyük sürprizlere açılacak. Haziran ayı iki tutulmayı ağırlıyor. Yaz ekinoksunun ardından 21 Haziran'da Güneş tutuluyor.

Öncü burçta Güneş tutulması.

21 Haziran'da Yeniay'ı oluşturan gökyüzü tutuluyor. Etik olacaksınız, duygularınızı yönetirken tarafsız olmaya çalışacaksınız. Uzakta yaşayan akrabalarınızın koşullarına kafa yormak isteyeceksiniz. Mutlu günlerinde yanlarında olmak istediğiniz insanlar olacak. Uzun bir aradan sonra mucize bebek gelebilir. Gökyüzünün mucizelere açıldığı günlerde geçmişte kırıldığınız, alındığınız konuları büyütmenin ne denli çocukça olduğunu fark edeceksiniz.

• Hiç deneyiminiz olmadığı bir şehirde çalışmaya başlayabilirsiniz.

• Eğer yalnız bir Aslan burcuysanız, farklı şehirden, farklı kültürden biriyle görüşmeye başlayabilirsiniz.

• Üniversiteye hazırlanan Aslan burçlarının; avukatlık, tıp, sosyoloji, psikoloji, mimarlık gibi bölümlere ilgileri artabilir.

TEMMUZ

Ciddiyet ve disiplini öngören bir ayı karşılıyoruz. Öğreten gezegen ayın ilk günlerinde öncü burca dönerek, geri hareketine devam edecek. Tutulma günleri de çabası! Transitler kendini ağırdan göstermeye hevesli olacaklar. Mücadele ettiğiniz her şey için bu ay karşılığını alacaksınız. Engellere karşı nasıl hareket etmeniz gerektiğini ölçeceksiniz. Siz bu durumu zaten son 2,5 yıldır yaşıyorsunuz. Size yabancı değil tüm bu konular. Sağlığınıza, kariyerinize, anne ailesine karşı duyarlılığınız yeniden artacak. Elinizden alınmaya çalışılan her ne varsa, bilginiz olacak. Gerekli zamanda gerekli müdahaleleri yapacaksınız.

Satürn, öncü burca son kez misafir olacak.

Öğreten gezegen öncü burçta yerini alacak. 1984-1998 yılları arasında doğan, Neptün'ü Oğlak olan kişileri yeteri kadar dönüştürdü. İkna olmayı beklemeden, cesaretinizi öne sürdünüz. Bu yıllar arasında doğan ve ''yavaş yavaş her şey yoluna giriyor" diyenler, mola vermek zorunda kalacaklar. Satürn, idare ettiğiniz, işlerini yarım yamalak yapan, dağınık davranan kişileri görmenizi isteyecek. Yönettiği burca geri dönen Satürn tolere edeceğiniz her konunun sizin başınıza çorap öreceğini ifade ediyor. Önümüzdeki 6 ay boyunca bu döngüyü ciddiyetle takip etmeniz gerekecek.

Sevgili Aslanlar;

• Çalıştığınız iş yerindeki yöneticileriniz arasında görev değişikliği olabilir.

• Son 2,5 yıldır yaşadığınız haksızlıkları başkaları yaşamasın diye mücadele edeceksiniz.

• Görmezden geldiğiniz bir konu önünüze gelebilir.

• Haksız yere işinden olan Aslan burçları, geriye dönük dava açabilirler.

• Psikolojik olarak destek alan 1970-1984 yılları arasında doğan Aslan burçları, temmuz ayı size destek olacak.

Toprağın en istikrarlı burcunda 2,5 senedir geri giden Satürn, Aslan burçlarının hayat tarzına çekidüzen verdi. Paranın önemini, bonkör olmanın doğallığını size bir Aslan burcu olarak öğretti. Artık elinizdekinin kıymetini bilerek hareket ediyorsunuz. Bu ay gereksiz isteklere karşı geleceksiniz. Sizin tarzınız olmasa da "hayır" demeyi bir borç bileceksiniz.

Son birkaç senedir, temmuz ayı hayatınızın sanki rehberi oldu. Yaz sıcaklarında sadece tatili, aşkı, sosyal ilişkilerinizi düşünmediniz. Bilakis yoğun, kritik günleri imtihan ettiniz. Şimdi 5 Temmuz'da Ay toprak burcunda tutulacak. Satürn'den bu evrede destek de alacak.

• Çalışma günlerinizin sayısı artabilir.

• Astlarınızla uzlaşıp, direktiflere karşı tepkili olmayacaksınız.

• Evcil hayvanları olan Aslan burçları, bakımlarıyla ilgili ekstra koşturabilirler.

• Direncinizi güçlendirmek için doğal ürünlere rağbet gösterebilirsiniz.

• Vize, pasaport gibi başvuruların sonuçları beklediğinizden daha uzun sürebilir.

20 Temmuz ile devam eden öncü ağırlıklı gökyüzü, Yeniay'ı meydana getirecek. Hemen ardından Güneş, burcunuza geçiyor. 5 yıldızlı günlere gülümseyebilirsiniz. Bu ayın en rahat, en huzurlu dönemi şimdi başlıyor. Doğum gününüzü kutladığınız bugünlerde nefes alabileceksiniz. Tatil havasına girebilirsiniz. Sürpriz ilişkiler oluşabilir. Güneş'in parlaklığını, yüceliğini, ihtişamını burcunuzda tam olarak yeşerteceksiniz.

• 2,5 yıl önce boşanan Aslan burçları hayatlarına yeni birini alacaklar.

• Arabanızı bir üst model ile değiştirebilirsiniz.

• Estetik yaptırma kararı alabilirsiniz.

• Saçlarınıza ayrıca özen göstereceksiniz.

• Evinizin eşyasını, özellikle renklerini değiştirebilirsiniz.

• Sürpriz ilişkiler, yoğun mesajlaşmalar 22 Temmuz'la birlikte hızlanacak.

AĞUSTOS

Mutlu son kimi sevindirmez ki! Ağustos ayı sizi büyütüyor, uzlaştırıyor ve şaşırtmaya devam ediyor. Güvenilir adresler, kalıcı dostluklar, itibarınız ve geri gelen güveniniz sizi güneş gibi yansıtacak. Göz kamaştıracağınız günler geldi çattı. Sizin yapınızda doğal bir liderlik var. Önceliğiniz sadece kendiniz olmayacak. Bilgi paylaşmak, üretmek, güzel bağlar kurmak yeni dostluklar da gündeminizde olacak.

Hava burcunda Dolunay!

3 Ağustos'ta 7.Evinizde gerçekleşecek Dolunay; aşkları, ilişkileri, ortaklıkları gündeme getirecek. Çalkantılı yılları geride bırakan Aslan burçları duruluyor. İlişki evinizde meydana gelen Dolunay meraklı, araştırmacı ve kalabalık ortamlara uyum sağlamanıza yardımcı olacak.

- Uzun zamandır görmediğiniz insanlarla zaman geçireceksiniz.
- Farklı şehirde yaşayan akrabalarınızın geri dönüşünü konuşacaksınız.
- Evli Aslan burçları, cinsel ilişkide beklentilerini dile getirecekler.
- Yakın arkadaşınızla iş ortaklığına sıcak bakabilirsiniz.
- Ailedeki karışıklık iş düzeninizi bozabilir.

İletişim gezegeni burcunuzda!

5 Ağustos'ta iletişim gezegeni burcunuza yerleşecek. Kendinizi oldukça rahat ifade edeceksiniz. Hızlı refleks, hızlı düşünme ve hareket etme işinizi kolaylaştıracak. Gündelik yaşamınızda eliniz çabuk, düşünceleriniz kıvrak olacak. Yaratıcı tarafınızı görsel sanatlar üzerine geliştirebilirsiniz. Üst üstte seyahatlere çıkacaksınız. Bavulunuzun birini kapatıp diğerini açacaksınız.

- Kıyafetlerinizi, yaz tarzınızı belirleyeceksiniz.
- Ağustos ayı boyunca aklınızda biriktirdiğiniz işlerinizi planlayacaksınız.

• Şan dersleri alabilir, bir müzik enstrümanı öğrenme çalışmalarına başlayabilirsiniz.

• Yeni mezun Aslan burçları, kısa süreli turizm, organizasyon işlerinde çalışabilirler.

5 yıldızlı gün; 17 Ağustos.

Bugün kendinizi şımartmayı unutmayın. Güneş ve aklı yöneten gezegen burcunuzda birleşecek. Aşk itirafları havada uçuşabilir. Açık düşmanlıklarla, kıskançlıklarla karşılaşabilirsiniz. Ancak eski siz değilsiniz, tüm bunları olgunlukla karşılayacaksınız. Sevdiğiniz, sizi güldüren, huzur veren insanlarla eğleneceksiniz. Evden eve partiler sayesinde komşuluk ilişkileriniz gelişecek. Sıra dışı hayatlara sahip, bolca gezen, sosyal güdüleri yüksek insanlarla zaman geçireceksiniz. 17 Ağustos'tan itibaren uzun mesafeli yolculuklara çıkabilirsiniz.

• Öğrencilik yıllarınız yaşadığınız şehirden, ülkeden farklı bir yerde devam edebilir.

• Çocukları olan Aslan burçları, boşandıkları eşleri ile yeniden bir araya gelebilirler.

• İkinci baharını yaşayacak Aslan burçları, kendilerinden yaşça genç kişilere karşı ilgi duyabilirler.

• Sinema, fotoğraf, grafik gibi sanat alanlarına karşı ilginiz artacak.

• 1960 -1969 yılları arasında doğan Aslan burçları, uzun süredir sağlıkla ilgili sorun yaşayanlar güzel haberler alacaklar.

Sevgili Aslan burçları, tılsımlı günlerin ardından 19 Ağustos'ta burcunuzda Yeniay meydana gelecek. Daha çok spor yaparak, daha çok sosyalleşerek sonbahara yelken açacaksınız. İşle ilgili sorumluluklarınız artabilir, telefonunuz bu dönem hiç susmayacak. Aşkla iş arasında kalacak Aslan burçları her iki durumu birlikte idare edebilecekler. 2,5 yıldır evlilik teklifi bekleyen Aslan burçları, karşı tarafa küçük blöfler yapabilir.

EYLÜL

Yapıcı, iyileştirici, aşk gezegeni Venüs, burcunuza taşınıyor. Eylül ayını rahat geçirmenize yardımcı olacak. Problemli ilişkilere nefes aldırırken, takılı kaldığınız projelerinizi veya bitmeyen işlerinizi toparlayacaksınız. İlişkilerde mükemmel kombinasyon, grup çalışmalarında iyi eşleşmeler, huzurlu bir dönemi temsil edecek. Büyük emekler vererek bugünlere gelen Aslan burçları için muazzam bir dönem başlayacak. Venüs'ün yanı sıra, Merkür'de yüceldiği bir burçta hareket ediyor olacak. Bu durum güçlenmenizi sağlayacak. Dış dünyayla temasınız, yönlendirici kişiliğiniz çoğu alanda kazanım getirecek. Başarı hissi sizi yüceltiyor, besliyor.

Venüs size yardımcı olacak.

Değerleri temsil eden gezegeni ne zaman burcunuza misafir etseniz, sizin için oldukça olumlu etkiler sağlıyor. Size fırsatlar sunuyor ve kazandırıyor. Maddi olarak da bu ay geliriniz artacak. Ek işler, yeni projeler, yeni bir iş, daha çok maaş, daha çok birikim anlamına gelebilir. İlişkilerde ise ön yargılardan uzaklaşmanızı sağlayacak. Uzlaşmacı yanınızla yanlış anlaşılmaları bertaraf edebileceksiniz.

- Yaratıcılık gerektiren işlerle uğraşan Aslan burçları, başarıları ile konuşulacaklar.
- 2012 yılından beri görüşmediğiniz kişiler varsa, aynı ortamlarda karşılaşabilirsiniz.
- Geçmişte kırgınlık yaşanan arkadaşlıklar yeniden başlayabilir.
- Eşinizle ya da sevgilinizle anlaşamadığınız ortak konuları bir danışmanla çözebileceksiniz.
- Venüs'ün burcunuza geçmesi görünüşünüze heybet katacak, stilinizi renklendirecek.

Yılın en önemli Mars Retro'su!

10 Eylül'de mücadele gezegeni kendi yüceldiği burçta geri hareketine başlayacak. Çevrenize bu Retro ile daha farklı bir

görüntü sergileyeceksiniz. Baskın, lider, otoriter, söz sahibi bir imajdan bahsediyor, gökyüzü. Ancak durumları bambaşka yönetmeyi tercih edebilirsiniz. Sessizce, kabuğunuza çekilerek olan biteni izlemek isteyebilirsiniz. Bazı konuları akışa bırakmanın en doğru karar olduğunu fark edeceksiniz. Ateş burcunda geri gidecek Mars, sizi güçlü hissettirecek. Ancak ortalığı karıştırmadan da edemeyecek.

- Ortamda durumu sakinleştiren siz olacaksınız.
- Arabuluculuk yapmak bu sefer size düşecek.
- Konulara hâkimiyetinizi kavrayacaklar.
- Sizsiz işlerin aksadığını fark edecekler.

Etkisi yüksek, hız kesmeyen Mars Retro'su sakinliği vaat etmiyor. Ancak sizin için durum farklı olacak. Her ne kadar size dokunmasa da ruh halinizi olumsuz etkileyebilir. Sonbaharı bu gezegen hareketi ile kucaklamak zor gelebilir.

22 Eylül Sonbahar Ekinoksu.

Güneş, 22 Eylül'de öncü burca yerleşecek. Bir ay boyunca Venüs'ün konumundan da beslenen gökyüzü kendinizi ihmal ettiğinizi düşündürebilir. Daha kişisel, gündelik meşguliyetinize odaklı kalmayı tercih edebilirsiniz. Mars Retro'sunun hezimeti ruhunuza, düşüncelerinize Ekinoks ile birlikte mola verdirecek.

- Kişisel görünüşünüzde radikal değişiklikler yapabilirsiniz.
- Spora başlama, kilo kontrolü gibi konularda çok daha hassas davranabilirsiniz.
- Kendinizi iyi hissettiğiniz bazı arkadaşlarınızla ev buluşmaları sıklaşabilir.

EKİM

En tuhaf olayların üst üste geleceği aya hoş geldiniz. Elinizi kolunuzu nereye koyacağınızı şaşıracağınız bir ay sizi bekliyor. Gündeminiz oldukça kalabalık olacak. İletişim, aile ilişkiler, sosyal yardımlaşma, etkileşimin yoğun olacağı bir dönem yaşayacaksınız. Deneyimlerinizi başkalarıyla paylaşmak, toparlanmaya ihtiyacı olanlara destek vermek, günlerinizi koşturmalı haline getirecek. Bağımsız hareket etmek, bireysel davranmak bu ayın mottosu değil. Sosyalleştiğiniz bir dönem ancak tüm bunlar keyif aldığınız alanlarla ilişkili olmayacak. Mümkün mertebede dostlarınızın, ailenizin yanında olmayı tercih edeceksiniz.

Su burcunda salınan Merkür!

14 Ekim'de su burcunda iletişim gezegeni geri gidecek. Merkur, şüphelerinizi, kıskançlıklarınızı artırabilir. Çevrenizde yaşananlar, tanık olduğunuz konular sizi ilişkinize döndürecek. Araştırmacı ve geride kalan konulara sorgulayıcı bakmanıza sebebiyet verebilir.

- Bu sefer ilişkinizde kısıtlayan taraf siz olacaksınız.
- Görüşmediğiniz insanlara meydan okuyacaksınız. Gittikleri ortamlarda bulunacaksınız.
- Rekabet aşkta gözünüzü karartabilir.

Baskın burçlarda geri giden iki gezegen var. Biri mücadele gezegeni diğeri ise iletişim gezegeni. Gök kubbe, ekim ayının baş döndürücü etkileri olacağını işaret ediyor. 14-28 Ekim günlerinde çok da alışık olmadığınız gibi davranabilir, yeni kararlar alabilirsiniz. Yıllık izninizi kullanabilirsiniz, bir süreliğine işten uzaklaşmak için rapor alabilirsiniz. Tüm stresi ancak kendi içinizde çözmeniz gerektiğini kavrayacaksınız. Eğer baş ağrılarınız sıklaşırsa nedeni bu iki gezegendir, bir yere not alın bugünleri.

- Çocukları olan Aslan burçları, evlatlarınız dikkat dağınıklığı yaşayabilir.
- Bu süreçte çocukların, ailedeki gençlerin eğitimine, birtakım çıkışlarına kafa yorabilirsiniz.

Retrolarla birlikte hayatınızda bir nevi temizlik yapacaksınız. Enerjinizi düşüren, devamlı sıkıntılarını, şikâyetlerini anlatan kişilerden uzaklaşacaksınız. Eski eşinizle veya eski sevgilinizle problemleri tam anlamıyla halledip, sorunların bir kısmından uzaklaşacaksınız.

Hava burcunu temsil eden Yeniay!

Gökyüzünün gri bulutlarını aralayıp size derin bir oh çektiren günler yaklaşıyor. Arka planınızda kalan ancak müdahale şansınızın olmadığı konular önünüze gelecek. Merkür Retro'su ile birlikte hareket eden Yeniay, görmediklerinizi gösterecek, duymadıklarınızı duyuracak. Bu döngü, aylarca sizin hakkınızda konuşanları aynı ortama getirebilir. Gerçekler ortaya çıkarken;

- Yalan söyleyenler ortaya çıkacak,
- Birilerini utandıracaksınız,
- Önünüze birtakım özel bilgiler gelecek.

Bu döngüde kendinizi halsiz hissedebilirsiniz. Sağlığınızı ön plana almanız gerektiğini fark edeceksiniz. Her şey bir anda değil ama yavaş yavaş açıklığa kavuşacak. İnsanları ve kendinizi değerlendireceksiniz. Aslında çoğu olayın bir nedeni olduğunu kavrayacaksınız. Ve 31 Ekim'de Süper Dolunay meydana geliyor. Bu ayın son gününde meydana gelen Dolunay, gölgeli etkisini önceden hissettirecek. Sizi sinirlendiren, tahrik eden olaylar neticelenecek. Süper Dolunay, ailedeki zor kişiler konusunda size yardımcı olurken, uzun süredir elinize geçmesini beklediğiniz paranın geleceğini işaret edecek.

- 1950-1959 yılları arasında doğan ebeveynlerinizin Plüton'u Akrep burcunda. Aldırtmayı başaramadığınız kararları nihayet aldırtırken, dediğinize gelecekler.
- Ortaklıkları olan Aslan burçları, yatırımlarınız sonunda size kazandıracak.

KASIM

Gözünüz aydın! 3 Kasım'da Merkür Retro'su bitiyor. Gönlünüz de ruhunuz da aydınlığa kavuşacak. Karışıklıklar, oyunbozanlar, aldatmacalar her şey geride kalacak. Ortalığı karıştıran iletişim gezegeni, sabit burç etkisinde geri giderken size kendisini çok derinden hissettirdi. Baskın ve inatçı tarafınızı ortaya çıkardı. Ama gerçekleri de görmenize vesile oldu. Neyse ki kasım ayında gezegenler düz seyrine girerek, bu yolculuğa son veriyor. 3 Kasım'dan itibaren yapıcı, girişken, sıcakkanlı bir etki ile sizi karşılayacak, gökyüzü.

Dağınıklığınızı toparlıyorsunuz!

Son iki ayın size neler kazandıracağını tahmin edemezdiniz. Retrolar sadece günlük işlerinizi aksatmadı, aslında göremediklerinizi önünüze getirdi. Uğradığınız haksızlıkları, adaletsizliğin hesabını çıkarttı. Hayatınıza neler kattığını, ne kadar azimli olduğunuzu, kafaya bir şey taktığınızda ne kadar mücadeleci olduğunuzu fark ettirdi. Bugünler size üretmek, birikim yapmak, insan tanımak açısından olumlu da döndü.

- İş yerinizdeki temponuz, size terfi kazandırmış olabilir.
- Okulda gösterdiğiniz beceri, çok istediğiniz akademik pozisyonu size getirmiş olabilir.
- Dost dediğiniz insanların arkanızdan kuyu kazdıklarını öğrendiniz.
- Satışı bir türlü gerçekleşmeyen araziniz nihayet el değiştirmiş olabilir.
- Ayrılmak üzere olduğunuz sevgilinizle evlenme kararı almış olabilirsiniz.

Kasım ayında etkilerini olumlu değerlendirdiğiniz bir gökyüzü döngüsünden bahsediyorum. Gökyüzü artık sükûnete hazır, kış hazırlıklarınız alıp başını gidecek. Gitmek istediğiniz kurs, görüşmek istediğiniz arkadaş grubu, yaptırmak istediğiniz cilt bakımı, öğrenmek istediğiniz el emeği hobiler, gündeminizde yer alacak. Evde zaman geçirmek, dışarıda sosyal olmak size yakışacak. Bu döngüde tercihlerinizi beğenmeyen, sizi eleştiren, evcimen bulan insanlar olabilir. Ama unutmayın gök kubbe birilerini 2021 yılına hazırlıyor, birilerini ise saydığı yerde bırakmaya... Eleştirilere, serzenişlere kapalı olmanız gereken günlerdesiniz.

Tutulma!

Ay tutulması, değişken burcun hava elementinde meydana gelecek. Ayın son günü 30 Kasım'da Ay nizamını belirleyecek, safları sıklaştıracak. Gölgeli günlerde tutulmanın etkisini önceden hissedebilirsiniz. Türkiye'nin Ay burcunda gerçekleşen tutulma, çok önemli günlere gebe. Tutulma etkileri sizin için sakin geçecek. Zekâ, pratiklik, atak olmak, girişimci yanınız bugünlerde devrede. Ağzınızdan çıkanların değeri artacak. Tanımadığınız kişiler bile sizden fikir almak isteyecekler. Ortak tanıdıklar sayesinde renkli kişilikler tanıyacaksınız. Kendi işini kendi başına yapabilen, yardım almaktan hoşlanmayan bir burçsunuz. Bu zaman zarfında liderliğiniz, hâkimiyetiniz öne çıkacak.

• Dönüştürücü kararları aileniz ile birlikte alacaksınız.

• 2020'nin son aylarını yurtdışında bir tanıdığınızın yanında geçirebilirsiniz.

• İş dolayısıyla iki şehir arasında gidip gelebilirsiniz.

• Bireysel çalışan Aslan burçları ekip çalışmasını tecrübe edebilir.

• Platonik bir ilişkinin çözümü sizin elinizde olacak.

ARALIK

Her zamankinden daha soğuk ve daha keskin hissettiğimiz bir mevsimdeyiz. Aralık ayına ve kışa merhaba derken, koca bir yılı gözümüzün önünden geçireceğiz. Ateşten gömlek giyen gökyüzü, bu ay sadece ateş elementinde ağırlanan tutulmalardan söz etmiyor. Gökyüzünde taht değişiyor. Aralık ayı, hayatınıza çok büyük bir devinim kazandıracak ve bakış açınızı değiştirecek. Neredeyse 20 yılın ruhu değişecek, toplumları değiştirecek. Yaşadığınız çoğu alanı farklı bir noktaya taşıyacaksınız.

Aralık, kulağınıza çok şey fısıldayacak!

2020 yılı dünya için çok kolay bir yıl olmadı. Ancak size kazanımlarını bolca getirdi. Nelerden vazgeçtiğinizi, neleri kazandığınızı çok iyi biliyorsunuz. Bu yıl biterken gökyüzü ateş havasına bürünecek. Öncelikle Güneş tutulması değişken burcun hanesine giriyor. 14 Aralık'tan itibaren yer yerinden oynayacak. Gücü, etkileri yapıcı olurken uyarılarda da bulunacak. Sevdiğiniz insanların hayatları baştan kurgulanacak. Beklenmedik değişimlere hazırlıklı olmayan yakınlarınız için gündem biraz kargaşalı geçebilir.

- Duyduklarınızı, şaşkınlığınızı gizlemekte zorluk çekebilirsiniz.
- Çevrenizde patavatsız konuşmalar, pot kırmalar çoğalabilir.
- Çocuk sahibi olan Aslan burçları, nafaka, tazminat gibi süreçler gündeme gelebilir.
- Alışkanlıkları yüzünden hukuki cezalara maruz kalan insanları duyabilirsiniz.

19 Aralık Satürn sabit burç Kova'ya geçiyor.

Önümüzdeki 2,5 yıl boyunca büyük olayları dönüştürecek Satürn, bu sefer tam teşekkülü 7. Evinize yerleşecek. Sizi ve dünyayı somut anlamda değiştirecek. Satürn, kendi yüceldiği burçta hareket edecek ve çok güçlü hissedecek. Satürn; soğuk bir gezegendir, Zodyak'ın en cool havasını temsil eden burca misafir olacak. Sizde olduğunuzdan daha ketum, havalı, soğuk mizaçlı görüneceksiniz. Satürn, 7. Evde hangi konuları merceğine alacak?

- İlişkiler, evlilikler,
- Çocuklar, eğitimler,
- Ortaklıklar, harcamalar, paylaşımlar
- Hayatınızı geçireceğiniz adres ve şehirler.

Gümbür gümbür gelen Satürn, maddelediğim konularda sizi bambaşka birisi yapacak. 19 Aralık'ta ise şans ve bolluk gezegeni Jüpiter, sabit burç Kova'ya geçiyor. Hayatınızın en önemli günleri Aralık 2020 dersek abartmamış oluruz. İlişkilerde alınan kararlar, çocuk sahibi olmakla ilgili fikriniz, ortak işleriniz ve mal paylaşımınız, duygularınız, aşka bakış tarzınız büyümenize, daha da olgunlaşmanıza yardımcı olacak.

2020 yılının 20 Aralık etrafındaki tarihleri unutmayacaksınız.

Öğreten gezegen Satürn, iyicil gezegen Jüpiter ile sabit burçta kavuşum yapacak. 7. Evinizden geçen bu iki gezegen, hiçbir şeyin eskisi gibi olmayacağını vurgulayacak. Güneş'inizi karşınıza alan bu kavuşum ender oluşur. İlimde, bilimde başarılarınız toplumdaki yerinizi belirleyecek. Korkularınızın üzerine gidecek, vicdanınızı yöneteceksiniz. Dünyaya geliş amacınızı irdelediğiniz bu ayda "büyük aşklar da bir gün bitebilir" diyeceksiniz. Çocukları olan Aslan burçları, temel değerleri, aidiyet duygusunu, koruma güdüsünü geliştirecekler. Aslan pençesini çıkarıp hayatınızı yeni baştan kuracaksınız. 2021 yılının başladığını en çok siz hissedeceksiniz.

BAŞAK 2020

OCAK

Siz çalışkan, güçlü ve en önemlisi de detaycı bir burçsunuz. Geçmişi hayatınıza katarak ilerlemeyi benimsiyorsunuz. Yeni bir yıla ve aya adım atan dünyanın bu yıl sorumlulukları ağır olacak. Ayağını yorganına göre uzatan Başak burçları için bu süreç zor olmayacak. Bu ay ruhunuzu tamamlayacak gezegen kombinesi ile karşı karşıyasınız. 2020 yılının Ocak ayının gökyüzü göstergeleri toprak niteliğinde olacak ve sizi tamamlıyor. Kendi varlığınızı ve doğrularınızı rahatlıkla anlatabileceksiniz. Günün birinde herkesin sizin mantığınıza geldiğini gözlemleyeceksiniz. Kendi doğrularınızda ne kadar haklı olduğunuzu bir kez daha teyit edeceksiniz. 2020 yılı sizleri onaylayarak başlıyor sevgili Başak burçları.

Yılın ilk Ay tutulması!

Ocak ayına su burcunda meydana gelen Ay tutulması ile başlıyoruz. Ay'ın varlığını en iyi hissettiği burçta tutulmanın meydana gelmesi, sizi temkinli ve özenli yapacak. Sizi dolaylı olarak etkileyecek. Uzak akrabalar ve sevdiğiniz kişinin, eşinizin tanıdıkları gündeminize yerleşebilir. Ardı ardına gelen haberler, planınızda olmayan yolculuklar yapmanıza neden olabilir. Bugünlerde aklınızdan sık sık geçen tek cümle "her şey insanlar için" olacak.

- Yurtdışında yaşayan tanıdıklarınız sağlık sorunları yüzünden geri dönüş yapabilirler.
- Geçen yıl evlenen yakınlarınızın boşanma kararını duyabilirsiniz.
- Eşinizin ailesine dair ani ve üzücü haberler alabilirsiniz.

• Eğer bir grup lideriyseniz, çalışanlar arasında iç çatışmaya şahit olabilirsiniz.

Beklenmeyen olaylarda metanetli olsanız da ortalığı yönetseniz de olayları uzun süreçte yaşıyorsunuz. Sevdiğiniz insanların üzüntüsü, üzüntünüz olacak. Dertlerine bir Başak klasiğiyle destek olmaya çalışacaksınız. Ancak bu sıralar maddi konularda kimselere referans olmayın. Çünkü Ay tutulması, sizi olduğunuzdan daha merhametli yapacak ancak sonuçları başınıza dert açabilir. Kimseye borç para vermeyin, kredi çekmeyi düşünüyorsanız erteleyin.

Venüs, Güneş'inizin tam karşısında yer alacak.

13 Ocak'ta Venüs duyarlılığınızı attırıyor. Empati yapma konusunda usta olan Başak burçları, Venüs ile birlikte bu özelliğinizi taçlandıracaksınız. Her ne kadar bazı konulara mesafeli davransanız da gece gündüz belli konulara kafa yorarak geçirebilirsiniz. İfadeleriniz sizi açık etmese de davranışlarınızla desteğinizi yansıtacaksınız. Venüs'ün su burcundaki seyri 7. Evinizi ilgilendirecek. İlişki odaklı günler sizi bekliyor.

• 1978 Eylül'den 1980 Eylül'e kadar doğumlu Başak burçlarının, Satürn'ü Başak'tadır. Bu da son 3 yıldır veremediğiniz kiloları bir çırpıda vereceğiniz anlamına geliyor. Kendinizi baştan tasarlayacaksınız.

• Temponuz hem iş hem de sosyal açıdan artacak.

• 2012 yılından bu yana çok yoğun çalışan Başak burçları, Neptün'ün konumu size bir parça miskinlik verebilir.

Karşıt burcunuzda hareket eden Venüs, kendinize zaman ayırmanız gerektiğine vurgu yapıyor. Olayları akışına bırakmanızı tavsiye eden gökyüzü tembelliği hak ettiğinizi de vurgulayacak.

Venüs Neptün'ün kalbine dokunacak!

Sevgili Başaklar, 27 Ocak sizin için önemli bir gün. 7. Evinizde salınan gezegenler evliliğiniz ve ilişkileriniz için yardımcı olmaya hazır! İlk günkü gibi aşkın cazibesini özleyen, sevgi sözcüklerine hasret kalan bir burç olarak hem ruhunuz hem de cinsel yaşamınız renklenecek.

ŞUBAT

Bu ay evlilik ve ilişkiler üzerine kurulu bir hizalanma var. Gezegenler sırasıyla karşıt burcunuzda konumlanırken, yönetici gezegeniniz karşıt burcunuzda ve geri hareketine başlayacak. Sadece ilişkiler değil aynı zamanda ortaklıklar, dönemsel adımlar, yanlış yapılan yönlendirmeler, yakınlık kuracağınız yeni bağlantılar, uzak durulması gereken konular da önünüze gelecek. Mantığı ile hareket eden Başak burçları, bugünlerde duygusal davranabilirler. Size aktarılanlara hemen inanabilir ya da inanmak isteyebilirsiniz.

Merkür, 7. Evinizde şubat ayına merhaba diyor.

Karşıt burcunuza yerleşen Merkür, iletişim konularında duyarlı olacağınızı ifade ediyor. Kendinize has bir üslubunuz var. İnandığınız ne varsa uygulamak istersiniz. İçinize sinmeyen konularda araştırmacı olduğunuzu herkes bilir. Ancak bugünlerde ikna edilmeye çok açıksınız. Gelişmeye ve geçmişi farklı bir gozle değerlendirmeye de...

• Kendi işini yapan Başak burçları, 2016 yılında yaptığınız anlaşmaların benzeyen ancak maddi olarak daha kazançlısına imza atacaksınız.

• İşinizi pazarlayabilen, sunumlar yapan ve çok daha pratik proje oluşturan biri haline geleceksiniz.

• Daha önce çalışmadığınız kurumlarla iş birlikleri yapacaksınız.

Merkür Retro'su işlerin nabzını değiştiriyor.

17 Şubat'taki yönetici gezegeniniz Merkür, ilişki evinizde geri gitmeye başlayacak. Bu süre zarfında iletişim gezegeni sizi daha da iddialı biri haline getirecek. İlişkilerde ve evlilikte ümitleriniz artacak. Yaşları benzer, hemcins kardeşleri olanlar, sorumlulukları ortak paydada bölüşecekler. İletişimin piri yönetici gezegeniniz, size farklı bir pratiklik kazandıracak. Aynı meslekten kişiler, bazı konularda sizden destek isteyebilirler veya iş birliği teklif edebilirler. Retro döneminde karşınıza çıkan konular, kendinizi daha güçlü hissetmenize neden olacak.

• Rakiplerinizin sizinle iletişime geçeceğini vurguluyor gökyüzü.

• 2016 yılından bu yana hukuksal problemleri olan Başak burçları, hakkınızı alabilecek ve talep ettiğiniz konuda başarılı olacaksınız.

Güneş'inizin karşısında gerçekleşecek Yeniay 23 Şubat'ta meydana gelecek. Sizi daha nazik, çevrenizdeki insanlara karşı daha duyarlı yapacağını işaret ediyor. 23-26 Şubat günlerini not edin; enteresan bir iş teklifi alabilirsiniz. Önemli konuşmalarınızı bugünlere planlayabilirsiniz. 2018 yılının temmuz ayında rahatsızlık geçirmiş, operasyon geçirmiş Başak burçları, aynı konuda kontrollerinizi yaptırmanız gerekebilir. Gündelik koşturmanızda ufak tefek detaylara takılabilirsiniz, sonuçlanana dek içiniz içinize sığmayabilir.

MART

Sevgili Başak burçları, gökyüzü burcunuzla bu ay oldukça uyumlu. Kendinize dönük yaşamanın tam da zamanı. Bedenen ve ruhen yorgunluğunuzu belli etmeseniz de tepkileriniz sizi ele verecek. Kafanızda tasarladığınız konulara odaklanmak isteyeceksiniz. Hayal kurmak yerine idealist olmayı tercih edeceksiniz. Böylesine iddialı gökyüzü konumunda işler sizin adınıza daha farklı çalışıyor. Burcunuzda meydana gelen Dolunay ile somut etkilerini gün gün görebileceksiniz.

Burcunuzda Dolunay'ı ağırlıyorsunuz.

Ne kadar zaman oldu kendinize bir şeyler almayalı, tek başınıza zaman geçirmeyeli? Sanırım hayli zamandır bu tür eksiklikleri yaşamınıza yedirdiniz. Ancak 9 Mart'ta toprak temalı Dolunay, burcunuzda meydana gelirken dış dünyanızdaki imajınızı, girişimlerinizi destekleyecek. 'Nasılsa halledilir' gözüyle bakılıp kulak arkası yapılan durumlar, ön plana çıkabilir. İçinde bulunduğunuz durumu fark etmek, eksiklikleri görmek ve güven duygusunu didiklemek için olağanüstü günleri işaret ediyor gökyüzü.

- Son 12 yıldır aynı sektörde çalışan Başak burçları, egonuz yükselecek.
- Dış dünyaya kendinizi tanıtma şekliniz daha baskın tutumlar göstererek şekillenecek.
- Hedeflerinize karşı derin arzular besleyeceksiniz.
- Sağlığınızla ilgili titiz davranacaksınız. Checkup gibi hizmetler alabilirsiniz.

Dolunay sizi hazır cevap yapacak.

Yönetici gezegeniniz Merkür, Güneş'inizin karşısında geri giderken, Dolunay meydana geliyor. Hemen ardından iletişim gezegeni düz seyrine girecek. Farkındalık gibi yetileriniz 10 Mart'tan itibaren hız alacak. Tüm bu gezegen oluşumları başlarken ve biterken üzerinizdeki baskıyı arttırabilir. Ancak bu bir günlük süreçten (9-10 Mart) sonra kafanızı toparlamanız kolaylaşacak.

• Yüksek sesle, keskin konuşmalar yapacaksınız.

• Tembelleri, çalışkanları ayırt edebileceksiniz.

20 Mart'ta Güneş uyanacak.

Astrolojinin yeni yılı olarak kabul edilen bahar ekinoksuna el sallayın. Yeni bir mevsim, yeni bir yaşam biçimi sizi bekliyor.

• Uzun yıllardır spor yapmayan, kendini işlerine adamış Başak burçları, düzenli egzersiz yapmaya başlayabilirler.

• Dişlerinizle ilgili hassasiyetiniz artacak, bu bölüme özen göstermek isteyeceksiniz.

Ekinoks bu! Görünüşünüze ciddi bir mesai ve zaman ayırmanızı da sağlayacak. 20 Mart'ta sadece bir saatinizi iş ve sorumluluklarınıza ayırın, geri kalan tüm saatleri bırakın sadece sizin olsun.

Satürn, kendini gösterme çabasında...

Öğreten gezegen burç değiştiriyor. 2,5 yıl boyunca havanın sabit, değişken burcu Kova'da kalacak. Sizin için bu süreç oldukça önemli. Günlük işlerinizi yoluna sokacaksınız, planlı yaşayacaksınız. Satürn yönettiği, kendini güçlü hissettiği bir burca geçiyor. İlk etapta 5 ay sürecek bu ziyaret, kısa bir süreliğine Oğlak burcunda geri hareketini devam ettirip, ardından kalıcı olarak yerini sabitleyecek. Peki, size neler getiriyor, öğreten gezegen?

• Dağınık olduğunu düşündüğünüz alanları, iç disipline oturtacak.

• Zekânızı, bilginizi, titizliğinizi daha da ön plana çıkaracak.

Sizi daha zinde, sağlığına özen gösteren, dikkatli ve kafasındakileri toparlayan birine dönüştürecek. Hayatı mükemmelleştirmeye yarayan bir durum oluşturacak.

NİSAN

Nisan, yılın en çekici göstergelerini size sunuyor. Sakin, odaklanma konusunda verimli günleri işaret ediyor. Son birkaç aydır ne kadar yoğun çalıştığınızı biliyorsunuz. Karşılığını ise bugünlerde alabileceksiniz. Son 8 yıldır hayal ettiklerinizin üstüne çıktığınızı fark edeceksiniz. Kendinizle gurur duyacak, bu kadar savaşçı olduğunuzu siz de ilk defa fark edeceksiniz. Korkularınızla baş etmenin en iyi formülü sizin için hep çalışmak oldu. Ancak duygularınızı da temsil eden 2020 yılında övgüyü ve hak edişi sindireceksiniz.

Venüs, değişken hava burcunda...

3 Nisan'da kardeş burcunuzda bir gezegen geçişi var. Aşk gezegeni işinizle ilgili konuları ön plana çıkaracak. Sektöründe isim yapmış, otoriter, kurumsal firmalar gündeminizde olacak. İş dolayısıyla tanışma imkânı bulacağınız birinden de etkileneceğinizi vurguluyor gökyüzü.

- Çalıştığınız ortamda terfi ya da ödül alabilirsiniz.
- Kreatif konularda mesleki fırsatlar çıkabilir.
- Aşk dolu bakışları fark edeceksiniz.
- Güzelliğiniz tavırlarınıza yansıyacak.
- Medya sektöründe çalışan Başak burçları, patronunuzu, yöneticinizi etki altında bırakacaksınız.

Venüs sizi adeta uçuracak, birtakım konularda statünüzü yükseltecek. Hayal ettiğinizden daha fazlasını yaşayabilirsiniz. Yakın ilişkilerde aktif ve müdahaleci davranacaksınız. Kontrol dışı tepkilere, huzursuzluklara zamanınız olmayacak. Bu tür kargaşa çıkaran insanları çevrenizden uzak tutmak isteyeceksiniz. Talihsiz girişim yapacak yakınlarınızı fark edip, çabalarını başka yönlere doğrultacaksınız.

Her şey güllük gülistanlık mı gidecek?

Hem hayır hem de evet denebilir. Gökyüzü bu şahane ortamda bazı gezegenleri yan yana getirecek. Bilinçaltınızı yönettiğiniz 4-5 Nisan günleri sizin için önem arz edecek. Kavuşum yapan gezegenler biraz evham verebilir. Nedense ters şeyler olacak ve tüm bu tılsım bozulacak diye kuruntu yapacaksınız. Tipik bir Başak burcu ruhuna bürünüp sakince içinizdeki fırtınayı dindirebilirsiniz. Kendinizce önlemler alarak; çevrenizle sevincinizi paylaşmayacaksınız. Soğukkanlı davranarak içinizde kopan fırtınayı kendi kendinize bastırmak isteyeceksiniz.

Merkür, ateş ruhuna bürünecek.

11 Nisan'dan sonra kendinizi daha iyi hissedeceksiniz. Konuşkan, atak, biraz fevri, biraz patavatsız görünebilirsiniz. Eril enerjiye bürünen yönetici gezegeniniz kendinizden yaşça genç insanlarla zaman geçirmenizi sağlayabilir.

• Sosyal medya akımları, teknoloji, yeni stil müzikler, dizi ve filmler ilginizi çekebilir.

• Kazançlarınızı nasıl değerlendireceğinizi planlayabilirsiniz.

• Borçlarınızı bir plana oturtacaksınız.

• Öğrenci Başak burçları, ailelerinden ayrı bir eve taşınmak isteyebilirler.

Toprak temalı kavuşumlar 26 Nisan'da gündeme gelecek. 4 yıl önce öz burcunuzda gerçekleşen tutulmalarla yurtdışından bir teklif aldıysanız, bu konu yeniden gündeme gelebilir. Eğer farklı ülkelere başvuru yaptıysanız, bambaşka teklifte iş fırsatları oluşabilir.

MAYIS

Mayıs ayının ilk günden itibaren toprak burcunda gerçekleşecek kavuşumlar tekrar gökyüzünü dolduracak. Bunlar size maddi fırsatlar açacak, duygusal olarak krizleri yöneteceksiniz. Kuşkulu baktığınız ve kaygılandığınız konuları gündeminize getirecek. Geçmişte yaşadığınız korkuları, ergenlik ve çocukluk döneminde unutamadığınız birtakım sıkıntıları, kırgınlıkları bilinçaltınız yönetebilecek. Genç yaşta aldığınız sorumlulukları biraz daha sineye çekebileceksiniz. Her sıkıştığınızda geçmişe hayıflanan Başak burçları artık bu duruma düşmeyecekler. Geçmişi geçmişte bırakacaksınız.

13 Mayıs'ta Venüs geri gidiyor.

Venüs, Zodyak grubunda akranınız olan bir burçta geri gidecek. Aşk gezegeni bu kez ilişkiler konusunda beklentilerinizi arttırabilir. Hiç olmadığınız kadar duygusal tepkiler vereceksiniz. Venüs'ün geri hareketi ailedeki kadınlarla ilişkinize kanca takabilir. Geçmişte yaşanan rekabeti ve ayrışmayı gözler önüne getirebilir. Kariyeriniz için de önemli bir etkiye sahip olacak. Çünkü Venüs 10. Evinizde geri gidiyor.

• Evli bir Başak burcuysanız, kıskanmam demeyin. Kıskançlıkta sınırları zorlayabilirsiniz.

• 2019 yılından beri proje bazlı çalışan Başak burçları, birtakım eksiklikleri, hataları fark edeceksiniz.

• Geçtiğimiz yıldan beri devam eden ödemeleriniz varsa, krediyle ilgili aksilikler yaşanabilir.

• Kiracınız varsa ödemeler ve sorumlulukları dâhilinde sıkıntılar çıkabilir.

10.Ev itibar, güven, varlığı temsil eder. Sizin gibi ödemeler ve anlaşmalar konusunda prensipli birisinin bu Retro'da maddi meselelerle ilgilenmesi olağan. Hatta sizin şansınıza. Çünkü ileride çıkabilecek aksilikleri önceden görmenizi sağlayacak. Eksik ve hatalı giden konularda neler yapmanız gerektiğini planlayacaksınız.

• Eğer bir iş sahibi Başak burcuysanız, bu dönem kimsenin rehavete kapılmasını istemeyeceksiniz.

• Aileleri ile birlikte çalışanlar ise, ebeveynlerin sorumluluklarını geçici bir süreliğine devralabilirler.

Sezgileriniz artacak.

Telepatik tarafınızı yükselten, duyguları temsil eden gezegeninin, yaklaşık 19 ay sonra yeniden geri gitmesi ortalığı biraz karıştıracağının haberciliğini yapıyor.

• İyicil gezegen Venüs, aynı iş yerinde çalıştığınız birine karşı ilginizi arttırabilir.

• Statü, şan ve şöhret peşinde koşan kişilerin evliliklerine tanık olacaksınız.

• Aynı anda herkese atılan bir mesajla en yakın arkadaşınızın boşanacağını öğrenebilirsiniz.

Mars'ı unutmayalım! Çünkü tam da karşıt burcunuza yerleşecek. 7.Evin hâkimiyeti mücadele gezegeninde olacak. Venüs ile birlikte Mars'ın etkisi ilişkilerde zaten içinizde var olan mücadele hırsını arttırabilir. Titiz düşünen, enerjisini boşa harcamayı sevmeyen, zamanı bereket olarak kabul eden Başak burçlarının sayısı artacak. Sahip olduğunuz tüm değerlere, statünüze, evliliğinize, ortaklığınıza özen göstereceksiniz. Sezgileriniz daha da artacak.

Bereket ve şans gezegeni geri gidiyor.

14 Mayıs'ta Jüpiter Retro yapıyor. Toprak burcunda geri gitmesi, 5.Evinizdeki konulara katma değer kazandıracak. Yeni insanlar hayatınıza gelecek. Mevki sahibi, kariyer planı parlak insanlarla bir arada olacaksınız. İş konusunu hayatının merkezine alan Başak burçları, bu dönemde belli sıkışmalar da yaşayabilir. Etkin kişilerle iş yapmanız, başlı başına ego ve çatışma anlamına gelebilir.

• İşinizde yükseleceksiniz, bazı insanlarla koşullardan dolayı mecburen yollarınız ayrılacak.

• Meslekteki imajınızı yenileyeceksiniz. Eğer memursanız, bölümünüzle ilgili çıkacak yasalar birtakım sıkışmalar yaratabilir.

HAZİRAN

Ay Düğümleri bu yıl haziran ayında yer değiştiriyor. 5 Haziran'da Kuzey Ay Düğümünün hava burcuna geçmesi önünüzdeki 1,5 yılınızı çok yakından ilgilendirecek. Hayatınızı farklı bir statüye ve farklı bir pozisyona taşıyacak. Doğrularınızı esnetecek. Sizin gibi kuralcı bir burcu biraz daha rahatlatacak, derinden nefes almanızı sağlayacak. Yeni bir dönem başlıyor, haziran ayından itibaren yansımalarını uzun bir süre fark edeceksiniz. Disiplinli yanınıza ulaşmaya çalışan Ay düğümleri, yaşamın tadını çıkarmanız gerektiğini gösterecek. Kendinizi oldukça güvende hissedeceksiniz. Hayal ettiğiniz noktalara doğru adım adım ilerleyeceksiniz. Şakasını yaptığınız, hatta aklınızın uçundan geçmeyen ortamlara gireceksiniz. Bilgiye daha çok yatırım yapacaksınız, başkalarının ne düşündüğüne pek takılmayacaksınız. Kariyer evinize geçiş yapacak Ay düğümleri ya da diğer adı ile kader, kapılarını paranızı, kariyerinizi, üst kademeye taşımak için açacak.

5 Haziran'ı özellikle kendiniz için not alın!

Tam bugün Ay düğümleri değişken burç aksına geçiyor. Sizi oldukça yakından ilgilendiren bu oluşum "mucizeler var" dedirtecek. Gökyüzünde, son yıllarda her şey aynı anda çifter çifter oluyor. Burcunuzda hayli aktif, kariyerinizi ve yaşam stilinizi yakından ilgilendiren bir tutulma gerçekleşiyor. Dolunay, Ay düğümleri ile aynı gün tutulmaya eşlik edecek.

- Ay tutulması esnasında aile içinde, geçmişte olan birtakım haksızlıkları çözeceksiniz. Hak yerini bulacak.
- Zamanında çok emek verdiğiniz, çocukluğunuzun birlikte geçtiği kişilere karşı büyüklük yapıp, zor zamanlarında onlara destek olacaksınız.
- Aldığınız sorumluluklarla takdir toplayacaksınız.

Arkanızdan olumsuz konuşan, kulis yapan, önyargılı kişiler sizi çok yanlış tanıdıklarını ifade edebilirler. Yıllardır aile ilişkilerinden uzak duran, belli hassasiyetleri olan Başak burçlarını bu ay yakından ilgilendiriyor. İçe kapanmayı, dertlerini kimselerle paylaşmamayı tercih edebilirler. Ancak affetme ritüeli dalga dalga yayılacak. Sizden özür dileyen bazı insanları karşınızda gördüğünüzde inanamayacaksınız.

13 Haziran'a çok dikkat edin.

Mars-Neptün gezegenleri 7.Evinizde etkili olacak bir kavuşum meydana getiriyor. Çevrenizdeki birtakım kişilerin, sizin üzerinizden yaptıkları planları, pazarlıkları temsil edecek. Gerçekleri öğrendiğiniz bugünlerde bazı ilişkileri hayatınızdan koparıp atacaksınız. Yönetici gezegeniniz Merkür'ün su burcundaki geri hareketi, duyarlı ve hassas günleri ifade edecek. Herkese iyilik yapmak için koşturan Başak burçlarının kalbi kırılıyor. İletişim gezegeni içinizde oluşan ümitsizliğe ve yaralara son vermeniz gerektiğini vurgulayacak. Farkındalığınızın giderek arttığı bugünlerde sağlığınız etkilenebilir.

- Estetik tarzlı küçük operasyonlar gündeminize yerleşebilir.
- Kronik rahatsızlıklarınızın şiddeti artabilir.
- Psikolojik destek alan Başak burçlarının sayısı artabilir.

Güneş tutulması!

Su burcunun hafızasına sığınan Güneş tutulmasını da bu aya sığdırıyoruz. 18 Haziran'da Güneş tutulurken, aynı burçta Merkür geri gidiyor olacak. Gezegenlerin geri gittiği bu gökyüzü kombinesi, geçtiğimiz temmuz aylarını hatırlatacak. El ele veren gezegenler, 11.Evinizde etkili olacak. Arkadaşlarınız, çalıştığınız ortamdaki bölüm, akademik konular gündeminizde olacak.

- Girdiğiniz gruplarda farklı olaylara şahitlik edeceksiniz.
- Üst düzey sorumlulukları olan insanlarla iş yapıyorsanız, bunlarla bir araya geleceksiniz. Bazı aksaklıkları gözünüze takılacak.
- Haberci rüyalar görebilirsiniz.

Finansal anlamda geçtiğimiz yaz gibi biraz beklemede kalacak, gözlemci olacaksınız. Son 8 yıldır kazanç sağladığınız alanlarda rotanız değişecek. Farklı kaynaklardan gelir elde edeceksiniz. Başka sektörlerle, işiniz arasından bağlantılar oluşturacaksınız.

TEMMUZ

''Ben bunları yaşamıştım'', ''Yine mi...''cümleleri bugünlerde hiç zihninizden ayrılmayacak. Çünkü geçen aydan itibaren gezegenlerin geri hareketleri mevcut. Temmuz ayının temasını ise öğreten gezegen belirleyecek. Satürn, yeniden Oğlak burcuna geri gelerek Retro'ya devam edecek. Yılın başında geçirdiğiniz kritik günler varsa, uyarıların tekrar etmesi mümkün. Olayların benzerlikleri de dikkatinizi çekebilir. Ne zaman işler birikse kendinize baskı yaptığınızı unutmayın. Bu süreci ruhunuzu sıkıştırmadan, bedeninizi zorlamadan geçirmenizi tavsiye ederim. Sabırsızlığınızı yine kendiniz kontrol altında tutabilirsiniz.

Temmuz ayında bilhassa kendinizle uyumlanın.

- Yarım kalan işlere el atmak isteyeceksiniz.
- Sürekli olarak çocuğunuzun çantasını, telefonunu, bilgisayarını kontrol etme ihtiyacı hissedebilirsiniz.
- Ekip çalışmasına yatkınlığınız azalabilir.
- İdare ettiğiniz insanların bencilliklerini kulak arkası yapacaksınız.
- 1984 -1998 yılları arasında doğan Başak burçları, Neptün'ünüz Oğlak burcu olduğu için haritanızdaki topraklar yakın arkadaşlık ilişkilerinizde depremler yaşatabilir.
- 1988 -1995 yılları arasında dünyaya gelen Başak burçları, ilişkinizle ilgili kaygıları fazlasıyla hissedeceksiniz. Doğduğunuz yıllarda Uranüs'ünüz toprak burcundaydı. Şimdiyse size umulmadık radikal çıkışlar yaptırabilir.

Sevgili Başak burçları, önümüzdeki 5 ayı çok iyi yönetmelisiniz. Satürn bu yıl temmuz ayından kasım ayına kadar toprak burcunda geri gidecek. Sonra yeniden sabit burca geçiş yapacak. Bu zamana kadar iç disiplinli, somut olmayı tercih eden Başak burçlarını bir parça sarsacak. Kaygılarınızla, korkularınızla buluşacaksınız. Titizlenmenizin arka planında yatan gerçekleri, mükemmelliği sorgulayacaksınız.

- Yaratıcılığınız sınırlanabilir, görüşlerinizi aktarmakta zorlanabilirsiniz.

• Evinizde, ailenizle zaman geçirmenin daha değerli olduğunu fark edeceksiniz.

• İstikrarsız davranabilir, verdiğiniz sözleri tutmakta zorlanabilirsiniz.

Ay tutulması öncü burçta etkili...

5 Temmuz'da Ay, Dolunay'ı oluştururken bir yandan da tutuluyor. Ay, kendi kabuğunda huzuru sever ve heybeti güvendeyken yükselir. Ancak kendini hiç rahat hissetmediği bir burçta tutulma meydana geliyor. Toprak temalı tutulmada Başak burçları garantici yanlarını ortaya koyacaklar. Ancak umdukları güveni bulamayabilirler. Geçen yıl yaşanan sağlık sorunların benzeri bu benzer aksta tekrarlanabilir.

• Haksızlığa uğradığınızı düşüneceğiniz olaylar yaşayabilirsiniz.

• Sağlığınızla ilgili ameliyat olma ihtimali doğabilir.

• Aşk hayatınızda agresif tavırlar sergileyebilirsiniz.

• Arkadaş ortamınızda sizden saklanan bir konuyu öğrenebilirsiniz.

• Alım satım işlerinizi ay sonuna bırakmalısınız.

Temmuz ayının ikinci yarısında yönetici gezegeniniz Merkür düz seyrine giriyor. Temmuz'un ilk 15 gününde yaşayacağınız baskılar, karışıklıklar artık yavaşlayacak, sakinleyecek. Ancak içinizdeki o duygusal baskı hemen gitmeyecek. Yalnız gündelik işlerinize odaklanmanız hızlanabilir. Gündelik işlerde belli bir akışı yakalayabileceksiniz. 5. Evi etkisi altına alan gezegenler çocuklarınız ile ilgili konuları temmuz ayının sonuna kadar uzatabilir.

• Çocukları olan Başak burçları, yavruları ile ilgili heyecanlı günler yaşayabilirler.

• 1970 -1984 yılları arasında doğan Başak burçları, adaptasyon ve uyum sorunu yaşayan çocukları için metot arayışına girebilir.

• Eğer ailesine bakan yardım eden bir Başak burcu iseniz yükleriniz hafifliyor, korkularınız bitiyor.

• Müzmin bekâr Başak burçları ise hiç düşünmedikleri bir sürece girebilir. Onları ikna eden hayat arkadaşları ile tanışabilirler.

AĞUSTOS

Bu ayın düzeni de toparlayıcı tarafı da sizden sorulur! *Her eve lazım* deyimi, tam da bugünleri temsil edecek. İşte, okulda, evde, sosyal yaşamda, her bölüme ve her işe yetişebileceksiniz. Başkalarına da bu vesile ile yardımlarınız dokunacak, arkalarını toparlamış olacaksınız. İnsanların da olayların da muhatabı bu ay sizsiniz. Çıkılacak iş seyahatleri, tatil izinleri, hazırlanacak evraklar, toparlanacak eşyalar hep sizin danışmanlığınızla yolunu bulacak. Joker eleman gibi her yerde olacaksınız. Bu tür koşturmalara zaten alışık birisiniz. Eğer "bu ay tatildeyim" diyorsanız, bu durum sizin adınıza pek değişmeyecek, bilesiniz.

Hava burcunda salınan Dolunay!

3 Ağustos hava burcunda gerçekleşecek bir Dolunay var. İş yerinizde aniden işten çıkartılmalar yahut birkaç bölümün birleşmesi gibi durumlar oluşabilir. Aynı zamanda bölüm şefiniz, amiriniz, yöneticiniz de aynı tehdidi yaşayabilir. ''Ne zaman ki tatile çıktım, o zaman ortalık karışmış" , ''Acaba bu durum beni nasıl etkiler?" gibi sorular zihninizde dolaşıp durabilir. Ancak zamana yaydığınızda bu yıl avantajlı tarafta olduğunuzu fark edeceksiniz. İşler sizin açınızdan zorlaşmayacak.

- Boşalan pozisyonlar için önerilebilirsiniz.
- Haberci Dolunay, sorumluluk alanlarınızı artırabilir.
- Kurumsal alanda çalışan Başak burçları, birkaç yöneticiyle eş zamanlı çalışmak zorunda kalabilirler.
- Sağlık, medya, teknoloji, haberleşme, güvenlik gibi alanlarda çalışanlar için, işteki değişimler daha da belirginleşebilir.
- Çalışmayan veya iş değiştirmeyi düşünen Başak burçları, ayın son günlerindeki gezegen karşıtlıkları, bu Dolunay'ı pas geçmemeniz gerektiğini vurguluyor.

Rafa kalkmış, yürürlükte olmayan, gündeminizde değerlendirilmemiş bir projeniz varsa, fikirlerinize önem veren kişiler yer değiştirebilir. Yaratıcılığınızla kıymete binebilirsiniz. Bu Dolunay size özgüven verecek. Mükemmel olmak sizin özünüzde var, aksi giden durumlara sinirlenmeniz de olası...

Sevginiz, sempatikliğiniz artıyor!

Dolunay'ın ardından, öncü burç gezimize devam ediyoruz. Güzeller güzeli Venüs, su burcunun öncüsüne geçiş yapıyor. İyicil ve duyarlı yanınızı, naif, kibar tavırlarınızı bol bol devreye sokacaksınız. Aşkınızla, çocuklarınızla, dostlarınızla doya doya zaman geçirmek niyetindesiniz. Gündelik koşturmaları bir nebze bırakıp biraz daha sosyalleşeceğiniz, sempatik duruşunuzla ilgi göreceğiniz günler... 7 Ağustos'tan itibaren jestler yapacaksınız, yoğun temponun içinde neşeli, keyifli arkadaş toplantılarına dâhil olabileceksiniz.

Sizin döneminiz başlıyor.

22 Ağustos'ta Güneş burcunuza geçiyor ve sizin döneminiz başlıyor. Hem doğum gününüzü kutlayacaksınız hem de Güneş'iniz bu yılın en popüler, en bereketli toprak ahenkli kavuşumlar, karşıtlıklar yaşatacak. 5 yıldızlı günler başlıyor. Güneş geçişi hislerinizi arttıracak, sezgilerinizi kullanabileceksiniz. Parasal kaygılarınızı rahatlatacak. Eşinizin alacakları varsa veya miras konuları söz konusuysa sorunları sonlandıracak. Bugünler, eylül ayının ön gösterimi gibi olacak.

- Annenizin üzerindeki yükler kalkacak.
- Bir türlü bütçe ayıramadığınız eğitime başlayabilirsiniz.
- Yaz döneminde borçlandığınız ufak tefek taksitleri kapatıyorsunuz.

EYLÜL

Eylül sizin ayınız, iyi hissettiğiniz, yaş aldığınız ay. Aslında hayattan neleri bugüne kadar toparladığınızı gözlemlediğiniz, biraz yüklerinizi indirdiğiniz bir dönem. 2012 yılından bu yana Neptün'den kopmayarak ilerlediniz. Şimdilerde rüyalar prensi 20 derecede tam tamına, Güneş'inizin karşısında hareket edecek. Hayatınızda 8 sene çok ciddi illüzyonlar ile geçtiğini, sürprizlerle dolu olduğunu, mucizelerin ve zorlukların eş zamanlı üst üste geldiğini gördünüz. Eylül ayına Uranüsyen Dolunay ile başlıyoruz. Devrim gezegenin yöneteceği Dolunay ülkemiz içinde sizin içinde çok önemli olacak.

Huzurunuzu test eden Dolunay.

Bu Dolunay sizi biraz içsel olarak huzursuz edecek olsa da evliliğinize, ilişkinize iyilik katacak. Küçük tartışmaların aslında yama olduğunu göreceksiniz. Siz tartışmalardan korkmayan bir burçsunuz, çünkü belirsizlik sizi daha zorlar. Ancak orada detaycılığınız devreye giriyor ve insanların niyetine çok fazla aklınızı takıyorsunuz.

• Ruhsal statü atlıyorsunuz. Olgunluk dönemi size prestij kazandıracak.

• Açık düşmanlıkları püskürtüyorsunuz. Rakiplerinizi kendinize yakın tutacaksınız.

• Adalet peşinde koşan Başak burçları, bu dönem bir davanız varsa hayrınıza sonuçlanabilir.

• 1978 Eylül'den 1980 Eylül'e kadar doğumlu Başak burçlarının, Satürn'ü Başak'tadır. Sizler bu döngüde güçleniyorsunuz ve hayatınızın en kıymetli yaşlarından geçiyorsunuz bilginize.

Mücadele gezegeni yerinde durmuyor!

Namı değer savaş, mücadele gezegeni Mars, 10 Eylül'den itibaren geri hareketine başlıyor. Yüceldiği burçta geri gitmesi ise etkisinin yoğun olacağını vurguluyor. Gökyüzünün orkestrası da şefi de Mars olacak. Gardınızı alarak hırslanacaksınız, savunmalarınız olacak. Hem çalıştığınız alanı, çalıştığınız kişileri, ekibinizi, bölümünüzü, hem de ailenizi, sevdiklerinizi koruyacaksınız. Aralarındaki haksızlıklarda olabildiğince keskin duracaksınız. Siz ne kadar aracılık yapmayı görev bilen, hasat döneminin burcu olsanız da taraf bir burçsunuz unutmayın. O yüzden haksızlığa gelemediğinizi bir kez daha ortaya koyacak ve tarafınızı belirleyeceksiniz. Birtakım kişilerle mücadele etmek zorunda kalacaksınız.

- Mars Retro'su 8. Evinizde egonuzu arttırabilir.
- Başkalarıyla kendinizi karşılaştıracaksınız.
- Ekonomik koşulları zorlamak, buna kafa yormak sizi zorlayabilir.

17 Eylül Başak burcunda Yeniay!

Mars, son 7 gündür ortalığı karıştırdı, yeryüzünün üstüne gri bulutlar gibi yayılan Yeniay şimdi biraz dağıtacak. Üstünüze yapışan *drama queen* hallerinizden sizi kurtaracak. Her konuşmanın içinde açıklama yapan, savunmaya geçen tavrınızı yumuşatacaksınız. Burcunuzda meydana gelen Yeniay sizin açınızdan oldukça yapıcı olacak. 17- 22 Eylül arasında gerçekleşen gökyüzü hareketleri sizi de etkisi altına alacak.

- Büyük çıkışlar yaparak, keskin konuşmalar yapacaksınız.
- Hedeflerinize çelme takanları deşifre edeceksiniz.
- Hayatınızda ilk defa düzenli spora başlayabilirsiniz.
- Bireyselliğinizin öne çıktığını ilan edeceksiniz.

22 Eylül'de biraz hayattan alın, kendinize katın; çoğalsın, büyüsün. Çünkü sonbahar Ekinoksu ve sizin günleriniz başlıyor. Sonbahar çocuğu olarak kafanızı dinlemeli, sırtınızdaki ağırlıklardan sıyrılıp mola şansınızı kullanmalısınız. Bugünlerde kendinizi şımartın, hak ediyorsunuz.

EKİM

Ekim ayına aşk gezegenini misafir ederek başlıyorsunuz. Venüs burcunuza ne zaman gelse az sevildiğinizi, az destek gördüğünüzü, az onaylandığınızı hissedebilirsiniz. Aslında, Venüs sizin burcunuzda rahat edemez, sarıp sarmalayamaz ve bu da sizde sevgi huzursuzluğu yaratır. Kim sizi ne kadar seviyor araştırmasına düşersiniz. Venüs ziyareti; ilişkinizde kıskançlık, mesafe koyma, kabuğunuza çekilme anlamına gelebilir. İlişkilerde temas kurmada, çekim gücünüzü kullanmada belirsizlik yaratabilir.

- Çok detay, sürekli kusur bulmanıza neden olabilir.
- İlişkiye analitik yaklaşmanız, karşı tarafın romantizmini yok edebilir.
- Dramatik ve abartılı ifadelerle dikkat çekmeye çalışabilirsiniz.

Merkür 14 Ekim'de 3. kez geri gidiyor.

Sevgili Başaklar, yönetici gezegeniniz sabit su burcunda geri giderken; deyim yerindeyse 2020 yılının şifrelerini baştan yazıyor. Sizi biraz daha inatçı yapacak, gündeminiz her ne ise daha da hırslandıracak. Kendinizi ilk defa bu kadar tutkulu, kafaya takmış, konuların üstüne giderken göreceksiniz. Motivasyon sağlayabilir ama aynı zamanda yıpratıcı da olabilir. Bilhassa bağışıklık sistemiyle ilgili birtakım huzursuzluklar hissedeceksiniz. Uykusuzluk çekebilirsiniz.

- Çalışan Başak burçları, bilgi akışındaki sorunları büyütebilirsiniz.
- İnsanların size bazı konuları eksik anlattıklarını düşünebilirsiniz.
- Sosyal medya kullanan Başak burçları, tepki toplayacakları yanlış yorumlarda bulunabilirler.
- Deniz ulaşımında aksilikler yaşayabilirsiniz.
- Kargo, nakliye gibi işlerinizde önemli aksamalar gözlenebilir.
- Sevdiklerinizi kıskanabilirsiniz.

Tam her şey harika gidiyor derken, su burcundaki Merkür

mantığınıza çomak sokuyor. Sizden çok fazla beklenmeyen tepkiler vermenizin sebebi, bu sene yaşadığınız belirsizlikler. Tüm bu konuları yeniden değerlendirirken sizi alıngan ve kuşkucu yapabilir. Yanlış diyaloglar artabilir, finansal hesaplamalarda başkalarını suçlar bir durum takınabilirsiniz. Adımlarınızı yavaş ve iradeli atabilirsiniz. Merkür su burcunda geri giderken elini eteğini yardım konusunda çekebilir, vergi ödemelerinde sorunlar çıkarabilir. Cinsel isteksizlik artabilir.

Süper Dolunay!

Ayın son günü sabit burçta Dolunay meydana geliyor ve 9.Evinizi güçlendirecek. İnançlarınızı ve kıymet verdiğiniz her kalemi düşündürtecek. Sizi engelleyen, örseleyen ne varsa toparlamak için koşullarınız olacak. Süper Dolunay; 18 Ekim'den itibaren gölgeli etkisiyle kendisini yansıtmaya başlıyor. Yabancı kültürler, sosyal çevrenizdeki renklilik artıyor.

• Öğrenmenin sınırı yok, yıllar sonra yeniden öğrenci olabilirsiniz.

• Farklı bir dil öğrenmek için yurtdışına çıkma planları yapabilirsiniz.

• Çalıştığınız bölümün başına yabancı uyruklu biri gelebilir.

• Aynı iş yerinde çalışan birine karşı beğeniniz artabilir.

Ekim ayı sanki hiç bitmeyecekmiş gibi uzun ve yoğun geçti. Yorucu da oldu ama sonunda hakkını veriyor. İptal edilen ve ertelenen yolculuklar, toplantılar, iş görüşmeleri içinde, yeni haberleri Süper Dolunay getirecek.

KASIM

Yönetici gezegeniniz Merkür, düz seyrine girerken kasım ayına başlıyorsunuz. Bu yıl üst üstte oluşan Retro ve tutulmalar sizi de yordu. Ama henüz gökyüzü durulmadı, 5. kez tutulmaya hazırlanıyor. Kasım ayı siyah beyaz bir filmin gösterimi gibi olacak. Daha çok somut işlerinizi halledeceksiniz. Doktor kontrollerinizi, çocuklarınızla ilgili detayları, ailenizle, yuvanızla ilgili konuların peşine düşeceksiniz. Peki, rahatlıyor musunuz? 14 Kasım'dan sonra yelkenler fora, tam anlamıyla bildiğinizi okumaya devam edeceksiniz.

• Okula bu sene başlayan çocuğunuzun öğretmeniyle ilişkisine, gelişimine, derslerine, etütlerine ve kurslarına kafa yoracaksınız.

• Adaptasyon ve azim bir arada yürüyecek.

• Kıskançlığınız artarken, konuşmalarınıza sınır koymayacaksınız.

Üzerinizdeki rehavet geçiyor.

Mücadele gezegeni, 14 Kasım'da düz seyrine giriyor. 10 Eylül'den beri devam eden Retro'nun size yansımalarını şu günlerde fark edeceksiniz. 2 ay öncesine döndüğünüzde çoğu konuda size yardımcı olduğunu fark edeceksiniz. Haksızlığa gelemeyen yanınız sizi o dönem bir dava sürecine sürüklemiş olabilir. Ego savaşına girdiyseniz o kadar da ayıp etmediğinizi fark edeceksiniz. Kıyaslamaların boşuna olmadığını göreceksiniz. Ekonomik koşullarınızın, o günlerde aldığınız kararla toparlandığını gözlemleyeceksiniz.

• Eşinizin iyi niyetinin nasıl kullanıldığını fark edeceksiniz.

• Borç vermemekle ne kadar haklı olduğunuzu fark edebilirsiniz.

• Tapu, kredi, kontrat gibi işlerinizi bu döneme ertelemenin faydasını göreceksiniz.

• Özel hayatınızdan uzak tuttuklarınız konusunda ne kadar haklı olduğunuzu göreceksiniz.

Hava burcunda Ay tutulması!

Bu ayın diğer temasını Ay tutulması temsil edecek. Hava elementinde meydana gelen tutulma, kardeş burcunuzda (İkizler) meydana gelecek. 10. Evinizde etkili bir tutulma olacak. Ay, heybetini ve ışığını iletişim temelli yansıtacak. Yani zekâ ve iletişimi temsil eden gezegen fonksiyonel olacak. Siz de aynı gezegen tarafından yönetiliyorsunuz, dolayısıyla etkisini bir başka türlü hissedeceksiniz. Ay'ın fazları kendini bir süre önce gösterecek. Bu yüzden etkisini 30 Kasım'dan önce hissettirecek. Daha çok bilgi almak, paylaşım içinde olmak, önemsenmek, sözünün eri olmak bugünlerin mottosu olacak. İtibar evinde etkili tutulma, konuşkan, atılgan, meraklı biri olmanızı sağlayabilir. Peki, sizi neler bekliyor?

- Sabit fikirliliğiniz artabilir.
- Merakınızı gizli gizli yürütebilirsiniz.
- Rekabet duygunuz gitgide artabilir.
- İşteki başarınızı sadece kendi kabiliyetinize bağlamayacaksınız.
- Eksikliklerinizi tolere etmek yerine, üzerine gitmelisiniz.
- Detaycılığınız ile eşinizi evde, iş ve sınıf arkadaşlarınızı sosyal yaşamınızda yorabilirsiniz.

Başınıza büyük olaylar gelmeyecek ama konuları abartılı bir yaklaşımla ele alabilirsiniz. Sık sık fikir değiştirebilirsiniz. Kimseleri beğenmeyen tutumunuz bir anda ön plana çıkabilir. Hem şikâyet edeceksiniz hem de çalışmaya devam edeceksiniz. Eğitimli, bilgiye, yükselmeye, araştırmaya hevesli bir ruha büröneceksiniz. Bu dönemde her konuyu eşleştirmek isteyeceksiniz. Muhakeme beceriniz artacak.

ARALIK

Uzun soluklu bir yılı geride bırakıyorsunuz. Kariyer evinizde rapsodi yapan 2020 yılı, tüm renkleri ile her halini size yaşattı. Gökyüzü, yılın son tutulmasıyla birlikte bitişe az kala hamlelerini yapacak. Hem iş hem de aile konuları öne çıkacak. Bu aydan itibaren 6. Evinize dönen gezegen etkileri yoğunluklu olarak *iş ve görevler* diyebilir. Bu yıl Ay düğümleri ve Satürn burç değiştirdi. Siz de hayatınızı farklı bir boyuta taşıdınız. Sizi de çok esnetti, geliştirdi. Yaşam standartlarınızı artırdı. Bilgi alma konusunda öncelikleriniz yer değiştirdi ve gücünüze güç kattınız.

• 2020 yılında kendinize yatırım yaptığınızı fark edeceksiniz.

• Bu ay, tüm sene neler yaşadığınızı tahlil edeceksiniz.

Ateş burcunda Güneş tutulması!

14 Aralık'ta yaşanacak tutulma, 4. Evinizde etkin olacak. Adaletli, merhametli ve affeden olduğunuzu göstereceksiniz. Kinci olmadığınızı ispatlayacaksınız. Çevrenizdeki insanların arafta olduğunu göreceksiniz. Tepkisiz de kalamayacaksınız, mesafe de koyamayacaksınız. Ay düğümleriyle ilişkili Güneş tutulması; hak, metanet, doğruluk kavramlarını size sunacak. Astrolojinin en büyük olaylarından biri Güneş tutulması, adaleti temsil eden bir burçta meydana geliyor. "Haksızlık yapmamalıyım" hissi çok ağır basacak. 4. Evinizde etkili olan tutulma; aile, kardeşler ve sorumlu olduğunuz alanları gündeme alacak.

• Kardeşlerinizden geri aldığınız sorumlulukları, eşit bir şekilde paylaşacaksınız.

• Ailedeki erkeklerin hayatınızdaki yerini hatırlayacaksınız.

• Devam eden bir davanızın avukatını değiştirmek isteyebilirsiniz.

• Çıkarıldığınız iş yerinden hak ettiğiniz tazminatı alabilirsiniz.

• Evinizle ilgili yeni düzenlemeler yapabilirsiniz.

Ne kadar değiştiğinizi, elinizin artık ne kadar güçlü olduğunu, aklınızın artık ne kadar farklı çalıştığını göstereceksiniz. İradeniz, haktan yana tavrınız güvenilir ve adil olmanızı sağlayacak. Sosyal çevrenizde, iş yerinizde, okul yaşamınızda güven duyulan insanlar arasında kategoriniz belirlenecek.

Satürn ilk alıştırmasını size 20 Mart 2020'de 6. Evinize geçer geçmez geri gitmeye başlamıştı. 2020 yılının son ayında hava grubunun sabitine Satürn yeniden yerleşirken; kariyerinizde, hizmet alanlarınızda, unvanınızda, iş yerinizde belli başlı değişimler getirecek. Taşınabilirsiniz, iş planınız farklı sektörler ile temas kurmanızı gerektirebilir. Kendinizi iş kaleminizde yetersiz hissedebilir ya da gelişmekte olan yeni dünya düzenine adapte olabilmek ekstra eğitim almak isteyebilirsiniz. Satürn, 900 gün boyunca çalışma yönünüze müdahale ederken, ayrıca sağlık evinize düzenleme getirecek. Satürn size dost, öğretmen, yoldaş olacak. Gövde gösterisi yapmanıza, işinizde, okulunuzda, ailenizde en iyilerin arasına girmenizi sağlayacak.

- İhmal ettiğiniz sağlığınıza zaman ayıracaksınız.
- Hizmet sektöründe çalışanlar için ivme daha da artacak.
- Hayatın yüklerini pratik yapınızla çözebileceksiniz.
- Zihinsel faaliyetleriniz artacak, yaratıcı işlerde, mesleklerde önde olacaksınız.

Şansın hangi alandan, hangi yolla geleceğini asla bilemezsiniz. 19 Aralık'ta Jüpiter, Satürn gibi 6. Evinize taşınacak. İki gezegen el ele tutuşarak gövde gösterisi yapmanızı sağlayacak. Kimseye muhtaç olmadan, sadece çalışarak, kendini gece gündüz disipline eden Başak burçları, bu sefer bolluk ve bereket kapınız kendiliğinden açılabilir. Jüpiter sizden yana olurken, yüzünüzü güldürecek.

21 Aralık!

21 Aralık'ta Güneş toprak burcuna yerleşecek en mucizevi Satürn-Jüpiter kavuşumu meydana gelecek. 2012 yılından beri bu tarihin önemini, ne denli hayatınızı değiştirdiğini gözlemleyeceksiniz. 2021 yılında hayatınızın en üstü seviyeye tırmanacağını göreceksiniz. Yaşam kaliteniz artarken, sadeliğinizle, insanlara örnek olma çabanızla, ciddi yol kat edeceksiniz. Mucizelere inancınız atacak. Şansı yakalamak için verdiğiniz çabanın karşılığını alırken, hayata teşekkür edeceğiniz duyguları tadacaksınız.

TERAZİ 2020

OCAK

Hayatınıza değer katacak, dinginleştirecek bir yıl yaşayacaksınız. Yıllardır belli başlı konuların yerine oturmaması, içsel huzuru arayıp da bulamamanız sizi oldukça yordu. 2020 yılında sizi hedeflerinize yakınlaştıracak bir gökyüzü var. Sakinleşeceksiniz, yaşadığınız zorlukları geride bırakacaksınız. Belirsizliklerin üstesinden geleceksiniz, arada kalmayacaksınız. Uzun zamandır sorumluluklarınız yüzünden ertelediğiniz konuları tek tek planınıza alacaksınız. Ocak ayı itibariyle önünüzü görmek için bazı atılımlarda bulunmayı hedefleyeceksiniz.

Gümbür gümdür bir gökyüzü!

Mücadele gezegeni Mars, 3 Ocak'ta ateş burcuna geçiyor. Sizi aktif ve sürekli koşturan bir akışa hazırlayacak.

• Seyahatleriniz sıklaşabilir.

• Etkinlik, özel davet gibi organizasyonlara sık sık katılabilirsiniz.

• Girişimci yanınız sayesinde işinizde önemli noktalara gelebilirsiniz.

• Medya, görsel iletişim alanlarından okumuş Terazi burçları için mesleklerinde büyük, şaşırtıcı gelişmeler yaşayabilirler.

2020 yılında planladığınız adımları mücadele gezegeni Mars sayesinde programlama imkânı bulabileceksiniz. Üstesinden gelemediğiniz dağınıklığı, mücadele gezegeninin yaydığı enerji ile toparlayabileceksiniz.

• Daha pratik ve mücadeleci olacaksınız.

• Bugünlerde ilk adımı atan kişi siz olacaksınız.

• Vaktiniz kıymetli olacak, farklı fikirler öne süreceksiniz.

• Yalnız yaşayan Terazi burçları, ev arkadaşı fikrine sıcak bakacaksınız.

• Tehlikeli ilişkileri fark edecek, kendinizi bu ortamlardan uzaklaştıracaksınız.

• Entelektüel faaliyetlerinizde artış olacak. Bu dönemde sanata ve eğlenceye daha çok zaman ayıracaksınız.

Ay Tutulması!

Yılın ilk tutulması, öncü burçta olacak. Ay'ın yönetici olduğu bu tutulma, gökyüzünde ender meydana gelir. Hepimizin ruhunu yakından temsil edecek. Sizin için de oldukça önemli bir dönemi ifade edecek. Maddi ve manevi çevrenizdeki herkesten daha önde olduğunuzu hatırlatacak. Bugüne kadar maddi destekte bulunduğunuz kişilerin, ayaklarının üzerinde durduğunu, birtakım birikimlere sahip olduklarını size gösterecek. İçiniz rahat olsun, sorumluluklarınız git gide azalıyor. Tutulma döngüsü sizi yeniden öne çıkarmaya hazırlanıyor, elinizdeki cevheri fark edeceğiniz günler başlıyor.

• Çalışan Terazi burçları işlerinde yükselecek.

• İşinizde, patronunuzla 2,5 yıldır yaşadığınız tüm iniş çıkışlar son bulacak.

• Uzun bir süredir birikim yapamayan Terazi burçları, bu evrede ciddi bir planlama yapacaklar.

• 1981-1982 doğumlu burcu ve Satürn'ü Terazi olanlar, çalışma hayatınızdaki en güçlü döneme giriş yapıyorsunuz. Ay tutulması sizi cesur, tutuğunu koparan günlerine geri döndürecek.

Sevgili Teraziler, 2020 yılının su burcundaki en güçlü, en başarılı, en aktif, en etkili tutulması kariyer evinizde sizi ön plana çıkaracak. 10 Ocak'ta Güneş-Merkür öncü burçta kavuşum yapacak. 27 Ocak'a kadar gezegenlerin kavuşum hareketleri, ailenizdeki sağlık sorunlarını öne çıkarabilir. Tarihte az rastlanır bu gezegen oluşumları aile evinizde etkisi gösterecek. Bilhassa geçmişte yaşanan rahatsızlıkları ve ani tedavi süreçlerine işaret edecek. Tekrarlanan bu süreçlere yaklaşımlarınız daha soğukkanlı olacak.

2020, bakış açınızı esnetecek.

Kendinize daha anlayışlı davranacaksınız, detaycılığınızı abarttığınızı fark edebilirsiniz. Birtakım sorumluluklarınız artarken, profesyonel tarafınızı yansıtabileceksiniz. Bu dönem yeni insanlar hayatınıza dâhil olabilir. Eski arkadaşlarınızla da tamamen tesadüfen bir araya geleceksiniz.

- Birine karşı duyduğunuz ilgiyi saklamayacaksınız.
- Karamsarlığı üzerinizden atacaksınız, olumlu sonuçlanan iş başvuruları yapabileceksiniz.

ŞUBAT

Duyarlılığınız bu ay daha da artacak. Küçük aksiliklerin keyfinizi kaçırmasına izin vermeyin. Çünkü bu kış günlerinde kişisel tecrübeleriniz önemli olacak. Denge ve sevecenlik sizin için ilişkileri formüle eden taraftır. Bu yüzden insanlar fikirlerinize ve size güvenir. Hiçbir şeyi bugüne kadar sıkarak, zorlayarak yapmadınız, zamana bırakarak hallettiniz. Her tavrınızın, her bakış açınızın kendi içinde kalite barındırdığını bir kez daha göreceksiniz. Kendinize göre kurallarınız var ve şubat ayında kimselere yansıtmadan ortaya koymak isteyeceksiniz. Başta biraz zorlansanız da Yeniay desteği ile toparlayacaksınız.

Yönetici gezegeniniz devrede...

Zarafeti temsil eden gezegen karşıt burcunuzda hareket edecek. Kendinizi bir parça kısıtlanmış, özgürlüğü elinden alınmış gibi hissedebilirsiniz. Çünkü Venüs, karşıt burcunuzda kendini çok rahat hissetmez. Kendinizi ilişkiler adına soyutlayabilirsiniz. Aslında bunu yaparken birden fazla mesajınız olacak. İlgi görmek, beğenilmek, özlenmek gibi... Sevgiyi, samimiyeti temsil eden Venüs, küçük krizler çıkarmanıza sebebiyet verebilir. Yönetici gezegeniniz sizi kendi kabuğunuza çekebilir. Evinizle, işinizle meşgul olmak isteyebilirsiniz. Kullanmadığınız ve fazlalık gördüğünüz eşyalarınızı düzenlemek isteyebilirsiniz.

- Eşinizi yahut sevgilinizi iş odaklı olmakla suçlayabilirsiniz.
- İş ortağınızın sizin dışınızda hareket etmesine bozulabilirsiniz.
- Eşinizin ailesindeki hemcinslerinize karşı alıngan davranabilirsiniz.
- 2018 yılının Kasım ayında ilişkinizi ciddi boyutlara taşıdıysanız, bunca zaman konuşulmayanlarla yüzleşebilirsiniz.

Merkür su burcunda geri gidecek.

Zihni yöneten gezegen Merkür, su burcunda geri gidecek. Venüs'ün üzerinizde yarattığı hassasiyet devam ederken, Retro takıntılarınızla sizi baş başa bırakacak. Merkür'ün su burcundaki geri hareketi, gün içinde sık sık ruh halinizin değişeceğini vurguluyor. 23 gün boyunca enerjinizi sabit tutacak ve siz bu süreçte kendinizi bastırılmış hissedebilirsiniz.

• Bir konuyu çok uzatabilir, sürekli ondan bahsedebilirsiniz.

• Sosyal medyayı sık kullananlar, yeni kurulan arkadaşlıklara şaşırabilir.

• Teknoloji işinizin ana temasıysa, bu alanda karışıklıklar oluşabilir, dikkat.

• Uzun zamandır güvenle sakladığınız dosyalarınız, bir ev kazasına maruz kalabilir.

23 Şubat'ta gökyüzünde Yeniay meydana geliyor.

Su burcunda meydana gelen bu gökyüzü şöleni, Retro'dan bağımsız olmayacak. Gökyüzünün tılsımlı havası, merhametinize, alçak gönüllüğünüze vurgu yapacak. Ayın ilk aylarında sizi yoran konuları farklı bir gözle değerlendireceksiniz. Gündelık işlerinizi ayın son çeyreğinde rahatlıkla yapabileceksiniz.

• Çalışma odanızı, balkonunuzu yaşam alanıza katacak şekilde dizayn edeceksiniz.

• 2016 yılında önemli bir rahatsızlık atlattıysanız, kontrollerinize bu dönem önem vermelisiniz.

• Verilen sözlerin yerine getirilmediğini hatırlatacaksınız.

• Dişlerinizle ilgili duyarlılık artabilir, diş eti tedavisi olabilirsiniz.

MART

Mart ayı, deli dolu, hareketli bir dönemi temsil ediyor. Gezegenler dur durak bilmeden kavuşum yapmaya devam ediyor. Bu yüzden gündeminiz hayli dolu olacak. Bahar ayında yeni kararlar alacaksınız. Hayatın güzelliklerinden bu dönemde faydalanacaksınız. Ani hastalıklar, gündelik koşturmalarınız, iş temponuz yoğun iki ay geçirmenize neden oldu. Bu ay içsel olarak rahatlayacaksınız. Hayatınızın önemli noktalarını güncellemek için zamanınız olacak. Zihniniz rahatlıyor.

Yönetici gezegeniniz kuvvet kazanıyor!

Aşk ve zarafet gezegeni Venüs, 5 Mart'tan itibaren kendini rahat hissettiği burca geçecek. Geçtiğimiz aylarda; keskin tepkiler verdiğinizi, biraz sert olduğunuzu, savunmaya geçtiğinizi fark ettirecek. Bir yandan da bugünlerin kalitesi yüksek olacak. Zindeliğiniz artacak. Gündelik yaşamınıza motive olacaksınız. Enerjinizi bir hayli artıracaksınız.

- Kendinize özen gösterdiğiniz bir dönem; kişisel bakımınızı, diyetinizi, formunuzu korumak için uzman yardımı alabilirsiniz.
- Evinizde bahar temizliği yapabilirsiniz. Duvarların rengini değiştirebilir, bazı döşemelerinizi yenileyebilirsiniz.
- Aşk için özel günler; yeni bir ilişkiye başlayabilirsiniz.
- Bir süre önce arabalarını satan Terazi burçları, yenisine sahip olabilirler.

Yönettiği burca geçen Venüs, en çok sizi rahat ettirecek. Dünya zevklerinden keyif aldığınız, ilgi gördüğünüz bir dönem. Birkaç ay önce verdiğiniz tepkileri mantıklı bir şekilde tahlil edeceksiniz. Birilerinin lafına kandığınızı, hatta tuzağa düştüğünüzü görebileceksiniz. 20 Mart'tan itibaren Güneş, 7. Evinize geçiyor. Mevsim bir yandan uyanırken bir yandan da dengelenecek. Kendisinden emin, düşüncelerine sahip çıkan bir Terazi görünümüne kavuşacaksınız. Özellikle Güneş geçişinde kendinize jest yapmayı ihmal etmeyin.

Disiplin gezegeni Satürn, burç değiştiriyor.

Baskın gezegen Satürn, son yıllarda yüceldiği burçlarda hareket ediyor. Bu durum sizin hayatınıza büyük değişiklikler getirdi. Hem ailenize yeni üyeler katıldı hem de ailenizdeki bazı olaylar, sorunlar büyüdü ve kopuşlar yaşandı. Yeni 2,5 yıllık bir serüvene giriyoruz ve Satürn, 5. Evinize geçiş yapacak. Sizi 2006 yılınızdaki enerjinize geri döndürecek. Coşkulu ruh halinize geri dönebileceksiniz. 1991-1993 yılları arasında doğan Terazi burçları, hayatlarının en önemli yıllarından geçiyorlar. Siz dünyaya geldiğinizden bu yana ikinci defa Satürn Kova burcuna geçecek ve 29 -31 yaş döngüsü sizin için çok kıymetli olacak.

Sevgili Terazi burçları;

• Meslek seciminiz netleşecek.

• Farklı bir ülkede yaşama fikrine sıcak bakacaksınız.

• Arkadaş çevreniz değişecek.

• Borsa veya riskli yatırımlarla ilgilenen Terazi burçlarının sayısı artabilir.

• Çocuk sahibi olabilirsiniz.

• Hiç şans vermediğiniz biriyle hayatınızı birleştirebilirsiniz.

• Güçlü ve köklü ilişkiler için önemli bir evredesiniz.

NİSAN

Güneş'in karşıt evinizdeki varlığı kendinizi mükemmel hissetmenize yardımcı olacak. Dinamik, sportif, kafa dengi olacağınız günler başlıyor. 2020'nin en dinlendirici, en rahat ve kendinizi en güçlü hissedeceğiniz manidar bir aydan geçeceksiniz. Uzun zamana yayılacak bazı planlarınıza odaklanabileceksiniz. Sağlığınıza ve kişisel bakımınıza özen göstereceğiniz bir dönem de olacak. Bağımlı olduğunuz alışkanlıklarınızı bırakmanız için ideal günlerdesiniz.

- Stilinize önem vereceksiniz.
- Eski görüntünüze, saç stilinize geri dönmek isteyeceksiniz.
- Nostalji, romantizm tetikleyen eski aşklar devreye girebilir.

Burcunuzda Dolunay meydana gelecek.

Güneş bir yandan sizi desteklerden, 8 Nisan'da burcunuzda Dolunay meydana gelecek. Çevrenizdeki insanlar kapsamınızda olacak. Onları düzenlemek isteyeceksiniz.

- Yıllardır oturduğunuz semtten, evinizden taşınabilirsiniz.
- Evlenmek üzere olan arkadaşlarınızın ayrılık kararları kulağınıza gelebilir.
- Bir süredir görüşmediğiniz bir arkadaşınızın yardımını isteyebilirsiniz.
- 1982-1988 doğumlu devrim gezegeni ateş olan Terazi burçları, aile içinde beklemediğiniz boşanma haberleri alabilirsiniz.

Merkür, ilişki evinize yerleşecek.

İletişimi ve zihni yöneten gezegen, karşıt evinizde konumlanacak. Merkür, 11 Nisan'da ateş burcuna geçerken herkesin zehir zemberek fikirlerini ortaya koyacak.

- Proje temelli çalışan bir Terazi burcuysanız, ekibinizle tam bir uyum içerisinde olacaksınız.
- Son iki aydır bazı konularda sessizliğini koruyanlar, daha net ve daha keskin konuşmalar yapabilecek.
- Arkadaş çevrenizde, aile içinde tepkisiz kaldığınız konularda, fikrinizi beyan edebileceksiniz.

• Hoşlanmadığınız, kuşku duyduğunuz insanlardan uzaklaşacaksınız.

Evli Terazi burçları, eşinin sağlığını, kilosunu dert edebilir.

"Hayat nelere kadir" dediğiniz günlerdeyiz. Şaşkınlığınızı gizlemekte zorlanacağınız gelişmeler olabilir. Sizi çocukluğunuza götüren, duygulandıran, hüzünlendiren ani haberler duyabilirsiniz. Kötü gün dostu olduğunuzu herkes bilir, bugünlerde insanlara desteğinizi göstereceksiniz. Hataları yüze vurmadan yol gösterici olmaya çalışacaksınız. Bazı insanlara varlığınızla çok iyi geleceksiniz.

MAYIS

Güneş'in yerleşimi mayıs ayında size iyi gelecek. Kendinizi zamana karşı kazançlı hissedeceksiniz. Eksikliğini gördüğünüz alanlarda kendinizi geliştirmeye devam edeceksiniz. Ancak mayıs ayının ahengini bozan bir gezegen var. Yönetici gezegeniniz Venüs, 13 Mayıs'tan sonra geri gidecek. Gündeminizi o tarihten itibaren değiştirmeye başlayacak. Venüs, en son 2018 yılının Kasım ayında Retro yapmıştı. O tarihten beri hiç bu kadar ortalığı bulandırmamış, ilişkileri zorlamamıştı. Vesveseli günleri temsil ederken ilişkinize dair her detayı ince eleyip sık dokuyacaksınız. Aşk hayatınızda, sevme şeklinizde şikâyetleriniz artabilir.

• Eşinizin size karşı tutumunu yanlış değerlendirebilirsiniz.

• Etik değerlerinizi, sınırlarınızı daha çok ortaya dökebilirsiniz.

• Sevgilinizle kültür farkı yüzünden ayrılma aşamasına gelebilirsiniz.

• Bekâr Terazi burçları, sosyal medya ile mesainiz artabilir.

Çabalarınızda sınır tanımayacaksınız.

Güneş'in pozisyonu sizi güçlendirebilir ancak 13 Mayıs'ta geri gitmeye başlayacak olan Venüs, tüm burçlarda tozu dumana katarken, sizi ayrıca bir sarmalın içine çekebilir. Kibarlığı, centilmenliği, doğallığı içinde yaşayan Terazi burçları, sıkıntılı ruh hallerini dışa vuracaklar. Yarım kalan hesaplaşmaları tetikleyeceğine de vurgu yapıyor. Hızlı düşünen burçta geri giden Venüs etkisiyle;

• Bu ay yapacağınız seyahatler beklentinizi karşılamayabilir.

• Yurtdışında yaşayan arkadaşlarınızla ilgili dedikodular duyabilirsiniz.

• Uluslararası firmada çalışan Terazi burçları, yol ayrımına gelebilir.

• Partnerinizin meşguliyetlerine kafa yorabilirsiniz.

• Harcamalarınıza ve atacağınız imzalara dikkat etmelisiniz.

• Annenizin ailesiyle restleşmeler oluşabilir, bağlarınız kopma noktasına gelebilir.

Bu yılın en önemli ayı sizin için mayıs olacak.

Haberleşmeyi, ilişkilerinizi, adaletinizi, merhametinizi sorgulatacak Venüs gerilemesi, bazı gerçeklerin açığa çıkmasına yardımcı olacak. Bu ay bastığınız yerlere, ağzınızdan çıkanlara dikkat etmeniz gerekiyor. Hızlı düşünüp hızlı cevap vereceğiniz bu döngü, 44 gün boyunca sizde dâhil herkesin başını döndürecek.

- Farklı kültürlerden insanlarla fikir çatışması yaşayabilirsiniz.
- Ortak arkadaşlarınızı kıskanabilir, dışlandığınızı düşünebilirsiniz.

HAZİRAN

Hayatınızı her anlamıyla ciddiye aldığınız bir dönem başlıyor. Gök kubbe dengelerin değiştiğinin habercisi olacak. İçselleştirdiğiniz bazı olayları, doğrularınızı süzgeçten geçireceksiniz. Hayatla ilgili felsefeniz, iddialı sözleriniz değişime uğrayacak. Önemsemediğiniz konuları ciddiye alacaksınız. Önemsediğiniz, ön plana aldığınız kişileri ve durumları ikinci plana atacaksınız. Gökyüzünün iz düşümünde Ay düğümleri burç değiştiriyor. Bunca zaman sonra kalıplarınızdan çıkacaksınız. Ay düğümleri değişken aksta yer alacak. 5 Haziran'dan itibaren yansımalarını tutulmayla birlikte gösterecek.

Ateş burcunda Ay tutulması.

5 Haziran'da ateş grubunun değişkeninde bir Ay tutulması meydana geliyor. Ay düğümlerine bu süreç eşlik edecek. Gezegenlerin hava elementinde toplanması ile çoğu konuyu erkenden fark etmenize yardımcı olacak. İçgüdülerinizin ne kadar kuvvetli olduğunu fark edeceksiniz. 1,5 yıl boyunca Ay düğümleri İkizler-Yay aksında olacak. Bu tutulmanın etkisinin uzun sürelere yayılacağını vurguluyor. Aklınızda olmayan, planlamadığınız konuları devreye sokabilirsiniz. Uzun bir aradan sonra, ateş burcunda meydana gelen tutulmayı 3. Evinizde ağırlayacaksınız.

- Eğitim aldığınız bölümü değiştirmeye karar verebilirsiniz.
- Medya, sinema, teknoloji gibi alanlarda şansınızı denemek isteyebilirsiniz.
- Kardeşleri olan Terazi burçları, aileye rağmen evlilik kararını destekleyebilirsiniz.
- Yeni projeler için adınız önerilebilir.
- 2017 yılında çalıştığınız iş yerine geri dönebilirsiniz.
- Çok sevdiğiniz bir arkadaşınızın aşk kırgınlığına merhem olabilirsiniz.

Ezberlediğiniz hayatı unutun!

Daha önce düşündüğünüz ama hayata geçirmediğiniz her konu, bu ay aklınızda şekillenecek. Belki olgunlaşması için beklemeniz gerekebilir ancak kimsenin etkisinde kalmadan, bireysel tavır almak isteyeceksiniz. Ay düğümleri, yurtdışı ilişkilerini, farklı kültürleri de gündeminize alacak. Yeni anlaşmalara imza atacağınız, yeni iş insanları ile tanışacağınız bir dönemi temsil edecek haziran ayı.

• Bekâr Terazi burçları yabancı uyruklu, din ve kültür farkı olan kişilerle evlenme kararı olabilir.

• Dost gördüğünüz, boşanma evresinde destek olduğunuz birini hayatınıza alabilirsiniz.

• İletişim becerileriniz artacak, yazı yazmak, senaryo hazırlamak gibi alanlarda kısa süreli kurslara gidebilirsiniz.

• 1970-1984 yılları arasında doğan, Neptün'ü Yay'da konumlanan Terazi burçları, yurtdışı planları için bu dönemi araştırma yaparak geçirebilirler.

Merkür, bu yıl ikinci kez geri gidecek.

18 Haziran'da 25 gün sürecek Merkür Retro'su haziran ayının en büyük süsü olacak. Hayatını şekillendirmeye çalışan Terazi burçları için bir temizlik dönemi diyebiliriz. Eksiklikleri görmek, düzene oturtmak için önemli günlerdesiniz. Bir yandan da iş odaklı bir Merkür gerilemesi ile karşı karşıyasınız.

• Demirbaş gördüğünüz kişilerin işten çıkarılmasına tanık olabilirsiniz.

• İş yerinizde en sevdiğiniz, en iyi anlaştığınız kişinin sağlık sorunlarına üzülebilirsiniz.

• Son 3 yılda kredi çekerek borçlarını bitirmeye çalışan Terazi burçları, yeniden bankaya borçlanabilir ve yeni bir düzenleme yapabilirler.

Para sizin için bir kaynak, araç değil. Maddi nedenlerden dolayı insanlara ya da kurumlara borçlu olmak sizi sıkıyor. Retro dönemi tüm bu detayları düzene sokmanız gerektiğini bir kez daha hatırlatacak. Ek işler yapmak, ilginç girişimler için piyasayı yoklamak öncelikleriniz arasında olacak. 18 Haziran'dan itibaren küçük yatırımlı işlere kafa yoracaksınız.

TEMMUZ

2020 Temmuz ayı, geçen yılların yaz günlerini anımsatacak. Nasıl mı? Temmuz geleneğini bozmayan gökyüzü, benzer transitleri ve oluşumları meydana getiriyor. Dünyaya yansıyan hali ise benzer konuları anımsamak ya da bir benzerini deneyimlemek olarak gelişecek. Öğreten gezegene başvuran gökyüzü, yeniden toprak burcunun hâkimiyetine giriyor. Burada 5 ay boyunca geri gidecek ve işlerin yolunda gitmesi için çabalamanız gerektiğini vurgulayacak. Unuttuğunuz işleri tamamlamak için ideal günler.

Sessizliğiniz dikkat çekecek.

Gözlerden ırak bir dönem yaşamayı tercih edebilirsiniz. Yorgunluğunuzu paylaşmaktan yana olmayacaksınız. Ağırkanlı ve işlerinize odaklı bir zaman dilimi yaşayabilirsiniz.

• 1960-1969 yılları arasında doğan Plüton- Uranüs'ü Başak olan Terazi burçlarını Temmuz ayı sizi yakından ilgilendirecek. Ailenizdeki gençlerin özel sorunlarını ilk öğrenenlerden olacaksınız.

• 1988- 1995 yılları arasında doğan Terazi burçlarının devrim gezegeni Oğlak. Bu da unutkanlık ve dağınıklık verebilir. Evrak işleri ile uğraşmak zorunda kalabilirler.

• Okulundan, evliliğinden dolayı şehir veya ülke değiştiren çocuklarınızın hayatlarında birtakım değişiklikler olduğunu öğreneceksiniz.

• 2,5 yıl önce çocuğunu evlendiren Terazi burçları, torun müjdesi gelebilir.

Sevgili Teraziler, özellikle sorunlu gördüğünüz bazı alanların tamamlandığını düşünüyorsanız, yanıldığınızı göreceksiniz. Birtakım konular tekrar kendini hatırlatabilir. Çünkü burada sağlığınıza eskisine oranla daha da önem vermeniz gerektiğini gözlemleyeceksiniz. Bağımlı olduğunuz alışkanlığınıza dönem dönem geri dönme riski taşıdığınızı fark edeceksiniz.

Bazı şeyler size çok benzer gelebilir.

Nedeni ise temmuz ayına ruhunu taşıyan Satürn'ün geri hareketi diyebiliriz. Bundan 5 ay önce öğreten gezegen burç değiştirmişti. Şimdilerde 2,5 sene yolculuk yaptığı burçta geri gidecek. 2019 Temmuz ayını yeniden hatırlanacak.

- Ekonomik sıkışmaların bir benzerini yaşayabilirsiniz.
- İşsiz kalırım korkusu ile kendinizi sosyal ortamlardan dışlayabilirsiniz.
- Eğitim hayatınızı şekillendiren sürecin benzerini kardeşiniz, arkadaşınız yaşayabilir.
- Yazın tanıştığınız kişiyle bu yaz da karşılaşabilirsiniz.
- Ülke dışından gelecek ziyaretçileriniz artabilir.
- Geçen sene olduğu gibi yine evinizde, ofisinizde bir tadilat başlatabilirsiniz.
- 1985-1986 doğumlu Terazi burçları, işinizde evinizde size yardım edenler varsa bu ay ani bir şeklide yol ayrımına girebilirsiniz.

"Ben bu anı yaşamıştım", "bunları daha önce hissetmiştim" diyeceğiniz günler... Sevgili Terazi burçları, ailedeki miras konuları gündeme gelebilir; son 2,5 senedir kardeşlere yapılan maddi destek, mülk almaları konusunda yapılan özveriler, hakkınızı korumanız gerektiğine vurgu yapacak. Paraya tamah etmeyen yanınız, sadece adaletsizliği sorgulayacak.

Öncü burçta Ay tutulması.

5 Temmuz'da toprak burcunda gerçekleşecek Ay tutulması 4. Evinizde etkili olacak. Ay, aile yaşam tarzınıza yenilikler yaptıracak.

- Şehirden uzak bir yaz tatili organize edebilirsiniz.
- Hayatınızın temel taşı olan anne, abla, teyze gibi büyüklerinizin sağlığı ile ilgili kararlar almanız gerekebilir.
- Ailede önem verdiğiniz kişilerle fikir ayrışması yaşarken, tavırlara set çekeceksiniz.

Mesafeli, ketum günlerin haberciliğini yapan Ay tutulması, Satürn'den bağımsız hareket etmeyecek. Bu durum sizi biraz katı ve kuralcı yapabilir. Bunca zaman emek verdiğiniz kişilere, evini aldığınız, işini ayarladığınız yakınlarınıza tavrınız belirgin olacak. Ancak *keskin sirke küpüne zarar,* deyimini hatırlatın kendinize. Temmuz ayı 12'sine kadar kafanızı yormaya devam edecek. Nihayet beklediğiniz haberler peşi sıra gelecek. Bilhassa 1989-1991 yılları arasında doğan Satürn'ü Oğlak olan Terazi burçları, bu süreç sizi yakından ilgilendiriyor. Doğduğunuz yıllarda Satürn ve Neptün öncü burçtaydı ve bu yüzden tutulma burcunuzda yoğun bir şekilde etkili olacak. Öfkenize, telaşınıza hâkim olabilirseniz, gökyüzünün sunacağı fırsatlardan da faydalanabilirsiniz.

AĞUSTOS

Tutulma döneminin ardından, ağustos ayı neşeli günlerinizin haberciliğini yapacak. Gerginliğinizin, stresinizin azaldığı, sizden yana beklentilerin azami olarak bittiği bir dönem. Bu yaz günleri sırtınızı dayayıp rahat edeceksiniz. Gökyüzü ılımlı, yapıcı ve toparlayıcı olmanıza yardımcı olacak. İlişki odaklı olacaksınız. Tutku, aşk, arzunuz yeni tecrübeler edinmenize yardımcı olacak. Aşk gözlerinizi parlatacak. Sosyalleşip kalabalıkların arasına karışacaksınız. Planlarınızı ertelemeyeceksiniz. Kendinizi dinlemeye alırken, hassasiyetinizle yüzleşecek, hangi konularda yıprandığınızı gözlemleyeceksiniz.

- Korumaya aldığınız kişilerin sizi yorduğunu fark edeceksiniz.
- Hayatta sizi nelerin mutlu ettiğini düşüneceksiniz.
- Ailedeki kadınları bu ay biraz da olsa geri planda tutacaksınız.

2020 yılı **sizin için asıl şimdi başlıyor.**

Yoğun çalışan Terazi burçları, haber beklediğiniz toplantı sonuçları, iş görüşmeleri, anlaşmalar bu dönemde içinizi serinletecek. Daha uzun vadeli hayaller kurmanızı sağlayacak. Fırsatları kovaladınız ve kazanımları da büyük olacak. İyicil gezegen Venüs, 7 Ağustos'ta ilişkinize zaman ayırmanız gerektiğini hatırlatacak.

- Yıllar sonra uzun bir yaz tatiline çıkabilirsiniz.
- İşlerinizi, sorumlu olduğunuz kalemleri paylaştıracaksınız.
- Kudretli bir aileye gelin/damat olabilirsiniz.
- İş ortaklığına sıcak bakabilirsiniz.
- Küçük yatırımlar yapmaya başlayabilirsiniz.

Venüs'ün öncü burç geçişi, yaşam skalanızda olmak istediğiniz yeri gösterecek. Evli Terazi burçları, eşinizin ailesiyle kendi aile yapınızı kıyaslamaya gidebilirsiniz. Hem görgü hem de manevi olarak kendinizi bu insanların yanında yabancı hissedebilirsiniz.

Merkür, kaygılarınızı fark ettirecek.

İletişimi yöneten gezegen Merkür, 20 Ağustos'ta değişken burçta olacak. Rüyalarınızı, bilinçaltınızı zorlayacak. Sezgilerinizi güçlendirirken, algılarınızın yönü değişebilir.

• Gizli kalmasını tercih ettiğiniz bir işiniz açığa çıkabilir.

• Alışkanlıklarınızı düzenlemek için olumlu bir süreç.

• Gördüğünüz rüyaları gündelik konulara göre yorumlayacaksınız.

• Kardeşleri olan Terazi burçları, tehlike arz eden ilişkilere karşı onları korumak isteyeceksiniz.

• Dinlenmeye uzun vakit ayırıp, az sosyalleşmeyi tercih edebilirsiniz.

29-31 Ağustos günlerine dikkat!

Venüs-Plüton tam anlamıyla birbirine meydan okuyacak.

• İyicil ve yıkıcı gezegenin karşıtlığı küçük sakarlıklar getirebilir.

• Ani olayları, şok edecek haberleri getirebilir.

• Çok şaşıracağınız kendinizle ilgili konuşmalara şahitlik edebilirsiniz.

EYLÜL

2020 yılının en önemli Retro'su, Eylül ayında karşınıza çıkacak. Mücadele gezegeni Mars geri gidecek. 67 gün boyunca Güneş'inizin karşısında yer alacak. İlişkinize, evliliğinize, iş ortaklıklarına, yeni anlaşmalara gözünü dikecek. İkili diyalogların süregeleceği bugünlerde eşinizin veya sevgilinizin ailesi, iş durumu, sosyal çevresi, arkadaşları eylül ayının gündeminden düşmeyecek. A'dan Z'ye sevdiğiniz insanların her şeyine karışacaksınız. Mars'ın yüceldiği burçta geri gitmesi etkisinin bir o kadar da güçlü olacağını işaret ediyor. Karşıt burcunuzda meydana gelen Mars Retro'su haliyle sizi de etkiliyor.

- Yanınızdan ayırmadığınız, en özel günlerinizi paylaştığınız insanlarla uyumsuzluk yaşayabilirsiniz.
- Arkadaşlıklarınızı sorgulayacak, onların samimiyetinden şüphe edeceksiniz.
- İş arkadaşlarınıza karşı alınganlığınız artabilir.
- Çalışan Terazi burçları, profesyonellikten uzak davranışlar sergileyebilirler.
- Bir dedektif gibi sevgilinizin telefonunu, sosyal medyasını incelemeye alabilirsiniz.
- Merakınızı gidermek için yapacağınız araştırmalarda iz bırakmamaya dikkat edin.
- 1988 yılında doğan evli Terazi burçları, eşlerini kısıtlamak, sınırlandırmak isteyebilirler.

Sevgili Terazi burçları, Güneş'inizin karşısında geri gidecek Mars, idare ettiğiniz insanlara karşı fevri olmanıza neden olabilir. Yüklerinizi bıraktığınızda kimler gözünüze batacak, kimleri çıkarcı bulacaksınız, Mars tüm bu süreci bir başlangıç olarak önünüze sunacak. Bu dönemi bir felaket olarak değil test olarak düşünün.

- Yaz aşkınızın bir ilişkisi olduğunu öğrenebilirsiniz.
- Ortak bir projede çalıştığınız sınıf arkadaşınızı, rakibiniz olarak görebilirsiniz.
- Sevdiğiniz kişiyi en yakınınızdan kıskanabilirsiniz.
- Anlaşmanız feshedilebilir.

Güneş burcunuza geçiyor!

Doğum gününüzü kutlamaya hazırlandığınız ilk dekanda 22 Eylül'de Güneş, burcunuza geçecek. Sosyal çevrenizde beklentilerinizin arttığı bu dönem de karşınızda Retro var. Gökyüzü size ait sırları zorluyor. Siz de bu süreçte kendinizi korumaya almak isteyeceksiniz. Yanlış anlaşılmaların yüksek olduğu bugünlerde karşınızdaki kişilere karşı daha keskin olmalısınız. Toleransınız 22 Eylül'den itibaren dengeye giriyor. İçinizdeki kaygıları bastırabileceksiniz. Aristokrat tavrınız özünüzü belli etmenize yardımcı olacak. Unutmayın siz Zodyak'ın en asil burçlarından birisiniz.

- Arkanızdan konuşan kişilere karşı olgun tavrınızı koruyacaksınız.
- Kendi işine sahip Terazi burçları, ödeme zorluklarını aşabilecekler.
- Sürpriz bir hamle ile eski eşinize ışık yakacaksınız.
- Aile mirası olan arazi ya da bir mülkün satışı gerçekleşebilir.
- Güvenilirliğinizi iş sahasında teyit edeceksiniz.

EKİM

Ekim ayının ilk günü Güneş'inizin karşısında Dolunay meydana geliyor. Kudretli gökyüzünün desteğini fazlasıyla hissedeceksiniz. Özgüveniniz sınırları zorlarken, sizi farklı lanseden kişileri adeta ezip geçeceksiniz. Hiç kimsenin önünüze geçmesine izin vermeyeceksiniz. İçsel gelişiminizi tamamlayarak, sadece kendinize karşı sorumlu olduğunuzu kanıtlayacaksınız. Dengeli, ölçülü Terazi burçları mükemmel olmaya doğru yol alacaklar. Zorlanmalara gelemeyen yanınızı kendi iradenizle yönetebileceksiniz. Ateş burcundaki Dolunay, ilişki evinizde etkili olacak. Ancak bu ayın iş odaklı bir ay olduğunu şimdiden belirtmeliyim.

• Hizmet alanlarında çalışan Terazi burçları, ekibinizi yeniliyorsunuz.

• Teknoloji ile tasarımı iç içe kullanan Terazi burçları, imkânsız gördüğünüz yerlerden fırsatlar gelebilir.

• Kaygılarınızı, şüphelerinizi eşinize veya sevgilinize belli edeceksiniz.

Merkür, akılları zorlayacak.

Geleceğinizi tümüyle kontrol altına aldığınız günlerden geçiyorsunuz. Marjinal görünümlü Dolunay, baskın ve istikrarlı olmanıza yardımcı olacak. Kafa tutmalarınız bu ay meşhur olabilir. 14 Ekim'de su burcunda geri gidecek Merkür, sizi yakından ilgilendiriyor. 21 gün boyunca iletişim gezegeni geri gidecek ve burcunuzla sıkı fıkı olacak. Peki, sizi bu döngüde neler bekliyor?

• Sırlar deşifre olabilir, dikkatli olun.

• Annenize karşı güveniniz kırılabilir.

• Eşinizin ailesine karşı pot kırmalarınız artabilir.

• Maddi çıkarlar yüzünden bir araya gelen insanlara tanık olacaksınız.

• 3 ay önce evinize yaptığınız yüklü alışverişin ne kadar gereksiz olduğunu fark edeceksiniz.

• Eski sevgilinizden mesaj gelebilir, eşinize karşı zor durumda kalabilirsiniz.

16 Ekim'de burcunuzda Yeniay gerçekleşiyor.

Merkür Retro'su her ne kadar büyük günleri içinde barındırsa da Yeniay, kendinizi daha iyi hissedeceğiniz günleri temsil ediyor. Asil duruşunuzu, potansiyelinizi kullanabileceksiniz. Burcunuzda gerçekleşen Yeniay'a ev sahipliği yaparken, hayatınızın bazı alanlarını yeniden yapılandırmak isteyeceksiniz. Maddi kaygıları olan Terazi burçları için bu dönem yavaş yavaş dağılıyor.

• İş sahibi Terazi burçlarına açılmayan kapılar, verilmeyen randevular, yeniden hareketleniyor.

• Geçen yıl staj yaptığınız işyerine iş başvurusunda bulunabilirsiniz.

• Elinize bir miktar nakit para geçebilir.

• Yazın kırıldığınız dostlarınızla görüşmeye başlayabilirsiniz.

1981-1982 yılları arasında doğan bir Terazi burcuysanız Jüpiter ve Satürn'ünüz de Terazi burcunda. Bu etkiyle geçtiğimiz yılarda kafanızı karıştıran duygular yeniden ortaya çıkabilir dikkat!

• 1984-1998 yılları arasında doğan bir Terazi burcuysanız, eşinizin ailesindeki kadınlarla yaşadığınız sorunlar geride kalacak.

KASIM

Gökyüzü sağlam bir kışa teslim olurken, Retroların sonlandığı bir aya giriyoruz. Geçtiğimiz günlerin tam tersine yapıcı ve toparlayıcı bir ay olacak. Ayın ilk günlerinde iletişim gezegeni düz seyrine giriyor ve siz de kendinizi çok daha iyi hissetmeye başlıyorsunuz. Hedeflediğiniz bazı konuların oluşması için kendinize eziyet ettiğinizi algılayacaksınız. Kontrol hissiniz, şefkatiniz, sevgiyi paylaşım şekliniz revize olacak. Soğukkanlı olmanız olaylara zarif bir şekilde yaklaşmanızı kolaylaştırıyor. Kasım ayı tam da bu özelliğinizi kullanabilmenizi sağlayacak. Motivasyonunuzu ise çalışma ve sosyal hayatınız belirleyecek. Başkalarına yardımcı olmak, sizin de bir yandan destek görmeniz, gelişmelere olumlu yaklaşmanızı sağlayacak.

- Rakiplerinizin kimler olduğunu fark edeceksiniz.
- Kilo takıntınızı eleştiren insanlara bir nebze hak vereceksiniz.
- İşbirlikçi olmaya açık bir dönem olacak.
- Sevgili seçiminde acele ettiğinizi kabul edeceksiniz.

Yeniay, güven evinizde!

2. Evinizde etkili olan Yeniay, su burcunda meydana gelecek. Sizin için de oldukça etkili bir Yeniay döngüsü olacak. Ortamı yumuşatan, dengeli tavırları ile dikkat çeken Terazi burçları, bu dönem biraz daha temkinli olacaklar. Gezegenlerin bir bir düz seyrine girdiği bu ayda, nerelerde acele ettiğinizi yahut hangi noktalarda hata yaptığınızı göreceksiniz. İlişkilerde daha gerçekçi olduğunuz bir evredesiniz.

- Hakikatlerin peşine düşebilir, tahmin etmediğiniz detaylarla karşılaşabilirsiniz.
- Size dayatılan yeni iş sözleşmesini kabul etmeyebilirsiniz.
- Maddi kaygılarınızı eşinizle konuşarak üzerinizden atacaksınız.
- Değer verdiğiniz insanların tavsiyelerine uyacaksınız.

Haziran ayını hatırlatan günlere merhaba!

Yeniay'ın ardından 15 gün sonra Ay, hava burcunda tutulacak. Bu süreçte yaşayacaklarınız 2020 yılının Haziran ayını anımsatacak. Haziran ayından bugüne kadar yaşadıklarınızı düşüneceksiniz. Hayatınızı anlamlandırmaya çalışacaksınız. Ay tutulması havada kalan çoğu alanda size netlik kazandırabilir. Ay düğümleri ile iletişimde olacak Ay tutulması kaderinizi belirleyeceğiniz bir dönemi temsil edebilir. Hızlı düşünmeye başlayacaksınız. Yazın başında yaşadıklarınızı tahlil edebileceksiniz.

- Eğitim hayatında bölüm değişikliği yapanlar, ne kadar doğru bir karar aldıklarını fark edebilirler.
- Adınızın öne çıktığı projede sorumluluğunuz artacak.
- Farklı kültürlerin birleşimi yaşamınıza renk katacak.
- Yanı başınızda bekleyen kısmetin hakkını vereceksiniz.

Kafası rahat, huzuru şekillendiren Terazi burçları, kış günlerinde seyahat edecekler. Arkanızı hiç düşünmeden, gönlünüz rahat şekilde sorumluluk vereceğiniz insanlar olacak. Birileri de sizin yaşamınızı kolaylaştırabilecek. Yazın elden çıkardığınız motorlu bir taşıt için yeni girişimler yapabilir ve araştırmalarda bulunabilirsiniz.

ARALIK

Bakış açınızın yerini değiştiren 2020 yılının son ayındayız. Sizi geliştiren, titizlendiren, ciddiyete teşvik eden bir yıl oldu. Planlarınızın öne çıkması için mücadele ettiniz. İnsanlara yardım ettiniz ancak önceliğinizi kendinize ayırdınız. 2020 yılının hakkını veren gökyüzü, mali konularda akılcı davranmanızı öngördü. Adaleti, kazançlarınızı ve haklarınızı savundunuz. Son hamle ile aralık ayı, açıkta kalan, belirsiz giden konularda gündeminizi şekillendirecek. Şansı yöneten Jüpiter ve öğreten gezegen Satürn burç değiştirirken iletişim evinizde istikrar oluşturmanızda yardımcı olacak. Aralık ayı gökyüzünde inanılmaz değişimlere misafirlik edecek. 2021 yılının sizin için önemi artacak.

Ayağınızı yorganınıza göre uzatacaksınız.

14 Aralık'ta adaleti ve şansı yöneten burçta Güneş tutulması meydana gelecek. Hayatınızda bu yıl olmaz dedikleriniz oldu. Güneş tutulması ise faydalarını görmenizi sağlayacak. 3. Evde etkili olan tutulma karasız kaldığınız konularda yol gösterecek. Daha çok sosyalleşecek ve daha az eleştireceksiniz.

• Farklı aile yapılarına sahip sevgiliniz ile ne yöne doğru gideceğinizi göreceksiniz.

• Evlenme kararı alan Terazi burçları, aileden destek alma konusunda zorlanabilir.

• Mesleğinizi bırakıp, başka bir sektörde şansınızı denemek isteyebilirsiniz.

İki farklı şehir hayatına adapte olmanız gerekecek.

• Yaz dönemi başlayan bir aşkın şekli bu ay belirlenecek.

Mesleğiniz yahut eğitiminiz sayesinde bu yaz farklı kültürlerden insanlarla yaşamınız keşişmiş olabilir. Şimdi gökyüzü hangi yöne gideceğinizi belirleyecek. İlişkilerin akıbetini yansıtan tutulma, uzak mesafelere, imkânsız gibi görünen birlikteliklere vurgu yapacak. Sizin için bu tutulma, karar aşamanızı da temsil edecek. Kişisel hayatınızda kendinize hakkaniyetli davranırken, kimlerin size adaletli davrandığını görebileceksiniz.

• 1970-1984 yılları arası doğumluysanız; natal haritanızda

Neptün'ünüz Yay! Hayallerle gerçekleri ayrıştıran gezeninizde gerçekleşen tutulma, sizin için radikal değişimleri ön görüyor. Çocuklarınızın eğitimi için şehir veya ülke değişikliği kararı alabilirsiniz.

Satürn yeniden sabit burçta!

Öğreten gezegen 2,5 yıl sabit burca temelini atıyor. Unuttuğunuz ve yarım bırakılan işleri toparlamak için mart ayı sizi sıkıştırmıştı. Yaz ayları ise sizi yeteri kadar bu konularda yordu. 5 ay boyunca öncü burçta geri giden Satürn, şimdi sabit burca tam olarak yerleşecek. 2020 yılının sizin için en büyük hediyesini alacaksınız. İç disiplin verecek, istikrarlı ve azimli olmanıza yardımcı olacak. Maddi konularda aile içindeki yaptırımlarınız sağlamlaşacak. Yeni bir ev düzeni ya da satın almayla ilgili plan yapabilirsiniz.

Jüpiter, sabit burçta.

Şans gezegeni 19 Aralık'ta hava burcuna (Kova) geçiyor. Satürn ile el birliği yapacak. 1 yıl boyunca toplumu temsil eden evinizde hareket etmesi, sosyalleşeceğinizi, dış dünyaya karşı duyarlı olacağını ifade edecek. Son 4 yıla rağmen daha aktif olacaksınız.

• Zincirlerinizi kırıyorsunuz, bambaşka alanlarda çalışmak isteyeceksiniz.

• Emeklilik dönemini bir yaz kasabasında geçirmeyi planlayabilirsiniz.

• Sahne sanatlarıyla ilgilenebilirsiniz.

Çocuklarınız için boşanma sürecini hızlandırabilirsiniz.

21 Aralık'ta Güneş toprağa geçiyor. Kış Ekinoksu, mevsim değişimi enerjinizi değiştirecek. Zamanı sizin için durduracak. Biraz daha evinizle, mutfağınızla, kişisel bakımınızla zaman geçirmek isteyeceksiniz. Çok yol kat ettiğinizi dönüp şöyle bir arkanıza baktığınızda fark edeceksiniz. Geride bıraktığınız olaylara ve insanlara üzülmeyi bırakacaksınız. Önemli olan sizin için önünüzü görmek olacak. Hayatın tadını çıkarmaya şimdi başlıyorsunuz.

AKREP 2020

OCAK

2020 yılı hayatınızda çok iddialı bir yıl olacak. Bu yıl elinizi attığınız birçok konuyu çözeceksiniz. 2020 yılının bazı aylarında zorlanacak olsanız da keskin Retrolar ve tutulmalarla karşı karşıya kalsanız da yıla hepsinin üstesinden gelebileceğiniz tılsımlı bir transitle başlıyorsunuz. Yönetici gezegeniniz burcunuzda hareket ederken 2020 yılına merhaba diyorsunuz. Mars'ın burcunuzdaki hareketiyle kapılarını araladığınız 2020 yılı aslında size birçok konuda şans getirecek. Somut gelişmeler gücünüze güç katarken, kazanımlarınız da artacak.

Ay tutulmasının hedefinde siz varsınız.

10 Ocak'ta Ay tutulması gerçekleşecek. Zaten son 2 yıldır burcunuz su burcundaki Ay tutulmalarına alıştı. Su burcu olarak getirilerini fazlasıyla hissettiniz. 9.Evinizde etkili olacak bu tutulma özellikle son 2 yıldır toparlayamadığınız konulara atıfta bulunacak. Genel anlamda hayata erken başlamış ve sorumluluk almış bir burçsunuz. Birçok konuda önemli tecrübeler edindiniz. Bu da aslında burcunuzun şanından gelen, özellikle Zodyak'taki pozisyonunuzla ilgili bir durum. Her ne kadar kinci bir burç olarak adlandırılsanız da aslında kinci değilsiniz. İşin özü bu tutulma ile yüceliğinizi ve büyüklüğünüzü bir kez daha ortaya koyacaksınız.

• Uzun yıllardır iş kurmayı düşünen bir Akrep burcuysanız bu tutulma size iş kurma cesareti vereceği gibi aynı zamanda önünüze birtakım gelişmeleri de getirebilir. Hatta bu dönemde ortaklık teklifleri alabilir, yönelmek istediğiniz sektör ile ilgili bazı teşvik fırsatları da yakalayabilirsiniz.

• Eğitimini yarım bırakmış bir Akrep burcuysanız, yeniden başlamak için hazırlıklara başlayabilirsiniz. Alanınızda uzmanlaşmak için yüksek lisans ya da doktora yapmaya karar verebilirsiniz.

• Geçmişte kalbinizi kıran, sözleriyle sizi üzen arkadaşınız sizinle yeniden iletişime geçip özür dileyebilir. Samimi ve içten tavırları karşısında büyüklük bende kalsın diyeceksiniz.

Devrim gezegeni size yeni yollar açacak.

Son 3 yıldır hayatınızda büyük etki uyandıran, yönünüzden bakış açınıza, harcamalarınızdan gündelik hayatınıza kadar birçok detaya ciddi dokunuşlarda bulunan devrim gezegeninin etkisi de bir o kadar büyük oldu. Devrim gezegeni Uranüs 11 Ocak'ta ise geri gitmeye başlayacak. 5 ay boyunca geri gidip daha sonra da Güneş'inizin karşısında etkili olacak. Burcunuzdan ziyade bir de üstüne yükseleniniz Akrep ise kesinlikle görünüşünüzde de değişiklikler yapacaksınız. Diğer yandan Uranüs, 2020 yılının sizin için mucizelerle dolu bir yıl olacağını, önümüzdeki 5 ay boyunca da gizli gizli çıkaracağı problemleri yönetmeniz gerektiğini hatırlatacak. Uranüs, dönemsel olarak size atalet verecek. Yerinizden kalmak, konforunuzu değiştirmek istemeyeceksiniz. Aslında Uranüs ağustos ayına kadar önünüze birtakım parkurlar koyuyor. O parkurları geçerseniz mucizelerinize de kavuşmuş olursunuz.

• Asla yaptırmam dediğiniz ya da korkup çekindiğiniz estetikleri yaptırma kararı alabilirsiniz.

• Evliliğinizde son birkaç aydır belli başlı sorunlar yaşıyorsanız, eşinizin duygularını anlamaya çalışacak, dinleyici bir rol üstlenecek ve paylaşımcı tarafınızla çözümler üreteceksiniz.

• Yeni başlayan bir ilişkinin içindeyseniz, sevgilinizin bazı konulardaki net tavırları, prensiplerinden ödün vermeyen tarafları sizi ilişkinin geleceği konusunda düşündürebilir.

• 1984-1994 yılları arasında doğan bir Akrep burcuysanız, Plüton'unuz da Akrep burcunda demektir. Bu da devrim gezegeninden alacağınız cesaretle mesleğinizi ve sektörünüzü değiştirebilirsiniz.

ŞUBAT

Kendinizi sorguladığınız, sorgularken kendinizi yeniden bulduğunuz, ne kadar değiştiğinizi fark ettiğiniz bir ay sizi bekliyor. Öyle ki kendinize çok şaşıracak, hep hayal ettiğiniz ancak bir türlü cesaret edemediğiniz noktalara giriş yaptığınızı anlayacaksınız. Sizin için dingin ve bir o kadar da huzur veren alanlara yönelme isteğiniz artacak. Gündelik hayatınıza etki eden olumsuzluklardan, sizi duygusal boşluğa iten pürüzlerden uzaklaşmaya başlayacaksınız. Aslında iyi kötü yaşadığınız tüm deneyimlerinizin size kattığı değerlerin ışığında yürümeye başlayacaksınız. Aşk ve sevgi gezegeni Venüs'ün 7 Şubat'ta burç değiştirmesiyle gündelik işlerinize odaklanacaksınız. Genel anlamda azla yetinmeyi bilen bir burç olduğunuz için hiçbir zaman çok ciddi talepleriniz olmadı. Ancak artık siz de emeklerinizin karşılığını almak ve bu çerçevede yaşam standartlarınızı artırmak isteyeceksiniz.

• Kendi iş yeri olan bir Akrep burcuysanız, iş yerinizle ilgili güncellemeler yapabilirsiniz. İş yerinizi büyütmek, ekip sayınızı arttırmak gibi girişimler için banka kredilerine yönelebilirsiniz.

• İşinden memnun olmayan bir Akrep burcuysanız, kendi işinizin patronu olmak isteyeceksiniz.

• Yönetici pozisyonunda çalışan bir Akrep burcuysanız Venüs'ün ateş burcuna geçmesiyle beklentileriniz artabilir. Çalıştığınız kuruma yeni girenlerin talepkâr davranışları sizde farklı bir bakış açısı uyandıracak.

• Bu süreçte hiç ummadığınız borçlarınız size geri dönebilir. Ekonomik anlamda daha rahat hareket edecek, kendinize küçük jestler yapmaktan geri kalmayacaksınız.

Duygularınız değişime uğruyor.

Su burcunda geri gidecek Merkür ise sizi yakından ilgilendiriyor. Bu durum duyarlılığınızı katbekat artıracak. Yılın ilk Merkür gerilemesi 17 Şubat'ta başlayıp 23 gün boyunca sürerken sadece teknolojiyle ilgili konulara değil duygulara, takıntılara da vurgu yapacak. Sizin de baskın ve keskin tarafınızı, sivri dilinizi daha da ortaya çıkaracak. Özellikle geçmişte basite indirgenmiş iyiliklerinizi, sanki görevinizmiş gibi gösterilen bazı olayları, sorumluluklarınızı net bir şekilde dile getirecek, konuşacaksınız.

• İlişkisi olan bir Akrep burcuysanız, şüpheci ve kuruntulu tarafınızla sevgilinizi köşeye sıkıştırabilirsiniz. Bu durum ummadığınız tepkiler almanıza neden olabilir.

• Evli bir Akrep burcuysanız, eşinizin kariyerinde yaşanacak gelişmelere çok sevinecek, ilerleyen tarihlere yönelik yaşamınızı kökten uca değiştirecek planlamalar yapmaya başlayacaksınız.

• 2013 yılından sonra doğan bir çocuğunuz varsa, onun da bu dönemde duyarlılığının artığını fark edeceksiniz. Çocuğunuzun aktifliğini ve yüksek enerjisini Retro boyunca kontrol etmekte zorlanabilirsiniz.

• Kardeşiniz varsa ve hayatını belli bir düzene oturtmak konusunda sorumsuz davranıyorsa, net bir konuşma yaparak kendi ayakları üzerinde durması gerektiğini hatırlatmak zorunda kalabilirsiniz.

MART

Yepyeni hayaller kurup yepyeni başlangıçlara açılacağınız bahar ayına giriş yapıyorsunuz. Yavaş yavaş bahara uyanan gökyüzü içinizi ısıtacak, hayatın rengârenk bir tarafı olduğunu fark edeceksiniz. Geçtiğimiz aylarda içten içe 'doğru mu yapıyorum?' diyerek uzaklaştığınız kişiler konusunda yanılmadığınızı anlayacaksınız. Çünkü aslında sizi siz yapan değerlerin sadece düşüncelerinizin, duygularınızın ya da davranışlarınızın olmadığını aynı zamanda sosyal ilişkileriniz olduğunu biliyordunuz. Size uymayan, aklınıza yatmayan, samimiyetinden şüphe duyduğunuz kişilere hayatınızda yer vermek istemeyeceksiniz.

5 Mart'tan itibaren Venüs Güneş'inizin karşısında hareket edecek. Venüs yüceldiği, yönettiği burçta, Güneş'inizin karşısında hareket ederken; size tüm gürültüleri, çevrenizdeki beklentileri, sorumluluklarınızı bir kenara koydurup yaşadığınızı hatırlatıp nefes almanızı sağlayacak. Hızlı başlayan 2020 yılının güzelliklerini size gösterecek. Baharın haberciliğini yapan 20 Mart'taki ekinoks ise 2020 yılının başladığını tam anlamıyla hissettirecek.

• Uluslararası bir şirkette çalışıyorsanız, önümüzdeki aylar için kapsayıcı bir iş seyahati programına dâhil olabilirsiniz.

• Kendi işini yapan bir Akrep burcuysanız, gelirlerinizi artırarak birikim ve yatırım yapmaya yönelebilirsiniz.

• Neredeyse umudunuzu yitirdiğiniz, artık olmaz dediğiniz isteklerinizde ani gelişmeler yaşanabilir.

• Bütünüyle sağlıklı bir yaşam tarzına geçiş yapmayı benimseyebilirsiniz. Zararlı alışkanlıklardan uzaklaşma kararı alabilirsiniz.

Satürn burç değiştiriyor.

Gök kubbe, Satürn-Kova'ya vurgu yapacak. 5 ay boyunca burç değiştirecek Satürn'ün en kısa yolculuğuna hoş geldiniz. Satürn-Kova, 4. Evinizde etkili olacak. Bu döngüde şok edici haberler alacaksınız. Diğer yandan Satürn'ün soğuk bir gezegen olduğunu, özellikle son burçlarda daha da güçlendiğini göz önünde bulundurursak size faydası olacak. Siz zaten kendine jest yapan, diğer yandan da hayatı ciddiye alıp sorumluluklarını kendine hatırlatan bir burç olduğunuz için sizde yıkıcı etki yaratmayacak. Özellikle aile yaşamınızı düzene sokacak. Aile içerisindeki huzurunuzu artıracak. Herkesin dengelerini değiştirirken birçok kişinin sorumluluklarını artıracak, gerçeklerle yüzleştirecek.

• Son birkaç aydır evliliğinizde sorunlar varsa ve bir türlü toparlayamıyorsanız, eşinizin de en az sizin kadar üzgün olduğunu fark ederek harekete geçebilirsiniz. Gereksiz konularda inatlaşmanın, bazı konuları büyütmenin evliliğiniz için büyük tehlike olduğunu fark edeceksiniz.

• İlişkisi olan bir Akrep burcuysanız, sevgilinizin duygusal iniş çıkışlarında ona vereceğiniz destek aranızdaki bağın güçlenmesini sağlayacak.

• Birkaç ay önce sevgilisinden ayrılmış bir Akrep burcuysanız, bu dönemde kendinizi sık sık onu düşünürken yakalayabilirsiniz. Her ne kadar 'acaba yeniden bir araya gelebilir miyiz?' sorusunu kendinize sorsanız da ayrılığınıza neden olan durumlar sizi geri adım atmaya itebilir.

• Çocuklu bir Akrep burcuysanız, çocuğunuzun oldukça dikkat çekici yeteneklere sahip olduğunu fark edeceksiniz. Bu yeteneğini değerlendirmesi adına çeşitli eğitimler araştırabilirsiniz.

• Bu süreçte yakın çevrenizle ilgili sağlık sorunlarından haberdar olabilirsiniz.

• Etrafınızda 2016 yılından bu yana haksızlıklar, maddi olarak büyük kayıplar yaşamış bireyler varsa Satürn-Kova etkisiyle birlikte şifa, çözüm bulduklarına tanıklık edeceksiniz.

29-30 Mart tarihlerinde gökyüzünde yapıcı ve yıkıcı gezegenlerin kavuşumu söz konusu. O yüzden bu tarihlere özellikle dikkat etmeli, özel işlerinizi bu tarihlere denk getirmemeye özen göstermelisiniz.

NİSAN

Şaşırtan, şaşırtırken düşündüren, gündelik hayatınızın bile akışını değiştiren, hayatın bu tarafı da varmış dedirten ayların ardından artık kabuğunuza çekilip derin bir nefes alabilirsiniz. Nisan ayının güneşli günleri kalbinizi ısıtacak. Vakti zamanında zor gelip yapamam dediğiniz, kendinize güvenemediğiniz konularda fikriniz değişiyor. Artık hayata 'Neden olmasın ki?' duygusuyla yaklaşacaksınız. Bu kez daha planlı programlı, zamana yayarak, adım adım hareket etmeniz kaygılarınızı da daha iyi yönetmenizi sağlayacak. Nisan ayı kariyer hayatınızdaki yoğunluğunuzu artırırken bir taraftan da seyahatlerinizi çoğaltacak. Bu sayede iş yerinizdeki kargaşadan da bir nebze uzaklaşmış olacaksınız.

19 Nisan'dan itibaren Güneş tamamen sizi rahatlatacak, hareket alanınızı genişletecek bir boyuta geçiyor. 19 Nisan'da Güneş'in karşısına Güneş'inizin geçmesi sevinçli, neşeli, faydalı, tutkulu etkiler bırakacak.

• Bir süredir çocuk sahibi olmayı düşünüyorsanız, gökyüzü müjdeleyici haberlerle size sevinç çığlıkları attırabilir. Özellikle 1975-1982 yılları arasında doğmuşsanız ve uzun yıllardır çocuğunuz olmuyorsa ve tedavi oluyorsanız olumlu gelişmeler yaşayacaksınız.

• Gönlünüzün kapılarını aşka kapatmış bir Akrep burcuysanız, bu ay içerisinde tanışacağınız kişi aşk konusunda sizi düşündürecek.

• Uzun zamandır ilişkisi olan bir Akrep burcuysanız, ilişkinizi evlilikle taçlandırmanın vaktinin geldiğini düşünebilirsiniz.

• Evliliğinize yerleşmiş, ilişkinizi sıradanlığa sürükleyen rutinlerden arınmak isteyeceksiniz.

23 Nisan'da Güneş'inizin karşısında gerçekleşen yapıcı, iyicil, iyileştirici Yeniay, hayatınıza çok şey katacak. Yeniay'dan cesaret alarak bu aydan itibaren kendinizi her zamankinden daha fazla şımartacaksınız. Merak etmeyin bu durum sorumluluklarınızı bir kenara bırakıp sizi gamsız bir havaya büründürmeyecek. Sadece hayatın tatlı taraflarından beslenmek ve bunca zamandır

çektiğiniz yorgunlukların, verdiğiniz emeklerin karşılığında kendinize jestler yapmak isteyeceksiniz.

• Evinizde uzun zamandır hayal ettiğiniz büyük değişiklikleri yapacaksınız.

• Arabanızı satıp daha iyisini alabilirsiniz.

• Dünyayı gezmek, farklı kültürlere, insanlara tanıklık etmek gibi bir hayaliniz varsa, yurtdışı tur programlarını araştırarak tatilinizi bu yönde organize etmeye karar verebilirsiniz.

• İlişkisi olan ya da evli bir Akrep burcuysanız, değer verdiğiniz kişiyle yakaladığınız uyum dikkat çekici nitelikte olacak. Öyle ki bazı kişilerin ilişkinize kıskanan gözlerle baktıklarına şahitlik edebilirsiniz.

26 Nisan sizin için en güzel günlerden biri olacak.

Güneş- Uranüs kavuşumu Türkiye'yi yakından ilgilendirecek. Güneş devrim gezegeni ile güneşinizin karşısında kavuşurken, sizin ise 7.Evinizde etkili olacak. Biliyorsunuz ki siz güven burcusunuz. Kendinize güvenmek istersiniz. Asla ama asla bugüne kadar kimseye yük olmadınız. Birilerine yük olmaktan korkan yegâne burçlardan birisiniz. Adımlarınızı da hep bu bakış açısına göre attınız. Güneş-Uranüs'ün etkisi bakış açınızı destekleyecek bir rol üstlenecek.

• Kamusal alanda çalışan bir Akrep burcuysanız, yıllardır beklediğiniz statü ve pozisyona dair gelişmeler yaşanabilir.

• 1984-1994 yılları arasında doğmuş bir Akrep burcuysanız, duble günlerden geçiyorsunuz. Yaşam alanıza dair beklentilerinizin gerçekleşmeye başladığını görmek sizi epey mutlu edecek.

• Uzun yıllardır kirada oturuyorsanız, bütçenize göre ev almanın peşine düşebilirsiniz.

• Bu süreçte ani, beklenmedik miras konuları gündeme gelebilir.

MAYIS

Sevgili Akrep burçları mayıs ayının enerjisini hayatınızın her köşesinden kalbinizin en derin yerine kadar hissedeceksiniz. Herkesin hayatının bir öykü değerinde olduğunu kavrarken, empati duygunuz artacak. Etrafınızdaki olayların, insanların verdiği tepkilerin görünür yüzüne takılıp kalmak yerine arka plana odaklanacaksınız. Nabzınızı yükselten, merakınızı artıran mayıs ayı aslında direkt olarak burcunuzu hedef alıyor. Yüksek konuşmaları başlatan siz olacaksınız. Zamana bıraktığınız duygularınızı, erteleyip ötelediğiniz hayallerinizi de baştan uca değerlendirmek isteyeceksiniz. Kendinizi iyi hissedeceğiniz, yaralı taraflarınıza şifa bulacağınız fırsatlar yakalayacaksınız.

• Katılacağınız davetlerde, programlarda daha önce merhabalaştığınız kişilerle karşılaşabilirsiniz. Bu karşılaşmalarla onları daha yakından tanıma şansı elde edeceksiniz.

• Yakın çevrenize dair duyacaklarınızla adeta başınızdan aşağıya sular dökülmüş gibi hissedebilirsiniz. Hayatın insanları bir anda bambaşka bir yere götürdüğüne tanıklık edeceksiniz.

• Sadece içsel değil aynı zamanda dışsal değişime de göz kırpacaksınız. Saçınızdan stilinize, konuşma tarzınızdan davranışınıza karşı birçok konuda kendinizi iyi hissedeceğiniz bir görünüşe bürüneceksiniz. Hatta bu süreçte küçük estetik dokunuşlara da göz kırpabilirsiniz.

7 Mayıs'ta burcunuzda gerçekleşecek Dolunay, son zamanlarda dağılan, artan işlerinize düzen getirecek.

Tıpkı bir karınca gibi işlerinizde belli bir rota izleyeceksiniz. Her işi kimseye boyun eğmeden, rica minnet etmeden kendi başınıza hallederek gücünüzü gözler önüne sereceksiniz. Duyarlı bir su burcu olarak burcunuzda gerçekleşen Dolunay'ın tam karşısındaki Uranüs, sizi hemen her konuda harekete geçirecek. Mağrur bir ruha bürünürken, gündelik hayatınızdaki sıradan davranışlarınızda bile değişikliğe gideceksiniz.

• Ticaret bazlı bir işte çalışıyorsanız, iş alanını genişletmek adına yeni alanlara yönelebilirsiniz. Bu süreçte tanışacağınız kişiler, katılacağınız organizasyonlar yeni ortaklıklara, anlaşmalara zemin hazırlayabilir.

• Yazılım, dijital platform gibi teknoloji temelli bir işte çalışıyorsanız, sistem hatalı bazı sorunlarla uğraşmak zorunda kalabilirsiniz.

• Birkaç yıl önce sektör değişikliği yapmış bir Akrep burcuysanız, yeniden sektör değiştirmek isteyebilirsiniz. Özellikle uzman olduğunuz alanın dışında bir işte çalışıyorsanız, uzmanlık alanınıza dönme isteğiniz artabilir.

• Hukuki, finansal konularda beklediğiniz toplu paranız varsa, bu konuya dair önemli gelişmeler yaşanacak.

44 günlük bir süreç başlıyor.

Aşkı, ilişkileri ilgilendiren Venüs Retro'su hepimizin sevme şeklini sınayacak. Ben asla onsuz yapamam türünden sözlerinizi önümüzdeki 44 gün boyunca değiştirecek. Venüs Retro'su sizin 8.Evinizde etkili olacak. Aşk hayatınızda zaman zaman duygusal iniş çıkışlarınız yükselecek, zaman zaman kalbiniz aklınızı karıştıracak zaman zaman ise aşk yolunda sonuna dek yürümek isteyeceksiniz.

• İlişkisinde sorunları olan bir Akrep burcuysanız, bu sorunların aranızda bir ego savaşına dönüştüğünü fark edebilirsiniz.

• Uzun zamandır ilişkisi olan bir Akrep burcuysanız, sevgilinizle hayatınızı kurmak için planlar yapabilirsiniz.

• Evliliğinde sorunları olan bir Akrep burcuysanız ve sorunların üstesinden nasıl geleceğinizi şaşırdıysanız, bu ay içerisinde bir uzman görüşünden faydalanmak isteyebilirsiniz.

• Evlilik, nişan gibi hazırlıklarınız varsa, tatlı telaşlı koşturmalarınız artacak. Ancak diğer yandan da eş adayınızın bazı konulardaki istekleri sizi düşündürebilir.

Dikkat etmeniz gereken tarih ise 22 Mayıs olacak. İletişim gezegeni Merkür ile Venüs'ün kavuşum yapması hiç ummadığınız olayların içinde kalacağınızı, sırların önünüze düşeceğini işaret ediyor. Bu anlamda sırlarınızı paylaşırken dikkat etmenizde de fayda var.

HAZİRAN

Haziran ayına Venüs Retro'su devam ederken başlayacaksınız. Uzun zamandır yapmak istedikleriniz için harekete geçebilirsiniz. Haziran ayının yaz havası sarıp sarmalamaya başlarken siz de işte zamanı nasıl daha iyi şekilde kullanabileceğinize kafa yoracaksınız. Artık pas geçmek yok, görmezden gelmek yok, hayallerden vazgeçmek yok ruhuna bürüneceksiniz. İçinizde ukde kalmış her ne varsa yeniden dönüş yapma arzunuz artacak. Kendinizi ilişkileri sorgularken, iç sesinizi dinlemeye çalışırken, ilgi alanınız olmayan konulara merak salarken, araştırırken bulacaksınız.

• Çocukluğunuzdan beri yatkın olduğunuz yeteneklerinize yeniden dönüş yapabilirsiniz. Özellikle resim, dikiş, tasarım, yazı gibi alanlarda kendinizi geliştirmek isteyeceksiniz.

• Mezun olduğunuz alanda daha da uzmanlaşma, kariyer hayatınızı akademik olarak sürdürme kararı alabilirsiniz.

• Sosyal çevreniz daha da genişleyecek. Bu dönemde çok farklı çevrelere dahil olacaksınız.

Sizin için yeni bir macera başlıyor.

Venüs'ün dışında bu ay, hayatınızı çok önemli kılan başka bir 1,5 yıllık serüvene daha giriyorsunuz. Bu süreç yaşadığınız her şeyin bir sebebi olduğunu anlayacağınız bir süreç olacak sizin için. 5 Haziran'da Ay düğümleri yer değiştirecek. Kuzey Ay düğümlerinin hava burcuna geçişi, su burcu olan sizin içinizde kopan fırtınaları, dalgalanmaları daha da ortaya dökecek. Kuzey Ay düğümlerinden ziyade Ay tutulmasının olması 5 Haziran'ı efsunlu ve sırlı bir tarih yapacak. Ruhsal gelişim, korkularınız, bazı alışkanlıklarınız, fanatik olduğunuz alanları keşfedeceksiniz. 5 Haziran'da yaşanacak Ay tutulması ile birlikte sevenin ne kadar sevdiğini, kimin kime ne kadar haklı ya da haksız davrandığını göreceksiniz. Uzun yıllar aradan sonra hakları yöneten, ateş burcunda gerçekleşecek tutulma 2.Evinizde etkili olurken döngü tamamen başka bir yöne sıçrayacak.

• Bu ay sözleşmeniz yenilenecekse patronunuzla yapacağınız zam konuşmasını önceden planlayacaksınız.

• Eğitim sektöründe çalışan bir Akrep burcuysanız, mesleki gelişiminizi destekleyecek platformlarda yer almak isteyeceksiniz.

• Uzun zamandır kendi işinizi kurmayı planlıyorsanız, bu yolda kimlerin size destek olup olmadığını gözlemleyeceksiniz.

• Yakın bir tarihte işinizden ayrıldıysanız, tazminat alma konusunda bazı pürüzler yaşayabilirsiniz. Hakkınız olanı alma mücadelenizi hukuki bir boyuta taşımak zorunda kalabilirsiniz.

• Bu ay bir yakın bir arkadaşınız ya da aile bireylerinizden biri sizden bir miktar borç isteyebilir.

Güneş burç değiştirir değiştirmez gerçekleşecek Güneş tutulması birçok kişinin hayatına büyük kırılmaları getirirken size ise büyük kararlar aldıracak. Hiç ummadığınız yönlere gireceksiniz. Güneş tutulması 9.Evinizde etkili olacak.

• Bu ay ile birlikte seyahat sıklığınız artacak.

• Felsefi, kişisel gelişim ve mistik konulara olan ilginiz artabilir. İçsel dünyanızdan yaşam alanınıza varıncaya kadar sizi yoran yüklerinizden, fazlalıklarınızdan kurtulmaya çalışacaksınız.

• Adaletli tarafınız daha da belirginleşecek. Etrafına karşı haksız yere eleştiri yapanlara, bilgiçlik taslayanlara karşı tavrınızı net bir şekilde ortaya koyacaksınız.

• İlişkisinde ya da evliliğinde sorunları olan bir Akrep burcuysanız, geçmiş hataları birbirinizin yüzüne vurabilirsiniz. Aman dikkat!

• Yeni başlayan bir ilişkiniz varsa, bazı arkadaşlarınızın ilişkinizi tasvip etmediklerini belirten konuşmalar yapabilirler.

TEMMUZ

Hayallerinize adım adım yaklaştığınızı daha derinden hissedeceğiniz bir ay sizi bekliyor. Öngörülerinizin ve iç sesinizin güçlendiğini fark edeceğiniz gelişmelere hazır olun! Öyle ki kendinizi sık sık 'ben söylemiştim, hissetmiştim böyle olacağını' derken bulabilirsiniz. Her ne kadar planlı programlı hareket etmek yaşamınıza düzen getirmiş olsa da bu ay kendinizi biraz olsun rahat bırakmak isteyeceksiniz. Mucizelerle, sevindirici haberlerle, ani fırsatlarla hayatınıza renk ve hareketlilik gelmesini arzulayacaksınız. İçten içe günlük rutinlerinizden, alışkanlıklarınızdan sıyrılmak istediğinizi anlayacaksınız. Temmuz ayı zaman zaman durgun geçerken zaman zaman da hızlanacak. Bu geçişli duruma adapte olmakta zorlanabilirsiniz. İş dünyanızdan özel alanınıza varana kadar birçok konuda farklı sorumluluklar almaya başlayacaksınız. Doğal olarak insanlarla olan iletişiminiz de artış gösterecek. Samimiyete, içtenliğe ve dürüstlüğe daha bir dikkat edeceksiniz. Prensiplerinizi, sınırlarınızı ortaya koyarak kendinizden ödün vermek istemediğinizin mesajını vereceksiniz. Sizi bu ay içsel olarak rahatsız edecek duygu ise pişmanlık olacak. Özellikle geçmişe dair keşke dediğiniz durumlar zihninizi meşgul edebilir.

Son 30 günde üst üste üç tutulma yaşandı. Geçtiğimiz ay gibi bu ay da tutulma gerçekleşecek. 2020 yılının şifrelerini çözen noktası da aslında burası olacak. 5 Temmuz'da toprak burcunda gerçekleşecek Ay tutulması Türkiye'den gözlemlenmeyecek. Ancak bu 30 gün içerisinde yaşanan ikinci Ay tutulması olacak. Tarihte az rastlanan bu üst üste tutulmalar hepimizin hayatında baş döndürücü etkiler bırakırken; size de ne kadar azimli olduğunuzu, yeri geldiğinde büyük çıkışlar yaşadığınızı gösterecek. Geçtiğimiz temmuz ayı ile şimdi ki temmuz ayı arasında çok değiştiğinizi fark edeceksiniz. Aynı tepkileri vermediğinizi, ufkunuzun genişlediğini anlayacaksınız. İyisiniz, hoşsunuz, kararlı ve sahiplenen bir burçsunuz. Gelin görün ki karşınızdaki kişi kendine göre duygularınızı dikkate almayıp, sizi geçiştirdiğinde çok çabuk sinirlenebiliyorsunuz.

• Oturduğunuz evden memnun değilseniz, taşınma kararı alarak sevdiğiniz semtte ev araştırmaları yapabilirsiniz.

• Bu süreçte telefon, bilgisayar gibi elektronik eşyanız sizi yarı yolda bırakabilir!

• Evli bir Akrep burcuysanız ve yıllardır çocuk hasreti çekiyorsanız, bu ay olumlu gelişmeler, yapıcı haberler alabilirsiniz.

• İlişkisinde sorunları olan bir Akrep burcuysanız, uzun süredir işin içinden bir türlü çıkamıyorsanız keskin kararlar almanız an meselesi!

• Bu ay yasak ilişkiler açığa çıkabilir. Hiç beklemediğiniz kişilerin ilişkilerinden haberdar olabilirsiniz.

• Son zamanlarda size karşı hiç beklemediğiniz şekilde iyi ve fazla özverili davranan birileri varsa, bu yaklaşımlarının ardındaki gerçekleri öğrenebilirsiniz.

• Aile içerisinde bazı yanlış anlaşılmalar yaşanabilir. Özellikle kardeşiniz varsa, aile büyüklerine karşı sert bir tutum sergilemesi karşısında onunla ciddi bir konuşma yapmak zorunda kalabilirsiniz.

Temmuz ayında dikkat etmeniz gereken tarih ise 20 Temmuz olacak. Üst üste gelen tutulmalardan ziyade Satürn ile Güneş birbirlerine meydan okuyacaklar. Bu da enteresan haberleri ve ani değişimleri beraberinde getirecek. Bu değişimlerle birlikte geleceğinizi garanti altına almak isteyeceksiniz. Tüm bunlarla birlikte hareketli günler bazen odaklanma sorunu yaşatabilir. Bu dönemde sakarlığa daha açık hale gelebilirsiniz.

• Büyük bir firmada çalışıyorsanız, bu ay iş yerinizdeki çıkarılmalar gözünüzü korkutabilir.

• Kamusal alanda çalışan bir Akrep burcuysanız, yeni yönetmelik, kural ve yasalar yeni düzenlemeleri de beraberinde getirecek.

• Proje yazarlığı, reklam sektörü, editörlük gibi yaratıcılık gerektiren bir işte çalışıyorsanız, bu aydan itibaren kendinizi kişisel gelişiminizi destekleyecek eğitimlere adayabilirsiniz.

AĞUSTOS

Ağustos ayı neşeli mi neşeli, coşkulu mu coşkulu ve bir o kadar sakin bir ay olacak. Her duygunun, başa gelen her olayın insan için olduğunu bilen tarafınız size olgun bir bakış açısı katacak. Sizi zorlayan, sıkıştıran, sorgulatan günlerden geçecek olsanız da artık sorunlar içerisinde boğulmak değil çözüm üretmek önemli olacak. Gücünüze güç katacak potansiyelleriniz su yüzüne çıkacak. Kendinizi merkeze alırken dış dünyaya kapılarınızı kapatmayacaksınız. Dolayısıyla toplumsal meselelere olan duyarlılığınızın arttığını göreceksiniz.

Bu ay geçtiğimiz aylara oranla 2020 yılını gerçekten hissedeceğiniz, toparlayacağınız bir ay olacak. 2020 yılının en dinlendiren, rahatlatan, Retroları ve tutulmaları geride bıraktıran, nefes aldıran ve en önemlisi de tasarladığınız işlerinizi yapmanıza olanak tanıyan ayı olacak. Beklemeye aldığınız, ertelediğiniz konuları bu ay sakin kafayla halledebilirsiniz. Tatile çıkacak bir Akrep burcuysanız en doğru ayı seçtiğinizi belirtmek gerek. Yer gök dinlenmeniz için size destek verecek. 3 Ağustos tarihinde hava burcunda gerçekleşecek Dolunay hayatınıza yapıcı etkilerde bulunacak. Özellikle son 40 gündür uğraştığınız konuları 3 Ağustos'tan itibaren toparlayacaksınız. Dolunay işlerinizi hızlandıracak, ötelediğiniz konuları ele almanızı sağlayacak ve geçtiğimiz aylarda sizi sıkan konularda esnetecek.

- Özellikle geçtiğimiz haziran-temmuz aylarında ailevi konularda bazı sorunlar yaşadıysanız, birbirinize olacağınız destek, manevi yönünüzü güçlendirirken ailenizle aranızdaki bağın güçlenmesini sağlayacak.
- Kırgın olduğunuz, geride bıraktığınız, bir süredir görüşmediğiniz arkadaşınız sık sık aklınıza gelebilir. Aklınızı meşgul etmesinin boş yere olmadığını anlayacağınız gelişmeler yaşayabilirsiniz.
- Evliliğinde kopma noktasına gelmiş bir Akrep burcuysanız, eşinizin ayrılığı çağrıştıran konuşmalar yapması sizi adeta kendinize getirecek.
- Uzun zamandır gönlünün kapılarını aşka kapatmış bir Akrep burcuysanız, doludizgin bir aşkın sizi beklediğini işaret ediyor gök kubbe.

Venüs, hayatınızı toparlıyor.

7 Ağustos'tan itibaren Venüs, sizin gibi su elementi olan bir burca geçecek. Venüs su burcuna geçerken sizin de su burcu olduğunuzu göz önünde bulundurursak en rahatlayan, en dinginleşen kişilerin arasında yer alacaksınız. Venüs, yolculuklarınızı destekleyecek. İkili ilişkilerinizi biraz daha akışına bırakacaksınız. Bu süreçte sürekli görüştüğünüz insanların dışında farklı kişilerle de bir araya geleceksiniz. Dert ettiğiniz konuları paylaşırken belki de ilk defa açık davranacak, daha dışa dönük olacaksınız. Etrafınızdan fikir almaktan çekinmeyeceksiniz. Venüs, yaşam alanınızı derleyip toparlayacak. Planlarınızı uygulamaya koymanızı sağlarken, sıkıntılı konulara sihirli bir değnek gibi dokunacak.

- Hayalinizdeki seyahate çıkabilirsiniz.
- Eğitimle ilgili konulara yönelebilirsiniz. İkinci bir üniversite okumaya karar verebilirsiniz.
- Kendi işini yapan ve finansal açıdan son birkaç aydır iniş çıkışlar yaşayan bir Akrep burcuysanız, belinizi doğrultacağınız iş anlaşmaları yapabilirsiniz.
- Özellikle son 60 gündür karaciğer, mide rahatsızlıkları yaşayan bir Akrep burcuysanız, Venüs bu noktalarda size şifa getirecek.

30 Ağustos'ta Venüs, Plüton ile karşıtlık yapacak. Plüton karışıklıklar çıkarmayı seven bir yeraltı gezegenidir. Venüs ne zaman meydan okusa olmadık şeyler duyurur. 30 Ağustos'ta Venüs-Plüton karşıtlığı gerçekleşirken meraklı olmamanız gerektiğini, size sorumluluk yüklemeye çalışabileceklerini işaret ediyor.

- Çevrenizden birinin platonik aşk yaşadığını öğrenebilirsiniz.
- Ailenizden biri sizden maddi destekte bulunmanızı isteyebilir.
- Gelecek yıllarınızda daha da rahat etmek ve yaşam standartlarınızı artırmak için birikim ve yatırım yapmak gibi konular önem kazanmaya başlayacak.

EYLÜL

Sonbahar havası yavaş yavaş kendini hissettirirken, çevrenizde olup bitenlere yetişmek sizin için zor olabilir. Etrafınızdaki birçok kişinin köklü kararlar almaya başladıklarına şahitlik edeceksiniz. Kişisel yaşamınıza bakış açınız değişebilir. Şu ana kadar verdiğiniz emekleri, emeklerinizin karşılığını alıp alamadığınızı, bulunduğunuz konumun beklentilerinizi ne derecede karşıladığına kadar birçok ayrıntıyı sorgulayacaksınız. Her ne kadar sizi bir yerlere taşıyan başarılara imza atsanız da zaman zaman kendinizi başkalarının hayatıyla kıyaslayabilirsiniz. Kıyas duygusu hırslı tarafınızı açığa çıkarabilir, daha atak, daha cesur bir havaya bürünebilirsiniz. Gök kubbe, bu eylül ayının bambaşka bir ay olacağını, yarım kalan birçok noktanın hallolacağını işaret ediyor. Sinerjiniz yükselecek, olaylara bakış açınız keskinleşecek. Ancak diğer yandan da çevrenizdeki insanların anlamsız çıkışlarına karşı temkinli davranmanız gerektiği konusunda uyarıyor.

- Yakın arkadaşınızın ani bir kararla şehir değiştireceğini öğrenebilirsiniz.
- Anne ailesi ile ilgili bazı dedikodular, söylemler karmaşayı da beraberinde getirecek.
- Yıllardır yurtdışında yaşayan bir Akrep burcuysanız, memleket hasretiniz bu ay daha da ağır basmaya başlayabilir.
- Bekâr çocuğu olan bir Akrep burcuysanız, evlilik konusunda alacağı karar sizi çok mutlu edecek.

Yönetici gezegeniniz, kardeş burcunuz olan ateş burcunda geri gidecek. Yönetici gezegeninizin 1988 yılından bu yana ateş burcunda geri gitmediğini, hareket etmediğini göz önünde bulundurursak gerçekten dikkatli olunması gereken enteresan bir gökyüzü olduğunu belirtmek gerek. Yönetici gezegeniz tüm burçları ciddi bir disipline sokarken en çok da sizi mercek altına alacak. Gök kubbe, öğretilerinin büyük olacağını, özellikle planladığınız bazı konularda yön değiştireceğinizi, aslında bazı konuların size uygun olmadığını gösterecek. Bu noktada Mars'ın öğretileriyle yola çıkacaksınız. O yüzden de yönetici gezegeniniz önümüzdeki 67 gün boyunca geri giderken hayatın getirilerini çok iyi gözlemlemenizi ve mücadele etmek yerine anlamaya çalışmanızı tavsiye ederim. Çünkü bu Mars Retro'su yönetici gezegeninizin Retro'su! Mars, 6.Evinizde geri gidecek. Sizi daha da içe dönük yapacak, keskinleştirecek, kendinize kurallar koymanıza neden olacak. Günlük rutin işlerinizde değişimler yaşayacaksınız. Bu süreçte titizliğiniz artacak, dağınıklığa katlanamayacaksınız. Asla dediğiniz konularda sınanacaksınız.

• İlişkinizde kıskançlık duygunuz baskınlaşabilir. Kendinizi sık sık sevgilinizin ya da eşinizin sosyal medya hesaplarını, telefonunu karıştırırken bulabilirsiniz.

• Birkaç ay önce başlayan bir ilişkiniz varsa ve etrafınızdaki bazı kişiler ilişkinizi onaylamıyorlarsa, sert bir tutum sergileyebilirsiniz.

• Proje bazlı işte çalışan bir Akrep burcuysanız, projelerinizi yetiştirmekle ilgili kaygılarınız artabilir.

• Eğitimle ilgili başvurularda evrak sıkıntıları yaşayabilirsiniz.

• Evcil hayvanınız varsa bu süreçte onun da sağlığıyla ilgili konularla uğraşabilirsiniz.

• Son 4 aydır aldığınız bazı kararları değiştirebilirsiniz. Özellikle aileden kalma arsa, yazlık ev gibi mülklerinizi elden çıkarmayı düşünebilirsiniz.

• Ailenizde borçlarla ilgili sorunlar gün yüzüne çıkabilir.

• 1984-1998 yılları arasında doğmuş evli bir Akrep burcuysanız, Natal haritanızda öncü burçlar baskın olduğundan, öncü burçta geri giden Mars, sürpriz bir gebelik verebileceğini ya da küçük bir operasyon geçirebileceğinizi işaret ediyor.

EKİM

Her şeyin farklı olacağı dönemler vardır. Bu dönemler öyle dönemlerdir ki hayatın önemli kırılmalarını da beraberinde getirir. Hatta bazen her şeyi üst üste yaşadığınızı hisseder, bu kaoslu günlerin hiç bitmeyeceğini düşünürsünüz. Siz de son zamanlarda kendinizi tam olarak böyle hissediyor olabilirsiniz. İşte bu noktada yanıldığınızı belirtmek isterim Sevgili Akrepler. Bu sadece bir süreç ve gök kubbe, size çok farklı konularda deneyimler kazandırmak, en önemlisi de bakış açınızı değiştirmek istiyor.

Gerek Uranüs'ün Güneş'inizin karşısında yıl boyunca hareket ettiğini gerekse yönetici gezegeninizin ateş burcunda geri gidiyor olmasıyla başlayan ekim ayını Dolunay ile bertaraf edeceksiniz. Ekim ayının kapısında sizi karşılayacak Dolunay aracılığı ile geçtiğimiz aylardan bu yana hissettiğiniz bazı olguların nedenlerini ve sonuçlarını biraz daha kestirebileceksiniz. Bugüne kadar bazı konularda ne kadar da sahiplenici olduğunuzu, sahiplenirken de gözünüze ne derecede perde indiğini fark edeceksiniz. Dolunay gökyüzünde birçok kişinin anksiyetesini artıracak, dünyaya farklı farklı kırılmalar verecek. Çevrenizdeki kişiler geçmişte sizin ne yaşadığınızı anlamadan enteresan çıkışlarda bulunmuşlarken; şimdilerde ise onlar benzer duygulardan geçecekler. Siz ise gözlemci pozisyonda kalacaksınız.

Ateş burcunda gerçekleşen Dolunay en büyük yardımcınız!

Gökyüzünün tamamen öncü burca teslim olması ve Merkür burcunuzda hareket ederken gerçekleşecek Dolunay, iletişimde aktif, sorunları daha net bir şekilde anlatan bir yapı verecek. Hayatınızda son zamanlarda gelişen sürprizlere karşı kendinize çok daha farklı bir yol haritası çizeceksiniz. Şu an geçtiğimiz ay aldığınız sürpriz haberlere ve yaşadığınız gelişmelere göre planlar yapıyor ve hayatınızı şekillendirmeye çalışıyor olabilirsiniz. Merkür burcunuzda hareket ederken de size tam destek verecek. Etrafınıza baktığınızda insanların hayatının şu günlerde çok normal olmadığını, ilginç olaylar yaşadıklarını, birbirlerine olmadık şekilde davrandıkları göreceksiniz. Bu süreçte insanları anlamakta zorlanacaksınız.

• Hamilelik sürecinde olan bir Akrep burcuysanız, duygusallığınız ve hassasiyetiniz artacak.

• Yakın bir tarihte ilişkisini sonlandırmış bir Akrep burcuysanız, eski sevgilinizle yeniden bir araya gelmek ve ilişkinize bir şans daha vermek isteyeceksiniz.

• Uzun zamandır ilişkisi olan bir Akrep burcuysanız, ilişkinizi evlilikle taçlandırma sürecine girebilirsiniz.

• Ailede miras konularının tekrar gündeme geldiğini ve bu kez sonuç odaklı ilerlediklerini fark edeceksiniz.

• 1988-1991 tarihleri arasında kurulmuş bir aile şirketiniz varsa, birtakım değişiklikler ya da satışların olacağını işaret ediyor Dolunay.

Yılın son gerilemesi olan Merkür gerilemesi 14 Ekim'de burcunuzda başlayacak. Burcunuzda geri gidecek Merkür ve bununla birlikte Mars'a bulanmış yer gök bulacağız. Bu yeryüzünün yükseliş komutanlığını siz yapacaksınız. Sizi bambaşka biri haline getirecek günlerde geçiyorsunuz. Hayatınızı, statünüzü, oturduğunuz yeri, çevrenizi, alışkanlıklarınızı değiştireceksiniz.

• Global bir şirkette çalışıyorsanız, sevindirici haberler alabilirsiniz. Başarı merdivenlerini bir bir çıktığınızı göreceksiniz.

• Kendi işini yapan bir Akrep burcuysanız, ortağınızla ters düşeceğiniz konular yaşayabilirsiniz.

2020 yılının en adrenalin dolu tarihi 31 Ekim haftası!

31 Ekim'de Güneş'inizin karşısında gerçekleşecek Süper Dolunay bu ay tüm yaşadıklarınızın tesadüf olmadığını, beklediğiniz birçok konunun kendi içinde çözümler ürettiğini anlayacaksınız. Olmazı olduran, yan yana gelmeyenleri getiren, inanmakta güçlük çekeceğimiz 2020 yılı başından beri şaşırtmaya devam ederken çevrenizdeki insanların şifrelerini de bir şekilde gördünüz. Ekim ayında kendi duygularınızın nasıl olgunlaştığını, neyi neye göre sevdiğinizi de çözeceksiniz. 2020 yılında peş peşe yaşanan Retro ve tutulmalar sizi çok başka biri haline getirdi. Yaşadıklarınızdan yorgun düşmüş olsanız da şu anki size ulaşmanız zaman aldı. Ancak geldiğiniz kıvamdan hem duruş hem de karakter olarak memnun olduğunuzu fark edeceksiniz.

KASIM

Kasım ayına birçok konuyu elekten geçirmeye çalışarak gireceksiniz. Son zamanlarda zorlayan olayların başınıza neden geldiğini, nerelerden geçtiğinizi sorgulayacaksınız. 3 Kasım'da düz seyrine giren Merkür'le başlayan kasım ayı son 21 gündür uğraştığınız konularda küçük hatırlatmalar yaşatsa da bulamadığınız, kaybettiğiniz alanlara kadar birçok konuda çözüm üretecek. 67 gündür hayatınızı, gönlünüzü karmaşıklaştıran ancak bu hızlandırılmış turda neyi nereye koyacağınızı fark ettiren yönetici gezegeninizin geri hareketi 14 Kasım'da düz seyrine giriyor. Şu son 2 aydır çektiklerinizin, yaşadığınız sıkıntıların mükafatını mutlaka verecek. Özellikle ekonomik konulara büyük çözümler getirecek. Burcunuzda gerçekleşecek Yeniay ile birlikte de kendinizi daha dinç hissedeceksiniz.

- Geçtiğimiz aylarda aniden işten çıkarıldıysanız Mars Retro'su geçmişi geçmişte bıraktırıyor. Aslında hayat size yeni bir kapı açıyor.
- Bir süredir iş yerinizdeki yöneticilerle ya da ortağınızla sorunlar yaşıyorsanız, anlaşmazlıklar tatlıya bağlanacak.
- Rekabete dayalı, hırsın yüksek olduğu bir işte çalışıyorsanız ve vakti zamanında birtakım haksızlıklara uğradıysanız, gerçekler açığa çıkabilir.
- Proje bazlı bir işte çalışıyorsanız, önemli bir anlaşmaya imza atabilirsiniz.
- Geçmişte verdiğiniz borç elinize geçebilir ya da prim alabilirsiniz.
- Ev alma hayaliniz varsa, bu konudaki kararlılığınız artacak.

21 Kasım'da aşk ve tutku gezegeni Venüs, sizin burcunuza geçerken ortalığı yakıp kavuracaksınız. İlişkilere daha çok vakit ayıracaksınız. Sevginizi daha iyi hissettireceksiniz. Kendinizi ihmal ettiğinizi fark ederek toparlanma sürecine gireceksiniz. Baştan uca yenilenmek, değişmek isteyeceksiniz.

- Eşinizin ailesiyle çok uzun zamandır sorunlar yaşıyorsanız, aranızdaki buzlar eriyebilir.

• Boşanma sürecinde olan bir Akrep burcuysanız, aldığınız kararın doğru olup olmadığını sorgulayabilirsiniz.

• Bir süredir diyet yapıyorsanız, aldığınız kiloları vermeniz sizi mutlu edecek.

Yılın 5. tutulması 30 Kasım'da hava burcunda etkili olacak. Sizin de 8.Evinizi etkileyecek. Bu da demektir ki aslında sizin Zodyak'taki evler sistemine göre kendi evinizde aktif olacak. Emin olduğunuz, bildiğiniz konularda daha net tavırlar alacaksınız. Bildikleriniz konusunda tutturmayacaksınız ama kendinizden daha emin davranacaksınız. Zamanla beni anlasınlar diyeceksiniz. Hiç ummadığınız şoke edici haberler alabilirsiniz. İletişime daha açık olacaksınız. Tutulmanın dikkat etmeniz gereken tek tarafı sağlık sorunları olacak.

Bu süreçte farklı çevrelere katılabilirsiniz.

Kasıklar, mesane, üreme organlarıyla ilgili hassasiyetler oluşabilir.

ARALIK

Hayatınızın belki de en hızlı, en renkli, aynı anda birçok şeyin üst üste geldiği, şaşırdığınız 2020 yılını uğurlarken, hayatınıza dair birçok konuyu gözden geçireceksiniz. İlmek ilmek işlediğiniz her detay sizin için altın değerinde olacak. Nereden nereye geldiğinizi, hayatın size neler sunduğunu ölçüp biçeceksiniz. 2020 yılı sizi duygu olarak birçok yerden sınadı, fazlasıyla deneyim yaşattı, yaşama farklı bakış açılarından bakmanızı sağlattı. Bir Akrep burcu olarak zaten çok yönlü düşünmeyi seven bir burçsunuz. Her ne kadar kendi doğrularınızdan çok ödün vermeseniz de bir yandan da sezgilerinize hep güvendiniz. Hayatta aldığınız keskin virajlarda sezgileriniz sizi birçok karışıklıktan kurtardı. Bu sayede hayatın hakkını gerçek anlamda verdiğinizi anlayacaksınız. Kendiniz için en doğru kararları aldığınızı, en doğru tepkileri verdiğinizi fark edeceksiniz. Bu koskoca yılın sihirli 6. tutulmasının gerçekleşeceği aralık ayında yönünüzün ve yolunuzun değiştiğini, doğrularınızın esnediğini anlayacaksınız.

İç dünyanızı şifalandıracak günler kapıda!

Acısıyla tatlısıyla koca bir yılı geride bırakırken 6.tutulma 14 Aralık'ta ateş burcunda gerçekleşecek. Ateş burcunun son derecelerinde aktif olması ve sizin de burcunuza çok yakın yerde gerçekleşmesi kendinize bazı konularda çok baskı uyguladığınızı fark ettirecek. Dolayısıyla kendinize karşı daha adaletli, merhametli davranacak, iç dünyanızı şifalandıracaksınız. Kızgın ve kırgın olduğunuz, tolere edemediğiniz konularda kendinizle uzlaşma sağlayacağınız bir Güneş tutulması olacak. Yılın başında bazı konularda keskin tepkiler verdiğinizi fark edeceksiniz. Sağlıkla ilgili yaşadığınız konuları daha rahat çözmeye başlayacaksınız.

- Kendinizde rahatsız olduğunuz alışkanlıklarınızı, düşüncelerinizi, önyargılarınızı elekten geçirecek ve bambaşka bir siz ortaya koyacaksınız.
- Sosyal medyanızı daha aktif bir şekilde kullanmaya başlayabilirsiniz.

• Bu ay, dünya gerçekten küçükmüş diyeceğiniz karşılaşmalar yaşayabilirsiniz.

• Son birkaç ayda yaşadığınız, aniden beliren sağlık sorunlarının üstesinden geldiğinizi fark etmeniz adeta içinize su serpecek.

• 1984- 1985 yılları arası doğumlu iseniz, Satürn burcunuzda Akrep. Bu etkiyle sizi yılın başında yoranları bu sefer siz zorlayacaksınız.

Fırsatlar, köklü değişimleri de beraberinde getirecek.

Ay tutulması güven evinizde etkili olacak. 2020 yılını kapatırken paranızı, yatırımlarınızı, gayrimenkulünüzü, yaşam alanınızı, evinizi ve bunun gibi somut olan her detayı ön plana alarak hareket edeceksiniz. Mesleğiniz, yetenekleriniz, kariyeriniz konusunda yeni yılda neler yapabileceğinize dair de planlamalar yapacaksınız. 2.Evinizdeki tutulma ve Satürn'ün burç değiştirmesiyle yani toprak burcuyla vedalaşıp hava burcuna geçmesiyle çocuklarınızın eğitimiyle ilgili önünüze çıkan fırsatlara ve alacağınız kararlara çok şaşıracaksınız. 17 Aralık'ta Satürn'ün hava burcuna geçişiyle birlikte 2,5 yıllık farklı bir döngüye girdiğinizi işaret ediyor. Satürn'ün kendini güçlü hissettiği hava burcunda hareket edecek olması ve 4.Evinize yerleşerek 900 gün boyunca da burada kalacak olması duygularınızı, sezgilerinizi, hatta sizi siz yapan öz davranışlarınızı yükseltecek.

• Çocukları olan bir Akrep burcuysanız, eğitimleriyle ilgili önemli kararlar vereceksiniz. Hatta çocuğunuzun eğitim alanını değiştirebilirsiniz.

• Evli bir Akrep burcuysanız, eşinizin kariyerinde yaşanacak önemli gelişmeler önemli kararları da beraberinde getirecek.

• İlişkisi olan bir Akrep burcuysanız, sevgilinizin size uzun zaman sonra çok daha ilgili, sevgi dolu yaklaşımlar sergilediğini göreceksiniz.

• 1984-1995 yıları arası doğumlu iseniz Plüton'unuz da Akrep burcunda. Bu süreçte gizli ilişkilere, gelecek vadetmeyen insanlara kapılabilirsiniz, dikkat!

Sevgili Akrepler, 19 Aralık'ta Jüpiter, bir yıl boyunca kalacağı burca taşınarak, 3.Evinizden aile evinize geçiş yapıyor. Jüpiter, Satürn'ünüz ile gücünü birleştiriyor. Öğreten gezegen ile şans gezegeninin 4.Evinizde hareket edecek olması 2020 yılını güçlü kapatacaksınız demektir. Öyle ki bunun sadece bir başlangıç olduğunu herkese göstereceğinizi vurguluyor gezegenlerin seyri.

- Kendi işini yapan bir Akrep burcuysanız, işinizde yükselme olacak.
- Burcunuz, yükseleniniz ya da Ay burcunuz Akrep ise ailevi konularda 2017 yılından bu yana yaşadığınız dağınıklıkları düzene koyacağınızı, herkesin sorunluluğunu almak yerine onlara adeta balık tutmayı öğreteceğinizi, yüklerinizden arınacağınızı işaret ediyor.

En çok dikkat etmeniz gereken tarih ise 20-22 Aralık tarihleri arası olacak. Hem siyahı hem de beyazı barındırıyor bugünler. O yüzden de siz günlük aksiliklere takılmadan olumlu kısımlara geçin. Çünkü artık 2021 yılı başlıyor. Kendiniz için alacağınız her karar sizin için çok kıymetli olacak. Güçlü adımlarla ilerlemekten, mücadeleci yanınızı ortaya koymaktan çekinmeyeceksiniz.

YAY 2020

OCAK

2020 yılı sizin yılınız olacak! Gerek 2020 yılındaki gökyüzü olayları gerekse tutulmalar sizin burcunuzda aksiyon alacağı için ciddi anlamda büyük değişimleri barındırıyor olacaksınız. Evet, belki 2019 yılında Jüpiter'in sizde yarattığı kırılmaların hayatınızda büyük faydası olmadığını düşünüyor olabilirsiniz. Ancak her şeyin zamanla başka bir boyuta büründüğünü 2020 yılı ile anlayacaksınız. 2019 yılının olduğu gibi 2020 yılının da sizinle ilgili büyük planları ve değişimleri var. Gezegenlerin pozisyonları burcunuza doğru akarken 2020 yılındaki gökyüzü size yeni kapılar açacak. İşte bu noktada ne kadar cesur olduğunuzu da sınamış olacak. Geleneksel bir burçsunuz. Zihninizin yönetilmesinden asla hoşlanmazsınız. 2020 yılında da kimsenin sizi yönetmesine izin vermeyecek tam tersine yönetmek ve yönlendirmek isteyeceksiniz.

Cesareti yükselten günler!

Uzun zamandır Mars'ı misafir etmeyen biri olarak 2020 yılının ilk günlerine Mars ile başlayacaksınız. 3 Ocak 2020 yılında Mars, burcunuzda hareket etmeye başlayacak. Mücadele gezegeni Mars'ın burcunuzda hareket etmesiyle kendinizi daha cesur hissedecek, duygularınızı daha rahat ifade edeceksiniz. Zaten farklı günlerden geçtiğinizi siz de gözlemliyor olabilirsiniz. Gerek arkadaşlıklarda gerekse ilişkilerde olsun sürekliliği korumak gibi bir kaygınız olmayacak. Herkesi kendi haline bıraktığınızda 2020 yılının gerçek anlamda kapınızı çalmasının tesadüf olmadığını anlayacaksınız. Bir Yay burcunun ne kadar sevimli olduğunu 3 Ocak itibarıyla herkese göstereceksiniz. Çevrenizdekileri neşelendirecek, yüksek enerjinizle herkese cesaret vereceksiniz. Mars'ın burcunuzdaki misafirliği aynı zamanda size cömertlik verecek. Çevrenizdeki ezici karakterlerle ciddi konuşmalar yapacak, yeri geldiğinde felsefi tarafınızı da ortaya çıkaracaksınız. Geçmişte bıraktığınız insanların, yaşadığınız olayların peşine düşmeyeceksiniz.

• Çalışan bir Yay burcuysanız, çalışma koşullarınızı iyileştirmek için çabalayacaksınız. Yaşam standartlarınızı artırma isteğiniz sizi patronunuzla konuşmaya itebilir.

• Kendi işini yapan bir Yay burcuysanız, iş alanınızı global bir hale getirmek için tanıtım ve reklam kampanyalarına ağırlık verebilirsiniz.

• İşinizi seviyor ancak üstlerinizle ve çalışma arkadaşlarınızla belli başlı problemler yaşıyorsanız, düşüncelerinizi açıkça ortaya koyacaksınız. Ne ego ne de baskı altına çalışmak istemediğinizi dile getireceksiniz.

• Geçmişe dair borçlarla ilgili sorunları rahatlıkla çözeceksiniz. Özellikle vergi, sigorta gibi borçlarınız söz konusuysa kendinizi rahatlatacağınız ödemeler yapabilirsiniz.

Ay tutulması büyük duyguları barındırıyor.

10 Ocak'ta gökyüzünde ruh bulacak Ay tutulması Türkiye'den de gözlemlenecek. Bu da gücünün çok daha büyük olacağını ifade ediyor. Tutulma 8.Evinizde etkili olurken daha cesur davranmanızı sağlayacak. Hayata dair beklentilerinizi teker teker ortaya koyacaksınız.

• Uzun zamandır çocuk sahibi olmayı düşünen bir Yay burcuysanız, bu ay sağlık kontrolleri ve tedavi süreçleri hakkında bazı gelişmeler yaşanabilir.

• Kötü giden ilişkinizi birkaç ay önce sonlandırmış bir Yay burcuysanız, eleştiri oklarını sadece eski sevgilinize değil kendinize de yönlendireceksiniz.

• 1970-1983 yılları arasında doğmuş bir Yay burcuysanız, Neptün'ünüz de Yay burcu demektir. Bu da İlişkiniz ya da evliliğiniz içerisinde bir dönem keskin bir süreçten geçtiğinizi, aklınızla kalbiniz arasında kaldığınızı işaret ediyor. Şimdilerde ilişkinizde yeni bir sayfa açmaya daha da kararlısınız.

- 1983-1984 yılları arasında doğmuşsanız Uranüs'ünüz de Yay burcunda. Bu durum ise son 2,5 yıldır Jüpiter'le birlikte çok tuhaf kararlar aldığınızı, deyim yerindeyse hayat yolunda bir cesaret köprüsünden geçtiğinizi, ani iş değişiklikleri ve taşınma durumları içinde kaldığınızı işaret ediyor. Bu tutulmayla birlikte bunların sonuna geldiğinizi tespit edeceksiniz.

Sevgili Yay burçları, dikkat etmeniz gereken tarihler ise 12-14 tarihleri arası olacak. Bu tarihlerde çok iddialı kararlar almamanızda fayda var. Gök kubbe, jenerasyon gezegenleri ile kavuşan hızlı gezegenlerin duygularınızda ve gündeminizdeki konuları karıştıracağını ve bu yüzden de olayları izlemede kalmanızı tavsiye ediyor.

ŞUBAT

Hızlı ve güçlü başladığınız 2020 yılının şubat ayında kendinizi oldukça naif ve dingin hissedeceksiniz. Kış günlerinin taşıdığı soğukluğa rağmen hareketliliğinizden, sıcakkanlı yapınızdan ödün vermeyeceksiniz. 2020 yılının başından beri ruhunuza taşıdığı değişimi hissetmeye devam edeceksiniz. Ne yaşarsanız yaşayın, hayat size neyi dayatmış olursa olsun, dayanacak gücüm kalmadı diyecek noktaya geldiğinizde bile içinizdeki umut sizi hep güçlü kıldı. Şubat ayında umudunuzu yeşertecek motivasyonu sağlayacak, kendiniz için güzel adımlar atacak ve yepyeni başlangıçlar yapacaksınız. Özellikle geçtiğimiz yaz aylarında kuruntu haline getirdiğiniz detaylardan uzaklaşmaya başlayacaksınız. Her şeyden öte kendi sorumluluğunu almayan kişilerin sorunlarına, dert anlatmalarına ortak olmak istemeyeceksiniz.

• Ailenizde özellikle 1970-1984 yılları arasında doğmuş, çocukluğunuzdan bu yana düşkün olduğunuz kişilerden bu yıl neden uzaklaştığınızı sorgulamaktan vazgeçeceksiniz.

• Aşk bana bir daha uğramaz diyen bir Yay burcuysanız, arkadaşınız vesilesi ile tanışacağınız kişiye karşı inanılmaz bir yakınlık hissedeceksiniz.

• Evli bir Yay burcuysanız, eşinizle olan iletişiminizde daha olumlu bir dil ve bakış açısı yakalayabilirsiniz.

• İlişkisi olan bir Yay burcuysanız, sevgilinizin kariyerindeki önemli gelişmeler ilişkinize de yansıyacak.

Olmazları olduran Retro, sahnede!

17 Şubat'ta Merkür'ün, kendini rahat hissetmediği su burcunda geri gidecek olması herkesin savunmacı yönünü ortaya çıkaracak. Merkür gerilemesi hassaslığınızı artıracak ancak diğer yandan da güçlü bir dönemden geçiyor olacaksınız. Merkür Retro'sunda doğmamış bir Yay burcuysanız, bu dönemde kararlar almayı, ciddi konuşmalar yapmayı ertelemeyi düşünmelisiniz. Bu Merkür Retro'su farklı bir Retro olacağı için çok yönlü düşünecek, çok fazla konuya konsantre olmaya çalışacaksınız.

Bu döngüde çevrenizdeki bazı kişilerin göründükleri gibi olmadıklarını da fark edeceksiniz.

• Metin yazarlığı, reklamcılık gibi yaratıcılık gerektiren bir işte çalışıyorsanız, dikkat çekecek fikirler ortaya koymak için farklı alanlarla ilgili araştırmalar yapabilirsiniz.

• Akademi ya da sanatsal alanlarda çalışan bir Yay burcuysanız, yurtdışındaki araştırmalara yönelebilirsiniz.

Siyah ve beyaz iç içe!

23 Şubat'ta Merkür ile buluşacak olan Yeniay, siyah ile beyazı aynı anda yaşatacak. Sizin hayatınızda ise aile ve kardeşler konusunda etkili olacak. Maddi sorumluluklarınızda yeni düzenlemeler yapacaksınız.

• Çalışmayan bir kardeşiniz varsa, bu süreçte iş bulduğu haberini alabilirsiniz.

• Yaşam alanınıza son 4 yıldır taşındıysanız ve tadilat yaptırdıysanız, yeniden düzenlemeler yapmak zorunda kalacaksınız.

• Ayaklarınızın hassaslığı artabilir. Bu dönemde vücudunuzda ödem gibi konularla uğraşmak zorunda kalabilirsiniz.

Dikkat etmeniz gereken tarih ise 26 Şubat olacak. Güneş-Merkür kavuşumunun olacağı bugün de elektrikli cihazlarla ilgili sorunlar yaşayabilirsiniz. Gezegenler için iddialı olan bugünü iyi yönetmelisiniz.

MART

Mart ayı ağır adımlarla gelip geçecek. Bu anlamda sizin için ilkbahar biraz yavaş başlayacak. İlkbaharı daha narin ve hassas duygularla karşılayacaksınız. Baharın ilk ışıklarını, mart ayının ilk günlerinden itibaren belli belirsiz yüreğinizde hissedeceksiniz. Yılın başından bu yana dahil olduğunuz gerek eğitim gerekse hobilerinizle ilgili konularda zaman zaman dağıldığınızı düşüneceksiniz. Özellikle 5 Mart'tan itibaren Venüs'ün toprak burcuna geçmesiyle birlikte neyi sevdiğinizi, neyi yapmak istediğinizi, nereye yönelmek istediğinizi daha rahat fark edeceksiniz. Hangi alanlarda devam etmeyeceğinizi elekten geçireceksiniz. Yaptığınız değerlendirmeler sonucunda fikirlerinizde de değişimler olacak. Venüs sizin için adeta ayna görevi görecek. Aşk ve sevgi gezegeninin konforu ve rahatlığı, ilgi alanlarınızı değiştirmenize sebep olacak. Eğitimle ilgili farklı yönlere gideceksiniz. İşle ilgili tatsız durumların dağıldığını, çözümlerinin ise kendi içinde geldiğini fark edeceksiniz. Tüm bunlarla birlikte sağlığınıza ve dış görünüşünüze daha da özen göstermeye başlayacaksınız.

- Kendi alanınızda ya da ilgi duyduğunuz alanda uzmanlaşmak için yüksek lisans, doktora başvurularını takibe alabilirsiniz.
- Daha fit bir görünüme kavuşmak için diyet yapmaya ve spora başlayabilirsiniz.
- Son 1 yıldır sağlıkla ilgili sorunları olan bir Yay burcuysanız, güzel gelişmeler duyacak, bazı testler ile ilgili motive edici sonuçlar alacaksınız.

İlkbahar ekinoksu fırsatlar sunarken, özel mesajlar da verecek.

20 Mart'ta Güneş ateş burcuna geçecek ve mevsim başlayacak. İlkbahar ekinoksunun 2020 yılının 20 Mart'ını seçmesiyle rakamlar arasında bir bağ, bir şifre olduğunu işaret edecek. Jüpiter-Mars kavuşumunun da 20 Mart'ta gerçekleşecek olması günü daha da mucizevi kılacak. Bu transit gündelik hayatınızda güzel gelişmeler yaşamanıza vesile olacak. Yaşam standartlarınızı daha da yükseltecek fırsatlar yakalayabilirsiniz.

• Uzun zamandır arabası olmayan, arabasını satmış bir Yay burcuysanız, içinize sinecek bir araba alabilirsiniz.

• Birkaç ay önce tanıştığınız, statüsü yüksek kişiyle karşılaşmanız yeni iş fırsatlarını da beraberinde getirebilir.

Yaşam alanınızdaki değişimlerle hafifleyeceksiniz.

2020 yılını büyük yapan bir şeklide her konuyu ve duyguyu somut olaylara dayatıp karar aldıran, mart ayında gezegen geçişinde gizli Satürn Kova! 22 Mart, 2.Evinizde hareket eden Satürn'ün 3.Evinize taşınmasının günüdür. Dolayısıyla Satürn'ün Kova burcuna geçmesi, kendi yönettiği burçta hareket ediyor olması hayatınızda büyük değişimleri de beraberinde getirecek. Kendinize uygun alanlar yaratacaksınız. Yaşam alanınızda değişiklikler yapacaksınız. Diğer yandan dünyada enteresan olayların ardı ardına yaşanmasının bu sürece denk gelmesinin tesadüf olmadığını anlayacaksınız.

• Köklü bir kurumda çalışıyorsanız, son zamanlarda kulağınıza gelen dedikodular daha da yükselebilir. Yasak ilişkilerden tutun da üst konumda olan kişilerin birbirleriyle olan savaşlarına şahitlik edebilirsiniz.

• Bu süreçte yakın akrabalarınızla ilgili ilginç gelişmelerden de haberdar olabilirsiniz.

• Farklı şehir, farklı ülke planlarınızı hayata geçirmek adına harekete geçeceksiniz.

• Uzun zamandır ilişkisi olan bir Yay burcuysanız, ilişkinizi bir adım ileriye taşıma kararı alabilirsiniz.

Asırları birbirine bağlayan günlerden geçiyoruz dikkat!

Dikkat etmeniz gereken tarih ise 29 Mart olacak. Jüpiter ve Plüton Oğlak burcunda kavuşum yapacak. Sözün bitip seyrin başladığı günlerin devamı niteliğinde olacak bir döngü başlıyor. Ani sağlık sorunları ve birtakım kazalar yaşanabilir. Unutkanlığınızın üstüne gitmeyin ve bugünleri olabildiğince sakin ve yavaş geçirmeye çalışın.

• 1982-1988 yılları arasında doğmuş bir Yay burcuysanız, unutmayın ki devrim gezegeniniz de Yay burcunda. Bu da demektir ki gökyüzünün havaya büründüğü bir aydan geçiyorsunuz. Burcunuz ve devrim gezegeniniz adeta harlanacak ve keskin kararlar alacaksınız. Evliliğinizde birtakım problemler varsa, bir anda sorunları masaya yatırıp sorgulama ve sınırlar koyma ihtiyacı duyabilirsiniz.

NİSAN

Nisan ayının ışıltıları hayatınızı aydınlatırken, kalbinizi güzel duygularla dolduracak. Geriye dönüp baktığınızda bu yılın aslında ne kadar da hızlı aktığını fark edeceksiniz. Zamanın akıp gitmesine kim engel olabilmiş ki? İşte siz de tam olarak zaman kelimesine odaklanacaksınız. Hiçbir anınızın boşa gitmesini istemeyeceksiniz. Muallakta kaldığınız, adım atmaya korktuğunuz hayalleriniz için harekete geçme arzunuz artacak. Karar vermek, kazanmak, kafanızı dinlemek, yazı karşılamak isteyeceksiniz. Sözlerinizle ve zekânızla çevrenizdekilerin takdirini kazanacağınız bir ay olacak. Eski günlerdeki gibi neşeli, esprili, ince ayrıntıları görebilen, konuşmacı yanınızı bu ay ortaya çıkaracaksınız.

• Yıllardır yurtdışı seyahati hayalleri kuruyorsanız, bu ay yakın arkadaşınızla birlikte önümüzdeki aylar için planlamalar yapabilirsiniz.

• Sosyal olarak daha hareketli günler sizi bekliyor. Dâhil olacağınız her davette, görüşmede farklı kişilerle tanışacaksınız.

• Pratik fikirleriniz, hızlı çözüm önerilerinizle adeta çevrenizdekilerin sorunlarına kurtarıcı gibi yetişeceksiniz.

3 Nisan'da Venüs 7.Evinize geçiyor.

Bu da demektir ki Venüs, son yıllarda ilişkilerle ilgili bir türlü oturmayan konuları çözmenize yardımcı olacak. Venüs'ün 7.Evinize geçişi ile birlikte yüreğinizde adeta bir zaman yolculuğuna çıkacaksınız. Aşkta yaşadığınız olaylar bir düş kırıklığı mı, şanssızlık mı yoksa bazı şeyleri kabul etmeniz mi gerekiyor işte bunları sorgulayacaksınız. Duygularınız konusunda artık yanılmak istemediğinizi, geleceğe yönelik kararlar almak istediğinizi, hayatınıza kolay insan alamadığınızı, ilişkiler konusunda dönüm noktasına geleceğinizi hissettirecek Venüs. Tabi ki bunu birlikte olduğunuz kişiye hissettirmeyecek kendi içinizde bol bol düşüneceksiniz.

• Daha önce boşanmış biriyle birlikteyseniz, bu ay birlikte olduğunuz kişinin hayatına dair bilmediklerinizi öğreneceksiniz.

• Bir küs bir barış yürüttüğünüz ilişkiniz varsa, ciddi anlamda yorulduğunuzu fark edeceksiniz.

• Boğaz ve boyun bölgenizle ilgili hassasiyetiniz artacak.

• 23 Nisan'da toprak burcunda Yeniay gerçekleşecek. Yeniay ile birlikte gündelik hayatınızın dağınıklıklarını toparlayacaksınız. Aslında en küçük dağınıklığın bile bütününüze yansıdığını fark edeceksiniz. Bir süredir aklınızda olan konuları detaylandırarak hayata geçirebilirsiniz.

• Kariyerinize, çalışma düzeninize konsantre olacaksınız.

• Dişlerinizle ilgili sorunlar yaşıyorsanız, dişinizle ilgili tedavi sürecine girebilirsiniz.

• Yaşam alanınıza yeni bir düzen getirebilirsiniz.

• Evcil hayvan sahiplenebilir, onun sağlığı ile ilgili konularla ilgilenebilirsiniz.

• 1995 yılında doğmuş bir Yay burcuysanız, Jüpiter'iniz de Yay burcu demektir. Bu da demektir ki hem Jüpiter'iniz hem de Güneş'inizin karşısında hareket eden Venüs ne kadar güçlü, tutkulu sevdiğinizi, sevdiğiniz zaman gözünüzün bir şey görmediğini fark ettirecek.

MAYIS

Siz gündelik hayatınızda neşe saçan bir burçsunuz. Hareketleriniz, hal ve edanız dikkat çeker. Gözleriniz, bakışlarınız olabildiğince büyülüdür. Fikirleri düzenlemeyi seversiniz. Özellikle başkalarının fikirleri üzerinde oldukça etkili olmak istersiniz. Maceracı olarak anlatılsanız da aslında macerayı çok sevmeyen, ateşi temsil eden bir burç olmanıza rağmen her zaman riski kontrol etmeye, zapt etmeye çalışan bir ruhu temsil ediyorsunuz. Şanslı mısınız? Evet, bundan hiç şüphe yok. Zaten her şeyin kolay ve bir anda olmasına, bir şekilde yaver gitmesine alıştığınız için kendinizi son 2,5 yıldır benim şansım nerede derken bulmuş olabilirsiniz. Merak etmeyin, 2020 yılının mayıs ayında hem akademik araştırmalar hem eğitim hem birilerine yardımcı olma hem de yükselme konusunda işiniz yaver gidecek. İşinizi destekleyen, fikirlerinizi değiştiren sadece burcunuza yavaşça yaklaşan gezegen hareketleri olmayacak. Bununla birlikte 11 Mayıs'ta öğreten, zorlayan Satürn, geçtiği hava burcunda geri gitmeye başlayacak. Seyahatlerinizde, planlarınızda, iş sorumluluklarınızda yer yön değişikliği yapmak isteyeceksiniz. Bu ay çok daha rahat konuşacaksınız. Nereden geldim nereye gidiyorum sorusunu Satürn Retro'suyla daha çok soracaksınız.

Hayatınızı değiştirmek isteyeceksiniz.

Mayıs ayı kariyerinize, günlük hayatınıza güç katarken duygusal konularda sizi zorlayabilir.

• Yeteneklerinizi somutlaştırdıkça aslında bazı konularda ne kadar da iyi olduğunuzu anlayacaksınız.

• Eğitimini yarıda bırakmış ya da akademik olarak daha da ilerlemeyi düşünen bir Yay burcuysanız, atılım yakalayacağınız fırsatlar yakalayabilirsiniz.

• Kendi işini yapan bir Yay burcuysanız, işiniz satış pazarlama üzerineyse bu ay önemli anlaşmalara imza atabilirsiniz.

• Taşınma konuları gündeminizdeyse, ulaşım, nakliye, kira kontratı gibi detaylar için ayrıca koşturmanız gerekecek.

• Yurtdışında eşinizin ya da çocuğunuzun bağlantıları varsa

onların aldığı sürpriz kararların etkisi sizin hayatınıza da sirayet edecek.

• 2016 yılından bu yana hukuksal problemleri olan, çevresi tarafından haksızlıklara uğramış bir Yay burcuysanız, enteresan gelişmeler yaşayabilirsiniz.

Siz her zaman güçlü biri oldunuz.

Dayanıklı olduğunuzu Mars'ın su burcuna geçmesiyle birlikte çevrenizdekilere de hissettireceksiniz. Dünyada ve ülkemizde olan, son zamanlarda üst üste gelen konularda duygu ve düşüncelerinizi paylaşırken gerek sosyal medyada olsun gerekse arkadaş çevrenizde olsun bazı insanlardan uzaklaşacaksınız. Düşünceleriniz karşısında onların size karşı tavırlarını, düşüncelerini daha net göreceksiniz. Mars'ın su burcuna geçtiği döngüde eklemlerinizle ilgili hassasiyetiniz artabilir.

Beklentilerinizi, duygularınızı adeta elekten geçireceksiniz.

13 Mayıs'tan itibaren gerçekleşecek Venüs gerilemesi 7.Evinizde etkili olacak. Geçtiğimiz ayda bir şekilde bazı şeyleri fark etmenizi sağlayan Venüs'ün geri gitmesiyle 44 gün boyunca ilişkiyi, aşkı, geleceğinizi, kiminle yaşlanmak istediğinizi, kimi sevdiğinizi, tutku olmazsa asla devam edemeyeceğinizi kendinize göstereceksiniz.

• Evli bir Yay burcuysanız, eşinizin ailesiyle ilgili bazı sorunlar ilişkinize de yansıyabilir.

• Uzun zamandır ilişkisi olan bir Yay burcuysanız ve ilişkinizin geleceği konusunda hala bir belirsizlik varsa, sevgilinizle bu konuyu konuşabilirsiniz.

• Son birkaç ay içerisinde başlayan bir ilişkiniz varsa, ilişkiniz konusunda fazlasıyla titiz davranabilir, kimseye bahsetmek istemeyebilirsiniz.

• 1970-1984 yılları arasında doğmuş hem Neptün'ü hem de burcu Yay olan biri olarak boşandıysanız, eski eşiniz ile ilgili tazminat gibi maddi konular söz konusu olabilir.

• 1983-1984 yılları arasında doğmuş bir Yay burcuysanız,

haritanızda birçok gezegen de Yay burcunda demektir. Bu durum da hayatta cimri olmadığınız konularda ilk defa eli sıkı davranacak ve çevrenizde ciddi düzenlemeler yapacağınız anlamına geliyor.

Sevgili Yay burçları, 14 Mayıs'tan itibaren toprak burcunda hareket eden Jüpiter'in geri hareketiyle birlikte gündeminiz tamamen değişecek. Kime güvenip kime güvenmediğinizi sorgulayacaksınız. Her ne kadar başkalarının hayatına saygı duysanız da etkilendiğiniz konularda ister istemez kendinizi çeken bir burç olduğunuzu fark edeceksiniz.

• Toplumsal konulara olan ilginiz artarken bu süreçte çeşitli sosyal yardımlaşma kampanyalarına katılabilir, maddi desteklerde bulunabilirsiniz.

• En yakın arkadaşlarınızın özel hayatındaki sırları öğreneceksiniz. Bu sırlar birçok konuda hoşunuza gitmeyecek.

HAZİRAN

Haziran ayından itibaren önümüzdeki 1,5 yıl boyunca hayatınızın en önemli günlerine şahitlik edeceksiniz. Gök kubbe, duygularınızı, düşüncelerinizi, hayata bakış açınızı değiştirecek, şaşıracağınız birçok olayın haberciliğini yapacak. Bu süreci olumsuz olarak adlandırmamalısınız. Her geçiş sürecinde bazı sıkışmalar yaşasanız da aslında hayattan alacaklı biri olduğunuzu ve şansınızın harekete geçeceğini hissedeceksiniz. Anlatılmaz yaşanır tadında başlayan haziran ayında bu büyük kapıları kim aralayacak? 5 Haziran'dan itibaren Kuzey Ay düğümü 7.Evinize, Güney Ay düğümü ise burcunuza taşınacak. Gökyüzündeki bu iddialı Ay düğümleri aksları kendinizi topluma nasıl ifade edeceğinizi, bugüne kadar kendinizi nereye taşıdığınızı, gelecekte kendinizi nerede konumlandırmak istediğinizi sorgulatacak ve sizi harekete geçirecek.

5 Haziran'da Ay tutulması gerçekleşecek.

Yıllar sonra burcunuzda gerçekleşecek yılın ilk Ay tutulması oldukça iddialı etkiler bırakacak. Tutulma 1.Evinizde etkili olacak. Burcunuzda başlayan tutulmanın devamı da gelecek. Tutulmalar size doğru taşınıyor. Bu anlamda dünya değişirken sizin de hayata karşı duygu ve deneyimleriniz değişecek. Aslında kendi ruhunuzun şifrelerini çözüyorsunuz. Cesursunuz. Ateşe elinizi sokmaktan korkmuyorsunuz.

- Eski işinizle ilgili devam eden bir davanız varsa, bu ay yeni gelişmeler yaşanabilir.
- İş yerinizde kendinize ve çalışma arkadaşlarınıza karşı daha korumacı davranacaksınız.
- Kendi işini kurmayı planlayan bir Yay burcuysanız, bu süreçte birlikte hareket edeceğiniz kişiyi seçme konusunda oldukça titiz davranacaksınız.
- Son 2,5 yıldır ailede hem maddi konuları hem de bazı kişilerin depresyonunu idare eden bir Yay burcuysanız, zehir zemberek konuşmak yerine sessiz ve sakince kendi yolunuzu çizmeye başlayacaksınız.

Güneş tutulması, değişiklik yapma isteğinizi körükleyecek.

Yengeç burcunda gerçekleşecek Güneş Tutulması, 21 Haziran'da gökyüzünde ruh bulurken sizin de 8.Evinizde etkili olacak. Son 2,5 yıldır yaşadıklarınız ve öğrendikleriniz hayatınıza sirayet edecek. Görünüşünüzde büyük değişiklikler yapmak isteyeceksiniz.

• Baba ailesinde birtakım kayıplar, konuşulan ama bir türlü hayata geçmeyen miras, vasiyet gibi konularla ilgili gelişmeler yaşanacak.

• Bölgesel kilo probleminiz varsa ani estetik kararlar alabilirsiniz.

28 Haziran'da Mars ateş burcuna geçerek sizi başka birisi yapacak. Bugüne kadar ilgi alanlarınız olan, gençlik yıllarınızda hayaliniz olan ama bir türlü devam edemediğiniz alanlara sizi yönlendirecek 6 aylık süreci başlatan, içinizdeki çocuğu, coşkuyu açığa çıkaran Mars olacak. Yeteneklerinizle kişiliğinizi sergileme, sanatla, eğlence ile ilgili bir alanı temsil ediyor. İçsel dünyanızı düzenlemeniz ikili ilişkilerinize de yansıyacak.

• Resim, el sanatları gibi el becerisi gerektiren alanlarda yeteneğiniz olduğunu keşfedebilir hatta bu yeteneğinizden ilerleyen aşamalarda maddi kazanç elde etmek isteyebilirsiniz.

• Bir süredir görüşemediğiniz, başka bir şehirde yaşayan arkadaşınızla yeniden iletişime geçebilirsiniz.

• İlişkisini yakın bir tarihte sonlandırmış bir Yay burcuysanız, ortak arkadaşlarınız eski sevgilinizle sizi yeniden bir araya getirebilirler.

• Çocuk sahibi olma konusunda kaygıları olan ya da gebelikle ilgi bazı problemler yaşamış bir Yay burcuysanız, Mars 2021 yılının 7 Ocak'ına kadar size 6 aylık bir periyod veriyor. Sürpriz gelişmelerle hayatınızda yeni bir süreç başlayacak.

TEMMUZ

Dertlerinize deva olacak ancak bir taraftan da birilerini arkanızda bırakmanız gerektiği mesajını verecek ayın adıdır Temmuz. Dünyanın ne kadar hızlı döndüğünü, insanların kafasının çok karışık olduğunu, hemen her köşenin farklı bir kırılmadan geçtiğini fark edeceksiniz. Aslında gökyüzü sükût et, bekle, gözlemle diyor size. Eğer başarabilirseniz ne ala! Temmuz ayının getirileri her ne kadar zorlayıcı olsa da hayata karşı tutumunuz, seçimleriniz ilerleyen aşamalarda sizin için oldukça belirleyici olacak. Bu süreçte konfor alanınızı, motive olma tarzınızı, içsel potansiyelinizi korumaya almalısınız. Çevrenizde olan biten karışık durumlara dahil olmamaya özen göstermelisiniz. Taraf olmanızı bekleyen kişilerin gerçek niyetlerinin ne olduğunu da hesaba katmalısınız.

Satürn'ün öğretecekleri, söylemek istedikleri var!

Satürn, mart ayında büyük bir şenlikle burç değiştirmişti ve 11 Mayıs'ta da geri hareketine başlamıştı. Satürn Oğlak burcunda tam 2,5 yıl boyunca hareket etti ve sizin haritanızda bu süreç boyunca 2.Evinizde etkili oldu. Dolayısıyla bu döngüde kime güvenip güvenmeyeceğinizi çözme yönteminiz değişti. 3 Temmuz'da ise tekrar Oğlak burcuna geri gelmesi aslında size öğreteceklerinin olduğunu işaret ediyor. Satürn'ün geri gelmesi, güven konusunu tekrar sorgulamanız gerektiğini, yaşadıklarınızı çabuk unuttuğunuzu, dikkatinizin çabuk dağıldığını, eğitim konusunun devamını getiremediğinizi, ilişkiler konusunda özellikle son yıllarda ısrarla aynı kişilere şans verdiğinizi hatırlatmak istiyor. Ancak çevrenizdeki birçok kişinin size veya sevdiklerinize haksızlık ettiklerini, bencil davrandıklarını, bireysel hareket ettiklerini ve bazı şeyler gizlediklerini de öğrenebilirsiniz.

- Kalabalık, büyük bir yerde çalışıyorsanız özellikle 2 Temmuz'dan itibaren çevrenizdeki insanların nutku tutulmuş, düşünemiyormuş gibi hareket etmelerini sineye çekip görmezden gelmenizi tavsiye ediyor gök kubbe.
- Yurtdışı bağlantılı bir firmada çalışıyorsanız, bölümünüzde, çalıştığınız yerde bazı değişiklikler yaşanabilir.

• Ortaklı yürüttüğünüz bir işiniz varsa, son zamanlarda ortağınızın biraz daha kişisel hareket ettiğini fark edebilirsiniz.

• Yeni mezun olmuşsanız ve iş arayışındaysanız, başvurduğunuz yerlerden geri dönüş alabilirsiniz.

• Birkaç yıldır uzaktan yürüttüğünüz bir ilişkiniz varsa, ayrı şehirlerde yaşamanın ilişkinizi zorlaştırdığını, duygularınızı eksik yaşadığınızı hissedebilirsiniz.

• Evli ya da ilişkisi olan bir Yay burcuysanız, değer verdiğiniz kişiyle planladığınız tatil programınızda değişikliğe gidebilirsiniz
.

Yengeç-Oğlak aksındaki tutulma çok iddialı!

2020 yılının şifrelerini çözen, keskin kararları, sadece duygu ve bilgide değil aynı zamanda yaşama geçirecek olan 2020 yılının en iddialı tutulmalarından birini yaşayacaksınız. Yengeç-Oğlak aksındaki son tutulma olacak. Son yıllarda toprak tutulmalarını hem Twitburc hesaplarından hem de kitaplarımdan bolca okudunuz. Zaten son yıllarda yaşadıklarınız sizin gibi ateş elementi, son söyleyeceğini başta söyleyen, çocuksu, her şeyi coşkuyla en yüksekte yaşayan bir burca ağırlık, atalet, kabuğuna çekilme, düşünerek hareket etme gibi daha önce yapmadığınız davranış ve çıkışlar vermişti. İşte bu çıkışları tetikleyen tutulmaların sonuncusu yaşanırken, tarihler 5 Temmuz'u gösterirken toprak burcundaki tutulma 2020 yılının en önemli tutulmalarından biri olacak. Ay tutulması kime güvenmeniz gerektiğini bir kez daha öğretecek.

• Yakın akrabalarınızın ailenizle ilgili belli başlı sorunları gündeme gelebilir.

• Birikimlerinizi değerlendirme konusunda tereddütler yaşayabilirsiniz. Yazlık ev, araba alımı gibi konular gündeminizi oluştursa da farklı yatırımlara da açık olacak, neler yapabileceğinizi düşüneceksiniz.

• Borç verdiğiniz birileri varsa ve aradan çok zaman geçtiği halde geri alamıyorsanız, biraz daha sert bir tutum sergileyebilirsiniz.

Dikkat etmeniz gereken tarih ise 30 Temmuz olacak. 30 Temmuz'da çok ilginç bilgiler önünüze gelecek. Öğreneceklerinizi birileriyle paylaşmadan önce iki kez düşünmenizde fayda var.

AĞUSTOS

Ardı ardına yaşanan 3 tutulmadan sonra ağustos ayını, serinleten bir yaz rüzgârı gibi hissedeceksiniz. Her ne kadar içinizdeki uğultular devam ediyor olsa da gökyüzünün kavgasının ve gürültüsünün bitmesiyle aslında ağustos ayını biraz daha sakin geçireceksiniz. Olayları gözlemleyen tarafta olacaksınız. Dinleneceksiniz, tatil yapacaksınız, nefes alacaksınız, kendinize zaman ayıracaksınız. İçinizde bazı konulara dair kuşku varsa, ilk düşündüğünüzün doğru olduğunu, sonradan gelen düşüncelerinizin sadece kuruntudan ibaret olduğunu fark edeceksiniz. Önünüze çıkan her şeyin yaşadığınız hayata bir cevap ya da büyük konuşmalarınızla gelen bir sınav olduğunu algıladığınızda aslında son 3 aydır yaşadıklarınızı kafanızda bir yere oturtacaksınız. Israrcı bir burç olduğunuzu, yanmadan, denemeden, duygularınızla hayatı yönettiğinizi daha iyi kavrayacaksınız.

Yoğun, koşturmalı günler sizi bekliyor.

• Yaşam standartlarınızı artırma, geleceğinizi güvence altına alma isteğiniz artacak. İşe yeni başlayan bir Yay burcuysanız, uyum sürecinde kendinizi zaman zaman telaşlı hissedebilirsiniz.

• Evlilik hazırlığı içinde olan bir Yay burcuysanız, düğün mekânı, süslemeler gibi ayrıntılar sizi tatlı bir telaşa sürükleyebilir.

• Çocuklu bir Yay burcuysanız, çocuğunuzun girmiş olduğu sınav sonucu, okul seçimi gibi konular yeni kararlar almanızı sağlayacak.

• Yılın başında sevdiğiniz kişilerle planladığınız tatile çıkabilirsiniz. Yurtdışına çıkacaksanız, pasaport, vize gibi evraklarınızı kontrol etmeyi unutmayın.

• Aranızda kırgınlık olan, görüşmediğiniz kişiyle yeniden bir araya gelebilirsiniz.

• Yılın ikinci yarısına girerken yaptırdığınız estetik operasyonlardan istediğiniz sonuçları alamamışsanız, bu noktalarda birtakım düzenlemeler de yapacaksınız.

Yaşam standartlarınızı farklı bir boyuta taşımak isteyeceksiniz.

3 Ağustos'ta hava burcunda gerçekleşecek Dolunay ile plansız seyahatleriniz artacak. Dolunay içinizi şişirmek yerine, sizi çok daha farklı alanlara sürükleyecek. Tüm bunlarla birlikte farklı alanlara ilgi duymaya başlayacaksınız. Dış görünüşünüze değişikliğe gidebilir, tarzınızı yenileyebilirsiniz.

- Alışverişe ayırdığınız bütçe artabilir.
- Saçlarınızı kestirebilir, cesaret isteyen bir renge boyatabilirsiniz.

EYLÜL

Eylül ayı zorlayan günleri barındırıyor. Ancak diğer yandan gündelik hayatınızda tesadüf gibi görünen durumların size mesajları olacak. İçsel dünyanızda benzersiz bir yolculuğa çıkacak, kendinizde, hayata olan bakış açınızda değişikliğe gideceksiniz. İşin özü artık engel olamadığınız durumların dışında gereksiz tüm sorunlardan, yorgunluklardan uzaklaşmak isteyeceksiniz. Elbette ki bu durum sizi gamsız bir ruh haline sokmayacak. Tam tersine detayları ince eleyip sık dokurken, size faydası olacak, yükseltecek konuları merkezinize alacaksınız. Düzen kurmaya çalışarak, gündelik yaşamınızı nakış gibi ince ince işlerken sizi zorlayan noktaların üstesinden gelmek adına farklı çözümler üretme çabanız da artacak.

Aşkın, ihtirasın en yalı hali savaştır.

Haziran ayından bu yana ateş burcunda yücelen Mars, 10 Eylül'den itibaren kendi burcunda geri gitmeye başlayacak. Bu süreçte birtakım aksilikler yaşanabilir. Meydan okumak, cesur konuşmalar yapmak isteyeceksiniz. Çünkü Mars'ın kendi yönettiği burçta 1988 yılından bu yana ilk defa kendi yönettiği burçta geri gidecek olmasının gerçekten bizlere öğretisi var. Aslında gök kubbe, haziran ayından bu yana duygu durumunuzu değiştirdiğini, sizi bambaşka çıkışlara iteceğini işaret ediyor. Uzun zamandır kimlere şans ya da süre verdiyseniz, bu kişilerle bir bir konuşmalar yapacaksınız. Unutmayın ki Mars Retro'su sizi çok yakından ilgilendiriyor çünkü siz de bir ateş burcusunuz. Mars'ın kendi yönettiği burçta geri gitmesi savaşmak mı yoksa çatışmak mı arasındaki sırat köprüsünü yeryüzünde canlandırmak istiyor. O yüzden de sabır ile strateji arasında hareket edenlerin sınavları olacak. Size strateji yapmayı öğretecek. Mars'ın 67 gün boyunca geri gidecek olmasıyla özellikle eylül ayının sonuna kadar enteresan süreçleri de beraberinde getirecek.

Kendi işini yapan bir Yay burcuysanız, yanınızda uzun zamandır çalışan, demirbaş olarak gördüğünüz, sağ kolum dediğiniz kişilerle yollarınızı ayırmaya kadar varacak konuşmalar yapacaksınız.

Eğer bu dönemde aileden ortaklı bir yeri satmaya çalışıyorsanız, sizin haberiniz olmadan alınan kararları ve planları öğrenerek bu konuya dair fikirlerinizi değiştireceksiniz.

Aile işinde çalışıyorsanız, ailedeki bireylerle işin yürümediğini Mars Retro'suyla birlikte daha da iyi anlayacaksınız.

Bu döngüde annenizden çok ilginç konuşmalar ve cümleler duyacaksınız.

Günlük hayatınızda arabanızdan, telefonunuza, uzun zamandır kullandığınız buzdolabınıza kadar birçok eşya sizi sınayabilir.

Sezgileriniz, aklınızın ışığıyla yol gösterici olacak.

Kerametini sonradan fark edeceğiniz 2020 yılının şifreleri belki de yanı başınızda olabilir. 22 Eylül'de sonbahar kendini hissettirirken siz de tam tersine çok daha güçlü hissedecek, daha keskin kararlar alacaksınız. Bu ekinoksta iç sesinizi dinlemeyi unutmayın.

Bekâr bir Yay burcuysanız, kendinize ait bir düzen kurmak isteyeceksiniz. Ailenizden ayrı eve çıkabilirsiniz.

Yakın tarihte evlenmiş bir Yay burcuysanız, eşinizle, eşinizin ailesiyle yakaladığınız uyum sizi daha da mutlu edecek.

İlişkisi olan bir Yay burcuysanız, sevgilinizle birlikte ilişkinizi daha da hareketli hale getireceksiniz.

Ailenizde son yıllarda tedavi gören kişiler varsa sağlıklarıyla ilgili büyük günlerden geçtiklerini, hayatın gelip geçici olduğunu düşünerek kendinizi hayatın yüklerine karşı rahat bırakabilirsiniz.

EKİM

Sezgilerinizin, öngörülerinizin ne kadar da güçlü olduğunu anlayacağınız bir ay sizi bekliyor. Öyle ki bu ay kendinizi sık sık ben söylemiştim, tahmin etmiştim böyle olacağını derken bulabilirsiniz. Kendinize odaklanırken, sosyal hayatınızdan da geri kalmayacaksınız. 2020 yılını geride bırakmaya adım adım yaklaşırken, şimdiden önümüzdeki yıllar için planlamalar yapabilirsiniz. Özellikle kişisel gelişiminizi destekleyecek alanlar için araştırmalar yapmaya başlayacaksınız. Denge konusundaki hassasiyetiniz artacak. Hem maddi hem de manevi olarak bir standart belirlemek isteyecek, prensiplerinizi oluşturan duygularınızdan ödün vermek istemeyeceksiniz. Kendinizi yeniden inşa ederken, duygusal geçişleriniz sizi zorlayabilir.

Sosyal hayatınız renkleniyor!

Ekim ayının ilk gününde gerçekleşecek, Mars gerilemesi ile de ilişkili olacak ateş burcundaki Dolunay herkesi evi ile daha ilişkili yaparken, siz seyahatlerle, sosyal hayatınızla, organizasyonlarla günlerinizi dolduracaksınız. Çünkü bu Dolunay sosyal hayatınızı aktive ederken üst üste katılacağınız düğün, doğum günü gibi davetlerle yoğun bir programınızın olduğunun haberciliğini yapacak. 1 Ekim'de yaşanan Dolunay, Mars gerilemesi ile kaynaştığı için sizi sosyal hayata itecek. Geçtiğimiz ayın aksine çok daha sosyal olacak ve kiminle karşılaşırsanız karşılaşın gideceğiniz yerlerden kendinizi esirgemeyeceksiniz.

• Yakın arkadaşınızın düğünü varsa, bu süreçte ona en çok destek olanlardan biri de siz olacaksınız.

• Sosyal çevrenizde aranan kişi haline geleceksiniz. Yeni yeni insanlarla tanışacak, güçlü ve kendinizden emin diyaloglar kuracaksınız.

• Yaşadığınız evden ya da semtinizden memnun değilseniz, ani bir kararla taşınma kararı alabilirsiniz.

• Bu ay sık sık arkadaşlarınızla birlikte kısa seyahatlere çıkabilirsiniz.

Yorucu, zedeleyen şüphelere geçit vermeyin!

14 Ekim'de su burcunda başlayıp daha sonra hava burcunda devam edecek olan yılın son Merkür gerilemesi kıskançlığınızı tetikleyecek. Sonrasında ise güzellikle ilgili bazı detaylara kendinizi bırakacaksınız. Çünkü kendinize bir özgüven borcunuz olduğunu düşünüyorsunuz. Kendinizi uzun zamandır ihmal ettiğinizi anlayacaksınız. Merkür gerilemesi adeta bir kıvılcımla başlayacak ancak diğer yandan duygularınızı çok daha derinden hissedeceksiniz. Merkür gerilemesi gökyüzünü Marsiyen bir etkiye bırakacak. Mars'ın çocuklarının yönettiği gökyüzünde, lafını esirgemeyen, dayanamayıp bir şekilde düşüncelerini söyleyen bir ruha bürüneceksiniz. Bu dönemde önünüze gelen fırsatları ertelememenizde fayda var. Marsiyen gökyüzünün gazabından korunmak istiyorsanız, motive olacağınız alanlara yönelmelisiniz.

- Evli bir Yay burcuysanız, ilişkinizi gündelik hayatın içinde bıraktığınızı fark edeceksiniz.
- Uzun zamandır ilişkisi olan bir Yay burcuysanız, ilişkinizin rutinleri sizi düşündürebilir. Sevgilinizin de eskisi kadar heyecanlı olmadığı hissine kapılabilirsiniz.
- Yeni başlayan bir ilişkiniz varsa, sevgilinizi daha fazla tanıma isteğiniz aceleci bir portre çizmenize neden olabilir.
- Kurumsal alanda çalışan bir Yay burcuysanız, akademisyen, bankacı ya da eğitimciyseniz önünüze gelen yazışmalarla, maillerle arkanızdan neler konuşulduğunu öğrenebilirsiniz.

KASIM

Kışın ilk ayı toparlayarak, iyileştirerek başlıyor. Aklınızı kurcalayan soru işaretlerini bir kenara bırakacak, düşüncelerinizde daha esnek davranmaya çalışacaksınız. İçsel dünyanızda kendinizi sorguladığınız süreci farklı bir boyuta taşıyacaksınız. Uzun zamandır kendinizi eleştirdiğiniz noktalarda artık denge kurduğunuzu fark edeceksiniz. Yaşama değer kattıkça, anlamlandırdıkça bazı sorunları gözünüzde fazla büyütmemeniz gerektiğini kavrayacaksınız. Bu durum sizi daha da olgunlaştıracak. Hayatınızı daha da ileriye taşımak için fedakârlıktan, **çabalamaktan** kaçınmayacaksınız. Diğer yandan felsefi bakış açınızın daha da yükseldiğini fark edeceksiniz. Bu ay sık sık toplumsal meselelere kafa yorabilirsiniz. Düşüncelerinizi sadece sözlü olarak dile getirmeyecek yazıp çizeceksiniz. Hızlanan yüzyılda insanların hırs, ego gibi olumsuz duygulara sürüklenmesi zaman zaman sizi kaygılı bir havaya sokabilir. Tüm bunların yanında isteklerinize daha da bağlanacak, hayallerinizi gerçekleştirmek için neler yapabileceğinizi düşüneceksiniz. Merkür 3 Kasım'da düz seyrine girerken maddi koşullarınızda belli başlı düzenlemeleri de beraberinde getirecek. Bununla birlikte kariyer hayatınızda yaşadığınız karışıklıkların hakkından gelmenizi de sağlayacak.

Cesur yanınız, gözü kara kararlar almanıza neden olabilir.

• Ödemeleri ile derdi olan bir Yay burcuysanız, bu ay birine verdiğiniz borcun geri dönüşüyle ödemelerinizi kolaylıkla halledebilirsiniz.

• Uzun zamandır işinden memnun olmayan bir Yay burcuysanız hem psikolojik hem de zihnen artık tükenme noktasına geldiğinizi düşüneceksiniz. Bu durum size itiş güç olup cesaret verirken bir anda işten ayrılma kararı alabilirsiniz.

• Sosyal olarak aktifliğinizden ödün vermeyeceksiniz.

• 1986-1987 yıllarında doğmuş Satürn'ü ve öz burcu Yay olanlar, geçtiğimiz ay iş ile ilgili çıkan karışıklıkları, üstünüze yıkılan sorunları çözeceksiniz.

Gökyüzünün seyri size kendinizi yeniden tanıtıyor!

14 Kasım'da Mars gerilemesi bitiyor ve Mars Retro'sunun geçtiğimiz 67 günlük süreçte size neler öğrettiğini çözüyorsunuz. Yaşam alanınızla ilgili bugüne kadar girmem dediğiniz borçlara girerek cesur kararlar aldınız. Diğer yandan Mars'a teşekkür edeceksiniz. Çünkü Mars, kendinize bir alan belirlemeniz gerektiğini, kimsenin baskısı ya da söylemeleriyle hareket etmemeniz gerektiğini anladınız.

- Kirada oturan bir Yay burcuysanız, nereye kadar böyle gidecek diye sorabilirsiniz kendinize. Dört duvar olsun benim olsun diye düşünecek ve ev sahibi olmak için daha tutumlu davranarak birikimlerinizi artırma yoluna gidebilirsiniz.
- Bir süredir kardeşinizle ilgili sorunlar yaşıyorsanız, aranızdaki meseleler bir anda çözülebilir.

Hayatınızın merkezine kendinizi alacaksınız.

7.Evinizde gerçekleşecek hava burcundaki Ay tutulması yılın dördüncü Ay tutulması olacak. 2020 yılının ne kadar farklı duygular getirdiğini hissedeceksiniz. Baskı altında kalmaya ve manipüle edilmeye gelemediğinizi, çok değiştiğinizi, eskisi gibi olmadığınızı, kimseyi idare edemeyeceğinizi, kalabalıkları sevseniz de yalnızlığınızdan çok da ödün vermeyeceğinizi 30 Kasım'da gerçekleşecek Ay tutulmasıyla çözümleyeceksiniz. Aşk'ı sorgulayacaksınız.

- 14 yıldır evli olan bir Yay burcuysanız ve uzun zamandır çıkmaza giren sorunlar yaşıyorsanız, Ay tutulması bazı konuları görmenizi sağlayarak size keskin kararlar aldıracak.
- 1970-1984 yılları arasında doğmuş bir Yay burcuysanız, haritanızda Neptün'ünüz de Yay burcunda. O yüzden de tutulma sizi daha da etkileyecek ve hayatınızın hemen her alanıyla ilgili önemli kararlar alacaksınız.

ARALIK

2020 yılını geride bırakacağınız aralık ayında içsel değişiminizi dışarıya karşı daha da yansıtmaya başlayacaksınız. 2020 yılı şifreleri çözerken kendinizi derinden tanıdınız. Bugüne kadar neleri sineye çektiğinizi, kimler için neleri göze aldığınızı anlamlandırmaya çalışırken; sevdiklerinizin aslında ne kadar da kendilerine dönük olduğunu ve yakın çevrenize karşı baskın bir ruha sahip olduğunuzu kavradınız. Tüm bu farkındalığı size kazandıran ise 2020 yılında gökyüzünde dört kez gerçekleşen Ay tutulması oldu. Aralık ayı ile birlikte de ikinci kez Güneş tutulmasından geçiyorsunuz. Toplamda 6 tutulmanın etkisinden geçerken, bambaşka birine dönüştünüz. Aslına bakarsanız bu sürecin içinde bir belirsizlik yok. Hem ne istediğinizi ne yöne gideceğinizi biliyor hem de geleceğinizi yeniden tasarlamaya çalışıyorsunuz. Sadece zaman zaman sabırsızlığınız ve kaygılarınız olduğu için tez canlılığınız tutuyor. Sıradan bir hayat yaşamadığınızı, bir anda kimsenin size imkan sunmadığını, aileden bile bir yere kadar destek aldığınızı, gururlu bir burç olduğunuzu, hayatınızın birçok döneminde işleriniz yolunda gitse de insanlar tarafından bir şekilde hırpalandığınızı bu yıl çok daha iyi anladınız. 2020 yılında hedeflerinizle birlikte yaşam standartlarınızı artırarak, hayallerinizi hayata geçirerek, başkalarının ne düşündüğüne kafa yormayarak hareket etmeye çalıştınız.

Hayatınızı istediğiniz noktaya taşıyorsunuz

14 Aralık'ta burcunuzda gerçekleşen tutulmayla aralık ayını kapatacaksınız. Bu tutulmanın aralık ayının tam ortasında, doğum günü ayınızda gerçekleşecek olması ile 2020 yılında yaşadıklarınızı sınarken hayatın ödüllerini de alacaksınız. 2020 yılında sizin için neler değişti, hangi duygulardan geçtiniz, kim size destek oldu, kim köstek olmayı tercih etti bir kez daha hatırlatmak istercesine gerçekleşen Güneş tutulması sizi yakından ilgilendirecek. Güneş tutulmasının size sürprizleri olacak ve yaşamınızı yakından ilgilendirecek. Diğer yandan ailenizdeki erkek figürleri de yakından ilgilendirecek. Eskisinden çok daha farklı

olduğunuzu ve bu yılı çok hızlı yaşadığınızı fark ettirecek. Çoğalmanızı, güçlenmenizi sağlayan 14 Aralık'taki Güneş'in tam tutulması hayatınıza büyük dönüşümler getirecek. Gök kubbe iyi ki dediğiniz birçok konuyla kapatacağınız bir yıl olacağını işaret ediyor.

- Çocuk sahibi olmayı hayal eden bir Yay burcuysanız, 2020 yılı bu konuda size kapı araladığını gösterecek.
- Gönlü boş bir Yay burcuysanız ve artık hayatınızda biri olsun istiyorsanız, bu ay alacağınız davetleri kaçırmayın.
- 1984-1998 yılları arasında doğmuş bir Yay burcuysanız yuva, evlilik, düzen konusunda keskin ve büyük adımlar atacaksınız.

Sizi yoran, zorlayan ne varsa bertaraf etmeye hazır olun!

20 Aralık'ta hem Satürn hem de Jüpiter eş zamanlı olarak hava burcuna taşınırken sizin de 2.Evinize dair konulardaki yüklerinizi azaltmış olacak. Satürn 3.Evinize taşınacak. Bu döngüde yurtdışı konularını gündeminize gelebilir.

- Kendi işini yapan bir Yay burcuysanız, yabancılarla iş birliği yapma dönemine gireceksiniz.
- Eğitimci ya da yayıncıysanız, bu döngü yolunuzu aktifleştirecek 2,5 yıllık süreci başlatacak.
- 14 yıldır aynı sektörde çalışıyorsanız saygınlığınız daha da artacak.
- Özel sektörde çalışıyorsanız hem Jüpiter'in hem de Satürn'ün 3.Evinize taşınmasıyla iş yerinizde birtakım düzenlemeler yapılacak hem ruhsal olarak rahatlayacak hem de çalıştığınız yapıya olan güveniniz aratacak.
- Zararlı alışkanlıkları olan bir Yay burcuysanız, bu süreçte mutlaka alışkanlıklarınızı bırakmayı deneyin.

OĞLAK BURCU

OCAK

2018 yılından bu yana sizi o kadar anlattım ki belki de en çok sizi konuşuyor gibi oldum. Fakat gök kubbe sizi hedef alıyor. Belki hayatınızı değiştirmenizi belki de yollarınızı yeniden belirlemenizi istiyor. 2020 yılında da sizi bol bol anlatacağım. Her ne olursa olsun bu kez gökyüzü en üst seviyede Oğlak burcu olacak. Tüm gezegenler Oğlak burcunda toplanırken siz de 2020 yılına giriş yapacaksınız. Öyle ki 2020 yılının ilk günü iletişim gezegeni ve burcunuzda hareket eden Jüpiter ile kavuşan gökyüzüne merhaba diyeceksiniz. Şans gezegeni ve iletişim gezegeni sizin burcunuzda kavuşurken, kendi şansınızı kendiniz elde edeceksiniz. Geçtiğimiz yaz aylarından bu yana hayatınızı yeniden inşa etme çabanızın, kurduğunuz sohbetlerin kaybolduğu hissine kapılmanızın yanlış olduğunu 2020 yılının ilk günleri size gösterecek. Tarihte az görülen, jenerasyon gezegenleri ile hızlı hareket eden gezegenlerin kavuşum yapması başınızı döndürecek, talih kuşunu kapınıza getirecek. Son 2 yıldır yaşadıklarınızı bir kenara bırakacaksınız. Hayatın size hangi kapıları açtığını, yaşadığınız sıkıntıların nelere delalet ettiğini göreceksiniz.

Kazanan bu sefer siz olacaksınız

8 Ocak'ta burcunuzda hareket eden Satürn ile yeraltı gezegeninin kavuşumu yeryüzüne çok farklı cereyan ederken sizin hayatınıza da çok önemli girişimleri getirecek. Hiç ummadığınız insanlarla tanışacaksınız. Bunların çoğu göz önünde olan insanlar olacak. Çok farklı projeler geliştireceksiniz. İki yıkıcı gezegenin kavuşumu 8 Ocak'ta gerçekleşirken; gizli kalan tüm bilgilerin, ilişkilerin deşifre olacağını işaret ediyor. Satürn-Plüton

kavuşması sizde itiş gücü uyandıracak, bugüne kadar yapmadıklarınızı yaptıracak. Kavuşumlar hayata bakış açınızda, duruşunuzda önemli dengeleri değiştirecek ve şoke edici haberler alacaksınız.

• Ben çalıştığım yerin demirbaşıyım diyen bir Oğlak burcuysanız, karşınıza başka fırsatlar çıkabilir. Reddetmeden önce durun ve bir kez daha düşünün. Belki de talihin hayatınızı değiştireceği bir yola doğru gireceksiniz ve elinizin tersiyle itmek üzeresiniz.

• İş yerinizde ani iş çıkarılmalarına şahit olabilirsiniz. Eğer aralık ayından bu yana ben buna benzer durumlar yaşıyorum diyorsanız sadece burcunuz Oğlak değil başka gezegenleriniz de Oğlak burcunda demektir.

• Yakın çevrenizde, hiç ummadığınız kişilerin uzun süredir herkesten saklı ilişkilerinin olduğunu duyabilirsiniz.

• Küs sandığınız kişilerin aslında konuştuğunu hatta müttefik olduklarını fark edeceksiniz.

• Evli bir Oğlak burcuysanız, evliliğinizde son 2 yıldır yaşadığınız sıkıntıların karşısında olumsuz ya da olumlu bir sonuca ulaşmak isteyeceksiniz. Belirsizliğin, iniş çıkışların gün geçtikçe sizi daha da yıprattığını düşüneceksiniz.

• Teknolojiyle ilgili sıkıntılar yaşayabilirsiniz. Geçmişe dair mesajlarınız açığa çıkabilir. Dikkat!

• 1959-1961 yılları arasında doğmuş bir Oğlak burcuysanız ve son 2 yıldır hayatını kurmaya çalışan bir çocuğunuz varsa, artık her şeyin yoluna girdiğini göreceksiniz.

• 1959-1961 yılları arasında doğmuş bir Oğlak burcuysanız, sağlığınızla ilgili çıkabilecek problemleri asla göz ardı etmeyin.

• 1988-1990 yıllarında doğmuş bir Oğlak burcuysanız, Satürn'ünüz de Oğlak burcunda. Oğlak ağırlıklı bir yılda doğmuş olmanızdan dolayı bu süreçte kendi kaderinizi kendiniz yazacaksınız.

Son 2 yıldır yönetici gezegeninizin size liderlik yapıyor olması bu yılınızı da farklı yapmaya devam ediyor. Belki herkes Satürn'den korkar ama siz Satürn tarafından referans alıyorsunuz. 2020 yılı da hayatınızı değiştirerek başlayacak. Bu değişime burcunuzda gerçekleşecek tutulma vesile olacak. 2020 yılının ilk tutulması 10 Ocak'ta burcunuzun karşısında yaşanacak tutulma gökyüzünde ruh bulurken 7.Evinizde büyük değişiklikler yapmaya, keskin köşelerinizi törpülemeye devam edecek. Hayat her gün farklı köşelerden gelirken size artık ne kadar fedakârlık yapacağınızı bir şekilde öğretecek. 7.Evinizdeki Ay tutulması duygularınıza büyük farkındalık getirecek.

Sevmekten mi vazgeçeceksiniz?

Tabi ki hayır! Ancak eskisi kadar sorumluluk almak istemeyecek, öğrettiklerinizin ve önemsediklerinizin öne geçip geçmediğini hissettireceksiniz. 10 Ocak'tan itibaren sorumluluklarını sahiplerine teslim edeçeksiniz.

- Eğer kardeşiyle ortaklı iş yapan bir Oğlak burcuysanız, işin takibi ve yönetimi konusunda biraz daha özenli davranmasını isteyeceksiniz.
- Rekabeti bol bir işte çalışıyorsanız, bazı çalışma arkadaşlarınızın iyi niyetinizden, yardımsever tarafınızdan faydalanmaya çalıştıklarını fark edebilirsiniz.

En dikkat etmeniz gereken tarihler ise 12 Ocak ile 15 Ocak tarihleri arası olacak. Burcunuzda hareket eden ağır gezegenler ile hızlı hareket edenlerin kavuşacak olmasıyla hayatınızda hiç olmadık şokları bu tarihlerde yaşamazsanız gerçekten çok şanslı olduğunuza kanaat getirebilirsiniz.

ŞUBAT

Her ne kadar kışın soğuk ve kapatıcı mevsimi hâkim olsa da şubat ayında içinizi ısıtacak gelişmeler yaşayacaksınız. Kalbinizin sesini dinlerken, sevgi, saygı, kardeşlik, vefa gibi manevi konulara daha da değer vereceksiniz. Adeta içsel bir yolculuğa çıkarak sınırlarınızı, prensiplerinizi, doğrularınızı yeniden oluşturacaksınız. Tüm bu değişimleri adım adım, anlayarak, kavrayarak, sakince yapmanız size bambaşka bir olgunluk katacak. Zaman zaman duygusal yükselişlerinizin olması güçlü bir döngüden geçmenizden kaynaklanacak.

Şubat ayına hala ağır gezegenler burcunuzda hareket ederken başlıyorsunuz.

Her ne kadar Güneş, su burcunda hareket ediyor ve sizi duygusallığa itiyor olsa da savunmanızın yüksek olduğu bir ay olacak. 16 Şubat'tan itibaren mücadele gezegeni Mars'ın burcunuza geçişiyle birlikte liderlik ruhunuz yeniden ön plana çıkacak. Ne geçtiğimiz yüzyılda ne de bu yüzyılda tekrarı olmayan, daha önce yaşanmamış gökyüzü olayları sizin burcunuzda cereyan ederken 2020 yılı akla gelmeyecek gündemler belirleyecek. Mücadeleye iten, nerelerde hırslandığınızı analiz ettirecek olan Mars sadece burcunuza geçmekle kalmayacak diğer jenerasyon gezegenleriyle de kavuşmaya başlayacak. Bu da burcunuzu adeta kendine getirecek ve sizi yükseltecek. Hayal ettiğinizden öte gelişmeler yaşayacaksınız. Farklı insanlarla tanışacaksınız. Sihirli aylardan geçtiğinizi fark edeceksiniz. Ancak bu aydınlık tarafın bir de gri tarafı olacak. Gri tarafı ise Mars'ın burcunuza geçmesinden kaynaklanacak. Sevdiklerinizle ilgili ortaya çıkan sorunlar sizi üzebilir. Tüm bunlarla birlikte gök kubbe, enteresan haberler alacağınızın da altını çiziyor.

• Ailenizde mevcut sağlık sorunları olan kişilerle ilgili gelişmeler yaşanabilir.

• 2012 yılından bu yana aynı sektörde, aynı kurumda ya da pozisyondaysanız, çalıştığınız kurumda büyük kırılmalar olacak ve siz de büyük çıkışlar yaşayacaksınız.

- Geçtiğimiz yıllarda size haksızlık edenlerin ciddi sıkıntılardan geçtiklerini öğrenebilirsiniz.
- Sosyal çevreniz daha da genişleyecek. Tanışması imkânsız gibi görünen insanlarla aynı ortamda çalışma, iş yapma, konuşma fırsatı bulacaksınız.
- Boşanma sürecinde olan bir Oğlak burcuysanız, eşinizin ailesinin bitmek üzere olan evliliğinize dair söylemleri sizi epey şaşırtacak.
- Yıllardır süren bir ilişkiniz varsa, kendinizi evliliğe hazır hissedebilirsiniz.
- Çocuğu olan bir Oğlak burcuysanız, eğitimi ile ilgili iyileştirici araştırmalar yapabilirsiniz.

Merkür gerilemesi 17 Şubat'ta gerçekleşecek.

Su burcunda geri gidecek olması sizi hem besleyecek hem de çalıştığınız yerde, evinizde olan eksiklikleri dağınıklıkları fark ettirerek bu benim aklıma nasıl gelmedi diyeceğiz konuları önünüze getirecek. Merkür Retro'su yarım bıraktığınız işleri tamamlatırken, göremediğiniz bazı detayları da göstermek isteyecek. O yüzden de Merkür Retro'sunu olumsuz görmemenizi tavsiye ederim. Duygularınız yükselirken, ipleri elinize almanız gerektiğini hatırlatacak.

- Çalıştığınız kurumda kimlerin zaafına göre konuştuğunu, neleri eksik söylediklerini fark edeceksiniz. İ
- Yakın arkadaşlarınızın sizden bir şeyler gizlediğini, bazı şeyleri eksik anlattığını hatta sizin tanıştırdığınız insanlarla gizli gizli görüştüğünü duyacaksınız.

MART

Kendinizle ilgileneceğiniz, özgüveninizi toparlayacağınız, kalbinizi yoran ağırlıkları hafifleteceğiniz bir ay sizi bekliyor. 2020 yılının geldiğini sadece bahar çiçekleri açarken değil ruhunuzdaki sinerjinin toparlanmasıyla da hissedeceksiniz. Çünkü mart ayı Güneş-Neptün kavuşumu ile başlayacak. Aynı zamanda da 5 Mart'ta Venüs, toprak burcuna geçiş yapacak. Mart ayında burcunuzu ilgilendiren sihirli bir döngü var. 22 Mart'a kadar Güneş, Neptün, gökyüzündeki kavuşumlar ve Venüs'ün kendi yönettiği burca geçişiyle birlikte gökyüzünün sakinleştiren etkisi ile özgüveniniz yeniden canlanacak.

Son 900 gündür yaşadıklarınıza az da olsa mola verdirecek sihirli döngünün adı Satürn'ün burcunuzdan çıkacak olması. Kendinizi zamanın içinde hayatın sizin için aktığını fark edeceksiniz. Bu dönemde ani kazançlar elde edeceksiniz. Parasal konulardaki sorunların çoğunu çözdüğünüzü hissedeceksiniz. Gereksiz konulardan kurtulacaksınız. Daha paylaşımcı olacaksınız. Çevrenize karşı daha iyimser davranacak, hümanist tavırlar sergileyeceksiniz. Hiç ummadığınız kişilerden sürprizler göreceksiniz. Gökyüzündeki gezegenlerin sert açıları her ne kadar burcunuzda depremler oluşturmuş olsa da bugüne kadar verdiğiniz sözleri tuttuğunuzu gösterecek ve herkesin takdirini kazanacaksınız.

Şans, umut, kazanç vadeden günlerden geçiyorsunuz.

• Yılın başından bu yana sorun çıkaran, bozulan elektronik aletlerinizi ya da kaybettiğiniz eşyalarınızı bir şekilde yerine koyma şansı bulacaksınız.

• Katılacağınız davetlerde, eğitimlerde tanışacağınız bazı kişilerin konuşmaları, fikirleri sizi epey etkileyecek. Sağlam dostluklar kurabilirsiniz.

• Uzman olduğunuz ya da yeteneklerinizin olduğu alana yönelik ek iş fırsatları yakalayabilirsiniz.

• İlişkisi olmayan bir Oğlak burcuysanız, arkadaşınızın vesile olacağı bir aşka merhaba diyebilirsiniz.

• Evlilik hazırlığı içinde olan bir Oğlak burcuysanız, düğün tarihini belirleme, düğün mekânı, gelinlik, ev bakma gibi süreci hızlandırmaya başlayabilirsiniz.

Gökyüzünün inişli çıkışlı seyri hayatınıza ve size çok şey kattı.

Prangalarınızı kıran, sizi azat eden yönetici gezegeniniz aslında size çok şey kazandırdı. Son 2 yıldır yapmam dediğiniz birçok şeyi yaptıran, derdinizi daha rahat anlattıran, kol kırılır yen içinde kalır mantığından uzaklaştıran yönetici gezegeniniz sizi yüceltti ve deneyimlerinizi günbegün arttırdı. Aynı zamanda ne kadar kuralcı olduğunuzu, kendinizi ne kadar zorladığınızı ve yorduğunuzu da gösterdi. Yönetici gezegeniniz 22 Mart'ta burcunuzdan çıkıyor. Kendini iyi hissettiği, güçlü olduğu bir burca geçerken sizin natal haritanızda ise 2.Evinize geçiyor. Son 2 yıldır uğraştığınız konularda kendinize olan güveninizin arttığını göreceksiniz. Satürn, hava burcuna geçerken, burcunuzdaki tüm gezegenleri güçlendirecek. Sektör, yön ya da şehir değiştirdiyseniz bunların ne kadar doğru olduğunu anlayacaksınız. Kurduğunuz iletişimler yoluyla güçlü bağlar kurduğunuzu göreceksiniz. Herkesin sizinle konuştuğunu, dertleştiğini, sizi sayıp sevdiklerini fark edeceksiniz. Daha sık seyahat edeceksiniz. Eleştirilere daha az kulak asacaksınız. Hiç kimse açık sözlülüğünüze eskisi kadar tepki vermeyecek.

• Global, kurumsal bir işten ayrılıp kendi işini kurmuş bir Oğlak burcuysanız, kaosun içinden iyi ki çıktım diyeceksiniz.

• Kendi işinizi kurmayı planlıyorsanız, piyasa araştırmalarınızı daha da derinleştirebilirsiniz.

• Çevrenizde aşırılık gösteren dostlarınızdan uzaklaşmanızı zamanında çok sorgulamıştınız. Acaba hata mı yaptım, abartıyor muyum demiştiniz. Ne kadar doğru bir karar verdiğinizi anlayacağınız olaylara tanıklık edebilirsiniz.

• Aile içerisindeki sorunları üzerinizden attığınızı, uzaklaştığınızı fark edeceksiniz. Özellikle kardeşinizin hayatına dair alacağı kararlar ve atacağı adımlar sizi çok sevindirecek.

• Şehir dışında yaşayan arkadaşınızın davetiyle soluğu onun yanında alabilirsiniz. Bu aydan itibaren tatil havasına gireceksiniz.

NİSAN

Nisan ayına Güneş, ateş burcunda hareket ederken başlayacaksınız. Güzelliği, aşkı temsil eden gezegen 3 Nisan'da hava burcuna geçerken sanatsal aktivitelere, hobilerinize zaman ayıracaksınız. Venüs'ün hava burcunda hareket etmesiyle daha rahat zaman geçirecek, kendinizi merkeze alacaksınız. Venüs, sağlığınızla, stresle ilgili yaşadığınız sorunların üstesinden gelmenize yardımcı olacak. Bir Oğlak burcu olarak bir sorunu çözerken yanında başka bir sorunu daha çözmek isteyeceksiniz. Hayatınızda pratikliği her zaman gösterdiniz. Bu pratikliği Venüs ile birlikte yeniden göstereceksiniz. Disiplinli bir dönem geçireceksiniz. Özellikle işte çok yoğun olacaksınız. İçselleştirdiğiniz konuların üstesinden geleceksiniz.

Olgunluğunuz, çözüm odaklı tavrınız dikkat çekecek.

• Yaratıcılık gerektiren bir işte çalışıyorsanız, adınızdan söz ettireceğiniz fikir ve projeler üretebilirsiniz.

• Kendi işini yapan bir Oğlak burcuysanız, iş yerinizi daha iyi bir yere taşıma fikrine sıcak bakmaya başlayabilirsiniz.

• Yaşam standartlarınızı arttırma isteğiniz artacak.

• Gök kubbe, küçük bir operasyon geçirebileceğinizi, bu operasyona aklınızda olmayan küçük bir estetik operasyonu da dâhil edebileceğinizi işaret ediyor.

• 1988-1995 yılları arasında doğmuş bir Oğlak burcuysanız, eğitimle ilgili başvurularınız, evraklarınız ya da yazışmalarınızla ilgili birtakım haberler alacaksınız.

Gök kubbe, şoke etkisi yaratacak haberler getirecek.

2020 yılının sizi ilgilendiren en önemli gökyüzü olayı ise burcunuzda hareket eden Jüpiter'in, Plüton'u harekete geçirirken kavuşması olacak. Bu kavuşma 5 Nisan'da gerçekleşecek. Toplumda kendinizi ifade etme şekliniz değişecek. Çok iyi tanıdığınızı sandığınız kişileri aslında çok da iyi tanımadığınızı anlayacağınız haberler alacaksınız. Bu dönemde dedikodulara ya da gıyabınızdaki konuşmalara şahit olacaksınız. Şans gezegeni ile yeraltı gezegeninin kavuşması kişiliğinizde büyük bir kırılma yaratacağını, hiç ummadığınız olayları öğreneceğinizi ya da kendinizi asla yapmam diyeceğiniz bir davranışı sergilerken bulacağınızı işaret ediyor. Unutmayın gökyüzünde burcunuzda gerçekleşen iyicil ve kötücül gezegenin kavuşumu var. Hem tepkileriniz hem korkularınız hem de liderlik ruhunuz ortaya çıkacak.

• Geçmişe dair özelinizi, sırrınızı emanet ettiğiniz arkadaşınızın bu konuda umursamaz davrandığını fark edebilirsiniz.

• Aşka tövbe etmiş bir Oğlak burcuysanız, bu ay aşkın kalbinize nasıl uğradığına siz bile şaşıracaksınız.

• İlişkisi olan ya da evli bir Oğlak burcuysanız ve son zamanlarla sorunlu giden, biten bir ilişkiniz varsa, ilişkinize ikinci bir şans daha verebilirsiniz.

• 1959-1961 yılları arasında doğmuş bir Oğlak burcuysanız, Satürn'ünüzün de Oğlak burcunda olduğunu unutmayın. Bu durum da sizin bugünlerde kas sistemiyle ilgili bazı sıkıntılar yaşayabileceğinizi işaret ediyor.

Geçmiş konular yeniden gündeme geliyor.

Yıllardır burcunuzda hareket eden ancak bu sene başka gezegenlerle kavuşup aktive eden, yeraltındaki tüm olayları yeryüzüne çıkaran, sizin nefsinizi, egonuzu, tutkularınızı, unuttuğunuzu sandığınız ancak unutmadığınız birçok şeyi ortaya döken Plüton, 25 Nisan'dan 4 Ekim'e kadar geri gidecek. Plüton gerilerken arkasında duran gezegenlere çarpacak. Bu da geçmişte yaşanan bazı meseleleri önünüze getirirken size adeta geçmişi tekrar yaşatacak. Bu konuşmaları tekrar tekrar neden yapıyorum dedirtecek. Aslında sıkıştırırken bir yandan da yüzleştiren ve iyi ki konuştum, içimde kalmıştı sözlerini söylemenize zemin hazırlayacak bir gerileme olacak.

• Yakın çevrenize, akrabalarınıza dair birtakım gerçekler öğrenebilirsiniz.

• Sizi ileriye taşımaktan alıkoyan korkularınızla yüzleşebilirsiniz.

• Bağımlılık noktasına gelen alışkanlıklarınızın üzerine gidebilirsiniz.

MAYIS

Akıp giden zamanı içselleştireceğiniz mayıs ayını iliklerinize kadar hissedeceksiniz. 2020 yılının sizi adeta arkanızdan ittiğini, gece ve gündüzlerin hiç durmuyormuşçasına hızla yanınızdan geçip gittiğini duyumsuyor olabilirsiniz. Mayıs ayında bu duyguları daha yoğun bir şekilde yaşayacaksınız. Tıpkı bir nehrin akıntısındaymış gibi bir duyguya kapılacaksınız. Akışın içindesiniz ve isteseniz de kendinizi durduramıyorsunuz. Sadece içsel olarak değil dış dünyanızda da hızlı gelişen olaylara adapte olmaya çalışacaksınız. Ani çıkacak seyahatler, beklenmedik sürprizler, bitmeyen mesailer derken mayıs ayı sizin için oldukça yoğun geçecek bir ay olacak.

Güvenli bir liman görevi göreceksiniz. Sırlarını emanet edenlerin sayısı artacak.

Yönetici gezegeniniz Satürn 2 ay önce burcunuzdan taşınmıştı ve artık geri gitmeye başlıyor. Sizin burcunuzda unuttuğu, yarım bıraktığı bazı meseleler vardı ve onu toparlamayı düşünüyor. Burcunuza gelmesine daha zaman var ancak Satürn Retro'su yakınlarınızda gerçekleştiği için etkilerini hissetmeye başlayacaksınız. Satürn Retro'su hava burcunda geri giderken son 3 aydır yaptığınız bazı anlaşmaları, size verilen bazı sözleri sorgulayacaksınız. 11 Mayıs'ta başlayacak Satürn Retro'su sizi daha da araştırmacı ve mistik yapacak. Kişisel görünüşünüzü detaylandıracaksınız. Bu dönemde size çok sır verilecek. İsteseniz de istemeseniz de başkalarının sırlarını almak zorunda kalacaksınız. Gizli bilgilerin sorumluluklarını almak sizi biraz yoracak. Tüm bunlarla birlikte çevrenizdeki fanatikleri fark edeceksiniz. Enteresan olaylar duyabilirsiniz. Güçlendiğinizi, rakiplerinizin eskisi gibi olmadığını, herkesin statü savaşı verdiğini göreceksiniz. Diğer taraftan garip ilişkileri öğreneceğiniz de bir ay olacak.

- Kurumsal firmada çalışan bir Oğlak burcuysanız, yakın çalışma arkadaşınızın ciddi anlamda ekonomik sıkıntılarla mücadele ettiğini öğrenebilirsiniz.
- Ailenizde birilerinin kariyerinde ciddi anlamda sarsıldığına şahit olacaksınız.

• Yüzünüzle, görselliğinizle oldukça uğraşacak, tarzınızda değişikliğe gideceksiniz.

Çevrenizle olan ilişkilerinizi gözden geçireceksiniz.

Aşka, sevgiye, ilişkiye, güzelliğe dair hayatın her bölümünü temsil eden Venüs'ün 13 Mayıs'ta 6.Evinizde geri gidecek olmasıyla sağlığınızda, güzelliğinizde etkiler bırakacak. Önümüzdeki 44 gün boyunca sizi sizden alacak. Görünüşünüze, stilinize, tarzınıza inanılmaz mesai ve bütçe ayıracaksınız. İlişkilere fazlasıyla kafa yoracaksınız. Aşkta, ilişkilerde, tutkularınızda, sevdiğiniz insana karşı inancınızda ilginç günlerden geçeceksiniz.

• Uzun yıllara dayanan bir ilişkiniz varsa, artık ilişkinizi ciddi bir boyuta taşımak isteyeceksiniz.

• Hamilelik sürecinde olan bir Oğlak burcuysanız, bebek odası, bebek kıyafet ve eşyalarını seçerken daha bir titiz davranacaksınız.

• 1989-1991 yılları arasında doğmuş evli bir Oğlak burcuysanız, eşinizi hiç ummadığınız birinden kıskanabilirsiniz.

Sevgili Oğlaklar, burcunuzda hareket eden, yılın başında büyük olayları bir anda önünüze getiren, şaşırtan, düşündüren, o günden bugüne bambaşka bir siz oluşturan şans gezegeni 14 Mayıs'ta geri gidecek. Jüpiter Retro'su sizi zorlayan durumları gündeminize taşıyabilir.

• Bu ay uzun bir yolculuğa çıkacaksanız, ihtiyacınız olan tüm eşyalarınızı yanınıza alıp almadığınızı mutlaka kontrol etmelisiniz.

• Akademik kariyeri olan bir Oğlak burcuysanız, prosedürlerdeki ve alanızdaki bazı değişimler karşısında ne yapmanız gerektiğini baştan uca düşünmek durumunda kalabilirsiniz.

• Geçmişte haksızlığa uğradığınız konularda kendinizi aklama şansı elde edeceksiniz.

HAZİRAN

2020 yılının şifrelerini çözen, herkesi bambaşka yönlere gönderen aydır haziran ayı sevgili Oğlak burçları. Dünyayı sarıp sarmalayacak haziran ayının sizin hayatınızda da büyük etkileri olacak. Son 1,5 yıldır burcunuzda hareket eden Ay düğümleri 5 Haziran'dan itibaren uzun yıllar uğramayacak şekilde sizi özgür bırakacak. Bu özgürlük aslında son yıllarda gözünüze birçok konuda inen perdenin de aralanmasını sağlayacak. Üstünüzdeki baskıdan arındığınızı gösterecek. Basiretim bağlandı dediğiniz, ağır davrandığınız konularda harekete geçeceksiniz. 5 Haziran'da sadece Ay düğümleri burcunuzdan çıkmayacak aynı zamanda hava ateş aksına geçerken, gökyüzünde tutulmaların en hızlandırılmışına start verecek.

Kader kapılarını aralıyor.

2020 yılının şifrelerini çözen tutulmalar başka bir burca taşınırken sizi de azat etmeye başlayacak. Son yıllarda burcunuzda gerçekleşen tutulmalar, Ay düğümlerinin baskısı ve tüm gezegenlerin sizin burcunuza toplanmasıyla birçok olayı üst üste yaşadınız. Sevinç ile gözyaşınız birbirine karıştı. 5 Haziran'da Kuzey Ay düğümü İkizler burcuna geçerken ve ateş burcu olan Yay burcunda Ay tutulması gerçekleşirken kaderin kapılarını sizin için bir kez daha araladığını göreceksiniz. Kırıldığınız, haksızlığa uğradığınız, özellikle maddi konularda asla alamayacağınızı ve kaybettiğinizi düşündüğünüz konularda bir bir kazanç elde etmeye başlayacaksınız. Para ile ilgili konularda yaşadığınız gri bulutlar dağılacak ve düzene gireceksiniz. 12. Evinizde etkili olacak Ay tutulması haklar, adalet, güven, duygular gibi kavramlarınızı etkileyecek. Ay düğümleri hayatımdan çıkarmam dediğiniz bazı kişilerden son 6 ayda uzaklaşmanızın sebeplerini ortaya dökecek. Ne kadar haklıymışım diyeceksiniz.

- Ailenizde servet ya da gayrimenkul gibi büyük bir olay varsa buralardaki düğümler çözülecek.

• Son 3 yıldır hukuki bir probleminiz varsa bu süreçte ciddi gelişmeler yaşanacak. Özellikle miras konuları bir sonuca varacak.

• Tutulma sağlık evinizde boğaz, boyun, omuz ağrılarınızın artabileceğini de vurguluyor.

• 1970-1984 yılları arasında doğmuş bir Oğlak burcuysanız, Neptün'ünüzün Yay burcu olduğunu belirtmek isterim. Neptün'ünüzde yaşanan tutulma 5 Haziran'dan itibaren sektörünüzde de büyük kırılmalar yaşanacağını, önünüze fırsatlar çıkaracağını, farklı bir yöne kaymanız için size yeşil ışık yakacağını işaret ediyor.

Yılın 3.tutulması su burcunda, Güneş'inizin karşısında gerçekleşecek.

Bu yıllın en iddialı tutulmalarından biri olacak çünkü bu tutulma arafta etkisi verecek. Bugüne kadar belirleyemediğiniz, iyi mi kötü mü diye ayrıştıramadığınız her ne varsa tutulmadan itibaren ayrıştıracaksınız. Aslına bakılırsa siz Güneş tutulmasını çok yaşadınız Sevgili Oğlak burçları. Güneş tutulmaları şimdiye dek sizi kırdı, döktü, çok zorladı. Haksızlığa uğradınız ama buna rağmen isyan etmediniz, gururlu ve mağrur davrandınız.

• Bir süredir kariyerinize yön verme isteğiniz varsa ve bir türlü nereden başlayacağınızı kestiremiyorsanız, bu döngüde sıfırdan başlama azminiz artacak.

• Bambaşka bir alanda eğitim alıp kendinizi geliştirmek isteyebilirsiniz. Yarım bıraktığınız eğitiminize devam etmek için kolları sıvayabilirsiniz.

• Sınav hazırlığı içerisinde olan bir Oğlak buruysanız, kaygılarınızı azaltmak ve motivasyonunuzu artırmak için ebeveynlerinizin ve arkadaşlarınızın vereceği destek bir hayli önemli olacak.

• Evliliğinde sorunları olan bir Oğlak burcuysanız, bazı konuları gözünüzde fazlasıyla büyüttüğünüzü ve eşinize kalpten bağlı olduğunuzu anlayacaksınız.

• İlişkisi olan bir Oğlak burcuysanız, sevgilinizin yapacağı sürpriz duygusal anlar yaşamanıza neden olabilir. Bu sürprizle birlikte aklınızdaki soru işaretleri de dağılmaya başlayacak.

Dikkat etmeniz gereken tarih ise 30 Haziran olacak. Bu tarihte şans gezegeni ve yeraltı gezegeni üçüncü kez kavuşuyorlar. Özellikle uzun yolculuğa çıkacaksanız, iddialı bir toplantı yapacaksanız ya da önemli bir imza atacaksanız bugünü pas geçin.

TEMMUZ

Yaz ayının en sıcak günlerinden geçerken hayatınıza dair her köşeye ışık tutacaksınız. Geçmişten bugüne yansıyan her ne varsa tek tek değerlendireceksiniz. Bir nevi sizi yoran duyguları elekten geçirmek için çabalayacaksınız. Bu zamana kadar hayatın size en büyük öğretilerinden biri de "hiçbir şeyi başkasından bekleme. Yaşamına dair olumlu olumsuz her detayın kahramanı sen ol" düsturu oldu. Temmuz ayında bu düşünceyi aklınızın bir köşesine dip not olarak düşeceksiniz.

Hiçbir şey yarım kalsın istemeyeceksiniz.

Geçtiğimiz mart ayında Satürn, burcunuzdan gitmişti. Ancak 2 Temmuz'da Retro'ya başlıyor. Burcunuza geri gelen yönetici gezegeniniz aslında neleri yarım bıraktığınızı, neleri gözden kaçırdığınızı size göstermek istiyor. Unutmayın siz Satürnlüsünüz ve bu yolculuğu çok iyi biliyorsunuz. Yönetici gezegeniniz adeta sizi bir filozof gibi bir süreçten geçirdi. Vazgeçemediğiniz ne varsa hepsini irdelediniz. Bu süreçte sıkılganlığınızı ortaya koyacak, geleneklerinize ne kadar bağlı olduğunuzu bir kez daha hatırlayacaksınız. Yaşınız kaç olursa olsun eğitim, akademi gibi konularla ilgili fırsatlar çıkacak karşınıza. Bir anda seyahat konuları gündeminiz haline gelecek.

• Yılın başından beri planladığınız yurtdışı gezilerinizi hayata geçirebilirsiniz.

• Merak ettiğiniz, uzmanlaşmak istediğiniz alanda yüksek lisans, doktora eğitimleri almaya karar verebilirsiniz.

• Son birkaç aydır tahammül ettiğiniz, fazlasıyla tolerans gösterdiğiniz arkadaşlarınıza karşı daha açık sözlü davranabilirsiniz.

İçsel potansiyeliniz, güçlü yanlarınız açığa çıkarken zaman zaman zorlanabilirsiniz.

Bugüne kadar içselleştirmediğiniz hiçbir şeyi yapmadınız çünkü siz mantık burcusunuz. İnsanlara yön verdiniz, sevdiklerinizi koruyup kolladınız. Son 3 yıldır gerek tutulmalar olsun gerek yönetici gezegeninizin burcunuzda pozisyonlanması olsun ciddi anlamda ödünler verdiniz. Ancak her ne olursa olsun doğrularınızdan vazgeçmediniz. Bazı konularda ne yaşadığınızı bir siz bir de Allah biliyor. Son 3 yıldır burcunuzda etkili olan tutulmaların sonuncusunu yaşarken keskin bir viraj daha alacaksınız fakat birçok olayı da geride bırakacaksınız. Kazanç elde edeceksiniz. Kariyerinizde sıçrayış yaşayacak, statü atlayacaksınız. Burcunuzda gerçekleşecek tutulma dünyayı, Türkiye'yi ve kolektif bilinci yakından ilgilendirirken sizin de 13 derecede burcunuzda etkili olacak. 1 Temmuz – 30 Temmuz arası Ay, Jüpiter ve Plüton kol kolayken, derece olarak da neredeyse kavuşurlarken gerçekleşmesi tarihte az rastlanan, hayatınıza büyük kırılmaları getiren bir tutulma olacak. Maddi konuları yakından ilgilendirecek. Birilerine arabuluculuk yapacaksınız. Barışçıl olacak, güler yüzünüz eksik olmayacak. Rekabet duygunuz artacak. Kavgacı kişilere karşı sınırlarınızı çizeceksiniz. Bu döngüde hisleriniz, sezgileriniz açılacak. Zihninizden geçenlere zaman zaman siz bile şaşırıp kaygılanacaksınız. Çünkü büyük ve enteresan şeyler düşüneceksiniz. Siz güçlüsünüz ve gökyüzü sizi daha da güçlü kılarken sınava tabii tutabilir.

- Sizi düşündüren, harcamalarınızı kısıtlamanıza neden olan borçlardan kurtularak rahat bir nefes alacaksınız.
- Etrafınızda güç odaklı kişiler varsa, hayatınızdan bir anda onları çıkarabilirsiniz.
- Miras konularındaki haklarınızı aile bireyleriyle konuşarak talep edebilirsiniz.
- Erken evlilik yapan bir Oğlak burcuysanız bu dönemde evliliğinizi sorgulayabilirsiniz.
- Gönlü boş bir Oğlak burcuysanız, bir anda tutkulu, sizi zorlayacak bir ilişkiye meyledebilirsiniz, çelişkili davranabilirsiniz.
- Geç evlilik yapmış bir Oğlak burcuysanız, eşinizin ailesindeki ani hastalıklar gündeme gelebilir.
- Ağır spor yapan bir Oğlak burcuysanız, tutuk davranışlarınız ve dağınık düşünceleriniz küçük kazalara neden olabilir.

Dikkat etmeniz gereken tarihler ise 14-20 Temmuz tarihleri arası olacak. 14 Temmuz'da 7.Evinizde yani ilişki evinizde hareket eden Güneş, burcunuzda hareket eden Jüpiter ile karşıtlık yapacak. Birbirlerine meydan okuyacaklar. Bu döngü şoke edici haberleri önünüze getirebilir. Şaşırtıcı olaylar yaşayabilirsiniz. Ertesi gün de Güneş bu kez de Plüton ile karşıtlık yapacak. Güneş, deyim yerindeyse burcunuzda hareket eden tüm gezegenlere meydan okuyacak, onların enerjisini aktive etmeye çalışacak. 20 Temmuz'da Güneş Satürn ile karşıtlık yaparken, ilişkinizde, evliliğinizde, çocuklarınız üzerinde çok daha baskı yapacaksınız. Yüksek sesle konuşmaya başladığınızı, daha sert cevaplar verdiğinizi bile fark edebilirsiniz. Profesyonel bir danışmana gitmeyi düşünüyorsanız, mutlaka bu aya getirin.

AĞUSTOS

2020 yılının şifrelerini çözen ayı çoktan geride bırakıyorsunuz. Hayata dair birçok detayın artık sizi şaşırtmadığını, eskisi gibi tepki vermediğinizden anlayacaksınız. Özellikle son 3 aydır duyduklarınıza inanmakta güçlük çekmediğinizi, bir de üstüne adapte olduğunuzu fark edeceksiniz. Üst üste gelen sağlık sorunlarının şokunu atlattıktan sonra daha sakin olacaksınız. 1-3 Ağustos tarihleri arasında Merkür, öncelikle burcunuzda hareket eden yeraltı gezegeni ile sonra da yönetici gezegeninizle karşıtlık yapacak. Bu karşıtlığın etkisiyle bilmediğiniz bazı şeyleri öğreneceksiniz. Size köklerinizi, geçmişinizi sorgulatacak. Bugüne kadar edindiğiniz tecrübeleri çevrenize hatırlatacak, nereden nereye geldiğinizi göstereceksiniz. Herkesin iyiliği için konuştuğunuzu ancak bir yandan da kendinizi güvende hissetmek istediğinizi fark ettireceksiniz.

Orijinal fikirlerinizle farkınızı ortaya koyabileceksiniz.

• Ortaklı bir işte çalışıyorsanız, bir süredir ortağınızın iş konusunda fazla bireysel hareket ettiğini, birçok gelişmenin içinde olduğu halde sizin önünüze bilgileri bir anda taşıdığını gözlemleyebilirsiniz.

• Uzun zamandır iş arayışı içinde olan bir Oğlak burcuysanız, başvurduğunuz işlerden birinden ikinci bir görüşme daveti alabilirsiniz.

• Rekabet ve hırs duygularının yüksek olduğu bir ortamda çalışıyorsanız, fikirlerinizi, çalışmalarınızı sahiplenmeye çalışan kişiler olabilir.

Hayalleriniz motivasyonunuzu yükseltiyor.

Gökyüzündeki tüm karmaşayı dağıtacak, dinleneceğiniz, nefes alacağınız, telefonlardan bile uzaklaşacağınız, başkalarının ne düşündüğüne kafa yormayacağınız tarih 7 Ağustos olacak. 7 Ağustos'ta Venüs burcunuzun karşısına geçecek. Özünüze dönmeye başlayacaksınız. Aile sorunları, sert duygularla çok uğraştığınızı fark ettirecek. Sosyal hayatınız canlanacak ve kalabalık ortamlarda bulunacaksınız. Yıllardır kendinizi şımartmadığınız kadar şımartacaksınız. Hem seyahatler hem de alışverişler konusunda sınır tanımayacaksınız. Genel anlamda düzenli bir burçsunuz. Ortalığın biraz olsun dağılmasına bile tahammül edemiyorsunuz ancak bu süreçte biraz dağınık hareket edeceksiniz. Gerçekçi yapınıza rağmen bol bol hayal kuracaksınız.

• Bilginizi, kültürel düzeyinizi, tecrübelerinizi artırabileceğiniz çevrelere dâhil olabilirsiniz.

• Arabanız varsa, yenilemek için karşınıza güzel fırsatlar çıkabilir.

• Manevi konular sizin nazarınızda daha da kıymetlenecek.

Dikkatli olmanız gereken tarih ise 25- 30 Ağustos tarihleri arası olacak. Bu tarihler arasında Venüs, önce burcunuzda hareket eden şans gezegeni Jüpiter ile sonra da yeraltı gezegeni Plüton ile karşıtlık yapacak. Bu karşıtlıklar yılın başına atıfta bulunacak. Ocak ayındaki olayların tam tersine dengelerin değiştiğini fark edeceksiniz. Kendinizi ifade etmekte oldukça cesur davranacaksınız. Sevdiklerinizin dertlerini dinleyecek özellikle çocuklarınıza baskı uygulamayacak, onları daha özgür bırakacaksınız.

• Evli ya da ilişkisi olan bir Oğlak burcuysanız, ilişkinizdeki monotonluktan uzaklaşacaksınız.

• Yılın başında görüşmeyi kestiğiniz, küstüğünüz arkadaşınızla yeniden bir araya gelebilirsiniz.

• 1998-2012 yılları arasında doğmuş çocuklarınız varsa, onların aile büyüklerinizin yanında seyahat yapmalarına izin vereceksiniz.

EYLÜL

Duygusal dünyanızın genişleyeceği, genişlerken de sizi türlü tuhaf çıkışlara sürükleyeceği bir eylül ayı sizi bekliyor. Sonbahar havası yavaş yavaş kapılardan içeriye doğru sokulurken, küçük değişimlerin büyük değişimlere zemin hazırladığını hissettirecek. İçsel durumunuzdan tutun da çevrenize, yapmak isteyip yarıda bırakmak, vazgeçmek zorunda kaldıklarınıza ve çevrenizde olup biten her şeye kafa yoracaksınız. Hayatınızı sekteye uğratan ufak pürüzlerin kaynağına inmek için sorgulamayı kendinize görev edineceksiniz. Zaman zaman sizi zorlayan durumlar yaşasanız da savaşmaktan da korkmayacaksınız.

Kazanmak için önce yorulmak gerekiyor diyeceksiniz.

Son yıllarda sahneye çıkmayan, kendi rotasında giden Mars gökyüzünü ele geçirecek. Mars gerilemesinin bazı konularda uyarıları ve mesajları olacak. Mars, kendi yönettiği burçta geri gidecek. Kendi yönettiği burcu yakıp yıkarken sizin burcunuzu da yakından etkileyecek. Mars gerilemesi ateşin öncü burcunda etkili olacak. 4.Evinizi etkileyecek. Kim ile nasıl hareket etmeniz gerektiğini öğretecek. Ebeveynlerinizi, çocuklarınızı, alışkanlıklarınızı, bağlılıklarınızı ilgilendiren alanları baştanbaşa etkileyecek. Bugüne kadar sevdiklerinizi hep korudunuz. Aile bağlarınıza karşı vefalı davrandınız, birçok fedakârlık yaptınız. Ancak Mars gerilemesi ile 67 gün boyunca sevdiklerinizi yanlıştan uzak tutma, yönlendirme, baskıcı ve dayatmacı bir tutum sergileyebilirsiniz. Mars gerilemesi sizi duygusallaştıracak, alınganlık verecek, hassasiyetinizi artıracak. Eylül ayını sıradan bir ay olarak düşünmeyin. Hasat zamanı değil son yılların en sıcak eylül ayı olacağını söylüyor gökyüzü hem sizin hem de aileniz için...

• Kurumsal bir yerde üst düzey yönetici olarak çalışan bir Oğlak burcuysanız, çalıştığınız yerde arkanızdan birtakım hesapların döndüğünü öğrenebilirsiniz.

• Son 2,5 yıl içerisinde şehir değiştirmiş bir Oğlak burcuysanız, işinizle ilgili yaşanacak ani durumlar yeniden şehir değiştirmenize neden olabilir.

• 1959-1961 yılları arasında doğmuş bir Oğlak burcuysanız, son 3 yıldır ailenizde yaşanan gerek maddi gerekse iletişim temelli konuları sonuca vardıracaksınız.

• 1988 doğumlu bir Oğlak burcuysanız, unutmayın ki tarih tekerrür ediyor ve neyin neden olduğunu görmenizi istiyor. Yaşamınızın temellerinin baştan aşağıya değişeceği anlamına geliyor.

• Bahçeli bir evde yaşıyorsanız, yaşam alanınızda bir anda kolay çözülmeyecek bir sorunla karşılaşabilirsiniz.

Gök kubbe, zorlandığınız konularda sizi ödüllendirecek. Yönetici gezegeniniz Satürn, 29 Eylül'de burcunuzda düz seyrine geçiyor. Satürn, hayatınızda son 2 aydır ortaya çıkardıklarını bir mesaj olarak algılamanızı istiyor. Gözünüz aydınlanacak. Yarım kalan birçok konuyu kapatmanız için size zaman tanıyacak. Sizi artık daha az yoracak ve ödüllerini de verecek.

• Sosyal anlamda aktif olacağınız günlerden geçerken, önemli başarılara da imza atacaksınız.

• Kardeşiniz varsa, onun duygusal yapısını, beklentilerini daha da iyi kavrayacaksınız.

• **İlişkisinde sorunları olan bir Oğlak burcuysanız, sevgilinizin bazı konulardaki kararlılığı sizi geri adım atmaya zorlayacak.**

• Boşanma sürecinde olan bir Oğlak burcuysanız, aldığınız kararın doğruluğunu yeniden sorgulayabilirsiniz.

EKİM

Sezgilerinizin güçlendiği, öngörülerinizin sizi doğruya ulaştırdığını fark edeceğiniz ekim ayına kucak açın. Şimdiye kadar edindiğiniz bilgi ve tecrübelerin, tesadüf diye düşündüğünüz detayların boşuna olmadığını kavrayacaksınız. Yaşamın öğretilerini kalbinize taşıyacak, olgunluğun huzuruna erişeceksiniz. Sorunlar karşısında sergilediğiniz tavır değişirken, daha farklı çözümler üretmeye çalışacaksınız. Meraklı yapınız sizi detayların peşinden sürükleyebilir. Ancak meraklı tarafınızın sınırlarını çizmenizde fayda var. Zaman zaman başkalarının hayat hikâyelerine olan ilginiz yanlış anlaşılmanıza neden olabilir.

Duygularınızda ve hayatınızda denge kurmaya çalışacaksınız. Ekim ayının ilk günlerinde öncü burçtaki Dolunay, Mars gerilemesini tetiklerken ailevi konuları ön plana çıkaracak. Özellikle kardeşleriniz bazı konularda sizden yardım isteyebilirler. Bu döngüde şaşırtıcı haberler alabilirsiniz. İç dünyanıza yolculuk yapacaksınız, farkındalığınız artacak. Yılın başında elde ettiğiniz kazançları değerlendirme şekliniz değişecek. Eskisine göre keskin harcamalar yapmayacaksınız. Sabırsızlığınızı dengeleyeceksiniz. İyiliklerinizi, koruma içgüdünüzü geride tutmayı, zamana yaymayı, gözlemleyerek hareket etmeyi tercih edeceksiniz.

- Baba ve baba ailenizle ilgili haberler alabilirsiniz.
- Çalışanı olan bir Oğlak burcuysanız ya da üst düzey bir yöneticiyseniz, yanınızdaki insanların hakkını hep korumanıza rağmen bu kez öncü pozisyonda olmak yerine biraz geri çekileceksiniz.

14 Ekim'de yılın son Merkür gerilemesi su burcunda gerçekleşecek.

Bu süreçte şaşırtıcı gerçeklerden haberdar olabilirsiniz. Her Retro'nun iletişimle ilgili problemler ortaya çıkardığı düşünülse de bazen şifacı olduğunu bu ay en iyi siz anlayacaksınız.

- Yurtdışı bağlantılı iş yapan bir Oğlak burcuysanız, çalıştığınız kurumun büyük kırılma ve değişimlerden geçtiğini duyarak yurtdışı fikrinizden uzaklaşacaksınız.

• Yalnız bir Oğlak burcuysanız, daha önce hiç dikkatinizi çekmeyen birinin konuşmasından etkilenebilirsiniz.

• Retro aynı zamanda uykusuzluğunuzu tetikleyebilir.

• 1959-1961 yılları arasında doğmuş bir Oğlak burcuysanız ve ertelediğiniz küçük bir operasyon varsa, daha fazla ötelemeyeceksiniz.

• 1989-1991 yılları arasında doğmuş ve son 2,5 yıl içinde evlenmiş bir Oğlak burcuysanız, eşinizin ailesinin sizden bir şeyler sakladığını öğrenebilirsiniz.

• 2012 yılından sonra dünyaya gelmiş Oğlak burcu bir çocuğunuz varsa ve onunla ilgili son 1,5 yıldır hiç olmadık konularla karşı karşıya kalıyorsanız bu dönemde hepsinin bertaraf olduğunu göreceksiniz.

Sevgili Oğlak, 28 Ekim'de Venüs kendini çok iyi hissettiği burca geçiyor. Özellikle sanatla, medya ile ya da basın ile ilgilenen, para yöneten bir Oğlak burcuysanız Venüs'ün sizi çok sevdiğini ve size iyi geleceğini belirtmem gerekir. 28 Ekim'den itibaren kariyerinizde açılmalar olacak. İlişkinize de nefes aldıracak. Son 20 günde yaşanan telefon gerginliklerini sonlandıracak.

• Hizmet sektöründe çalışan Oğlak kadınlarına nefes aldıracak, toparlayacak. Özellikle hemcinslerinizle çekişmelerinizin durgunlaşması ile kendinizi daha verimli ve iyi hissedeceksiniz.

• İlişkisini yakın bir tarihte sonlandırmış bir Oğlak burcuysanız, sevginizi içsel olarak sınayabilirsiniz. Sevgilinize duyduğunuz özlem artarken ilişkinize yeniden şans vermek isteyeceksiniz.

KASIM

Kasım ayı tıpkı bir yaz güneşi gibi içinizi ısıtarak geliyor. Kendinizi zamanın akışına bırakacak, olaylara daha objektif bir şekilde bakacaksınız. Kendinizi iyi hissettiğiniz, öz benliğinizden ödün vermediğiniz, yapacaklarınızı ertelemeyeceğiniz bir ay olacak. Çünkü bu ay Retroların bittiği bir ay olacak. 3 Kasım itibari ile Merkür Retro'su bitiyor. Öncelikle iletişimle ilgili konuları toparlayacaksınız. Planlarınızı kolayca uygulayabileceğiniz bir ay olacak. Kendinizle barışacaksınız. İletişimi toparlayacaksınız. Yapıcı çözümler üreteceksiniz. Son zamanlarda yaşadığınız iniş çıkışların, kayıpların, şokların, üzüntülerin, kırgınlıkların üstesinden geleceksiniz. Geçmişte yaptığınız hatalardan dolayı yıllardır kendine kızan bir Oğlak burcuysanız, bu zamana kadar aslında çok büyük hatalarınızın, günahlarınızın olmadığını anlayacaksınız.

- Yakın arkadaşınızın hayatına dair alacağı karar sizi epey şaşırtacak.
- Geçtiğimiz aylarda katıldığınız davetlerde tanıştığınız kişilerle yeniden görüşme organize edebilirsiniz.

Mars, aklını başına topluyor.

14 Kasım'da biten Mars gerilemesinden çok şey öğrendiniz. Karşınıza farklı fırsatlar çıktı ve farklı ilgi alanlarına yöneldiniz. Kendinizi anlatırken ne kadar alttan aldığınızı ve ödün verdiğinizi ama ne olursa olsun bir yandan da bazı doğrularınızdan vazgeçmediğinizi de fark ettiniz. Ailenizi ilgilendiren bu süreçte belki de en zor günlerden geçtiniz. Mars gerilemesi 67 gün boyunca aklınıza da kalbinize de tecrübe katı. Mars 14 Kasım'da düz seyrine girerken ortaklıklarınızı, iş birliklerinizi, harcamalarınızı, yatırımlarınızı kime söyleyip söylemeyeceğinize kadar analiz edip çözmüş olacaksınız.

- Kendi işini yapan bir Oğlak burcuysanız, çalışanlarınızla ilgili bazı konuları yeniden değerlendirmeniz gerekecek.
- Yurtdışı bağlantılı bir işiniz varsa, sektörünüzü teknoloji gibi gelecek vadeden alanlarla birleştirmek isteyebilirsiniz.

• Gayrimenkul, arsa gibi yatırımlarınız varsa bunlardan getiri sağlamak adına yeni değerlendirmeler yapabilirsiniz.

• İşinden memnun olmayan bir Oğlak burcuysanız, karşınıza çıkan fırsatı kaçırmak istemeyeceksiniz. Emeğinizin, aklınızın, çalışma azminizin karşılığı almak isteyeceksiniz.

Yılın 5.tutulması hava burcunda gerçekleşiyor. Gökyüzünün dört köşesini toprak yapan ve burcunuzda toplanan toprak burcundaki gezegenleri havalandırıyor. Üstünüzdeki rehaveti kaldırırken eski esnekliğinize geri dönüyorsunuz. Hava burcunun en hızlısında tutulacak olan Ay tutulması, 30 Kasım'da gerçekleşirken 6.Evinizde etkili olacak.

• Evli ya da ilişkisi olan bir Oğlak burcuysanız, değer verdiğiniz kişiye karşı duyduğunuz kuruntuları abarttığınızı fark edeceksiniz. Kıskançlık, kontrol etme davranışlarının ilişkinizi çıkmaza sürüklediğini anlayarak atağa geçeceksiniz.

• İlişkisi olmayan bir Oğlak burcuysanız ve platonik bir aşkınız varsa, hoşlandığınız kişiye açılma cesaretini bulacaksınız.

• Evcil hayvanınız varsa, onun sağlığı da ön planda olacak. Bazı aşılar yaptırmanız gerekebilir.

ARALIK

Her şeyi değiştiren, omuzlarınızdaki yükleri azaltan, prangalarınızı kıracağınız bir ay sizi bekliyor. 2020 yılı ne kadar güçlü bir burç olduğunuzu ispat eder nitelikte oldu. Bu yıl içerisinde yaşadığınız, hissettiğiniz, deneyimlediğiniz detayları, aldığınız kararları ve burcunuzda ağırladığınız gezegenleri hiçbir burç yapmadı. Aralık ayında duygularınızın arka planını daha da gözler önüne sereceksiniz. Baskıcı olurken aslında ne kadar şifacı olduğunuzu, dışardan bakıldığında kontrolcü gibi görünürken işin özünde kimleri koruduğunuzu, hangi sırları içinizde sakladığınızı göstereceksiniz. Aralık ayı işte, aşkta, ailede çok büyük döngülerden geçtiğinizi fark ettirecek. Hem tehlikeyi hem şansı hem efsunu hem de sevinç ve gözyaşını bir arada deneyimlediğiniz bir yıl daha yaşamamıştınız.

Küllerinizden yeniden doğacaksınız.

Bu yıl yaşadıklarınız hayatınızda büyük bir kırılma yaratmış olsa da eskisi gibi olmayacağınızı en iyi siz biliyorsunuz. Aralık ayında bunu daha da iyi kavrayacaksınız. Disiplinli, ilişkilerde tutkulu, enerjinizin çok farklı olduğunu anlayacaksınız. Gücünüzü toparlayacaksınız. Anka kuşu misali küllerinizden doğacaksınız. Son 3 yıldır sizi ablukaya alan, sınırlandıran, hiç olmadığınız gibi davrandıran, üzülmenize, şaşırmanıza rağmen kendinizi durduramayan ve konunun üstüne giden sizi farklı bir boyuta getiriyor. Aile içerisindeki zorlukları, sorunlu kardeşleri, tuhaf başlayan ve biten iş birliklerinin hepsini kapınıza getiren Satürn artık burcunuzdan taşınıyor. Aralık ayı sizin için sihirli bir ay olacak.

- Yılın ilk aylarında iş hayatınızda yaşanan kaosun hangi noktalara vardığını göreceksiniz.
- 14-17 Aralık tarihleri arasında özellikle yurtdışı bağlantılı iş teklifleri alırsanız asla hayır demeyin.
- Evli bir kardeşiniz varsa, evliliği ile ilgili bazı problemler aile içerisinde uzun konuşmalara neden olabilir.

Geleceğinizi sağlam temeller üzerine kurma azminiz artıyor.

14 Aralık'ta ateş burcunda yılın son tutulması gerçekleşirken hem hızınızı artıracak hem orijinal fikirler ortaya çıkaracak hem de yükseleceksiniz. Çevrenizde takdir göreceğiniz güzel bir döneme girdiğinizi hissedeceksiniz. Tartışmalara katılmaktan çekinmeyen siz çok daha toleranslı olacaksınız. Güneş tutulması burcunuza çok yakın bir yerde gerçekleşirken sizi bambaşka biri yapmak istiyor. Bu tutulma başkaları için üzülmemeyi öğreten bir tutulma olacak. Bunu da yapıcı bir enerjiyle deneyimleyeceksiniz. 12.Evinizde etkili olacak, gökyüzünün adaletini temsil eden ancak gündelik hayatta da hiç olmayacak potları kırdıran tutulma sizi de hazırcevap yapacak. Bu dönemde birikimlerinizi farklı şekillerde değerlendireceksiniz.

- Yurtdışında çocuğu okuyan bir Oğlak burcuysanız, bu süreçte ülke değiştirmeyi düşünebilirsiniz.
- Farklı bir şehirde yatırım yapma fırsatı yakalayacaksınız.
- Borç verip alamadığınız paraları alacaksınız.
- Evli bir Oğlak burcuysanız, eşiniz işle ilgili sıkıntılı dönemlerden geçtiyse ve uzun zamandır hukuki mücadele veriyorsa çözüme dair gelişmeler yaşanacak.
- Son 2,5 yıldır hırsızlık, kayıp eşya gibi durumlarla uğraştıysanız, bunların sebeplerinin de kimler olduğu tek tek önünüze düşecek.
- Tarım ya da toprakla uğraşan bir Oğlak burcuysanız, ciddi bir iş teklifi alabilirsiniz.
- Hukuksal konularınız varsa, konuların tamamen sizin lehinize döndüğünü göreceksiniz.

Yönetici gezegeniniz sizinle yolları ayırıyor.

Yönetici gezegeniniz, önümüzdeki 2,5 yıl boyunca tıpkı sizin burcunuzda olduğu gibi Kova burcunda da kendini rahat hissedecek. Hayata karşı güveniniz, kendinize karşı inancınız artacak. Yaşamın şifrelerini çözmüşçesine kendinizi güçlü hissedeceksiniz. 19 Aralık'ta ise şans gezegeni Jüpiter burcunuzdan çıkacak ve 2.Evinize geçecek. Bununla da sınırlı kalmayacak. O gün sizin için büyük bir gün! Burcunuzda hareket eden Satürn de Jüpiter gibi burcunuzdan çıkacak. 20-21 Aralık'ta ise Kova burcunda, kavuşum yapacaklar. 2020 yılının şifrelerini çözerken bu dünyada hiçbir şeyden korkulmayacağını, her şeyin insana dair olduğunu, sıranızı savdığınızı, yeni bir döneme başladığınızı, şansı en çok sizin hak ettiğinizi hissedeceksiniz.

KOVA BURCU

OCAK

2020 yılında yaşayacaklarınız deyim yerindeyse filmlerdeki kareleri kıskandırarak başlıyor. 2020 yılının bu ilk ayında size hayatınızda her şeyin değişeceğini söylesem inanmakta güçlük çekebilirsiniz. 2020 yılı herkes için yoğun geçerken sizi yakından ilgilendirecek. Her zamanki koşturmanız, telaşınız dinginleşecek. Hayatınıza denge ve cesaret gelirken aidiyet duygunuz değişecek ve sizi zorlayan alışkanlıklardan uzaklaşarak yaşamınıza yepyeni bir sayfa açmaya çalışacaksınız. Adeta hayatın başka köşesinden tutacak, hayal ettiğiniz ama bir türlü olamadığınızı düşündüğünüz sizi ortaya koyacaksınız. Bu kadar değişmenizi, köklenmenizi ise önemli gezegen ve transitlerin burç değiştirdikten sonra sizin burcunuza taşınacak olması sağlayacak. Bu önemli etkiler ışığında 2020 yılını, hayatınızın geri kalan yıllarına bağlayan köprü niteliğinde bir yıl diye düşünebilirsiniz. 2020 yılının enlerinde birinci geliyorsunuz. Kabuk değiştirdiğiniz 2020 yılına merhaba diyerek başlıyorsunuz.

Eti can yapan ruhundur, unutma!

Yılın ilk günlerinde dünyayı sarıp sarmalayacak gökyüzü olayları ile başlamak, akıl almaz planlar yapma duygusuna kapılmanıza neden olacak. 2020 yılı ilk günden gücünü heybetini ortaya koyarken, zaaflarınıza vurgu yapacak. Dünyanın rotasını değiştiren kavuşumlar azminizi ortaya çıkarırken efsane çıkışlar yapacaksınız. 10 Ocak'ta su burcunda gerçekleşecek Ay tutulması yüreğinizin derinlerinden yükselen duygularınızı yönetmenize yardımcı olacak. Siz daha önce bu tutulmanın bir benzerinden geçmiştiniz. İçinizi cız ettiren son 2 yılınızı geriye dönüp düşündüğünüzde sevginizde kendinize söz geçiremediğinizi anlayacaksınız. Ay tutulurken bir taraftan da işinizi ve sağlınızı ihmal ettiğinizi fark edeceksiniz.

• Ne kadar yetenekli ve çalışkan olduğunuzu gözler önüne sermek için dikkat çekici fikirler ortaya atabilirsiniz.

• Kendi işini yapan bir Kova burcuysanız, çalışanlarınızın taleplerine yönelik iyileştirmeler yapmaya karar verebilirsiniz.

• Formunuzu korumak adına diyet yapmaya başlayabilirsiniz.

16 Ocak'ta iletişim gezegeni Merkür burcunuza geçiyor. Daha hızlı, daha çalışkan, daha pratik, daha analitik ve çözümleyici davranacağınız günlere açılacaksınız. Yaratıcı tarafınız daha da açığa çıkacak. Rutinlerinizi bozacak, sıradanlıktan hoşlanmayan tarafınızı seçimlerinize kadar yansıtacaksınız. Ekip çalışmaları güç kazanırken sosyal hayatınız, özellikle arkadaşlık ilişkileriniz daha da ön plana çıkacak. Diğer yandan daha güçlü iletişim kurabilecek ve konuşmalarınızla dikkat çekeceksiniz.

• Proje bazlı bir işte çalışıyorsanız, ekip arkadaşlarınızla hızlı ve uyumlu çalışmalarınız sayesinde yeni teklifler alabilirsiniz.

• Hayatın koşturmacasından dolayı bir türlü görüşemediğiniz arkadaşlarınızla organizasyonlar yaparak bir araya gelebilirsiniz.

• Yaşam alanınızda ufak çaplı değişiklikler yapabilirsiniz.

Konuşulacak, dikkat çekeceksiniz.

20 Ocak'ta Güneş Kova burcuna geçiyor. Doğum günü kutlamalarınız başlarken hayattan dem alıyorsunuz. Yaşamı daha farklı değerlendirirken özünüzde ne kadar yüksek bir karakter olduğunuzu fark etme şansına erişeceksiniz. Burcunuza doğum günü hediyesi gökyüzünden gelecek. Yılın ilk Yeniay'ı burcunuzda gerçekleşirken; sustuğunuz, idare etiğiniz ne konu varsa hepsine sizin adınıza tepki verenler olacak. Yılın ilk Yeniay'ına ev sahipliği yapmanız, sizi bir adım daha öne çıkaracağı gibi herkes bir şekilde sizi konuşmaya başlayacak, hazır olun!

• İlişkisi olmayan bir Kova burcuysanız, arkadaşınız vesilesiyle tanışacağınız kişi yeni bir aşkın habercisi olabilir.

• Çocuklu bir Kova burcuysanız ve bir süredir çocuğunuzun duygusal dünyasındaki sorunlarla uğraşıyorsanız, hiç beklemediğiniz bir anda hiç beklenmedik destekler sayesinde çözüm bulabilirsiniz.

• Bir küs bir barış ilerleyen bir ilişkiniz varsa, birlikte olduğunuz kişiyle ciddi bir konuşma yapmanız gerekebilir.

• Yarım bıraktığınız ya da ilgi duyup gidemediğiniz konularda eğitim alabilirsiniz.

ŞUBAT

Şubat ayı kalbinizin, ruhunuzun, aklınızın baştan uca arınacağı bir ay olacak. Güneş, burcunuzda hareket edip doğum günü ayınızdan geçerken, geriye dönüp hayatın size neler kattığına bakacaksınız. Şahsına münhasır yapınızın kaynağını irdelerken, farkınızın sizi daha değerli ve özel kıldığını anlayacaksınız. Evet, ailenizden, sevdiklerinizden hatta arkadaşlarınızdan bile farklı olduğunuzu gözlemleyerek, kıyas yaparak bir kez daha içinizde onaylayacaksınız. 2016-2018 yıllarında burcunuz tutulmalara maruz kalıp her ne kadar hayat sizi hiç olmadık yerlerden sıkıştırsa da aslında genel anlamda hem aklınızın dinamikliği hem de pratik yapınız sayesinde hiçbir şeyden geri kalmadınız. Yeni yaşınızda da ilham yine sizden yana olacak.

Hayatınızı kolaylaştırmak isteyeceksiniz.

9 Şubat'ta Güneş'inizin karşısında gerçekleşecek Dolunay ilişkilerinizde benciliğe tahammülünüz olmadığını bir kez daha hatırlatacak. Hayata karşı daha geniş bir penceren bakmayı başarabilen, sınırlarını kendi çabasıyla genişleten, yeri geldiğinde önyargılarından, keskin tavırlarından arınan biri olarak ikili ilişkiler konusunda yokuş yukarı çıkmak istemeyeceksiniz.

• Bekâr bir Kova burcuysanız, hangi yıl doğumlu olursanız olun Dolunay'ın size hediyesi aşk olacak. Üstelik kalbinize girecek kişi çok uzaklardan biri olmayacağı gibi eskiden tanıdığınız biri bile olabilir.

• İlişkisini yakın bir tarihte sonlandırmış bir Kova burcuysanız, eski sevgilinizin yeniden bir araya gelmek için yaptıkları sizi çok şaşırtacak.

• Evli bir Kova burcuysanız ve son zamanlarda eşinizin sizden uzaklaştığını hissediyorsanız, açık bir dille duygularınızı paylaşacaksınız.

Merkür Retro'su Balık burcundan başlayıp geri gide gide sizin burcunuza geçecek. Merkür Retro'su su burcuna geçerken duyarlılık, ilgi bekleme, sabırsızlık, keskin sorgulamalarla sınırları zorlayacak. Kilonuzu dert edinip buna yönelik kararlar alabilir ya da asla dediğiniz konularda girişimlerde bulunabilirsiniz. Baş döndüren Merkür Retro'su sizi tam bir çılgın yapacak.

- Özellikle son bir yıldır kendi işinizi kurmayı planlıyorsanız ancak sürekli doğru zamanın gelmesini bekliyorsanız, kendinizi hiç olmadığı kadar cesur hissedeceksiniz.
- Bir yakınınıza ya da arkadaşınıza verdiğiniz borcu ona hatırlatmak zorunda kalabilirsiniz.
- Arkadaş çevrenizde dönen bazı dedikoduların kaynağını çözümleyeceksiniz.
- Daha fit bir görünüm için spora yazılabilir hatta estetik fikrine sıcak bakmaya başlayabilirsiniz.

MART

2020 yılının en somut, en güçlü, en toparlayıcı ayına kapılarınızı sonuna dek açın. Mart ayında yaşayacaklarınızın hiçbiri nedensiz ve boşuna olmayacak. Yeri geldiğinde tanıklık ettiğiniz karmaşaların yeri geldiğinde de basit gibi görünen olayların alt metnini kolayca okuyabileceksiniz. Öğrendikleriniz, tecrübe edindikleriniz ruhunuzu bambaşka bir yere taşıyacak. İçinde onlarca duyguyu barındıran, mevsimi uyandıran mart ayı size çok iyi gelecek.

Sosyal hayatınız canlanırken, sorumluluklarınızdan taviz vermeyeceksiniz.

Venüs kendi yüceldiği burca geçerken, mart ayını güzelleştiren yegâne transitlerden biri olacak. İyileştirirken toparlayacak. Sosyal hayatınız çoğalacak, renklenecek. Diğer yandan Venüs'ün etkisiyle bu ay evinizde sık sık misafir ağırlayabilirsiniz. Yaşam alanınıza daha çok kafa yoracak, daha da bir itinalı davranacaksınız. Ailevi konularda bazı detayları ele almanız gerekebilir. Denge kurmayı kendinize vazife edinebilirsiniz.

• Bir süredir devam eden hukuki bir meseleniz varsa, konuyla ilgili önemli gelişmeler yaşanabilir.

• Hayatınızı değiştirme arzunuz yaşam alanınıza kadar yansıyacak. Başka bir semte taşınma kararı alabilirsiniz.

• Daha farklı yatırımlar planlıyorsanız, gayrimenkulünüzü elden çıkarıp, yatırım için değerlendirmeyi düşünebilirsiniz.

• Ebeveynlerinize dair bir süredir devam eden sağlık sorunları güzel haberlerle sonuçlanabilir.

Adım atmaktan korkmayın!

Merkür'ün burcunuzda düz seyre girmesiyle 10 Mart'tan itibaren nefes alacaksınız. Geçtiğimiz aylarda sizi zorlayan, önünüzde engel oluşturan, geri çekilmenize neden olan her ne varsa aslında işin özünde bu olumsuzlukların bugüne yansıyan faydalarına odaklanacaksınız. Yaşadığınız sorunlara pratik çözümler bulacaksınız. Gereksiz inatlaşmalardan sıyrılırken, seçeneklerinizi çoğaltacaksınız. Bu döngüde fikirlerinizi hayata geçirebilir, geçmişe dair eksikliğini hissettiğiniz konuları yeniden ele alabilirsiniz.

• Aklınıza sık sık eski sevgiliniz gelebilir. Sosyal medya üzerinden kendinizi onu araştırırken bulabilirsiniz.

• Aile şirketinde çalışan bir Kova burcuysanız, şirketin geleceğini şekillendirecek kararların alınmasına ön ayak olabilirsiniz.

• Yüksek getirisi olabileceğini düşündüğünüz fikirleriniz var ancak ekonomik olarak yatırım yapacak güçte değilseniz, statüsüne ve gücüne inandığınız kişilerden destek isteyebilirsiniz.

Gücünüze güç katan günler...

22 Mart'ta dünya karmaşıklaşırken siz öne geçeceksiniz. Temmuz ayına kadar burcunuzda olup daha sonra geri hareket etmeye başlayacak olan Satürn, burcunuzda yücelip kendini iyi hissederken bir de üstüne 29 yıl sonra gelmesi çok büyük etkileri de beraberinde getirecek. Neler yapacak neler! Satürn, bakış açınızı değiştirip meslek sektör değişikliği peşine düşmenizi sağlayacak. Hayatta elde edemediğiniz, yapamadığınız, yarım kaldığını düşündüğünüz birçok konuyu düzenlemek için kolları sıvayacak. Eğer şafak sökerken doğmuşsanız yükseleniniz de Kova burcu demektir. Bu süreçte görünüşünüzde değişiklikler yapabilirsiniz. Bu anlamda hem yükselen burcunuzda hem de burcunuzda etkili olacak Satürn artık güç sizde dedirtiyor. Herkes sizin ruh halinize bürünüyor. Herkes daha da bireyselleşecek ve kendi kabuğuna çekilecek. Bu da sizin enerjinizi artıracak, size derinlik katarken sizi canlandırıp dış dünyaya daha da açılmanızı sağlayacak. Çekincelerinizin, korkularınızın, tabularınızın hepsini yıkacak. Hatta ve hatta medeni durumunuzu bile değiştirecek.

• Eski tarzınıza dönerek kendinize nostaljik bir hava katacaksınız.

• Sosyal çevreniz daha da hareketlenecek. Kendinizi marjinal bir çevrenin içinde bulabilirsiniz.

• Yönetici pozisyonunda çalışıyorsanız, kontrol etme konusunda ipin ucunu kaçırabilirsiniz. Tutumunuz çalışanlar üzerinde baskı oluşturabilir.

• Hem yaşam biçimi hem de fikirleriyle örnek oluşturan, yaşça büyük kişilerle iletişiminiz artabilir.

• Uzun zamandır kalbiniz boşsa, ilk görüşte aşk duygusunu tadabilirsiniz.

• İlişkisi olan ya da evli bir Kova burcuysanız, değer verdiğiniz kişiyle geleceğinizi şekillendirecek kararlar alabilirsiniz.

Genel anlamda birçok şeyi aynı anda yapan, zaman zaman sıkılıp yarım bırakan, dağınık çalışan, çalışma potansiyeli başkalarına göre çok farklı birisiniz. Ancak 30 Mart'ta mücadele gezegeni Mars'ın, burcunuza taşınmasıyla bundan sonra sizi kimse tutamayacak. İstikrarınız artacak. Bu döngü, kendinize göre çok farklı bir başarı hikâyesi yazmanızı sağlayacak. Dışa vurduğunuz özelliklerinizi değiştirecek. Geçmişte büyük konuştuğunuz konuları fark etmenizi sağlayacak.

• İş yükünüzün ve sorumluluğunuzun son aylarda artması sizi tüketecek noktaya getirse de emeğinizin karşılığını almanız içinize su serpecek.

• Yeteneklerinizden maddi gelir elde etmek için harekete geçebilirsiniz. Öne süreceğiniz fikirler ses getirecek nitelikte olacak!

NİSAN

Hayatınızı belli bir ritimde tutmaya çalışacağınız, güzel olana her zaman varım diyeceğiniz bir ay sizi bekliyor. Yaz havası şimdiden iliklerinize kadar hissettirecek kendini. Zaman zaman sizi zorlayan gündelik olayların üzerinde çok fazla durmak istemeyeceksiniz. Mücadele etmekten korkmayan, aklına koyduğunu ne olursa olsun yapmaya çalışan biri olarak; aldığınız belli başlı kararlarla, davranışlarınızla adeta etrafınızdakilere örnek olacaksınız. Geçtiğimiz ayda edindiğiniz çevreyi yeniden ele alırken, hayatınızda kimler kalıcı kimler geçici test edeceksiniz. Samimiyet, dürüstlük, paylaşma, güven gibi kavramlar sizin nazarınızda yeniden şekillenecek. Sınırlarınızı yeniden belirlemenizi sağlayacak düşünceler geliştireceksiniz.

Gök kubbe, hiç kimse göründüğü gibi değildir mesajı veriyor. Şans gezegeni ile yeraltı gezegeninin kavuşması 5 Nisan'da gerçekleşirken dünyayı çok farklı bir ruh haline sokacak. Yapıcı ve yıkıcı gezegenlerin kavuşması tarihte az rastlanan bir transittir. Bu döngüde çevrenizde güvendiğiniz kişilerin aslında kişisel hayatlarında derin sırları olduğunu öğreneceksiniz. Kendinize dair konuları ise zihninizin derinliklerine gömmeyeceksiniz. Sizin için özel olan konuları eskisine nazaran daha rahat konuşabilecek ve kendinizi kolayca ifade edeceksiniz. Diğer yandan kapanmayan defterleri kapatıp temize çekmek isteyeceksiniz. Hayatınızda pişmanlığa yer olsun istemeyeceksiniz. Bu durum bazı hesaplaşmaları ve yüzleşmeleri de beraberinde getirebilir. Doğru olduğuna inandığınız konuları sere serpe ortaya koyarken, haksızlığa gelemediğinizi bir kez daha göstermiş olacaksınız.

- 2017 yılından beri aranıza mesafe koyduğunuz, kardeş kuzen gibi birinci dereceden yakınlarınıza yardım edeceksiniz.
- Yakın arkadaşınızın ilişkisine dair itiraf edecekleri sizi bir hayli şaşırtacak.
- Uzun zamandır ilişkisi olan bir Kova burcuysanız, ilişkinizin geleceği konusunda sevgilinizin ne düşündüğünü daha da merak edeceğiniz bir süreç olabilir.

• Evli bir Kova burcuysanız ve bir süredir bebek planları yapıyorsanız, sevineceğiniz müjdeli haberler alabilirsiniz.

• İlişkisini sonlandırmış ya da boşanmış bir Kova burcuysanız, yeniden düzen kurmak, kendi alışkanlıklarınıza dönmek konusunda güçlü kalmaya çalışmanız önemli olacak.

Ani kararlara dikkat!

8 Nisan'da hava burcunda yaşanacak Dolunay 9.Evinizi etkileyecek. Yoğun ve hızlı geçen günler odaklanmanızı zorlaştırırken, unutkanlığınız artabilir. Hayatın etkileri içerisinde kendinize bir denge kurmaya çalışacaksınız. Ani ve hızlı karar alma eğiliminiz artarken beklenmedik haberler sizi hayatınızı yeniden şekillendirmeye itebilir.

• Çok yoğun araba kullanan bir Kova burcuysanız arabanızla, yolculuklarla ilgili birtakım sorunlar yaşayabilirsiniz.

• Aktif ya da proje bazlı bir işte çalışıyorsanız bazı konular ters gitse de farklı insanlarla kaynaşmanız güç birliği yapmanızı sağlayacak.

• Ticaretle uğraşan bir Kova burcuysanız, işiniz üzerinden yabancı ülkelerle olan etkileşiminiz artabilir.

• Eğitimi devam eden bir Kova burcuysanız, kendinize yüksek lisans, doktora gibi daha akademik hedefler belirleyebilirsiniz.

• Bu süreçte alışkanlıklarınızı değiştirecek, kendinize yenilik katacaksınız. Özeleştirinizi yaparak hoşnut olmadığınız taraflarınızı törpüleyebilirsiniz.

MAYIS

Mayıs ayına oldukça hassas ve duygusal bir giriş yapacaksınız. Yaşamın anlamından değerine kadar birçok konuyu baştan uca sorgulayacaksınız. Bu kadar derinlemesine düşünmeniz, sorgulamanız elbette ki nedensiz olmayacak. Çevrenizde gelişen olaylar, tanıklık edecekleriniz, çelişkileri fark etmeye başlamanız farklı bir bakış açısı kazanmanızı sağlayacak. Davranışlarınızı, düşüncelerinizi, gündelik düzeninizi olumsuz etkileyen alışkanlıklarınız sizi daha da rahatsız etmeye başlayabilir. Hayallerinizi, isteklerinizi, **şu an** bulunduğunuz yeri düşünürken yenilikçi kararlar almaktan geri kalmayacaksınız. Şimdiye kadar olan tüm deneyimlerinizden hareketle birçok şeyin gelip geçici olduğunu, ne varsa insanın kendisinde olduğunu öğrendiniz. Ve siz de hayatınızı kendi ellerinizle inşa etmek, varlığınızı iyi temeller üzerine kurmak isteyeceksiniz.

Gezegeneler semada sizin için dönüyor.

13 Mayıs'ta geri gidecek olan Venüs, mayıs ayının efsunlu bir ay olacağını işaret ediyor. Hava burcunda geri gidecek Venüs, yaklaşık 44 gün boyunca herkesin ilişkilerini kırklayacak. Venüs Retro'su sizi yakından ilgilendiriyor çünkü siz de Zodyak'ta bulunan bir hava burcusunuz. Venüs de sizin gibi iletişimde ön planda olan bir burçta geri gidecek. Bu döngüde çevrenizdeki ilişkilerin ne denli sıkıntılar üzerine kurulu olduğunu fark edeceksiniz. Kendi ilişkiniz de Venüs gerilemesinden nasibini alabilir. İlişkinizden beklentileriniz artarken, sevginizin boyutunu analiz edip tartacaksınız. Venüs Retro'su, huzursuzluklardan ziyade huysuzlukları da beraberinde getirebilir. Dile dökmezseniz de kafanızı çok meşgul edebilir.

• İnişli çıkışlı birlikteliği olan bir Kova burcuysanız, şüpheci tarafınız artabilir.

• Evli bir Kova burcuysanız, eşinizin bazı alışkanlıklarını bırakması için elinizden geleni yapacaksınız.

• Bu süreçte sürpriz bir şekilde hamile olduğunuzu öğrenebilirsiniz.

• Evlenecek ya da nişanlanacak gözüyle baktığınız kişilerin bir anda ayrıldıklarına tanıklık edebilirsiniz.

• Venüs Retro'suyla birlikte bel ve eklem ağrılarınız artabilir.

• Kısa süreli bir seyahatle, kendinizi hiç gitmediğiniz bir yerde bulabilirsiniz.

Tahammülü zorlayan bir döngü!

Mayıs ayında, Jüpiter toprak burcunda geri gitmeye başlıyor. Jüpiter'in Oğlak burcundaki geri hareketi ve üst üste iki iyicil gezegenin de geri gitmesi burcunuzu sıkıştırma niteliği taşıyor. Bunu durumu da mayıs ayının tam ortasında hissedeceksiniz. Özellikle 14 Mayıs'tan sonra birçok kişiye karşı tahammülünüz azalabilir. Her ne kadar Jüpiter Retro'su sizi sıkıştırsa da geri planda bazı mesajlar verip fırsatlar sunacak. Sosyal statünüzü artırıp kariyer hedeflerinizi gerçekleştirmek isteyeceksiniz.

• Yoğun tempoda çalışan bir Kova burcuysanız, işinizi yaparken kesip atan, bir anda fikir değiştiren bir havaya bürüneceksiniz.

• Aile şirketinde çalışan bir Kova burcuysanız, ortak hareket edip karar aldığınız kişilerin işi sahiplenme şekilleri aklınıza takılabilir.

• Uzun zamandır iş arayışında olan bir Kova burcuysanız, karşınıza çıkan iş teklifi sizi biraz düşündürebilir.

• Hiç beklemediğiniz şekilde miras konuları gündeminize oturabilir.

Mayıs ayında en çok dikkat etmeniz gereken tarih ise 22 Mayıs olacak. Bu tarihte iki hızlı gezegenin kavuşmasıyla şaşıracağınız haberler alabilirsiniz.

• Bu ayın başında birlikteliği biten bir Kova burcuysanız ya da partnerinizden şüphe duyuyorsanız bu tarihte birtakım bilgiler önünüze gelebilir.

• Çok yakın arkadaşınızın size anlatmadığı bir ilişkisinin olduğunu ya da asla yan yana düşünmediğiniz kişilerin birlikte olduğunu öğrenebilirsiniz.

Mayıs ayında her ne kadar aklınızı ve kalbinizi zorlayan, sizi şaşırtan gelişmeler yaşasanız da bir yandan da kendinizden ödün vermek istemeyeceksiniz. 'Ben buyum' diyen tavrınızı açıkça ortaya koyacaksınız. Planlarınızı gerçekleştirmeyi ertelememeye özen göstermelisiniz. Bazen kontrol güç demektir. Duygularınızı iyi yönetebilir, etrafınızda yaşanan karmaşayı soğukkanlılıkla karşılayıp çözüm odaklı davranırsanız, önemli adımlar atmış olacaksınız.

HAZİRAN

Haziran ayında bakış açınız ve yönünüz değişecek. Yaşayacaklarınız keskin değişimleri de beraberinde getirecek. Haliyle siz de keskin kararlar vereceksiniz. Son yıllardaki tutumluluğunuzun aksine belki de ilk defa kendinizi çokça şımartacak ve daha rahat harcamalar yapacaksınız. Bir savaşçı gibi karşınıza çıkan pürüzlerin, sorunların üstesinden gelme çabanız ile engel tanımaz bir tavra bürüneceksiniz. Gerçekten dert etmeye değer mi diyeceğiniz birçok konuyu elekten geçirecek, önemsiz detayları bertaraf edeceksiniz. Artık hayallere tutunup kalmak değil hayalleriniz için adım atarak elinizde somut veriler olsun isteyeceksiniz. Her şeyi yaşayarak ikna olan tarzınızı benimseyeceksiniz.

- Uzun zamandır ev sahibi olma hayali kuruyorsanız, bu ay bu konuda kolları sıvayabilirsiniz. Memnun olmadığınız bir semtte yaşıyorsanız, size hitap eden, sevdiğiniz semte taşınabilirsiniz.
- Yaşam alanınızda değişiklikler yapabilirsiniz.
- 1991-1993 yılları arası doğumlu iseniz Satürn'ünüz de Kova burcunda. Bu da aşktan başınızın döneceği anlamına geliyor.

Sevmek ruhu beslerken kıskançlık ruhu zehirler

Geçtiğimiz ayda çevrenizi, ailenizi, ilişkilerinizi ilgilendiren 5.Evinizde Venüs Retro'sunun başlamış olması ve şimdi ise Ay düğümlerinin yer değiştirecek olması 5 Haziran'ı sizin için hem çok büyük kırılmalı hem de efsunlu bir döngü yapacak. Kuzey Ay düğümünün hava burcuna taşınmasının dışında 5 Haziran'da bir de Ay tutulması gerçekleşecek. Bunların etkisiyle duygularınıza, sevginize, hayattaki duruşunuza, son 3 yıldır tutumlu olduğunuz alanlara, belirsizliklere dair birçok konuyu bertaraf edeceğiniz, iradenizin daha da baskın olacağı, hırslanacağınız bir ruhla keskin kararlar alacaksınız. Hayatınızda adaleti arayan, yaşadıklarınızı sorgulayan bir tutum sergileyeceksiniz. Diğer yandan gök kubbe, 5 Haziran'dan itibaren sizi kimsenin tutamayacağını, kendinizi olayların akışına bırakacağınızı işaret ediyor. Aşk hayatınızda da ciddi kararlar alacaksınız.

• 7-14 yaşları arasında çocukları olan bir Kova burcuysanız, evladınızın geleceğini yönlendirecek önemli kararlar alacaksınız.

• 1983-1984 yılları arasında doğmuş bir Kova burcuysanız, haritanızda çok fazla Yay burcunda hareket eden gezegen var demektir. Bu anlamda Yay burcundaki tutulma ile Yay burcunun özelliklerine bürünebilir ve en son söyleneceği en başta söyleyebilirsiniz.

• 1962 -1964 yılları arasında doğduysanız, sadece burcunuz kova değil Satürn'ünüz de Kova. Bu durum hayata meydan okuduğunuz günlerden geçerken, sevdiklerinizi şaşırtacağınız anlamına geliyor.

Şüphe ve güvensizlik, yüzleşmeleri de beraberinde taşıyor.

21 Haziran'da ise Güneş tutulması geçekleşecek. Ani olaylar ve haberlerle etrafınızdaki hayatların bir anda başka bir yöne gittiğini fark edebilirsiniz. Gizli saklı konularda perdeler hızla aralanacak. Bu tutulmayla insanların samimiyetini bir kez daha sorgulamak durumunda kalabilirsiniz. İkili ilişkilerde kendinizi köşeye sıkışmış gibi hissedebilirsiniz. Asla yapmam dediğiniz konularla yüzleşmek zorunda kalabilirsiniz.

• Sosyal hayatınız hareketlenirken tanışacağınız bazı kişilere kanınız kaynamayabilir. Gözlemci tarafınız size onlar hakkında önemli ipuçları verirken, sezgilerinizin sizi yönlendirmesine izin vereceksiniz.

• Uzun zamandır ilişkisi olan bir Kova burcuysanız, sevgilinizin evlilik konusundaki fikirlerinin net olup olmadığını merak edebilirsiniz.

• İlişkisi olmayan bir Kova burcuysanız, şans vermediğiniz kişinin aslında tam da aradığınız kişi olduğunu anlayabilirsiniz.

Bu ay dikkat etmeniz gereken tarih ise 30 Haziran olacak. 30 Haziran'da ciddi ve geçmişe dair konuşmaları yapmamaya özen gösterin. Haziran ayı gerçekliğinizi, fikirlerinizi açıkça sergileyeceğiniz bir ay olacak. Aylardır hatta belki de yıllardır sizi anlamadığını düşündüğünüz kişilere kendinizi anlatmaktan vazgeçeceksiniz. Neysem oyum, anlatmama gerek yok diye düşünebilirsiniz. Önümüzdeki aylar için kendinize tatil planları yapmak, arınmak, yenilenmek isteyeceksiniz.

TEMMUZ

Temmuz ayı gümbür gümbür kapınıza dayanacak. Kendinizi anlamakta güçlük çektiğiniz, tepkilerinizin her geçen gün farklılaştığı, duygularınızda büyük geçişler yaşadığınız, zaman zaman ben neden bunu söyledim, keşke söylemeseydim diyeceğiniz bir ay olacak. Peki, temmuz ayı neden size bu duygusal iniş çıkışları verecek? Çünkü büyük resme bakıldığında, mart ayından bu yana burcunuzda hareket eden yönetici gezegeniniz geri gitmeye başlıyor. Bu aydan itibaren de toprak burcuna geçerek, unuttuğu bazı noktaları düzeltmek isteyecek. Dolayısıyla bu durum son aylarda planladığınız birçok konuda birtakım aksilikler yaşamanıza neden olacak. Bu aksilikler her ne kadar şer gibi görünse de bazı konuları sağlam bir temele oturtmanızı sağlayacak.

Kendi yolunuzu çizdiğiniz 2020 yılında, aslında göz ardı ettiğiniz protokoller, anlaşmalar, sözleşmeler, hukuksal meseleler, verilen sözler gibi birçok konuda tekrar düşünmeniz gerektiğini fark edeceksiniz. Tüm bunlarla birlikte herkesle yola çıkılmayacağını, herkesi idare edemeyeceğinizi, politik biri olmadığınızı bir kez daha anlayacaksınız. Burcunuzda hareket eden ve şimdilerde geri giden Satürn'ün herkesle yola çıkma mesajını aralık ayına kadar adım adım izleyeceksiniz. Bu süreçte diğer insanlara göre çok daha kuralcı ve gelenekçi davranacaksınız.

Becerilerinizi, entelektüel yapınızı ve sosyal hayatınızı olabildiğince kısıtlayacaksınız.

• Üstesinden geldiğinizi sandığınız korkularınızın tetiklenmesine neden olan gelişmeler yaşanabilir.

• Kişisel olarak planladığınız çalışmalarınıza başlamak gibi konularda kendinizi hazır hissetmeyebilirsiniz. Bu durum erteleme eğiliminizi artıracak.

• Seyahat etmeyi düşünüyorsanız, yanınızda bulunması gereken bilet, vize, pasaport gibi önemli eşyalarınızı korumaya almalısınız.

• Eğitimini yarıda bırakmış bir Kova burcuysanız, yeniden eğitim alanınıza dönmek isteyeceksiniz.

• Aile içerisinde çözümlenemeyen, askıya alınan miras, alacak verecek gibi maddi sorunlar söz konusuysa kökten halletmek için harekete geçebilirsiniz.

Geçmişten bugüne hangi noktaya vardığınızı sorgulayacaksınız.

5 Temmuz'da yaşanacak Ay tutulması ise geçtiğimiz yaz ayına atıfta bulunacak. 2019 yılının temmuz ayından bu yana hayatı nereden nereye getirdiğinizi, ne kadar değiştiğinizi, hırslarınızın, düzeninizin, önceliklerinizin ne kadar yer değiştirdiğini tekrar fark edeceksiniz. Dolayısıyla bu tutulma hem mucizeleri hem de uyarıları barındıran bir tutulma olacak. Tutulmayla birlikte parasal konular daha da ön plana çıkacak. Aynı zamanda bu döngüde güvenmediğiniz insanlara karşı önyargınız kalkarken, güvendiğiniz insanları sorgulayacaksınız.

• Evlilik planları yapıyorsanız, parayı düşünerek daha kısıtlı seçimler yaptığınızı fark ederek, paranın önemli olduğuna kanaat getireceksiniz.

• Evli bir Kova burcuysanız, eşinizin aslında ne kadar da vefakâr ve merhametli olduğunu bir kez daha göreceksiniz.

• İlişkisini, evliliğini sonlandırmış bir Kova burcuysanız, kendinizi ilk etapta toplama şeklinize bile şaşıracaksınız.

• Çocuklu bir Kova burcuysanız, çocuğunuzun eğitimiyle, sağlığıyla, duygusal iniş çıkışlarıyla ilgili harcayacağınız çaba ilerleyen zamanlarda avantaj sağlayacak.

• Yakın arkadaşlarınızın sürekli dertlendiği konularda abarttıklarını anlayacaksınız.

• 1996-2002 yılları arasında doğmuş bir Kova burcuysanız Uranüs'ünüz de Kova burcunda. Bu da bölüm, şehir değiştirme kararı alacağınız anlamına geliyor.

Sevgili Kova burçları, bu ay dikkat etmeniz gereken tarih ise 15 Temmuz olacak. Uzun yolculuklara çıkmamaya, efor sarf edilecek işler ve ağır sporlar yapmamaya özen göstermeniz gerektiğini işaret ediyor gök kubbe. Ayın sonunda ise bazı konularda abarttığınızı, bazı konuları ise daha önce hissettiğinizi ama yönetebildiğinizi fark edeceksiniz. Çünkü siz geleceğin burcusunuz. Aslında her şeyi hissediyor ancak bir şekilde de kulak ardı edebiliyorsunuz. İşte böyle keskin aylarda da göz ardı ettiğiniz, yönetebileceğinizi düşündüğünüz, hallettiğiniz her ne varsa gününüzü tamamen dolduruyor. Dolayısıyla bu dönemde küçük işlere koşturan bir Kova burcuna dönüşebilirsiniz.

AĞUSTOS

Hayatınızı sıfırlayıp yeniden başlayacağınız aya giriş yapıyorsunuz. Sıcak ama kıpır kıpır geçecek günleri doyasıya yaşamak isteyeceksiniz. Yaşamın basit, önemsiz gibi görünen ama ardında onlarca güzelliklerini barındıran detaylarına yöneleceksiniz. Küçük şeylerle de mutlu olunabileceğini fark etmeniz daha iyimser ve naif bir portre çizmenizi sağlayacak. Bu anlamda sizi özellikle son 3 aydır zorlayan günler artık geride kalıyor. Kendinizi biraz daha toparlayacaksınız. Ağustos ayının sıcağını kalbinizde, ruhunuzda hissederken hem ilişkilerinizi iyileştirecek fırsatlar yakalayacak hem de kafanızı karıştıran, üst üste gelen tüm aksilikleri bir kenara bırakıp hayattan keyif alacaksınız. Seyahate, tatile, en önemlisi de ruhunuzu dinlendirmeye bu ay çokça zaman bulacaksınız. Hayata olumlu duygularla yaklaşmanız fırsatları da beraberinde getirecek.

Aşk hayatınızdan kariyerinize kadar birçok konuda önemli gelişmeler kapınızda!

• Resim, müzik, yazım gibi konularda yeteneğiniz varsa ve bir süredir bu özelliklerinizi ihmal ettiyseniz hızlı bir dönüş yapacaksınız.

• Bir süredir kendi işini yapmayı planlayan bir Kova burcuysanız, piyasa araştırması yapabilir hem maddi hem de manevi olarak getirisi olabilecek alanlara yönelebilirsiniz.

• Uluslararası bağlantıları olan bir pozisyonda çalışıyorsanız, önemli bir anlaşmaya zemin hazırlayabilirsiniz.

• Rekabete dayalı bir ortamda çalışmanız, bazı kişilerce kıskanılmanıza neden olabilir. Aman dikkat!

• Yeni başlayan bir ilişkiniz varsa, sevgilinizin bazı konulardaki keskin fikri ayrı dünyalara aitmişsiniz hissine kapılmanıza neden olabilir.

• Evliliğinde sorunları olan bir Kova burcuysanız, evliliğinizin yönlendirilmeye açık olduğunu fark edebilirsiniz. Eşinizin ya da kendi arkadaşlarınızın yaptığı yorumların ilişkinizi zedelediğini düşünerek bu konuda eşinizle birlikte hareket etmeye çalışacaksınız.

3 Ağustos'ta burcunuzda Dolunay gerçekleşecek.

Dolunay, sosyal ilişkilerinizi güçlendirecek, geçmiş küslükleri dağıtabilecek, zehir zemberek konuşmaların üstüne daha sakin konuşmalar yaptırabilecek. Bu döngüde bir anlamda da aslında kendinizi eleştirme fırsatı da bulacaksınız. Olaylara keskin yaklaşımınızı, en son söyleyeceğini başta söyleyen duygu durumunuzu biraz daha anlayabileceksiniz. Gündelik hayatınızı toparlayacak, geçtiğimiz aylarda yaşadığınız sorunları çözmeye çalışacaksınız. Geçtiğimiz birkaç aydan bugüne kadar ki sürece bakıldığında yaşanan Venüs gerilemesi, tutulmalar ve Ay düğümlerinin burç değiştirmesiyle birlikte son 90 günde büyük zorluklar yaşadığınızı belirtmek gerek. Hayatınızda büyük hareketlikler oldu. Hem kendinizi kontrol etmekte zorlandınız hem de kimin içinde ne kadar karışıklık olduğunu fark ettiniz. Merak etmeyin bu Dolunay size kendinizi güçlü hissettirecek. Ağustos ayı sorunlara daha ılımlı yaklaşacağınız, sizden özür dileyenlerin sayısının artacağı, şüphe ettiğiniz yerlerde ve huzursuzluk çektiğiniz alanlarda bulutların dağıldığı bir ay olacak.

- Uzun zamandır kırgın olduğunuz, gönül koyduğunuz yakınlarınızla ya da arkadaşınızla yeniden bir araya gelebilirsiniz.
- Sizde kötü izler bırakan, kalbinizi yaralayan eski sevgiliniz sizinle yeniden iletişime geçebilir. Size karşı yaptıklarında hatalı olduğunu, kimsenin ahını almak istemediğini belirterek pişmanlığını dile getirebilir.

Yeniay ile birlikte hayatınızın hemen her köşesinde yenilik rüzgârları esecek.

19 Ağustos'ta Güneş'inizin karşısında yapıcı bir Yeniay gerçekleşecek. Yeniay dağınıklıkları toparlamanıza yardımcı olurken, aklınızı sürekli meşgul eden belirsizliklerden de arınmanızı sağlayacak. Korkularınızın üstesinden gelmenize yardımcı olurken yapmaktan çekindiğiniz konularda cesur davranmanız için yol açacak. Ağırlıklarınızdan, üşengeçlik veren duygulardan, gereksiz streslerinizden arınmaya başlayacaksınız. Uğradığınız haksızlıklarda gerçekler açığa çıkabilir, kendinizi aklayabilirsiniz.

• Maddi toparlanmalarla arabanızı değiştirebilirsiniz.

• Estetik yaptırma kararınızı netleştirebilir, en doğru yerde yaptırmak için araştırmalar yapabilirsiniz.

• Plansız organizasyonlarınız çoğalacak.

• Geçtiğimiz birkaç ay içerisinde borç verdiğiniz birileri varsa, bu ay geri dönüşler alabilirsiniz.

• 1970-1984 yılları arasında doğmuş bir Kova burcuysanız tutulma Neptün'ünüzü de yakından ilgilendirecek. Bir süredir evliliğinizin üzerinde kara bulutlar dolanıyorsa tamam mı devam mı noktasına gelebilir, hatta kafanızın karşıtını düşünebilirsiniz.

• 1989-1998 yılları arasında doğmuş bir Kova burcuysanız ve yalnızsanız âşık olacaksınız.

Sevgili Kovalar, **ağustos ayının hareketli günleri yeni çevrelere** dahil olmanızı da sağlayacak. Bu sayede dünyada bambaşka bakış açılarının olduğunu görecek, ufkunuz genişleyecek. Kalıcı dostlukların temellerini de atabilirsiniz. Bu zamana kadar en çok kendinize haksızlık ettiğinizi fark ederek, öz değerinizi yeniden inşa etmeye başlayacaksınız.

EYLÜL

Dünya hızla dönüp değişirken hem sevdikleriniz hem de sizin için eylül ayı bambaşka bir ay olacak. Böyle söylediğim için olumsuz düşüncelere kapılıp içiniz ürperiyor olabilir. Ancak unutmayın ki gök kubbenin bizi sıkıştırmasının bile bir nedeni var. Madalyonun iyi yüzünü çevirdiğimizde önümüze başka bilgileri getirdiğini, hayatımızda itiş gücü yaratıp hiç yapmayacağımız şeyleri yaptırdığını, sınırlarımızı görmemizi, kendimizi tanımamızı ve doğrularımızı yeniden revize etmemizi sağladığını fark edebiliriz. Yaşadıklarınızı, başınıza gelenleri bu şekilde yorumladığınızda zorlu günlerin üstesinden gelecek gücü de kendinizde bulmuş olacaksınız.

• İnişli çıkışlı bir ilişkiniz varsa, sevgilinizin kıskançlıklarından, sizi kısıtlamasından ve sürekli sorgulamasından bunalabilirsiniz.

• Evli bir Kova burcuysanız, eşinizin ailesiyle ilgili bazı sağlık problemleri yaşanabilir. Eşinizin soğukkanlılığını koruyamadığını fark ederek, daha ılımlı ve yapıcı yaklaşımlarda bulunmaya çalışacaksınız.

• Evlenme sürecinde olan bir arkadaşınız varsa, ani duygusal geçişler yaşadığına ve aileler arasında belirgin bir uyumsuzluk, anlaşmazlık olduğunu fark edebilirsiniz.

10 Eylül'de mücadele gezegeni Mars geri gidecek.

Mars Retro'su 67 gün boyunca herkesin hayatında kendini tepeden tırnağa hissettirecek. Mars'ın kendisini yücelttiği, rahat hissettiği, yönettiği burçta geri gitmesi hepimizde şok etkisi yaratacağının da habercisi olacak. Mücadele gezegeninin kendini yönettiği burçta geri gidecek olması hem baş döndürücü olayların ve haberlerin hem de umulmadık sırların ifşa olacağını işaret ediyor. 3.Evinizde etkili olacak Retro seyahatlerinizi, organizasyonlarınızı, pratik tarafınızı kısıtlayabilir. İletişim konusunda sizi zorlayabilir. Sorunlara yaklaşım tarzınız her zamankinden daha keskin olabilir. Çevrenize, özellikle arkadaşlarınıza karşı tahammülünüz azalabilir.

• Yoğun çalışan bir Kova burcuysanız aniden gelişen kısa yolculuklarınız artabilir.

• Birkaç ay önceden planladığınız seyahatlerinizi daha ileri bir tarihe ertelemek zorunda kalabilirsiniz.

• Bu dönemde uzun vadeli olmayan projeleri kabul etmek zorunda kalabilirsiniz.

• Çalıştığınız bölümün dışında farklı bölümlerin sorumluluğunu da üstlenebilirsiniz.

• Eğitimle uğraşan bir Kova burcuysanız ya da eğitim yıllarındaysanız, bu dönemde değişen eğitim sistemi kafanızı kurcalayabilir, yeni düzenlemeler yapabilirsiniz.

• Mars Retro'su sağlıkla ilgili de küçük sakatlanmalara sebep olabilir.

22 Eylül'ün ilk dakikalarında Güneş hava burcuna geçecek ve ekinoks yaşanacak. Sonbaharın ilk gününde mutluluğun gerçek anlamını düşünebilirsiniz. Sezgilerinizin daha da açılması için kafanızdaki bulanıklığı dinginleştirebilirsiniz. Hatta bu tarihte kendinize jestler yaparak kuaföre gidebilir, cilt bakımı, masaj yaptırabilirsiniz. Eylül ayının sizi zorlayan her detayından biraz olsun kendinize zaman ayırarak kurtulmak isteyeceksiniz.

EKİM

Ekim ayı siyahla beyazın, geceyle gündüzün ayrıştığı gibi farklı bir ay olacak. Yaşama dair birçok detayı hissedecek, görecek, tanıklık edecek ve hatta bazı anlarda kendinizi gelişmelerin tam ortasında bulacaksınız. Duygu durumunuzun an be an değiştiği, birçok işinizi halledebileceğiniz, gündelik hayatınızı toparlayabileceğiniz, uzun zamandır beklediğiniz haberleri alabileceğiniz ekim ayında zaman zaman içinizi sıkan, ruhunuzu ağırlaştıran duygular arasında gidip geleceksiniz. Güneş içinizi aydınlatırken diğer taraftan da Ay içinizi sıkacak.

Retro arafta bırakacak. Ani kararlar almamaya dikkat!

14 Ekim'de yılın son Merkür gerilemesi su burcunda geri gitmeye başlarken, sevilmeyi ve sahiplenilmeyi seven bir Kova burcu olarak sizi yakından etkileyecek. Merkür Retro'sunun burcunuzun yakınlarında gerçekleşiyor olması işinizle, kariyerinizle ilgili çok enteresan kararlar aldıracak. Sabit su burcunda geri gidecek Merkür Retro'su kariyer evinizde baskınlığını ortaya koyarken size de bazı şeyleri ben hallederim hissi verecek. Ki zaten siz Zodyak'ın ben hallederim, idare ederim, her şeyin üstesinden gelirim tavrınızla, hayır diyememenizle meşhursunuz. Daha sonrasında ise biriktirip biriktirip patlayan, keskin tepkiler veren tavrınızla da haklıyken haksız duruma düştüğünüz olmuştu geçmişte. İşte Merkür Retro'su şimdilerde sizi tam da böyle bir duruma düşürmeyi düşünüyor. O yüzden de kariyerinizle ilgili keskin kararlar almamanız gerektiğini vurguluyor. Aklınızla kalbiniz arasında sizi arafta bırakacak Retro döngüsünde, sevdiklerinizi ilgisizlikle yargılayabilirsiniz.

- Bir süredir iş değiştirmeyi düşünüyorsanız, karşınıza çıkan fırsatları gözü kapalı kabul etmemeli, değerlendirirken Retro'nun bitmesini beklemelisiniz.
- İş değiştirmeyi düşünmeyen bir Kova burcuysanız, bu konudaki fikirleriniz bir anda değişebilir. Daha farklı bir alanda, daha farklı bir pozisyonda, maddi olarak getirisi yüksek olabilecek alanlara yönelerek iş değiştirmeyi düşünebilirsiniz.

• Özellikle 1983-1986 yıllarında doğmuş bir Kova burcuysanız, Satürn'ünüz Akrep burcunda demektir. Satürn'ünüzün üstünde geri gidecek Merkür ciddi anlamda işinizle, emeklerinizle ilgili gözünüze perde indirebilir.

Dolunay'ın şifalı taraflarından beslenin

31 Ekim'de gerçekleşecek Dolunay sizi yakından ilgilendirecek. Ekim ayında ikinci kez gerçekleşecek bu Dolunay, Süper Dolunay olacak. Toprak burcunda gerçekleşecek Dolunay, bu ay ne kadar karışık olsa da sizi kazançlı çıkarmak isteyecek. Ayın son gününde sürpriz gelişmeler yaşayabilirsiniz. Karşınıza çıkan fırsatlar içinizdeki umudun yeşermesini sağlayacak. Kulağınıza gelen dedikodulara sırt çevireceksiniz. Dolunay, özellikle son aylarda çok yoran gökyüzü olaylarından sonra size şifa gibi gelecek ve çıkış noktanız olacak.

• Eğitim hayatı devam eden bır Kova burcuysanız, burs, çift diploma, staj gibi konularda sevineceğiniz haberler alacaksınız.

• Yurtdışına çıkma planlarınız varsa, vize, pasaport gibi evrak işleriniz pürüzsüz bir şekilde hallolabilir.

• Ailenizde sağlık sorunları yaşayanlarla ilgili olumlu haberler alacaksınız.

• Aile içerisindeki sıkıntılı evliliklerden, problemlerden, maddi temelli sorunlardan Süper Dolunay ile sıyrılacaksınız.

Ekim ayındaki gökyüzü hareketlerinin sizi zorlayan tarafları diğer yandan da öğretici mesajlar taşıyacak. Kendi içinizde çözümleyemediğiniz konulara vurgu yaparken, ani gelişen olaylardaki tepkilerinizi dengede tutmanız gerektiğini işaret edecek. Duygu durumunuzu etkileyen her durumu incelikle elekten geçirebilirseniz, ilerleyen aşamalar için avantaj sağlayabilirsiniz.

KASIM

Kasım ayını hayatınızı zorlaştıran, kafanızı karıştıran, sizi kimin idare edip etmediğinizi anlamanızı sağlayan Merkür Retro'sunu bitirerek karşılıyorsunuz. Sabrınızı zorlayan, tahammülünüzü kısıtlayan, çabuk sıkılmanıza ve keskin dönüşler yapmanıza neden olan Mars Retro'su 14 Kasım'dan itibaren düz seyrine geçerken kendinizi de analiz etme şansınız olacak. Mars Retro'suyla aslında size susmanız gereken yerde susmadığınızı, sabırsız olduğunuzu, Zodyak'ın en hazırcevap burcu olduğunuzu 67 günlük Retro sürecinde öğrendiniz. Bu anlamda Retro, kendinize ben de aslında kolay bir insan değilim dedirtti. Kasım ayının kapısındaki Merkür'ün düz seyriyle aslında kimlerin gerçek dostlarınız olduğunu, iyi günde ya da kötü günde kimlerin yanınızda yer aldığını size göstermek için geçtiğimiz ayda hayatınıza hiç olmadık karışıklıklar verdiğini fark edeceksiniz. Arkadaşınızı, dostunuzu kazanacaksınız.

Her şerrin bir hayra açıldığını fark edeceksiniz.

• Geçmişte istemeden kalbini kırdığınız, sözlerinizle yaralarını açtığınız kişiden özür dileyerek kendinizi affettirmek için çabalayacaksınız.

• Evli bir Kova burcuysanız, eşinizin vereceği müjdeli haber evliliğinizde yeni bir başlangıcın haberciliğini yapacak.

• İlişkisi olan bir Kova burcuysanız, sevgilinizle birlikte sık sık yakın mesafe seyahatlerine çıkabilirsiniz. Aile şirketinde çalışan bir Kova burcuysanız, ortaklık, hisse gibi konular gündeme gelebilir. Beklemediğiniz kişilerden gelecek ataklar, destekler sizi şaşırtacak.

• 1988 yılında doğmuş bir Oğlak burcuysanız, gök kubbe sağlıkla ilgili vücudunuzdaki değerlerde değişiklikler olabileceğini işarete diyor.

Siyah ile beyazı gösterecek bir tutulmaya hazır olun!

30 Kasım'da sizin gibi hava elementi olan burçta Ay tutulması gerçekleşecek. Tutulma 5.Evinizde etkili olacak. Bu tutul-

ma geçtiğimiz mayıs ayına vurgu yapacak. O zamandaki tutulmanın tam karşısında gerçekleşecek bir tutulma olacağı için mayıs ayında başlayan bazı konular, olaylar, kişiler, düşünceler neticeye bağlanacak. Ay tutulması size yeni bir dönemin başladığını hissettirecek. Diğer yandan kalabalıkların içinde insanların birbirini nasıl da yalnızlığa ittiğini fark edeceksiniz. Ay tutulmasıyla birlikte çevrenizde birinci dereceden tanıdığınız kişilerin kalbinde tutulmalar olabilir. Sosyal ilişkilerinizde çözülmeler olabilir. Bu noktalarda sabırsız ve haksızlığa gelemeyen bir Kova burcu olduğunuzu tekrar ortaya koyacaksınız.

- Çocuklu bir Kova burcuysanız, çocuklarınızın eğitimiyle, okuluyla, iletişimi ve arkadaşlarıyla ilgili ani olaylar yaşanabilir.
- Son birkaç ay içerisinde tanıştığınız, hayatınıza aldığınız, sırrınızı paylaştığınız arkadaşınızla ilgili düşüncelerinizde yanıldığınızı anlayabilirsiniz.
- Hukuki konularda ise önemli gelişmeler yaşanabilir. Hakkınızdan vazgeçmeyen tarafınız, sizi daha mücadeleci bir havaya sokacak.

Kasım ayında sakinliğinizi, sizi motive eden huzurunuzu koruyacaksınız. Önünüze çıkan engellerin üstesinden gelirken kendinizi daha da güçlü hissedeceksiniz. Duygusal durumunuzu korumaya alırken, dış görünüşünüze de ayrıca özen göstereceksiniz. Ufak estetik dokunuşlar yaptırabilirsiniz. Yoga, pilates gibi sporlara yönelerek sağlıklı ve fit bir görünüm elde etmek isteyeceksiniz.

ARALIK

Hayatınızın belki de en enteresan yılını geride bırakırken aslında çok büyük değişiklikler yaşadınız. Olgunlaştığınızı, farklılaştığınızı, değiştiğinizi, korkularınızı yendiğinizi anlayacağınız bir yılı geride bıraktığınızı anlayacaksınız. 2020 yılının dillere destan transitleri sizin burcunuzda gerçekleşmiş ve yaz aylarında da ara vermişti. Şimdilerde ise gezegenler yoluna devam ettiğinden ve artık Retro'lar da bittiği için farklı bir zaman dilimi başlıyor. Aralık ayı içinde taşıdığı sürprizlerle, mucizelerle adeta sihirli bir ay olacak. Yılın bu son ayında yaşayacağınız her an size çok şey katacak.

2020 yılını baştan uca değerlendireceksiniz.

Adaleti, hakları temsil eden burçta gerçekleşecek Güneş tutulması 11.Evinizde etkili olacak. Güneş tutulması umutlarınızı, bugüne kadar yaptığınız iyilikleri, aldığınız sorumlulukları, merhametinizi, ruhunuzu beslediğiniz alanları, kendinizi ifade etme şeklinizi ve yönünüzü değiştirecek. İdeolojik bakış açınızdan duygusal yapınıza, gündelik hayatınızdaki alışkanlıklarınızdan hedeflerinize kadar birçok alana dokunuşlarda bulunacak. Ben eskisi gibi değilim diyeceğiniz, soluklanıp dinleneceğiniz Güneş tutulmasıyla 2020 yılında kimleri arkada bıraktığınızı, hangi yollara girdiğinizi göreceksiniz. Tüm bunlarla birlikte eskisine göre çok farklı çevreye ve zümreye gireceğinizin de haberciliğini yapacak.

• Farklı gruplara girecek, belli başlı derneklere destek vereceksiniz. Toplumsal konulara, sosyal yardım kampanyalarına olan ilginiz artacak.

• Kişisel ve mesleki gelişiminizi desteklemek adına çeşitli eğitim ve sertifika programlarına katılabilirsiniz.

• 1970-1984 yılları arasında doğmuş ve bu yıllara kadar üst üste yurtdışı seyahatleri olmayan bir Kova burcuysanız, yurtdışı seyahatleriniz artacak.

Haberci rüyalara dikkat!

Güneş tutulurken aynı zamanda Yeniay gerçekleşecek. 14 Aralık'tan itibaren Yeniay'ın sizin burcunuza güçlü etkileri olacağını göreceksiniz. Bu dönemde göreceğiniz rüyalar haberci nitelikte olabilir. Çevrenizde bazı kişiler hakkında öğreneceklerinizin gerçekliğini araştırmadan kimseyle paylaşmamanızı tavsiye ediyor gök kubbe. Çünkü bu Güneş tutulması belli belirsiz dedikoduların, yalan haberlerin, iftiraların da ortaya döküleceğini işaret ediyor.

• Bu ay gireceğiniz çevrede tanışacağınız kişiler size farklı bakış açıları kazandırabilir. İnsanların çeşitli hayatlara, tarzlara, fikirlere sahip oluşu sizi düşünmeye sevk edecek.

• Yakın akrabalarınızla ilgili çok şaşıracağınız olaylardan haberdar olabilirsiniz. Merak duygunuz artarken, sıcağı sıcağına yaşanan durumlardan kendinizi geri çekmeniz yararınıza olacak.

900 günlük devrim yapacağınız bir yolcuğa başlıyorsunuz.

17 Aralık hayatınızın en önemli yıllarının başlangıcı olacak. Satürn, hayatınızın dönüm noktalarını sunacak. 17 Aralık'ta Satürn, burcunuza geçecek. Ancak bu kez geri gitmeyecek. Aralıksız tam 900 gün boyunca burcunuzda kalacak. Öğreten gezegen Satürn sizin burcunuzda yüceliyor ve yine yöneticilik yapıyor. Son 2,5 yıldır size çok şey öğretti ve önümüzdeki 2,5 yılda da size çok şey kazandıracak.

• Bekâr bir Kova burcuysanız ve artık aşk bana uğramaz diyenlerdenseniz, bu döngüde evleneceğiniz insanla tanışacaksınız.

• Son 4 yıldır inişli çıkışlı bir şekilde devam eden bir ilişkiniz varsa ve ilişkinizin nereye gittiğini ön göremiyorsanız, keskin kararlar alabilirsiniz.

• Dönemsel olarak sektör değiştirmeyi düşünüyorsanız önümüzdeki 900 gün içinde kesinlikle sektör değiştireceksiniz.

Jüpiter'in şansı sizden yana!

19 Aralık'ta Jüpiter burcunuza geçecek. Şans gezegeninin 12 yılda bir burcunuza gelmesi istediğiniz ama bir türlü olmaya-

cağını düşündüğünüz her türlü oluşumu sağlayacak. Jüpiter sizi şanslı yapacak, ön plana çıkarak, olmaz dediklerinizi olduracak, beraberinde mucizeleri getirecek. Belirsiz olduğunuz konularda aydınlanmanız için size küçük ev ödevleri de çıkaracak.

• İş arayışında olan bir Kova burcuysanız, sosyalleşmeniz iş tekliflerini de beraberinde getirecek. Katılacağınız çevrede tanışacağınız kişilerden iş teklifi alabilirsiniz.

• Birikimlerinizi değerlendirmeniz için fırsatlar yakalayabilirsiniz. Bu ay içerisinde tesadüfen bütçenize uygun ev ya da araba bulabilirsiniz.

Dikkat etmeniz gereken en önemli tarih ise 20 Aralık. Çünkü Satürn ve Jüpiter burcunuza geçerken boşlukta olacak. Burcunuza geçen bu iki gezegen, 20 Aralık'tan 30 Aralık'a kadar sizin için önemli olacak. Bu tarihlerde dikkat dağınıklığına karşı önlem almanız gerekiyor. Bu kadar kıymetli gezegenlerin burcunuza taşınması gündelik hayatta size dalgınlıkları, sakarlıkları verebilir. Eğer bunları yönetebilirseniz yeni yıla büyük adımlarla başlayabilir, hayatın en yüksek seviyelere taşıyacağınız günlere merhaba diyebilirsiniz.

BALIK BURCU

OCAK

Hayatınızın hemen her alanına sirayet edecek değişime yer açın! Göründüğünüzün ardında çok daha derin bilgilere, çok daha derin duygulara ve hayallere sahip olan sizi 2020 yılının ilk ayı bambaşka karşılayacak. Gökyüzünün gücünü, gündelik hayatınızda başlayan somut farklılıklarla hissedeceksiniz. Detaylardan beslenen tarafınız daha da açığa çıkacak. Bu sayede çevrenizde olup biten çelişkili durumları, kaçamak bakışların ardındaki gerçekleri çözümleyebileceksiniz. İşin aslı dikkat ettiğinizde, perdeyi araladığınızda gözünüzden bir şey kaçmadığını göstermiş olacaksınız. 2020 yılının ilk tutulması 10 Ocak'ta su burcunda gerçekleşirken duygularınız da adeta boyut atlayacak. Türkiye'den de gözlemlenecek Ay tutulması çevre eviniz olan 5.Evinizde epey etkili olacak. Sosyal hayatınızda karışılacağınız bazı durumları elekten geçirmek size düşecek. Tüm çevreniz ile ilgili değişim sürecinden geçeceksiniz.

- Çocuklarınız varsa, onların eğitimleriyle ya da okulda öğretmenleriyle ilgili aniden gelişecek konuları düzenlemeniz gerekecek.

- Yeni başladığınız bir işiniz varsa, işyerinize uyum sağlamakta özel bir çaba göstermeniz gerekebilir. İş ortamınızdaki bazı kişileri fazla ciddi ve soğuk bulabilirsiniz.

- Yakın arkadaşınızın ilişkisinde yaşadığı sıkıntılar konusunda çözüm üretmeye çalışacaksınız. Çözümlerinize karşı kayıtsız kalması sizi duygusal anlamda zorlayabilir.

Kavuşumlar kök salmanıza vesile olacak.

Ocak ayındaki en iddialı döngü ise 12-13 Ocak tarihlerinde hızlı hareket eden gezegenlerle yavaş hareket eden gezegenlerin ardı ardına kavuşması olacak. Kavuşumlar 11.Evinizde etkili olacak. Bu kavuşumlar kişisel hayatınızda büyük değişimleri de beraberinde getirecek. Kök saldıracak, farklı deneyimler yaşatacak ve böylece hayatınızda eksik olduğunu hissettiğiniz birçok konuda düzene gireceksiniz. Pratikliğiniz artacak, el becerileriniz çoğalacak, eğitime yöneliminiz ve öğrenme isteğiniz aratacak. Eksik kaldığınız konularla ilgili eğitimler almak isteyeceksiniz. Yolculuklar, iş seyahatleri derken adeta hayatın farkı bölümlerini keşfedeceksiniz.

• Ticaretle ilgilenen bir Balık burcuysanız, farklı pazarlama tekniklerine girecek hatta bütçe ayırıp yatırım yapacaksınız.

• Kurumsallaşmak için işinize, ekibinize yeni insanlar dâhil edeceksiniz.

• Sanatsal konulara yöneliminiz artabilir. Hiç tahmin etmediğiniz konularda inanılmaz yeteneklerinizin olduğunu anlayabilirsiniz.

• İş hayatınızda ortaya çıkan sorunlara pratik, hızlı ve akılcı çözümler bulacaksınız. Bu durum hem maddi hem de statü olarak avantajınıza olacak.

27 Ocak sizin için ilahi bir gün olacak.

Yönetici gezegeninizle ile kavuşacak olan aşk gezegeni Venüs duygularınızı kasıp kavuracak. Daha önce almadığınız riskleri alırken ya ilişkinizi iyileştireceksiniz ya da yıkacaksınız. Venüs-Neptün kavuşumu görmediğiniz, çözemediğiniz konularda size gerçekleri gösterecek. Aslında kendinizi yanıltıp yanıltmadığınız konusunda toparlanmalar yaşayacaksınız. Burcunuzda önemli bir kavuşum yaşanırken gök kubbe de sizi baştan aşağı değiştirmek isteyebilir. Estetik konularında oldukça iddialı kararlar alabilir, büyük operasyonlar geçirmek için adımlar atabilirsiniz.

• 27 Ocak'tan sonra saçlarınızda, stilinizde, görünüşünüzde köklü değişiklikler yapabilir, kendinize farklı ışıltılar katmak isteyebilirsiniz.

- Evli bir Balık burcuysanız ve yakın çevreniz tarafından ilişkinize dolaylı yollardan müdahaleler oluyorsa, ilişkinize sahip çıkacaksınız. Kimseye ödün vermek istemeyeceksiniz!
- Uzun zamandır gönlünüz boşsa, tesadüfen tanışacağınız kişinin hem neşeli hem de bilgili tarafı kalbinizi fethedebilir. Kendinizi sık sık onu düşünürken yakalayacaksınız.
- 1970-1984 yılları arasında doğmuş bir Balık burcuysanız ve ilişkinizde sorunlarınız varsa bazı konuları kendi içinizde gereksiz yere büyüttüğünüzü fark edebilirsiniz.

2020 yılının ilk ayını güçlü, yenilenerek, değiştirip dönüştürerek yaşayacaksın. Fedakârlıklarınızı, paylaşımlarınızı, baskın duygusal yanlarınızı dizginlemeniz gerektiğini kavrayabilirsiniz. Önünüzdeki aylar için şimdiden planlamalar yapmaya başlayacaksınız. Hayallerinizi gerçekleştirmek için ihtiyacınız olan maddi manevi her detay sizin nazarınızda daha da önem kazanacak.

ŞUBAT

Yaşamın güzel taraflarını görmeniz kalbinizi açacak. Kış havasına aldanmadan, kendinizi kapatmadan hayatınızı daha da aktif hale getireceksiniz. Bu ayın tam da sizin ayınız olduğunu söylemek yanlış olmaz. Şubat ayının özellikle ikinci yarısından itibaren kendinizi çok daha iyi, güçlü ve dingin hissedeceksiniz. Çünkü burcunuzda toplanmaya başlayan gezegenler yapıcı, iyileştirici etkiler bırakacak. Uzun zamandır ertelediğiniz, başlamaktan korktuğunuz ne varsa yeniden masaya yatıracak cesareti bulacaksınız. Değişmekten tereddüt eden tarafınızı kendi ellerinizle törpüleyeceksiniz.

• Yaşam alanınız ile ilgili değişiklikler yaparak, evinizin tarzını değiştireceksiniz.

• Yarım bıraktığınız eğitiminizi tamamlamak için şartları araştırabilirsiniz.

Merkür, kaygılarınızı tetikleyecek.

3 Şubat'ta iletişim gezegeni Merkür burcunuza geçecek. Merkür'ün burcunuza geçmesi pek rahatlık vermeyecek. Yendiğinizi, üstesinden geldiğinizi sandığınız korku ya da kaygılarınız yeniden açığa çıkabilir. 17 Şubat'ta sizin burcunuzda hareket eden Merkür'ün yine sizin burcunuzda geri gitmeye başlaması işleri birazcık daha farklı bir hale getirecek. Duygularınıza set çekmek için yüksek düzeyde kontrolcü, detaycı bir havaya bürünebilirsiniz. Bu durumdan dolayı ister istemez dalgınlığınız artabilir, odaklanma sorunu yaşayabilirsiniz. Örneğin kapıyı kilitlediğinizden ya da ütünün fişini çekip çekmediğinizden emin olmak için birkaç kez kontrol etme ihtiyacı hissedebilirsiniz.

• Yoğun çalışan bir Balık burcuysanız, kendinizi ekip arkadaşlarınıza sık sık aynı soruları sorarken bulabilirsiniz.

• Yakın arkadaşınızla konuşurken ya da mesajlaşırken cümleleriniz yanlış anlaşılabilir.

• İlişkisi olan ya da evli bir Balık burcuysanız, ilişkinizde şüphe rüzgârları esebilir. Eşinizi, sevgilinizi hiç olmadık kişilerden kıskanabilirsiniz.

• Boşanma sürecinde olan bir Balık burcuysanız, kulağınıza hoş olmayan konuşmalar çalınabilir. Kim dost kim düşman derken kimlerin de sizi teselli ettiğini çözümleyeceksiniz.

• Telefon, tablet gibi elektronik aletleriniz sizi yarı yolda bırakabilir.

Yeniay, savunmacı bir role bürünmenize neden olacak.

23 Şubat'ta ise burcunuzda Yeniay gerçekleşecek. Bu Yeniay, savunmacı bir Yeniay. Dolayısıyla biraz hazırcevap olacaksınız ve soruya soruyla cevap vereceksiniz. Bu durum çevrenizdeki kişilere yumuşak yüzünüzün dışında daha disiplinli bir tarafınız olduğunu da gösterecek. Duygularınızı, stilinizi, ertelediğiniz noktaları revize edeceksiniz. Uzun zamandır gitmek istediğiniz yerlere gitmek için hazırlıklar yapacaksınız.

• Hiçbir konuyu şansa bırakmak istemeyeceksiniz. Maddi konularda kendinizi, geleceğinizi garantilemek isteyeceksiniz.

• Kendi işinizi yapıyorsanız, iş alanınızı uluslararası boyuta taşımanın yollarını arayabilirsiniz.

• Şubat ayında çevrenizde aniden patlak veren olaylarla sezgilerinizde ve öngörülerinizde yanılmadığınızı anlayacaksınız. Özellikle birkaç ay içinde tanıştığınız kişilerin göründükleri gibi olmadığını fark edeceksiniz.

• Sizde ya da çevrenizde kronik rahatsızlığı olanlar söz konusuysa, gök kubbe rutin kontrolleri ihmal etmeyin mesajı veriyor.

• Merhametli tarafınız yükselecek. Arkadaşınıza ya da aile bireylerinize maddi destekte bulunabilirsiniz.

• 1964 – 1966 yılları arası doğumlu bir Balık burcu iseniz unutmayın Satürn de bu yıllarda Balık burcunda. Bu etkiyle geçtiğimiz yıllarda yaşadığınız sağlık sorunlarından tamamen kurtulduğunuzu öğreneceksiniz.

Sevgili Balıklar, şubat ayında sizi zorlayan günler olsa da olumlu yaklaşımlar sergileyeceksiniz. 'Hareket berekettir' sözünü kendinize adeta düstur edineceksiniz. Sosyal ilişkilerinizde açık sözlülüğünüzü samimiyetinizle süsleyeceksiniz. Kendinize daha çok zaman ayırmanız gerektiğini düşünecek, ihmal ettiğiniz yeteneklerinize yöneleceksiniz. Yarım bıraktıklarınızı tamamlama haliniz üretken, verimli, somut değişimleri de beraberinde getirecek. İstemekten, denemekten, adım atmaktan çekinmeyin yeter ki.

MART

Mart ayı sizin için iddialı, enerjinizin adeta tavan yapacağı neşeli günleri barındırıyor. Mart ayına Merkür burcunuzda geri giderken giriş yapacaksınız. Burcunuzda hareket eden Güneş, yönetici gezegeniniz Neptün ile kavuşuyor. Yönetici gezegeniniz 8 yıldır burcunuzda hareket etmesine rağmen bu aylarda daha da aktif hale geliyor. 2026 yılına kadar sadece doğum günü aylarınızda misafirlerini ağırlarken aktifleşecek ve hayatınıza yenilik katmış olacak. İşin özü bu seyir bu ayı çok iyi değerlendirmenizi ve bir adım öne geçmenizi sağlayabilir. Güneş-Neptün kavuşumuyla duyarlılığınız, merhametiniz artacak. Birtakım yardım kuruluşlarıyla, vakıflarla ilgileneceksiniz.

Ruhunuz beslenecek.

Yönetici gezegeninizin aktif olması, Güneş'in yönetici gezegeninizden geçmesi aslında somuttan çok soyut tarafınızı, ruhunuzu besleyecek. Sizi farklı arayışlara ve girişimlere yönlendirecek. Etrafınızdaki kişilerin bu süreçte başka yüzlerini görebilirsiniz. Güvendiğiniz insanlara farklı bir gözle bakacaksınız. Biraz daha gözlemci olacaksınız. Eskisine göre kendinize dair özel konularda daha paylaşımcı olacaksınız. Mistik konulara olan ilginiz artacak ve farklı insanlardan danışmanlık almak isteyeceksiniz. Konfor ihtiyacınızın artmasıyla lüks tüketiminizin de sınırlarını zorlayacaksınız.

- Bir süredir çocuk okutma, eğitimini üstlenme gibi düşünceleriniz varsa bu konularda somut adımlar atacaksınız.
- İş yerinizdeki arkadaşlarınızın aslında sosyal hayatta bambaşka olduklarını fark edebilirsiniz.
- Ticaretle uğraşıyorsanız, iş alanınızı daha görünür kılmak için çeşitli harcamalar yapacaksınız.
- Arabasını değiştirmeyi düşünen bir Balık burcuysanız, bu ay harekete geçeceksiniz.
- Spora bir süre ara verdiyseniz, bu ay fiziksel aktivitelerinizi artıracaksınız.

Sahnenin perde arkasını göreceksiniz!

Başak burcundaki Dolunay 7.Evinizde gerçekleşecek. Dolunay geçmişe, yaşanmışlıklara, tecrübeyle gelen öğretilere vurgu yapacak. Hayata bakış açınız daha analitik ve eleştirel bir kimliğe bürünecek. Etrafınızda gelişen olayların arka planlarını, önünüze çıkan durumların alt metnini kolayca okuyabileceksiniz. Doğru bildiğinizden taviz vermek istemezken inatçılığınız artabilir.

• Uzun zamandır birlikte iş kurmayı düşündüğünüz kişinin çelişkili konuşmaları sizi bir kez daha düşünmeye itecek.

• İlişkisinde bir süredir sorunları olan bir Balık burcuysanız, sevgilinizi eleştirirken ipin ucunu kaçırabilirsiniz. Hiç beklemediğiniz tepkilerle karşılaşmanız an meselesi!

• Evli bir Balık burcuysanız, eşinizle maddi düzenlemeler konusunda ortak paydada buluşmanız zor olabilir.

• Bu süreçte sağlığınıza daha çok özen göstermeniz gerekecek. Uzun süren gribal, kronik rahatsızlıklara dikkat!

Satürn'ün hava burcuna geçişi ve size yaklaşması dünyaya meydan okumanızı sağlayacak.

22 Mart'ta Satürn, Kova burcuna geçiyor. Sizin ise 12.Evinize geçmiş olacak. 12. ev korku gibi konuların yer aldığı psişik bir alandır. Satürn güçlü olduğu bir burca geçtiği için gökyüzünde çok güçlü bir açı gerçekleşiyor. 2020 yılının kapıları aralanırken; önümüzdeki 4 ay boyunca kendinize olan öz güveniniz artacak. Bağımlılıklarınız, alışkanlıklarınız da değişmeye başlayacak. Zaaflarınızı, fanatik olduğunuz alanları ikinci plana itebilecek hatta bırakabileceksiniz. Sosyal hayattan koptuğunuzu, uzaklaştığınızı düşünüyorsanız yeniden sosyalleşme aşamasına geçebilirsiniz.

• Eğer son 8 yıldır bazı korkular, panikatak gibi duygusal, psikolojik sıkıntılarınız varsa kurtulacaksınız.

• Çalıştığınız yerden memnun değilseniz ve iş değiştirdiğinizde sorun yaşayacağınızı, alışamayacağınızı düşünüyorsanız bu konularda da bakış açınız değişecek.

1970-1984 doğumlu ve iş değiştirmek isteyen bir Balık burcuysanız, iş değiştireceksiniz.

20 Mart'taki ilkbahar ekinoksunda Güneş, burcunuzdan çıkıyor.

2020 yılının bahar ayı çok güçlü bir enerjiyle başlayacak. O yüzden de 20 Mart'ta totemler yapmanızı, ertelediğiniz konulara ve kişisel bakımınıza vakit ayırmanızı tavsiye ediyor gökyüzü. Dikkat etmeniz gereken tarih ise 31 Mart! Çünkü gökyüzünün yeri göğü değiştirecek transiti olan öğreten gezegen Satürn'ün Kova burcuna geçmesi, Mars'ın da Kova burcuna geçip Satürn ile kavuşması, aklınıza gelmeyen şeylerin önünüze gelebileçeğini işaret ediyor. Kadersel olaylar, şoke edici bilgilerin akışı içinde bulabilirsiniz kendinizi.

• Çok sık görüşmediğiniz kişilerin yaşadıkları gizli ilişkiler açığa çıkabilir!

• Duygu sömürüsü yapan, maddi manevi kötü durumda olduğunu dile getirenlerin durumunun aslında tam tersi olduğunu öğrenebilirsiniz.

• 1995- 1996 yılında doğan Satürn'ü de Balık burcu olanlar farklı bir eğitime yönelecekler. Hatta bu dönemde farklı ülkelere gitmenin yolunu arayabilirler!

Sevgili Balık burçları, mart ayı sizde biraz şaşkınlık yaratırken öğretici yanından nasiplenmenizi de sağlayacak. Genel itibariyle içsel huzurunuzu ve potansiyelinizi koruma altına alacaksınız. Etrafınızda gelişen olaylarda tarafsız kalmaya çalışacaksınız. Farkınızı ortaya koyacağınız başarılara imza atma isteğiniz körüklenirken, keşfetme, farklı kültürleri tanımaya yönelik ilginiz de artacak. Duygusal olarak karamsarlığa düşme ihtimaliniz olsa da kendinize 'Neden olmasın?' sorusunu sormayı unutmayın.

NİSAN

Sakin, dingin, kendinizi ifade edebileceğiniz, ertelediklerinize geri döneceğiniz, daha pratik davranacağınız, sosyal hareketliliğinizin artacağı bir ay sizi bekliyor. Rahatlarken derin bir nefes alacak, yüklerinizin ve sorumluluklarınızın hafiflediğini hissedeceksiniz. Yüreğinizi yoracak, başınızı ağrıtacak transitlerden uzak bir nisan ayı geçireceksiniz. 3 Nisan'da aşk ve ilişki gezegeni Venüs'ün 4.Evinize taşınması ile ilişkilerinizde daha pratik, daha interaktif, daha iletişime açık davranacaksınız.

• Uzun yıllardır kardeşlerine destek veren biriyseniz, artık kendinize yönelecek ve onlara kendi sorumluluklarını almaları gerektiğini bir şekilde öğreteceksiniz.

• İlişkisi olmayan bir Balık burcuysanız, beğenilme içgüdünüz artacak. Birden fazla kişinin ilgisi aklınızı karıştırabilir.

• Geçtiğimiz yıl başlayan ancak bir küs bir barış ilerleyen ilişkiniz varsa, bu ay hiç ummadığınız gelişmelerle yüzleşmek zorunda kalabilirsiniz.

• Ergenlik döneminde çocuğunuz varsa, duygusal iniş çıkışları, öfke kontrolü konusunda doğru yaklaşımlar için araştırmalar yapabilir, destek alabilirsiniz.

• Gayrimenkul alım-satımı konusunda ani kararlar gelişebilir.

Sorunları çözme şekliniz değişecek.

4 Nisan'da iletişim gezegeni Merkür'ün, yönetici gezegeniyle kavuşmasıyla kendiniz daha iyi ifade edeceksiniz. Son birkaç aydır yaşadığınız iletişim problemlerinin üstesinden gelebileceksiniz. Yılın başında özellikle şubat ayında yaptığınız takıntıları arkanızda bırakacaksınız. Karşınıza aynı yerden, aynı şekilde gelecek sorunları çok farklı şekilde çözeceksiniz. 4 Nisan'dan itibaren kendinizi daha da rahatlamış hissedeceksiniz. İş ortamındaki insanlarla sorunlarınızı çözeceksiniz.

• Yöneticinizle yılın başında problemleriniz olduysa, bu süreçte üstesinden gelebileceğiniz konuşmalar yapabileceksiniz.

• Yılın başında bankalarla, kredilerle alakalı sorunlar yaşadıysanız sorunlarınıza çözüm üreteceksiniz.

• Ailenin ortak borçları ya da miras konularınız varsa ve kendinizi tam olarak ifade edemediğinizi düşünüyorsanız artık bu noktaları çok rahat bir şekilde dile getireceksiniz.

23 Nisan'da toprak burcunda Yeniay gerçekleşecek.

Güçlü, liderlik vasıfları baskın bir ruhu barındıran Yeniay, 3.Evinizde etkili olacak. Motivasyonunuz artarken, hayata ilişkin yapabileceğiniz birçok konu olduğunu fark edeceksiniz. Yeteneklerinize dair karşınıza önemli fırsatlar çıkabilir. Yakın çevrenizin yaşadığı sorunlara sihirli bir değnek gibi dokunacaksınız. Maddi ve manevi konularda denge kurmaya başlayacaksınız.

• Bir süredir yatırım yapma konusunda çekinceleriniz varsa atağa geçeceğiniz fırsatlar yakalayabilirsiniz.

• Yurtdışı bağlantılı konular gündeminizde olacak. Yüksek lisans, doktora, uluslararası iş bağlantıları için teklifler alabilirsiniz.

• Yazmak, çizmek gibi yetenekleriniz varsa potansiyelinizi gösterebileceğiniz sosyal platformlarda yer alabilirsiniz.

• Maddi konularda zor durumda kalan yakınınıza, arkadaşınızın imdadına yetişeceksiniz.

Nisan ayının bahar havası ruhunuza, aklınıza, kalbinize işleyecek. Yenilenmenin, yeniden başlamanın, cesaret göstermenin tadına varacaksınız. Kendinize olan özgüveniniz tazelenirken planlarınızı, koşullarınızı, beklentilerinizi revize edebileceksiniz. 'Mutlaka yapmalıyım' dediğiniz bazı isteklerinizde ilk adımı atabilirsiniz. Örneğin; şimdiden yaz ayları için yurtdışı turlarından birine rezervasyon yaptırabilirsiniz. Hayata dair güzel olanları kendinize çekmek, yaşamak, şükretmek kalbinizi iyileştirecek.

MAYIS

2020 yılının mayıs ayı sizin için birçok konuda ilginç ve şaşırtıcı geçecek. Var olan planlarınızda değişiklikler yaparken, beklenmedik sürprizlerle karşı karşıya gelebilirsiniz. Mayıs ayını hararetli yapan ise bu ayın her burç için çok ama çok farklı geçecek olması. Her zaman belirttiğim gibi her Retro hayatımızı zorlaştırmaz. Ancak hızlı hareket eden gezegenler de işin içine girince işler farklı bir hâl alır. Öğretmek ve düzeltmek için deyim yerindeyse hepimizin kafasına ara ara vuran Satürn, hava burcunda yükselirken bu aydan itibaren de geri gitmeye başlayacak.

Sınırlarınız sizi siz yapacak.

13 Mayıs'ta mücadele ve azim veren gezegen Mars'ın burcunuza geçmesi olaylara daha mesafeli bakmanızı sağlayacak. Genel olarak bildiğiniz konularda ve alanlarda yavaş hareket etmez, hatta bir an bile beklemezsiniz. Ancak savaş gezegeni Mars'ın burcunuza gelmesiyle her şeye evet diyen olmayacaksınız. Bu süreçte özellikle öne çıkacak konular;

- Annenizin ailesi gündeminizi dolduracak. Haksızlıklara gelemeyen biri olarak Mars'ın desteği ile daha keskin konuşmalar yapacaksınız.
- 2012 yılından bu yana aynı yerde çalışan bir Balık burcuysanız, bölümünüzün değişmesini isteyebilir ya da farklı bir arayışa girebilirsiniz.
- Çocuklu bir Balık burcuysanız, çocuğunuza ister istemez baskı uygulayabilir, küçük detayları her zamankinden daha fazla büyütebilirsiniz.
- Son 2 yıldır sorunlu ilerleyen, arada kopuşlar yaşanan ilişkiniz var ise her zamanki tavrınızın aksine bu ay kabuğunuza çekilebilirsiniz. Üstelik bu tavrınız tamamen içten gelebilir. Zaten Mars burcunuzda hareket ettiği sürece açıkçası size taktik yapma fırsatı vermeyecek.
- Özgüveni yüksek bir eşiniz var ise aslında iç dünyasında farklı şeyler yaşadığını fark edebilirsiniz.
- Görünmez kaza olarak adlandırdığımız aksilikler daha da

sıklaşabilir. Aman bu ay bastığınız yere dikkat edin sevgili Balık burçları.

Çıkışlarınız, dikkat çekecek.

Tam tamına 19 ay önce geri giden ve o gün bugündür geri gitmeyen Venüs, Retro yapacak. Venüs'ün geri hareketi sadece sevginizi sınamayacak. Aynı zamanda hoşlanmadığınız detayları size bir kez daha hatırlatacak. Bir nevi sevginiz adına ne kadar özverili olduğunuzu test edeceksiniz. Sevgisini içinde yaşayan, pek gösteremeyen biri olarak sizin için işler biraz daha farklı ilerlemiş olacak. Sevdiğiniz kişilerin sizden ilgi bekleyişi bir yana sizi ilgisiz olmakla yargılayabilirler. Bu etkiler duygularınızın yükselmesine neden olacak. İlgi odağı olmak isterken, dikkat çekmek için hiç yapmadığınız çıkışlar yapacaksınız. Gerilemenin etkileri hayatınızdaki değişimlerle birlikte kalbinizi ve duygularınızı hedef alıyor. Sevdiklerinizden biraz uzaklaşmanız gereken bir dönemin başlangıcındasınız. Aşkı ve sevgiyi temsil eden Venüs'ün geri hareketi size neyi nasıl sevdiğinizi sorgulatacak.

• Kız çocuğu olan bir Balık burcuysanız, bu süreçteki değişimine inanmayacaksınız.

• Eğitim sektöründe çalışan bir Balık burcuysanız Venüs, bölümünüzde değişiklikler olabileceğini işaret ediyor.

• Özellikle aile bireylerinizi sevgisizlik veya ilgisizlik ile yargılamalarınız bu dönemde artabilir.

• Evli bir Balık burcuysanız, bebek sahibi olmayı bir sonraki döneme ertelemeye kalkacak gerginlikler yaşayabilirsiniz.

• Bitmiş bir ilişkiniz varsa, ilişkinize yeniden şans vermekten öteye geçip, büyük konuştuğunuz yerden kendinizi sınayarak geri adım atabilirsiniz.

Mayıs ayının getirileri hayatınızın akışını değiştirecek potansiyelde olacak. Olumsuz durumların içerisindeki hayırlı taraflara odaklanmaya çalışabilirsiniz. Sosyal ilişkileriniz, aşk, aile ve iş hayatınızdaki hareketlilik sizi içsel bir yolculuğa çıkaracak. Kendinize sorular sordukça cevaplar bulacak, cevaplar buldukça daha da olgunlaştığınızı fark edeceksiniz.

HAZİRAN

Kolay kolay unutamayacağınız bir haziran ayı sizi bekliyor. Haziran ayı ile birlikte hayatın bambaşka bir penceresi açılacak. Duyarlılığınız artarken olaylara karşı mesafenizi de koruyacaksınız. Bugüne kadar kimse sizi kolay kolay birilerinden yardım isterken görmemiştir. İşte bu aydan itibaren bu özelliğinizi çevrenizdekiler bir kez daha hatırlamış olacaklar. Bir taraftan da sizin için efsunlu bir ay olacak. 2020 yılının haziran ayı size özel kapılar açarken, aile ve aile büyüklerinizle ilgili önemli olaylar ardı ardına gelecek. Evet, çok büyük gelişmeler, kırılmalar yaşayacaksınız ama ailenize her zaman onların yanında olduğunuzu göstereceksiniz. Hazırsanız farklı kapıları açan Ay düğümlerinin burç değiştirmesinin bundan sonraki hangi süreçleri de beraberinde getireceğini bir bir anlatayım.

Sihirli kapılar aralanıyor.

5 Haziran'da Ay düğümleri hava-ateş aksına geçerken, 4. ve 10.Evinizde aktif olacak. Kuzey Ay düğümü aile hayatınızda büyük olayları getirirken, Güney Ay düğümü ise kariyerinizde bugüne kadar düşünüp hayal ettiğiniz ancak adım atmaktan uzak durduğunuz her ne varsa, sihirli kapıları aralarcasına size çıkışlar yaptıracak. Bu ay iş değiştirme fikriniz var ise bir kez daha düşünün diyor Ay düğümleri!

• Ailenizde, yakın akrabalarınızda ani hastalıklardan haberdar olabilirsiniz.

• Ailede sizden yaşça küçük kişilerle ilgili şoke edici durumlar yaşanabilir.

• 2011- 2012 yılları arasında evlilik yapmış bir Balık burcuysanız, evliliğinizde yeni bir dönem başlıyor.

• 2012 yılından sonra dünyaya gelmiş çocuğunuz varsa yeteneklerini fark edeceksiniz.

• 1970-1984 yılları arasında doğmuş evli bir Balık burcuysanız, eşinizin ailesi ile ilgili küslükleri bir kenara bırakabilirsiniz.

Kendinizi hayatın merkezine koyacaksınız.

18 Haziran'da Merkür'ün su burcunda geri hareketi başlayacak. Gezegenlerin seyri haziran ayının farklı dinamikleri barından bir ay olduğunu hemen her konuda hissettirecek. Zaten siz de bu dönemde çevrenizdeki birçok kişiyi hiç olmadığı kadar kendilerine dönük ve duyarsız tavırlar sergilerken göreceksiniz. Merkür Retro'su esnasında her şey kötü olacak diye bir durum söz konusu değil. Bu süreci kendi avantajınıza da çevirebilirsiniz. Eğer geçmişte çözemediğiniz ya da yarım kaldığını düşündüğünüz olaylar, kişiler var ise bu döngüde tüm bu konuları kapatabilir, yeniden organize olabilirsiniz. Su burcunda geri gidecek yılın ikinci Merkür Retro'su, su burcu olmanızdan dolayı size de sirayet edecek. Kendi hayatınıza yöneleceksiniz. İletişim gezegeni tüm teknolojiyi sınarken siz az hasarla atlatabileceksiniz.

• Yarım bıraktığınız eğitim ya da kurslara yeniden dönüş yapabilirsiniz.

• Hiç aklınızda olamayan yerlere Cv'nizi gönderebilir ve görüşmelere çağrılabilirsiniz.

• Eski eşinizle ya da sevgilinizle görüşerek yarım kalmış meselelerde keskin kararlar alabilirsiniz.

• Duygularınızı kontrol etme çabanız kendinizi yorgun hissetmenize neden olabilir.

• Hayatınızın dağınık alanlarını toparlamak için önümüzdeki 25 gün boyunca kendinizle çok fazla uğraşabilirsiniz.

• Son zamanlarda aldığınız eşyalardan, yaptığınız bazı değişikliklerden memnun kalmayabilirsiniz.

Güneş tutulması gizli saklı konulara işaret ediyor!

21 Haziran'da Güneş tutulması su burcunda gerçekleşecek. Güneş tutulmasının girmediği köşe bucak kalmayacak. Herkesin hayat hikâyesinde farklı konuları gündeme getirecek. Bu süreçte gizli saklı bilgiler ifşa olabilir. Birçok kişinin ekonomik anlamda benzer noktalarda dert yandıklarına şahit olabilirsiniz. Güneş tutulması, değiştirip dönüştürecek, dağınıklıkları toparlayacak ve diğer yandan da temelsiz adeta çürümüş detayların altını kazıyacak.

• Ortaklıklı bir işte çalışıyorsanız, ortağınızın belli konulardaki keskin çıkışları sizi yol ayrımına götürebilir.

• Kendi işinizi yapıyorsanız, uzun vadede size maddi olarak getirisi olabilecek işlere yönelebilirsiniz.

• İşinizdeki yer yön değişikliği konusunda güçlü ve garantili adımlar atmak isteyeceksiniz.

• Yeteneklerinizi paraya çevirebileceğiniz fırsatlar yakalayabilirsiniz. Aklınızdaki projeleri hayata geçirmek için önemli başlangıçlar yapabilirsiniz.

• Çok uzun zamandır ev almak isteyip bir türlü alamıyorsanız, bu konuda cesur kararlar alacaksınız.

• Evli bir Balık burcuysanız, bir süredir evliliğinizdeki gelgitlerin aile bireyleri, akraba gibi yakın çevrenizden kaynaklandığını fark edebilirsiniz.

• Bekâr bir Balık burcuysanız, kalbinizi fethedecek kişiyle tanışabilirsiniz. Bu ay arkadaşlarınızın davetlerini pas geçmeyin diyor gök kubbe.

Merkür'ün geri gittiği 5.Evinizde bir de Güneş tutulması gerçekleşiyor. Bu süreçten daha önce geçmiştim nasıl olur dedirtecek, kafanızı karıştıracak hatta uzun uzun sorgulayacağınız bir tutulma sizi bekliyor. Güneş tutulurken Yeniay'ın gerçekleşecek olması, olayların içinden çabuk sıyrılmanızı sağlayacak ama gelin görün ki büyük şoklar yaşatacak.

• Sürpriz bir şekilde hamile kaldığınızı öğrenebilirsiniz.

• En yakın arkadaşınızın sizin hakkınızdaki gerçek düşüncelerini öğrenebilirsiniz.

• Eğer 1984-1998 yılları arasında doğmuş bir Balık burcuysanız bu ay istemediğiniz birçok durumla karşılaşabilirsiniz.

Sevgili Balıklar, haziran ayı asla olmazların, asla yapmam denilenlerin yeryüzüne indiği bir ay olacak. Dört bir taraftan esen değişim rüzgârları, ardı arkası kesilmeyecekmiş gibi hissettiren olayların içinde kendinize zaman zaman taraf bulmakta zorlanabilirsiniz. Bu süreci biraz kendi içinize çekilerek değerlendirmeyi tercih edebilirsiniz. Huzur bulacağınız, gündelik rutininiz içinde size huzur veren aktivitelere yönelebilirsiniz.

TEMMUZ

Rutinlerinizden sıyrılmaya, ortaya herkesi şaşırtacak bir siz koymaya hazır mısınız? Bir süredir aklınızı kurcalayan, şüpheye düşüren her konunun üstüne gideceksiniz. Aklınızla kalbinizi birbirine tutuşturan sorulardan arınmak için özel bir çaba harcayacaksınız. Bu kadar çaba niye mi? Çünkü hayatın ne kadar kıymetli olduğunu çoktan öğrenmeye başladınız. Bu yüzden yaşamınızı daha da değerli kılmak isteyeceksiniz. 2 Temmuz'da Satürn'ün toprak burcuna geri gelmesi yarım kalan işleri hallettirirken, gizli hiçbir şeyin gizli kalamayacağını ortaya ağır ağır koyarken, Aralık ayına kadar herkesin gerçek yüzün göreceksiniz.

5 Temmuz'da gerçekleşecek Ay tutulması toprak burcunda ülkemizden gözlemlenmeyecek ama size bitmeyen bir enerji verecek. Prensipleriniz değişirken, sınırlarınız genişleyecek ve düşüncelerinizin esnediğini fark edeceksiniz. Mesela normalde parayı konuşmayı sevmeyen biri olarak kendinizi sık sık para konuşurken bulabilirsiniz. Ay tutulurken, beklenmedik noktalarda cesaretinizi gözler önüne sereceksiniz.

Küllerinizden doğacağınız fırsatlar kapınızda!

Ay tutulması çıkarları, niyetleri, gerçek açığa çıkaracak. Samimi olmayan duyguların gelip geçici ve sunî olduğunu fark ettirecek. Ay tutulmasının 11.Evinizde, son 1 yıldır da aynı burçta ve aynı bölümde etkili olmasıyla gözünüze perde inmişçesine farklı çıkışlarda bulunacaksınız. Bu tutulmayı pişmanlıklara imza atmadan kapatabilirseniz; kendinizi küllerinizden doğmuş gibi hissedebilirsiniz.

- Ani yolculuklarda duygularınızı karıştıran kişilerle karşılaşabilirsiniz.
- Uzun yolculuklara çıkacaksanız, evraklarınız veya vizenizle ilgili problemlerle uğraşmak zorunda kalabilirsiniz.
- İşinizde kazançlar konusunda haksızlığa uğradığınız hissine kapılabilirsiniz.
- Geçtiğimiz 3 ay içerisinde arabasını yenilemiş bir Balık burcuysanız, zorlayıcı Ay tutulması size ekstra masraf çıkarabilir.

• 2016 yılında yeni bir eve taşınmış Balık burcuysanız, hayatınızdan çıkardığınız ve asla görmek istemem dediğiniz kişi ile komşu olduğunuzu fark edebilirsiniz.

Yenilenme isteğiniz perçinleniyor.

20 Temmuz'da su burcunda gerçekleşen Yeniayla birlikte son 40 gündür sanki hayatınızın bu bölümünde Merkür geri gitmemiş ve arkasından gelen üç tutulma hayatınızı etkilememiş, küçük büyük aksilikleri peşinize takmamış gibi bir anda hayatınızı toparlayacaksınız. Derin bir nefes aldıracak günler başlarken öncelikle para ve ödemeler konusunda yükleriniz azalacak. Hazır olun! Çevrenizdeki kişilerin, içinizde devasa güçler taşıdığınızı bilmediklerinden şüpheniz yok. Ardı ardına gelen olayların tam içinde kaldığınızda kimseye dert yanmadığınız gibi yük de olmuyorsunuz. Diğer yandan başınıza gelenleri sanki bir başkası yaşamış gibi davranmanız tabi ki biraz da olayların şokundan olabilir. Neyse ki Yeniay, üç tutulmayı bertaraf edecek. Aslında hızlı, modu değişen burçta gerçekleşirken kendinize güveninizi toplatacak. Takdiri de beraberinde getirecek. Çok uzun bir zamandır emek verdiğiniz, çabaladığınız, dişinizi tırnağınıza taktığınız konularda önünüz açılacak. Bir taraftan da hayatın sizi neden sıkıştırdığını anlayacak ve öngörüleriniz daha iyi hale gelecek. Yenilenme isteğiniz artacak.

• Bir süredir beklediğiniz ancak son zamanlarda unuttuğunuz projelerde veya alanlarda bir anda sizin için pozisyonlar açılacak.

• Diyete ve spora başlayarak daha fit bir görünüme kavuşmak isteyeceksiniz. Diğer yandan görünüşünüzde, tarzınızda, saçlarınızda değişiklikler yapabilirsiniz.

• Yoğun çalışan bir Balık burcuysanız, bu ay elinize geçecek prim ya da borç ile kendinize jest yapmak isteyebilirsiniz.

• Tesadüfen tanışacağınız kişilerle yapacağınız zihin açan, samimi sohbetler kalıcı dostluklar edinmenizi sağlayacak.

• Kardeşinizle aranızda bazı sorunlar söz konusuysa, çözüm odaklı ve yapıcı yaklaşımlar aranızı düzeltecek fırsatlar sunacak.

• 1998 Nisan-1999 Mart arası dünyaya gelmiş bir Balık burcuysanız şans gezegeniz de Balık burcunda. Duygusal sıkışmalardan geçtiği bu dönemde hayatın ağır geldiğini hissedebilirsiniz.

Üstü kapatılan konular yeniden gündemde...

Güneş- Satürn karşıtlığı ise öyle büyük haberleri önünüze getirecek ki son aylarda sizi yoran ve üzen kim varsa herkesin kendi derdine döndüğünü fark edeceksiniz. Çünkü Güneş-Satürn birbirlerine meydan okurken aslında 29 yıl boyunca bir daha bu pozisyona bu burçlarda gelmeyecekler. Öncü burçlarda büyük bir hesap kapanıyor. Ani kararlar, üstü kapatılan ciddi konular, yarım kalmış, gözden kaçan detaylar söz konusu. Samimiyetinizi anlatmak zorunda kalacağınız günlerin de haberciliğini yapacak.

• Ne yaparsam olmuyor dediğiniz bir ilişkiniz varsa, ilişkinizden beklentinizi sorgularken keskin bir sonuca varabilirsiniz. Zoraki giden ilişkinizi sonlandırmanız an meselesi!

• Yeni evli bir Balık burcuysanız, kıskançlık krizlerine girebilirsiniz.

• Kalbi yaralı bir Balık burcuysanız, bir türlü kimseye güvenemiyor oluşunuz sizi köşeye sıkıştırabilir. Kalbiniz aşkı arzulasa da aklınız soru işaretleriyle dolup taşıyor olabilir. Bu yüzden bu ay karşınıza çıkacak kişilere karşı çekimser davranabilirsiniz.

• 1988-1995 yılları arasında, Neptün'ü ve Uranüs'ü Oğlak transitinde doğmuş bir Balık burcuysanız, bu ay alabildiğince hesaplaşmadan geçerken bazı hesapları da kapatmış olacaksınız.

Sevgili Balık burçları, temmuz ayı şimdiye kadar düşündüğünüz ancak dile getiremediğiniz konularda açık davranmaya zorlayacak sizi. Hayatınızın merkezinde yer alan ancak sorun çıkaran noktalardan uzaklaşmak isteyeceksiniz. Bazı günlerin zorluğu sizi kendiniz için yapacağınız şeylerden alıkoymamalı. İletişim konusunda daha farklı yöntemlere geçiş yapmak isteyebilirsiniz. Temmuz ayının sıcak yaz havasında biraz uzaklaşmak, kendinizle baş başa kalmak iyi hissetmenizi sağlayabilir.

AĞUSTOS

Ağustos ayına son birkaç ayda neler yaptığınızı, hayatınızda nelerin değiştiğini sorgulayarak başlayacaksınız. Özellikle geçtiğimiz ayda aldığınız ciddi kararların, şimdiki hislerinizle örtüşüp örtüşmediğinden emin olmak isteyeceksiniz. Geçmişte bıraktığınızı, unuttuğunuzu sandığınız bazı durumlara takılıp kalabilirsiniz. Bu ayın ilk günlerinde yakın çevrenizde gelişen olaylara adapte olmakta zorlanabilirsiniz. Her ne kadar insanlara değer veren, merhametli tarafını sakınmayan, sevdiklerini koruyup kollayan biri olsanız da herkesin sizin kadar empati duygusuyla yaklaşmadığını anlayacaksınız. Ancak merak etmeyin, ağustos ayı genel anlamda toparlayıcı ve güzel gelişmelerle size iyi gelecek. Birçok konunun üstesinden gelirken özgüveniniz tazelenecek.

İç sesinizin sizi yanıltmadığını anlayacaksınız.

Hızlı hareket eden iletişim gezegeni Merkür, 1 Ağustos'tan 3 Ağustos'a kadar Zodyak'ın en sert gezegenlerine meydan okuyacak. Bu tuhaf düello sizin önünüze garip bilgileri getirecek. Garip olaylar siz nereye giderseniz ağustos ayının ilk haftasında peşinizden gelebilir. Satürn ve Plüton'a kafa tutma Merkür'ün pek harcı değil. Ancak bu transit uzak olduğunuz insanları bir anda size yakın yapacak. Sırdaş olacaksınız. Evet, garip konulardan bahsediyor olabilirim ama zaten Plüton yeterince garip bir gezegendir. Gökyüzünde her zaman aktif olmaz ama iletişim gezegeni Merkür gibi etkiler onu rahatsız ederse işler farklı bir hat çizebilir. Zaten senenin başından bu yana gizlenen duyguları, hırsları temsil eden gezegen aktif. Bu da sizin 11.Evinizde etkili oluyor. Gök kubbe, 2020 yılının başlarında düşündüğünüz, şüphe ettiğiniz ne varsa önünüze getiriyor. Kısacası her zamanki gibi hislerinizin sizi yanıltmadığını göreceksiniz.

- İş seyahatlerinde şirketinizde hiç olmadık kişilerin ilişki yaşadığını öğrenebilirsiniz. Bunu ağzınızdan kaçırma gibi bir gaflete düşebilirsiniz. Dikkatli olun sevgili Balık burçları.

• Arkadaşlarınız arasında yaşanan küslüklerin gerçek nedenini öğrenebilirsiniz. Yakın arkadaşınızın bile kendini olduğundan farklı göstermesine, farklı davranmasına içerleneceksiniz.

Başa gelen hiçbir şey boşuna değil diyor, gök kubbe

7 Ağustos'ta Venüs su burcuna geçiyor. Yılın ilk aylarından bu yana yaşanan gerek tutulmalar gerek Retrolar öz güveninizi hırpaladı. Kendinize göre birçok kişiye bu sürçte meydan okudunuz. Yeniay'ın 6.Evinizde etkili olmasıyla 2020 yılının gizli bir mesajı olduğunu düşünmeye başlayacaksınız. Aşk gezegeni Venüs'ün sosyal yaşam, aşk ve duygular alanına geçiş yapması size kalbinizin dolması hissini verebilir. İşin özü Venüs sizi aşka davet edecek.

• Bir süredir hoşlandığınız biri varsa kendinize cesaret bulacaksınız. Duygularınızın karşılıksız olmadığını içeren mesajlar alabilirsiniz.

• Evliliğinizde bir süredir sorunlar yaşıyorsanız, eşinizin bazı konularda kötü niyetli olmadığını anlayacaksınız. Her ikinizin de hem ailevi hem sosyal ve iş hayatınızdaki karışıklıkların evliliğinize yansıdığını görmek toparlayıcı adımlar atmanızı sağlayacak.

• Uzun zamandır ilişkisi olan bir Balık burcuysanız, ilişkinizin geleceği konusunda aklınız netleşmeye başlayacak. 'Geleceğime taşımak için doğru kişi mi? gibi sorulara cevap bulmaya başlayacaksınız.

• Çevrenizde bir süredir kötü giden ilişkilerin toparlandığına da şahit olacaksınız. Aslında Venüs, gerçek, emek verilmiş duyguların iyileşmesine önayak olacak.

Aidiyet duygunuz besleniyor.

22 Ağustos'ta Güneş, 7.Evinize taşınıyor. Kendinizi daha iyi hissedeceğiniz bugünlerde evinizi düzenleme isteğiniz artabilir. Malum Güneş, Zodyak'ın en titiz burcuna geçtiğinde sizi de bir detay ve mükemmeliyetçilik alıyor. Gündelik hayatınızda tam bir program insanı oluyorsunuz. 22 Ağustos'tan itibaren bur-

cunuzla karşıtlık yaparken Güneş'in toprak seyriyle kendiniz daha dinç ve azimli hissedeceksiniz. 2020 yılının ikinci yarısı size adeta bir yaşam kaynağı gibi gelecek. Tüm bunlarla birlikte uzun zamandır görmediğiniz kişilerle görüşür ve ailenizle vakit geçirirseniz, içsel olarak aidiyet duygunuzun da beslendiğini fark edebilirsiniz. Bir yerlere ait olduğunuzu hissetmek sizi köklendirirken, merhametli tarafınız da güçlenecek.

- Sanatsal, kültürel taraflarınızı besleyecek aktivitelere katılabilirsiniz. Hobilerinizi, el becerilerinizi daha da geliştirmek için kurslara yazılabilirsiniz.
- Lüks harcamalar yapabilirsiniz. Eskiyen ya da modası geçtiğini düşündüğünüz mobilyalarınızı yenileyebilirsiniz. Sadece kendinize değil çevrenize karşı da bir o kadar cömert davranacaksınız.
- Hayal ettiğiniz seyahate çıkmak için harekete geçebilirsiniz. Vize, pasaport gibi işlemler için zaman ayırmanız gerekebilir.
- Ödemelerinize de düzen getirmek isteyeceksiniz. Bu süreçte karşınıza çıkacak ek iş fırsatları daha rahat ve daha kaygısızca adım atmanızı sağlayacaktır.

Ağustos ayında, kendinize dair birçok konuda yenilenmeye gideceksiniz. Sizi zorlayan duygulardan, gündelik hayatta gereksiz yere büyüttüğünüz meselelerden ve hatta dinamiğinizi bozguna uğratan huylarınızdan arınmak isteyeceksiniz. Her şey istemekle, umut etmekle ve harekete geçmekle başlar. Bunu en iyi bilenlerden biri de sizsiniz. İçinizdeki o bitmek bilmeyen, sizi daha iyisini yapmaya iten sesi dinleyeceksiniz.

EYLÜL

Kendini hissettirmeye başlayan sonbahar havası kalbinize onlarca konuyu taşıyor. Dünyanın hızına, değişimine şaşıracağınız bir ay sizi bekliyor. 'Ne oldum değil ne olacağım?' sözünü merkezinize alacaksınız. Gündelik hayatınızdaki rutinlerinizden başlayıp gelecekte kendinizi nerede görmeyi arzuladığınıza kadar her detayı ele almaya başlayacaksınız. 2009 yılının eylül ayını hatırlar mısınız? Satürn karşıt burcunuzda, devrim gezegeni de burcunuzda birbirlerine meydan okurken deyim yerindeyse hayatınızın akışı değişmişti. O yıl sizin için büyük değişimleri barındırıyordu. Aslında o günden bugüne ne kadar yol katettiğinizi, neleri arkanızda bıraktığınızı ve en önemlisi de ne kadar değiştiğinizi film şeridi gibi hatırlayacaksınız. Kendiniz için yen bir yol çizeceksiniz.

Eylül ayının size neden iyi geldiğinin şifrelerini çözüyorsunuz.

Güneş'inizin karşısına Güneş'in geçmesi geçmişteki sizle bugünkü sizi kıyaslamanıza neden olacak. Bununla beraber yönetici gezegeninizle de karşıtlık yapıyor olması; 2026 yılının Eylül ayına kadar yapmam dediğiniz şeyleri yapmanızı tetikleyecek. Böylece eylül aylarının size neden iyi geldiğinin şifrelerini çözmüş olacak, burcunuzun gölgesinin eylül ayı olduğunu fark edeceksiniz. Bu ay sadece yönetici gezegeninizle karşıtlık yapan toprak burcundaki Güneş değil gökyüzündeki toprak niteliği de size yatırım yapma, geleceğinizi düşünme, birikimlerinizi değerlendirme arzusu verecek. 2 Eylül'de ise burcunuzda Dolunay gerçekleşecek. Sizi duygusal yapacağı kadar savunmaya da geçirebilir. Haksızlığa asla gelemeyen tarafınızı ortaya koymaktan çekinmeyeceksiniz.

• Anne ailesinden gelen haklarınızı korumaya alacaksınız.

• Rekabet ve hırsın yüksek olduğu bir yerde çalışıyorsanız haksız yere yapılan dedikoduların astı astarı olmadığını dile getirmek isteyeceksiniz.

• Bu ay içerisinde iş yerinizde sözleşmeniz yenilenecekse, maaş konusundaki beklenti çıtanızı artırabilirsiniz. Onca zamandır verdiğiniz emekler ve aldığınız sorumluluklar hem statü hem de maddi olarak daha yüksek düşünmenize neden olacak.

• Bir süredir görüşmediğiniz, gönül koyduğunuz arkadaşınızla bir araya gelebilirsiniz.

Mars Retro'su gümbür gümbür geliyor!

10 Eylül'de Mars Retro'su ateş burcunda, üstelik kendi yüceldiği burçta geri gitmeye başlayacak ama ne gitme! Adeta ortalığı tozu dumana katacak. Unutmayın ki siz son burçsunuz. Mesafeli ve durgun görüntünüz oradan geliyor. Dolayısıyla bu sefer deyim yerindeyse gövde gösterisi yaptıran gezegenin ilk burçta geri gitmesi işleri biraz yoldan çıkarabilir. Etkilerini direkt olarak 10 Eylül günü hissetmeyeceksiniz ama önümüzdeki 67 gün boyunca bir şekilde hayatınıza sirayet edecek. Belirttiğim dönemde korkularınızla yüzleşirken, psişik yönleriniz de artacak. Kendinizi anlatırken, içinizi dökerken etrafınızdaki kişiler sizi anlamakta güçlük çekebilirler. Savaş gezegeni alışkanlıklarınızla savaşa tutuşmanıza neden olurken; çok tepkili ve şüpheci davranabilirsiniz, dikkat!

• Nedenini bilmediğiniz bir şekilde yakın çevrenizdeki bazı kişilere karşı mesafeli davranabilirsiniz.

• Kendinizi sorgularken zaman zaman yalnız kalmak isteyeceksiniz. Bakış açınızdaki değişikliklerden Mars Retro'su sorumlu olacak.

• Dert ettiğiniz, takıldığınız konuları kimsenin anlamadığını düşünebilirsiniz. Özellikle toplumsal konulara kafa yorarken çevrenizde hiç beklemediğiniz kişilerin bile bu konuları umursamadıklarına şaşıracaksınız.

• Daha konforlu hareket etmek ve yaşam standardınızı artırmak isteyeceksiniz. Araba almak gibi büyük çaplı hayallerinizi gerçekleştirmek için çalışmalara başlayabilirsiniz.

Yeniay, sürprizlerle şaşırtacak.

17 Eylül'de Güneş'inizin karşısında gerçekleşecek Yeniay'ın toprak burcunda olması bu ayın nasıl bir ay olduğunu size tam

olarak anlatırken, yılın başında yaptığınız yatırımlardan ne kadar kazançlı çıktığınızı da göreceksiniz. Zodyak'ın en titiz burcunda gerçekleşecek Yeniay, gündelik hayatınızı düzene oturtmanızda size yardımcı olacak. Yapıcı, toparlayıcı ve sürprizlere dolu bir Yeniay sizi bekliyor.

- Kendi işini yapan bir Balık burcuysanız, ortağınızla bir süredir yaşadığınız sıkıntılar konusunda düzlüğe çıkacaksınız.
- Gözlemci tarafınız öngörülerinizi güçlendirecek. Kalıcı dostlukların temelini atacağınız kişilerle tanışabilirsiniz.
- 2009 yılında evlenen bir Balık burcuysanız, evliliğinizdeki sorunları bu anlaştırıcı Yeniay ile konuşarak aşabileceksiniz.
- İlişkisinde sorunları olan bir Balık burcuysanız, gri bulutları dağıtacak fırsatlar yakalayacaksınız. Aşkı iliklerinizde hissetmek, sorunlardan uzak olup hayatın tadını sevgilinizle birlikte çıkarmak isteyeceksiniz.
- Birkaç ay önce başlayan bir ilişkiniz varsa, sevgilinizin oldukça farklı yeteneklere ve bilgilere sahip olduğunu fark edebilirsiniz. Aşkta görünüş kadar zekânın da sizi fazlasıyla etkilediğini anlayacaksınız.
- Yakın tarihte noktaladığınız bir ilişkiniz varsa, kulağınıza gelen dedikodular üzerine kendinizi aklamak isteyeceksiniz.
- 2012 yılından sonra doğan bir çocuğunuz varsa, bu dönemde hafızasının ne kadar güçlü olduğunu fark edecek, fiziksel olarak sıçramaya geçtiğini göreceksiniz.
- 2009-2012 yılları arasında iş kuran bir Balık burcuysanız, eylül ayından itibaren sektörünüzde büyüme söz konusu olacak.

Kırgınlıklarını da üzüntüsünü de kendi içinde çözmeye çalışan biri olarak, içinizdeki güzelliği fark edemeyen kişileri kendi haline bırakabilirsiniz. Sevdikleriniz için verdiğiniz mücadele, onlar için gözü kapalı yaptığınız her detay sizin için daha da kıymetli olacak. Hayatı akışında, sakin, huzurla geçirmek isteyeceksiniz. Bakış açınız güzel düşünmek, güzel konuşmak, güzel görmek üzerine kurulu olacak.

EKİM

Hayatın tadı da tuzu da bir şeyler anlatmak, öğretmek, göstermektir. Kimi zaman tadıyla başımız döner kimi zamansa tuzuyla yaralarımız depreşir. Hayat bu! Bazen her köşeden çıkıp bazen nazikçe bazen de önümüze bir yığın olayı koyup gör, karar ver ve değiş der. Ekim ayında her şeyin bu kadar hızlı gelişmesi içinizi bir telaş kaplamasına neden olabilir. Aklınızla kalbiniz kısa süreli tutuşmalar yaşasa da aldığınız kararlara ve yaşamınıza dair yapacaklarınıza ekim ayının sonunda siz bile inanamayacaksınız. Venüs, 2 Ekim'de ilişki evinize taşınacak. Her zamankinden daha çok sevilmeye, destek ve ilgi görmeye ihtiyaç duyduğunuzu düşüneceksiniz. Genel yapınızda sürekli ilgi bekleyen insanlardan olmadınız ama bu ay gezegenlerin seyrinin deyim yerindeyse sizi dört döndüreceği bir ay olacak. Bu durum da size beni gerçekten seviyor ya da bana inanıyor dedirtecek.

- Yakın arkadaşlarınızın size haber vermeden program yapmalarına, çağırmadan toplanmalarına gönül koyacaksınız.
- İşinden memnun olmayan bir Balık burcuysanız, iş ortamından bunalmanız keskin çıkışlar yapmanıza neden olabilir.
- Kendi işini yapan bir Balık burcuysanız, imzalayacağınız anlaşma maddelerinin çıkarınıza olmadığı konusunda şüpheye düşebilirsiniz.
- İçsel gelgitlerinizden dolayı kimseye bir türlü derdinizi anlatamadığınızı hissedebilirsiniz. Bu durum en çok da ailenize yansıyacak. Özellikle kardeşlerinizle incir çekirdeğini doldurmayacak nedenlerden dolayı anlık tartışmalar yaşayabilirsiniz.

Bin düşün, bir adım at!

Ekim ayında Merkür, sizin gibi su elementi ama bir o kadar da sabit fikirli bir burçta geri gidecek. Mars yönettiği burçta geri gidedursun diğer burçta da iletişim gezegenin geri gitmesi, kıskançlıkları körüklerken, bazı ilişkileri damardan koparabileceğinizin haberciliğini yapıyor. Ortalıkta bu kadar yüksek akım varken, bu ay alacağınız tüm kararları üç kere düşünün. Kibarca hatırlatmak isterim ki Merkür ve Mars'ın eş zamanlı geri gitmesi çok nadir denk gelecek bir gökyüzü olayıdır. Bu süreçte aklınıza olur olmaz şeyler gelebilir, içinizi kuruntu ve şüphe basabilir. Diğer yandan 2020 yılının en Marsiyen herkesi yükselten günlerinden geçerken, dolandırıcılığın ve kanmanın kolay olacağını göz önünde bulundurursak başınızı ağrıtacak dalgınlıklara fırsat vermemeye özen gösterin derim.

• Bekâr bir Balık burcuysanız, bu süreçte tanıştığınız kişilerin sizi bir anda sahiplenmesi tuhafınıza gidebilir.

• Evli bir Balık burcuysanız, eşinizi daha önce hiç kıskanmadığınız kadar kıskanacak, kendinizi bile tanımakta güçlük çekeceksiniz.

• Boşanma sürecinde olan bir Balık burcuysanız, ailelerin ya da yakın akrabaların konuşmaları kulağınıza çalınabilir. Kimseye dert anlatmak istemezken, keskin çıkışlar yapmak zorunda kalabilirsiniz.

18 Ekim'de yaşanacak Venüs- Neptün karşıtlığı, sanki kalbinize birileri devamlı bir şeyler fısıldıyor hissi verebilir. Yönetici gezegeninize kendini iyi hissetmediği bir burçtan meydan okuyacak Venüs, sizi vesveseden öteye götürmeyecek. Bu ay iyi giden ilişkinizi kendi kaygılarınızdan korumalısınız. Zor âşık olan, güvenme konusunda herkesten daha çok zorlanan bir burç olarak eski sevgilinizi merak etmemeye de özen göstermeli, kendinizi merakınızın arka sokaklarından uzak tutmalısınız.

• İlişkisini yakın tarihte sonlandırmış bir Balık burcuysanız, sevgilinizin yaptıklarını gurur meselesi haline getireceksiniz. Sosyal medyadan ya da ortak arkadaşlarınızdan onun ne yaptığını öğrenmeye çalışabilirsiniz.

• Estetik yaptırmak için uygun bir ay olmamasına rağmen küçük rötuşlar yaptırmanız sizi yorabilir.

• Diyete başlamak için uğraşabilir fakat bir türlü adapte olamayabilirsiniz.

• Eğer yaratıcılık gerektiren bir iş yapıyorsanız projenizi bir türlü bitiremeyebilirsiniz.

Ekim ayının rehaveti de sıkıntısı da sizi köşeye sıkıştırabilir. Detaycı düşünen yapınız sizi daha fazla empati kurmaya götürecek. Başkalarını bu kadar düşünürken, onlardan aynı inceliği görememek geri adım atmanıza neden olabilir. Bu süreçteki krizleri fırsata çevirmeniz için potansiyelinizi aşağı düşürmemeli, içe kapanmamalısınız. Gök kubbe, birçok kişiyi zorlarken elek görevi görecek. Kendinizi koruyup kollarsanız ilerleyen aşamalarda kazanan taraf neden siz olmayasınız? Bir düşünün derim.

KASIM

Ruhunuzu dinlendireceğiniz, aklınızdaki soruları usulca bir kenara bırakacağınız kasım ayına hoş geldiniz. Ne de olsa kasım ayını Merkür Retro'sunu bitirirken karşılıyorsunuz sevgili Balık burçları. Geriye dönüp baktığınızda hayatınızdan elediklerinizle hayatına dâhil olanlar arasında çok büyük farklar olduğunu göreceksiniz. 'Az olsun ama yeter ki öz olsun' düsturuyla hareket edişinizin kazandırdıklarına odaklanacaksınız. Yaşadığınız sorunlarda gerek ailenizin gerekse yakın zamanda edindiğiniz arkadaşlarınızın size destek olmalarına sevineceksiniz. Hedefleriniz, hayalleriniz, yarım bıraktığınız, içinizde ukde kalan her ne varsa baştan uca başlamak için sıraya koyacaksınız. 3 Kasım'dan itibaren iletişimdeki tüm dağınıklıkları düzeltirken, kabuğunuzdan çıkacak ve daha sosyal, hareketli günlere geçiş yapacaksınız.

- Geçtiğiniz haftalarda kaybettiğiniz eşyanızı bulabilirsiniz.
- Zamanı daha verimli ve sağlıklı değerlendirmek için alışkanlıklarınızda değişikliğe gidebilirsiniz.
- Farklı kültürlere, yaşamlara olan ilginiz artacak.
- Ailevi konularda da yapıcı etkiler söz konusu. Uzun zamandır alacak verecek, miras gibi konularda hukuki bir süreç içindeyseniz, bu ay beklemediğiniz gelişmeler yaşanabilir.
- Tesadüfler güzellikleri getiriyor. Yıllardır görüşmediğiniz aile dostunuzla ya da çocukluk arkadaşınızla karşılaşabilirsiniz.
- Arabanızla ilgili konular gündeminizi meşgul edebilir. Yıllık bakımı, vergisi, tamiratı derken maddi olarak beklentinizin üstünde bütçe ayırmanız gerekebilir.

Haklı olduğunuzu bilen tarafınız, özgüveninizi güçlendirecek.

14 Kasım'da yeri göğü birbirine katan, 1988 yılından bu yana kendi burcunda geri gitmeyen Mars'ın size büyük öğretileri oldu. 2.Evinizde geri gidecek Mars ile hayatınızdan birileri çekip gitti ama yaptığınız bu temizliğin size ne kadar faydası olup olmadığını anlayacaksınız. Her ne kadar o dönemlerde aldığınız kararlar, hayatınızdan uzaklaştırdığınız insanlar sizi duygusal

olarak zorlasa da kaybetmediğinizi anlayacaksınız. Çünkü içten içe birçok konuda haklı olduğunuzu biliyorsunuz. Diğer taraftan kariyer hayatınızda ise hem güven hem de risk alma konusunda farklı davrandınız fakat bu kez neleri yapmamanız gerektiğini de yaşayarak deneyimlemiş oldunuz.

- Kendi işinizi kurmayı geçtiğimiz zamanlarda ertelemiş bir Balık burcuysanız, bu ay kimlerle yola çıkacağınız konusunda netlik kazanacaksınız.
- Size güven veren kişinin fikirleri içinize su serpecek. Güç kazandığınızı hissedeceksiniz.
- Aile şirketinde çalışıyorsanız, bazı konularda geri çekilip gözlemci pozisyonda olmak isteyeceksiniz. Kimler işi için ne kadar emek harcıyor, kimler umursamaz davranıyor çözümlemeye çalışacaksınız.
- İlişkisinde sorunları olan bir Balık burcuysanız, boş yere birbirinizi kırıp döktüğünüzü, gereksiz inatlaşmalara ve kıskançlıklara girdiğinizi fark edeceksiniz. Dağılan duygularınızı toparlayacaksınız.
- Evli ve çocukları olan bir Balık burcuysanız, eşinizle çocuklarınızın okulu konusunda hummalı bir koşturmaya girişebilirsiniz. Çocuklarınızın eksik olduğu noktalar için özel ders araştırabilirsiniz.
- Gönlü boş, aradığı aşkı bir türlü bulamayan Balık burcuysanız, gök kubbe kasımda aşk başkadır dedirtecek. Hiç ummadığınız bir anda hiç ummadığınız bir şekilde kalbinizin kapıları aşka açılabilir.

Duygularınız yükselişe geçiyor.

Ay tutulması, 30 Kasım'da hava burcunda gerçekleşirken, 4.Evinizde etkili olurken; ördüğünüz mesafe duvarlarını kaldırmanıza yardımcı olacak. Bu tutulma yılın ortasında yaşadığınız aile konularını, özellikle sağlık sorunlarını gündeme getirirken hedef şaşırtacak. Ay tutulması burcumuza ne kadar yakın gerçekleşirse biz de o kadar olayların içine çekiliriz. Ne de olsa tutulan Ay! Dolayısıyla duygularınızla hareket ederken, olayları öncelikle kalbinizle değerlendireceksiniz. Ay tutulması, en sakin olanlara bile cesaret verirken, birbirinden farklı konular gündemin seyrini değiştirecek.

• Bu ay şehir dışından çat kapı gelecek misafirleriniz sizi tatlı bir telaşın içine sokabilir.

• Evinizde sık sık sorun yaratmaya başlayan eşyalarınızı yenileyebilir ya da kombi, su tesisatı gibi donanımları tamir ettirebilirsiniz.

• Gayrimenkul alım satımı konuları gündeme gelebilir. Yaşamınızı daha konforlu hale getirmek için yatırıma yönelebilirsiniz.

• Aile içerisinde sorumsuz davrandığını düşündüğünüz kişilerle ciddi bir konuşma gerçekleştirebilirsiniz. Özellikle kardeşinizi kendi ayakları üstünde durması konusunda uyarmak zorunda kalabilirsiniz.

Kalıplarınızdan sıyrılacağınız, adeta yeni bir siz oluşturacağınız kasım ayında her şey yerli yerinde olsun isteyeceksiniz. Hayatınızı dengeye oturtma temeliniz güç kazanacak. İletişimde kendinizden daha emin ve özenli tavırlarınızla dikkat çekeceksiniz. Tüm bunlarla birlikte spora, sağlıklı beslenmeye olan ilginiz de artacak. Hem fiziksel hem de ruhsal olarak rahatlayacaksınız.

ARALIK

Aralık ayı sizin için adeta bir süzgeç görevi görecek. Şu zamana kadar neleri başarıp başaramadığınızı, nelerin sizi mutlu ettiğini, nelerden ders çıkardığınızı aklınızın kıyılarına not edeceksiniz. Çünkü siz hiçbir zaman hayatı boşa yaşamaktan yana olmadınız. Tecrübeleriniz, öğrendikleriniz hatta eksik bıraktıklarınızın bile sizi siz yaptığını çok iyi biliyorsunuz. Aralık ayında, yılın başından bu yana ne yaşadığınızı, neyi planlarken hayatın sizi nelerle sınadığını ya da mükâfatlandırdığını, hangi büyük duygulardan geçtiğinizi düşünürken çok ama çok büyüdüğünüzü anlayacaksınız. Evet, içinizde derin izler de oluştu. Ancak ömür hanenize eskisinden daha soğukkanlı bir yıl katmış oldunuz.

Güneş tutulması, mucizeleri hayatınıza taşıyor.

14 Aralık'ta Güneş tutulması yılın altıncı tutulmasını yaşatacak. Hayatınızın eşi benzeri olmayan yılıyla da yollarınızı ayırmaya başlayacaksınız. 2020 yılını erkenden uğurlamak isteyen burçlar arasında yer alacaksınız. Diğer taraftan bu tutulmanın size katkıları olduğunu da göreceksiniz. Hedeflerinizi büyüten, çevrenizi genişleten, sizi değiştiren tutulma ateş burcunda gerçekleşirken mucizeleri de içinde barındıracak.

- 2012 yılından bu yana maddi zorlukları olan bir Balık burcuysanız, sizi güvence altına alacak bir birikime sahip olacaksınız.
- Bir süredir iş arayışındaysanız ve yılı böyle mi kapatacağım diye hayıflanıyorsanız, yılın bu son ayında beklemediğiniz teklifler alabilirsiniz. Umudunuzu yitirdiğiniz anda alacağınız haberler mucize gibi gelecek.
- Sanatla ilgilenen bir Balık burcuysanız, bu ay önümüzdeki birkaç ayın planlamasını yapabilirsiniz.
- 1970-1984 yılları arasında doğan, Neptün'ü Yay burcu olan bir Balık burcuysanız, Neptün'ünüzün üzerinde gerçekleşen tutulma ile hayattan alamadıklarınız konusunda önünüzün açıldığını göreceksiniz.

Değişim başlasın diyor yer gök. Rüzgârı arkanıza alın.

20 Aralık'ta Satürn tekrar Kova burcuna geçiş yaparken, ne hikmettir ki bu sefer de Mars eşlik edecek. Tıpkı iki çocuk gibi Oğlak burcundan Kova burcuna geçecek bu iki savaş ve mücadele gezegeni dünyada farklı seslerin de yükselmesini sağlayacak. Diğer yandan da sizin hayatınıza öyle büyük anlamlar katacak ki adeta yaşam felsefenizin değiştiğini göreceksiniz. Eğer hayatınızda bugüne kadar meslek, şehir ya da ülke değiştirmediyseniz, işte size bunları düşündürecek bir transitle karşı karşıyasınız. Üstelik 2,5 sene! Evet, 2020 yılı sizin için anlatılmaz yaşanır tadında adrenalin dolu geçmiş olabilir. Fakat bu yıla sadece duyguları değil tecrübelerinizi ve yeni oluşumlarınızı da koydunuz.

- Eğitim ya da kariyeriniz ile ilgili karşınıza hayatınızı kökten uca değiştirecek fırsatlar çıkabilir.
- Dönemsel olarak yurtdışında kaldıysanız beklenmedik teklifler alabilirsiniz. Maddi standartlarınızı yükselteceğiniz bu tekliflere sıcak baksanız da uzun vadeli oluşu sizi düşündürebilir.
- İlişkisi olmayan bir Balık burcuysanız, aylar önce ayrıldığınız sevgilinizle ilgili şaşıracağınız haberler alabilirsiniz.
- Evli bir Balık burcuysanız, eşinizin ailesiyle ilgili bazı sağlık sorunları yaşanabilir.

2020 yılının aralık ayını, yepyeni başlangıçlara kucak açarak kapatacaksınız. Sadece kendinize değil etrafınızdaki kişilere de güç vereceksiniz. Motivasyonunuzun yüksekliği, hareketli yapınız birçok kişi için örnek oluşturacak. Mistik, felsefi konulara olan ilginiz artarken, paylaşımcı ve yardımsever tarafınızla zorda olanlara yetişeceksiniz. Yeni bir yıla geçiş yaparken ardınızda hiçbir pişmanlık kalsın istemeyeceksiniz. Yenilenecek, güçlenecek, olgunlaşacak, hayatın tüm getirilerine açık olacaksınız. Eskisi gibi kaybetmekten de korkmayacak ve yeni sizi çok seveceksiniz.

TÜRKİYE VE DÜNYA GÜNDEMİ

OCAK AYI TEMASI

Adı 2020!

2020 yılı tünelin ucundaki ışığa yaklaştığımızı anlatacak. Sırlı kapılar aralanırken doğduğumuz yüzyıl ile yaşadığımız yüzyıl arasında neler değiştiğini algılayacağız. Bugüne kadar yaşananların en derinlerine inerken büyük planları da 2020 yılı okumamızı sağlayacak. Gözümüzün önündeki sır perdesinin aralanması ile ayrışmanın en diplerini, kavuşmanın da en temizini yaşayacağız. En çok bizim topraklarımızda gözlemlenen, atmosferde büyük bir enerji salınımı olduğunu da fark edeceğiz.

2020 yılı devrim niteliğinde olacak.

Baş döndürücü günlere önce ülkemiz daha sonra dünya merhaba diyecek. Güneş'in ilk doğduğu toprakların insanları olarak ülkemizin yönü hepimizi ilgilendirirken, dünyanın merkezi olduğumuzu bir kez daha fark edeceğiz. 21. yüzyıl 20 yaşına girerken, geçmiş yüzyıllara nispet yaparcasına hepimize evrenin farklı bir ruh haline büründüğünü gösterecek. Toplumlara değerlerini bulmaları adına önce kendi ülkelerinin sokaklarına daha sonra ise sınırlarınıza sahip çıkın mesajı verecek.

Ocak ayı geçmişte yaşanan olayların kaynağına inmemizi sağlayacak.

Hepimiz son 3 yıldır Satürn-Oğlak döngüsünden çok şey öğrendik. Konuşulmayanları konuşmaya başladık. Korkmakla mücadele etme arasında gelip gittik. Dünyanın her köşesinde farklı sancılara şahit olduk. 2020 yılının mistik bir şekilde başlaması sizi yanıltmasın. Bu yıl zamanı bükerek yol alacak.

Gidenlere ve gelenlere hızlı adapte olacağız.

Dünyadaki ekonomik krize yaklaşık 8 milyar insan tepki verecek. Bir de üstüne teknoloji sayesinde parçalar birleştirildiğinde güçlü bir titreşim oluşacak. Dünya ayağa mı kalkacak? İşte bunu adım adım her ay gökyüzün akışına göre nakış gibi işleyeceğiz. 2020 yılının gezegen hareketleri, Retroları en önemlisi de tutulmaları ülkeleri, kurumları, her türlü yapıyı hedefine alırken toplumları yönetenlerin sınavlarını da natal haritaları üzerinden birlikte inceleyeceğiz.

Hazırsanız 2020 Ocak ayına merhaba deyin.

2020 yılı gezegen seyrine göre daha önce nadir bulunan yıllardan biri olma özelliği taşıyor. 6 tutulmayı barındıran neredeyse tüm gezegenlerin sırayla geri gideceği 2020 yılı herkesi yakından ilgilendirecek. 2020 yılı kelebek etkisi misali birilerinin değil tüm dünyanın ayak seslerini duyabileceğimiz bir yıl olacak.

Kahramanlardan biri Plüton!

Plüton 2012 yılında diğer 3 gezegenle el ele verip burç değiştirerek Mayaların ön görmekten imtina ettiği yıllara gelecekti. Işık hızına geçecek olan insanlık 8 yıl önce doğum sancısına tabi oldu. Eski yüzyıl yeni yüzyıla gebe kaldı ve özgürlük, hukuk, ekonomi değişimin başında yer aldı. Kısacası ülkeler toplumlarını koruyup kollamak yerine baskı üstüne baskı uygulamaya başladı. Arkadan yetişen teknoloji sayesinde önce cebimize giren iletişim sonra baş parmakla ulaştığımız küçük bir dünya olmaktan çıktı. Hemen hemen herkesin tepkisini de düşüncesini de ortaya koyduğu sosyal ağlar oluştu.

Bu yılı bir doğum sancısına benzetebilirsiniz.

2012'den bugüne ömrümüzden 8 yılı alan bu süreci anlatan Mayaları yad ederken, 2012'den öteye geçip insanlığın zamanın da önüne geçeceğini farklı dillerle söylemek istemişler. Aslında sırf bu yüzden kıyamet kelimesini kullanmış dahi olabilirler. Tefsir edildiğinde hiçbir çağda teknoloji ve hız bu kadar yüksek değildi. Eğer geçmiş çağlarda böyle bir hız ve teknoloji varsa o da bu yılda ortaya çıkacak. Kesin olan şu ki tüm gezegenler Plüton'un kalbinden sırayla geçmeye başlayacak. İlk açılışı Venüs yapacak. 2020 yılının şifreleri dev ekranlarda hepimize izletecek. Geçmiş ile geleceği bağlayan sırları aralayan 365 günün aslında çoktan başladığını bize yer altı gezegeni ve öğreten gezegen en çıplak haliyle gösterecek.

Bir ülkenin sınırı insanın şah damarına bedeldir.

2020 yılında devrim niteliğindeki gezegen hareketleri ve tutulmalar her şeyi ortaya dökecek. Retrolar dünyayı yönetenlere yeni hesaplar yaptırırken 100 yılık planlarının da sabahtan akşama değiştiğini gösterecek. Nasıl derseniz; tabii ki tüm müttefikleri birbirine düşürerek. Kaderi yeniden yazan 2019 yılını geride bıraktık. Artık dünyanın farklı döndüğünü göreceğiz. İnsanların sistemlere inancı kalmazken artık hiç kimse, hiçbir şey için kılını kıpırdatmayacak hale gelecek. İnsanları ideolojik duygularla harekete geçiremeyeceklerini kirli maşaları tutanlar da geçtiğimiz yıl öğrendi. Çünkü insanlık artık herkesi birbirine yakın yapan teknolojinin kollarında rahat ediyor!

Süper güçlerin bile gücünü zayıflatarak ideolojik bakış açılarını, tarikatları hatta dinleri bile insanın ruhundan silip süpürmeye çalışan teknoloji hedefine ulaşacak mı? Bu sorunun cevabını size 2020 Mart ayı temasında vereceğim. Ama şu kadarını söyleyebilirim; toplumlarla devletlerin yollarını ayrıştıracak yıllar kapıya dayandı. Açık bir cümle ile ifade etmek gerekirse; savaşacak insan bulmak her geçen gün zorlaşacak. Ama bu durum hemen gerçekleşmeyecek. Önce göreceklerimiz var.

Ters akan sular çevrilemez mi?

2020 yılında Güneş, Satürn ve Plüton ile semada Oğlak burcunda birbirlerine yaklaştıkça işler daha da garip bir hâl alacak. Sistemler ile hedefler, çıkarlar ile müttefikler birbirine düşecek. Her şeyin Arap saçına döndüğü gün toplumlar habersiz oldukları konulardan bir bir haberdar olmaya başlayacak. Kısacası günahlar ve sevaplar ortaya çıkarken birilerinin de şapkası düşecek.

23 Eylül 2019'dan bu yana dünya Türkiye diye dönüyor.

Kaderini yeniden yazan Türkiye'nin hamlelerine dünyanın her köşesi ses verecek. Dostu düşmanı bir kez daha görürken, her şeyin bir sebebe hizmet ettiğini gökteki düzenin sahibinin bir planı olduğunu göreceğiz.

Saflar sıklaştıran gezegenlerin seyri sıkışmayı da beraberinde getirdi. Özellikle Fırat'ın doğusundaki oluşumları, ülkemizin etrafındaki kirli oyunları daha çıplak görmemizi sağladı. Topraklarımızın sınırlarındaki kirli maşaların akıbeti tarihte az rastlanan gezegen hareketlerinden geçerken, PYD ile PKK'nın da birbirlerine düştüğünü hatta silah doğrulttuklarını dahi görebiliriz. İmralı Adası'nda tutuklu bulunan terör örgütü liderinin sağlık sorunu yaşadığını duyabiliriz. Bu durum kirli maşaları tutanların da planlarını değiştirmek zorunda bırakabilir. Evdeki hesapları yolda ne kadar değişirse değişsin daima bir yere takılacaklar.

2020 Ocak ayının yürek hoplatan, baş döndüren olaylarını anlamak için sadece 92 gün öncesinden bugüne olayları birleştirmemiz yeterli. İdlip'te mülteci sorunu devam ederken, ülkemiz sınırlarına kadar inen örgütler kendi içinde kim kimi yönetir kavgasına tutuşabilir. Bu kavgayı çıkaranların bu örgütleri de gözden çıkardıklarını göreceğiz. Yılan büyüdükçe, başını ezmek zor olsa da artık bu tür yapılar birbirlerini sokmaya başlayacaklar. Onları besleyen ülkelerde artık fikirlerini değiştirecekler. Tüm bu süreçler yaşanırken Türkiye de gerçek düşmanlarını görecek.

2020 yılı bizi inandırmak için uğraşmayacak.

Yeni yılın kartları ocak ayı itibariyle yeniden dağıtılırken günlük hayatta sıkışan ekonominin içinde mücadele edecek olan yine bizler olacağız. Bu devire düşen ömürlerimizin göreceği günler var derken nasip edenin mutlaka bir bildiği de vardır diyerek yüreklerimizi susturacağız. Semada gücünü toplayıp 10 Ocak'ta ülkemizin yükselen burcu Yengeç'te gerçekleşecek Ay tutulması hepimize gündemde süre gelen ayrışmaların bir oyun mu yoksa temizlik mi olduğunu düşündürecek.

Kimin kimi harcadığı çember daralırken ortaya çıkacak.

Yardım edilen bir devirden değil videoya çekilen bir devirden bahsediyorsak emin olun kimin dost, kimin düşman olduğunu anlatan videolar da ortaya çıkacak. Çıkarlar çatıştığında sistemin ezip geçemeyeceği devlet başkanı olmadığını da öğreneceğiz. Örgütlerin birbirini kıran kırana yok etme çabasını, dünyanın gözü önünde Suriye topraklarında yıllardır izliyoruz. Özellikle son model teknolojik aletlerle çekilmiş videolar yayınlayan IŞİD'ın yine sahneye çıkmasının nedeni bu sefer kendisi kadar tehlikeli bir örgütle hesaplaşması olabilir. Ülkemizin birkaç kilometre uzağında yaşanan savaşın derinleşmesi Suriye'nin de kaderinin yönünü değiştirebilir.

İdlip ve göç nasıl ki geçtiğimiz yazın derdi olmaya başladı ise bu ay daha büyük olaylar gerçekleşirken ön görülemez günler de başlayacak. Davamıza dost ülke bulamazken, zor günlerimizde arkadan iş çeviren ülkeler de bir bir ortaya çıkacak. Gözümüzün önünde silah sevkiyatı yapmaya devam edip etmeyeceklerini ise kapatacağımız ABD üsleri sayesinde görebiliriz. Sınavı da sırları da ağır olan 2020 yılı ülkemize vetoların sadece ülkelerden değil NATO'dan da geleceğini vurguluyor.

Aç gözlüyü minnettar edemezsin.

2020 yılına yüksek adrenalin ve değişen hızlı gündemle başlayacağız. Ocak ayı gezegen seyri, savaşların bambaşka diyarlara taşınacağına da vurgu yapıyor. Oğlak dizilimi ile başlayan 2020 yılının ilk ayını anlatırken gezegenlerin 500 yılda bir yaşayacakları kavuşum yüzünden bir telaşı var. Sadece bizim topraklarımızda değil tüm dünyada üst üste olaylar yaşanacak. En önemlisi depremlerin ardı ardına yaşanması ile sıkışan enerjinin gündelik hayatta herkesi farklı bir ruh haline sokacak. Daha önce böyle bir gezegen dizilimi yaşanmadı. Daha azının yaşandığı yıllarda bile koalisyonların dağılması, partilerin bölünmesi gibi olaylar yaşanmış. Şimdi ise hepimizi çok daha büyük olaylar bekliyor. Hepimizi saracak, Türkiye'nin tarihinde az görünen olaylara şahitlik ederken, eş zamanlı tüm dünya gözünü ülkemize çevirebilir. İşin içinde öğreten gezegen Satürn varken bir kez daha tarihimizin en iddialı günlerini yaşayabiliriz.

Yılın ilk ayında bilgi kirliliği nedeniyle adeta yolumuzu kaybedebilir, anlık gafletlere kapılabiliriz. 4- 5 saat sürebilecek belirsizlikle ülke bilgi akışımızın da ne kadar karışık olduğunu bir kez daha deneyimleyeceğiz.

Sakin olmalıyız!

8 Ocak'ta Satürn-Plüton kavuşumu gerçekleşirken dünya, bu sefer eş güdümlü bir karışıklığın içine girebilir. Oğlak burcunda dizilim yapmış Güneş, Merkür, Jüpiter, Ay düğümleri, Satürn ve Plüton ülkemizin doğusunu ve siyasi gündemini işaret ediyor. Tüm gezegenler Oğlak burcunu istila ederken yer, gök sınırları işaret edecek.

Toprak enerjisi son 19 yıldır ne oluştu ise hepsini yıkmaya hazırlanıyor.

2008 yılında Plüton, Oğlak burcuna taşınırken toplamda 15 yıl kalacaktı. 2023 yılına kadar bu gezegen kendine göre belli yıllarda ortaya çıkıp yapıları, yönetimleri, sistemleri, sınırları karıştıracaktı. Fakat Plüton, son 90 gündür başlayan sürece bu yıl hiç köşesine çekilmeden devam edecek. Bir yılan gibi tehlike saçan kim varsa yeryüzünde hepsini sahneye çıkarıp toplumlara ifşa edecek. Çürümüş tüm sistemleri ortaya çıkarırken Pentagon gibi kritik yapıların zaaflarını da gözler önüne serecek. Aslında yer altı gezegeninin derdi gizli saklı dönen tüm hesapları yeryüzüne çıkarmak. Bu etki yalnızca 29 Ekim 1923 kuruluşlu Türkiye'mizin natal haritasında olmayacak. 4 Temmuz 1776'da bağımsızlık bildirgesi okunan o günden bugüne dünyaya hükmetmeye çalışan, Natal haritasında 27 derece Plüton'u Oğlak olan ABD'yi de etkileyecek.

Ahtapot gibi her ülkeye eli kolu yetişen, silah, maşa hatta örgüt desteği veren, kendince özgürlükler büyütüp ülkelerin iç işlerine, sınırlarına karışan ABD'nin cehennemin cephanesi olduğunu tüm dünyaya gösterecek. Yer altı gezegeninin 23 derecede diğer yıkıcı gezegenlerle saf tutması bir de karşısında Ay tutulmasının gerçekleşecek olması ortaya dev bir enerji çıkaracak. ABD'nin dünyanın her yerine uzanan kollarından birkaçı eş zamanlı kopacak.

Heybetiyle dünyayı sarmalayan Yengeç burcu ABD, ışığıyla tüm geceyi aydınlatan Ay'ın hakkından gelemeyecek. Skandallar ardı ardına yaşanırken doğa olayları da ABD'nin bir diğer sınavı olabilir. 2020 Ocak ayından 2022 Şubat ayına kadar ABD'nin stratejik hatalar yapmaya başladığına şahit olacağız.

Kimin sözü geçecek kimin sözü yere düşecek?

Yeni dünya düzeninde sadece liderler değil, dünyayı yöneten ülkeler de değişecek. Dünyanın ekseni kayıp, Güneş ışıkları daha da keskinleşirken göç dalgası tüm dünyaya yayılabilir. Toplumlar çok daha karışık hâle gelirken, insanlar aynı mahallede ev değiştirir gibi ülke, yaşam değiştirebilirler. Bilim dünyası bile bu cüce gezegeni kabul edip etmemekte zorlanırken, saf enerjisi açığa çıkacak ve Satürn kavuşumuyla kendisini daha da yakından tanıyacağız. Çıkan enerji var olan manyetik alanı dünya boyutuna taşıyacak. Daha açık ifade etmek gerekirse insanlığın ilk başladığı yere çekim olduğunu göreceğiz.

Bilimin, teknolojinin, silahın, varlıkların deyim yerindeyse her şeyin test sürüşünün yapıldığı yer olan Mezopotamya dünyanın gündemine düşebilir. Toprakların altından çıkan değerler sadece insanlık dışında varlık olup olmadığına ışık tutmayacak. Aynı zamanda boyutları anlatacak, dünyanın gelmiş geçmiş dâhilerinin bile önüne geçecek bilgiler yer yüzüne 2020 yılı itibariyle çıkmaya başlayabilir. Toprak burcundaki dizilim 7 aşamalı bir devranın içine hapsolduğumuzu dahi düşündürebilir.

İnsanlar nefreti öğrenerek doğmaz, nefret yaşanarak öğrenilir.

Son yıllara inat 2020 yılında hümanist aylar sayesinde kurtuluşlar da söz konusu olacak. Dünya, halının altına itilen ne varsa ortaya saçmaya başlayalı çok oldu, fakat bizlere bilmemizi istedikleri kadar bilgi aktı. 2020 şifreleri çözmeye ocak ayından başlarken her ülkenin hedefini, planını ve kimin kukla olduğunu gösterecek. Bu aydan itibaren koltuklarından gitmeye başlayan siyasetçileri konuşacağız. Zaten bu süreç geçtiğimiz yılın temmuz tutulmaları ile başlamıştı. Ama olur da kitap basılıp elinize ulaşana kadar büyük bir kırılma olursa ki olacak, 2020 yılının enerjisine, Plüton'un 2020 yılını ne denli yıkıcı başlattığına tanıklık etmiş olacağız.

Güneş'te insan Ay'da insan, yıkan da insan kandıran da insan!

Göklere sığmayan aylardan geçerken insanların kalplerine neler sığdırdığını göreceğiz. Günler tüm karanlıklara ışık tutarken tarikatlar ve tarikatlara bağlı dünyaca ünlü yardım kuruluşlarının skandalları ortaya çıkmaya başlayabilir.

Tüm bu sürecin altını olgunlaştıran günler aslında çoktan başlamıştı. ABD basınında kısa bir süre yer alan bizim de son 3 ayda öfkemizi kazanan ABD başkanını konuşacağız. Aralarında reşit olmayan kız çocuklarının da bulunduğu çok sayıda kişiye cinsel tacizde bulunmak ve seks amaçlı insan kaçakçılığı yapmakla suçlanan Amerikalı milyarder Oğlak burcu, 1953 doğumlu Jeffrey Epstein'in ölümü ile sırları yanında götürmediği ortaya çıkacak. Hücresinde ölü bulunmasından sonra ortaya atılan komplo teorilerinin doğru olduğuna dair belgeler basına sunulabilir. Donald Trump'ın başını yakacak günlerin kapıya dayandığını görürken diğer yandan gündem demir gibi tavında dövülmeye devam edecek. 1946 doğumlu İkizler burcu Donald Trump yaşayacağı bu süreci yönetmeyi başaramazken akıllara ziyan potlar kıracak. Donald Trump sayesinde ABD'nin ete kemiğe bürünmüş tarikatlarının isimleri ilk kez bir ABD başkanından duyulacak. Kimsenin kabına sığmadığı girdapta 1946 doğumlu Donald Trump ve aynı yıl doğumlu Bill Clinton'ın seks hayatı gündeme gelirken ABD derin devleti, eski usul yine belden aşağı vurabilir.

Jüpiter-Oğlak transiti ABD gizli servisinin ilk defa bu kadar büyük pornografik belgeleri deşifre edeceğini işaret ediyor. Peki bunu neden bu ay yapıyorlar derseniz; gelişmiş ülkeler adı altında aslında daha uç olaylara toplumları sürükleyerek algı operasyonu yapıyorlar, sapkınlığı meşrulaştırma çabaları diyebilirsiniz.

2020 yılı olaylara çok uzaktan bakmayı öğretecek.

İnsandan, plandan daha büyük olan yaşadığımız gezegenin değişen enerjisi çürümüş sistemlerin içinde insanlığa yardım edecek. Bize gözle görülmeyen, elle tutulmayan iyi ile kötü arasındaki ayrışma yardım edecek. Bugün dünyanın arka sokaklarında dönen binlerce acımasızlıktan haberdar olup hepimize üç maymunu oynatan sıkışmışlığı kıracak.

Gezegenler safları sıklaştırırken, yeni doğuşları da getirecek.

Teknoloji sayesinde örgütlenecek, haberdar olacak, hedef gösterecek yeri gelip adalete teslim edeceğiz. 2012 yılından sonra hızlanan zamana yetişemiyorsanız aslında insan ruhunun ağır deformasyona girdiğini her köşede karanlığın, korkunun gündelik akış haline geldiğini hissetmekten öteye geçmişsiniz demektir. Şimdilerde sosyal medya platformlarında hepimiz gündelik hayatta yaşanan haksızlıkları ispat etmeye çalışırken suçluların yargılanma süreçlerine sosyal medya paylaşımlarımızla tepki gösteriyoruz. Sizce her geçen gün katlanarak artan internet kullanıcısının hangi boyuta geleceğini ya da dayatmaları aşındırabileceklerini devletler, stratejistler, toplum bilimciler ön göremiyor mu? Kayıtlarımızı ele geçirerek ön görüyor ve önlemlerini almaya başladılar bile. Banka hesaplarımızdan, telefon konuşmalarımıza kadar her şekilde kayıt altındayız, kaçamayız.

İyi ile kötü dev ekranlarda yer alırken insanlık hangisini seçecek?

2020 Ocak ayında, tarihte daha önce az rastlanmış, rastladığında bile yazılamayacak kadar keskin olaylar yaşanmış gezegen hareketleri var. Anlam ile mananın değiştiği yıllardan geçerken avuçlarımızdan akan zamanı artık kontrol etmek çok daha zor olacak. Dünyayı yönetenlerin kalbi olmadığını, bizi insan değil sayı olarak gördüklerin fark edeceğiz. Derin devletlerin ise insanların beynini zorlayacak stratejiler düşündüğünü öğreneceğiz. Bu sefer açık ve şeffaf politikalar kullanmaları ise aslında yeni stratejilerini ortaya koyacak. Hedeflerini açık seçik ortaya koymalarındaki amaçları dünyanın dönüşünü hızlandırmak mı, teknolojiye yetişmek mi yoksa artık insanları yönetememeleri mi diyeceğiz.

Gök kubbedeki savaşın adı Satürn-Plüton kavuşumu!

Yeni dünya düzeni kurulurken, insan en büyük gücün teknoloji olduğunu fark ederken gücünü kaybetmemek için de en büyük mücadeleyi verecek. Bir parmakla dünyayı yönetenlerin artık başkanlar olmadığını görmeye başlayacağız. Birçok ülkenin internet yaptırımları artarken, teknoloji devlerinin birbirleriyle değil devletlerle savaşa tutuştuğunun sesleri de çıkmaya başlayacak.

Modern kölelik bitiyor.

Ülkelerin kendi içindeki azınlıklara modernleştirilmiş soykırım yaptıkları bu ay dünyanın yeni gündemi olabilir. Peki freni patlamış gibi devam edenler kim olacak derseniz işte şimdi buraya dikkat kesilin diyor gök kubbe! Plüton'un tam üstünde gerçekleşecek yılın ilk tutulması, silah sektörünün bir çığ gibi büyümesini sağlarken, ülkelerin örgütlere artık el altından değil ABD- İsrail-İngiltere ve Pentagon'un açık açık silah desteği verdiğini seyredeceğiz.

Dünya hızla silahlanırken gündelik hayatta silahın kolay ulaşılabilmesi her geçen gün kendi kanununu kendi yazan insanların sayısını artırabilir. Kayıtlı 8 milyar kayıtsız 10 milyara yakın insan olduğunu düşünürseniz milyarlarca ses ve söz birbirine karışacak. Silahın her türlüsü 10 Ocak'ta gerçekleşecek Ay tutulması ile ortaya çıkacak, sadece silah satan ülkeleri değil ordu kuran ülkeleri de şaşkınlıkla izleyeceğiz.

Amaca ulaşmak için her şey mubah diyenleri göreceğiz.

Son iki kitabımda Uranüs, Boğa burcuna geçti geçiyor derken, geçtiğimiz bahar ayından bu zamana Uranüs'ün toprak seyrinde hareket etmesine gündelik hayatımızda bizler her ne kadar alışsak da dünya ekonomisi alışamadı. Uranüs, ekonomiye tıpkı bir araba gibi vites küçülttürdü. Bu durum da ekonomik krizin dünyayı zehirli bir sarmaşık gibi sarmasına neden oldu.

Ekonomik kriz dünyaya bir virüs gibi yayılmaya devam edecek mi?

2020 yılı başlamadan sadece 4 gün önce yaşanan tutulmanın etkisi siz bu sayfaları okurken hızlı bir yıla başladık dedirtecek. 2020 yılının ilk günlerinde silah sanayinin büyük bir hızla büyümesi ve silah satışının dünyada her geçen gün artması, Ay tutulması ile birçok ülkenin silahlanmayı desteklemesi yılın ilk büyük haberi olabilir. Ama her geçen gün çıkan yeni silahlar ve müthiş büyümenin yanı sıra gelişmiş ülkelerin yasaları esnetmesi para hırslarını da ortaya çıkaracak. Silah sanayisinin son 12 yıldır ne kadar büyüdüğüne dünya yine Yengeç-Oğlak aksındaki tutulma ile dikkat kesilecek. Gökyüzünde tarihte az rastlanan kavuşumlar bir de üstüne bu kavuşumların tam ortasında gerçekleşecek yılın ilk tutulması insanın doğasındaki vahşiliği ortaya çıkaracak. Bu süreçte birçok ülkede göç dalgası yine yaygınlaşırken en çok ABD eyaletleri arasında göç yaşanabilir. Sebebi ise ABD burcunda gerçekleşecek Ay tutulmasının 7'den 70'e herkesi arayışa, değişime itecek olması. Gökyüzünün şeytanı olarak adlandırılacak kadar tehlikeli olan Plüton'un tutulmada rol alması insanlığın kendi çıkarları için kendi toplumuna bile acımasızca davranabileceğini gösterebilir.

Dünya kendi sonunu hazırlıyor.

4 yıl önce toprak burcunun diğer üyesi olan Başak burcunda gerçekleşen tutulmalarda terör dünyanın her köşesinde hissedilirken, dünyanın silahlanmaya ayırdığı bütçe 1,6 trilyon dolar olarak açıklandı. Stockholm Uluslararası Barış Araştırmaları Enstitüsü'ne (SIPRI) göre; bu rakam 2015 yılına oranla yüzde 0,4 artış gösterdi. Özellikle askerî açıdan güçlü olan ABD'nin, Çin'in ve Rusya'nın silahlanmaya harcadığı rakamların yükselmesi dikkat çekiyor. ABD silahlanma harcamasını yüzde 9,2 artırarak 639 milyar dolara çıkarmış. ABD'nin 45. Başkanı Donald Trump'ın federal bütçesinde, Savunma Bakanlığı'na yaklaşık 583 milyar dolar ayırmış. ABD'nin en büyük silah anlaşması ise Suudi Arabistan-İran gerilimi sayesinde olmuş. Hatırlasanız daha ortada İran ambargosu yokken 1979 yılında rejim değiştiren İran'ın, "*Büyük Hesaplaşma Başlıyor*" kitabımda büyük hesaplara tutuşabileceğini büyük harflerle belirtmiştim. O günden bugüne bu ambargo neyi besledi derseniz; Donald Trump Suudi Arabistan'ı ziyaret ederek ABD tarihindeki en büyük silah anlaşmalarından birine imza attı.

Şimdi ise 2020 yılının ocak ayının ilk tutulması silahlanan dünyanın nereye doğru gittiğini, şehirlerde silahlanmanın ne denli büyük olaylara sebep olacağını dünyanın birçok köşesinden göstermeyi planlıyor.

Çok kazanmak isteyen kaybeder.

Çift haneli bol sıfırlı bu yıl sıradan bir yıl değil. 2020 yılı zamanın hızına hız katarken vizyoner yeni liderler yılın ilk gününde birer ikişer ortaya çıkarılacak. 21. yüzyılın 21. yaşına dünyayı hazırlayan bu yıl da seçilmiş insanları yeni dünya düzenine hazırlayan MOSSAD – CIA- KGB – MI6 istihbarat örgütleri sahada aktif olarak yer alan yapıları, senatörleri, meclisleri, örgütleri sahneden indirecek. Geçtiğimiz yıl siyasi isimleri değişen Avrupa, gerçek bir lider ortaya çıkaramamışken, çıkaracakları asparagas haberlerle toplumlarını sindirmeye çalışacaklar ancak başarılı olamayacaklar. 2020 yılı gezegen dizilimlerine göre yalnızca basit 4 rakamdan ibaret değil. Bu kitabı 20 yıl sonra okuduğunuzda da bu satırlar aklınıza gelecek.

İnsanlığı korkuyla dizginlemeye çalışan sistemlerin arasında kim ezilecek?

Silahlanma dünyanın her köşesinin derdi olurken, ekonomiyi hatta kapitalist sistemi parmağına dolayıp oynayan diğer alan ise teknoloji olacak. Toprak burcunda stelyum yapan gezegen kavuşumları 2020 yılında yeni bir çağa geçerken gezegenimiz belki de solucan deliğinden geçecek ve insanları sokağa dökerek yoluna devam edecek. Toplumlarla sistemler ne zaman karşı karşıya kalsa kurban olanlar hep devlet adamları olmuştur, bu süreçte tarih yine tekerrür edebilir. Ülkelerin yeni seçecekleri liderler eski liderlere oranla daha liberal olmayacak aksine tam tersi özelliklere sahip olacaklar. Bu durumun en somut örneği ise Almanya Başbakanı Angela Merkel olabilir. 20 yıldır oturduğu parti koltuğundan kalkıp giderken yerine gelen kişi bu aydan sonra konuşulmaya başlanabilir.

Göz kendinden başka her şeyi görür.

Son 4 aydır ülkemiz operasyon kelimesinden savaş kelimesine geçiş yaparken, dünyanın kabuk değiştirmeye başladığını bu yıl fark edeceğiz. Talihsiz Afganistan 2020 yılının ilk tutulması ile dünyanın gündemine yine Taliban'la gelirken, bu sefer 1994'den bu yana kör talihinin de zincirini kırabilir. Afganistan'ın her köşesine ışık tutacak gelişme ise Taliban'ın bölünmesi olacak. Her yerinden yaralı, karanlığa gömülmüş Afganistan'ın ayağa kalkma çabası dünyanın pek çok ülkesine ilham olacak.

12 Ocak 2020!

Bu tarihte Satürn ve Plüton 22 derecede Oğlak burcunda kavuşurken, kolektif bilincin uyanışı yeri göğü hareket ettirecek. Bu kavuşumu hafife almayın çünkü tarihte Satürn'ün Plüton'un kalbinden geçişini incelendiğimde büyük olayların haberciliğini yaptığı iddia edilir. İç gezegenlerin kavuşması bir yana dış gezegenlerin de kavuşması tarihin de sınırların da dinlerin de bilinmeyenlerinin aralanacağını işaret ediyor. Reformlar sadece dünya üzerinde değil, insanlığın ruhunda da olacak.

Tılsımlı kavuşumlar, tüm kapıları açar. Sınırları bile...

Geçtiğimiz yıl savaş çığırtkanlığı yapan liderler bu yıl çok daha somut hareket edecekler. Oğlak diziliminde devrim gezegeni Uranüs'ün de toprak burcunda olduğunu göz ardı etmek ocak ayının sonlarında mümkün olmayacak. Uranüs devrim, ayaklanma ve isyanı temsil eder. Toprak burcundaki seyri faşist, radikal, dinci grupları gündeme getirebilir ve bölge savaşlarını da tetikleyebilir. İlk olarak dünyanın her köşesinde bulunan mülteci kampları gündeme gelebilir. Sıkışan Avrupa'nın bir tarafının karışık olmasına bir tarafının ise hiçbir şey olmamış gibi yaşamasına tutulmalar izin vermeyecek. Satürn-Plüton kavuşması gökyüzünde de dünyamızda da insanlığımızda da büyük izler bırakacak. Türkiye Avrupa'ya açılan sınır kapılarını açarak kendi tarihine büyük bir not düşebilir. Diplomasinin tıkandığı günleri ülkemiz başlatırken, bazı ülkelere korku verse de sınırlarda sıkışan birçok ülkeye cesaret verecek.

Cihan yüreklere sığmayacak, taşacak!

Size masal gibi gelebilir ancak Satürn ve Plüton, 1518 yılında Oğlak burcunda kavuşmuşlar. O günden bugüne kavuşmayan iki gezegenin bu ay kavuşacak olması insanlığa cennet ve cehennemin bu dünyada inşa edildiğini düşündürebilir. 500 yıl sonra bu iki kötücül gezegen Oğlak burcunda kavuşurken III. Dünya savaşının da ayak seslerini artıracak. İnsanlık savaşmak mı istiyor yoksa büyük bir depresyondan mı geçiyor konusu ise sosyologların diline düşecek.

Her insanın içinde bir dünya vardır.

21. yüzyılın ana hatları yılın ilk ayında ortaya çıkarken, insanın öğrenme ve yaşama şekli değişecek. Devletler de değişimin ayak seslerini 500 yıl önce kavuşan bu iki gezegen sayesinde

fark edecekler. Manidar olan ise bu önemli kavuşuma eşlik eden Ay'ın da tutuluyor olması. Uluslararası siyasi arenadaki isimler savaş çığırtkanlığı yapmaya devam edecekler mi derseniz cevabını bu yıl yaşanacak olan 4 Ay tutulması ve 2 Güneş tutulması verecek.

Nükleer füze teorilerinin de tarihin tozlu sayfalarına gömülüp gömülmeyeceğini yine bu yılın içinde yaşayarak öğreneceğiz. Satürn ve Plüton güçlerini birleştirirken 500 yıl aradan sonra kitleleri etkileyen eş zamanlı olayları başlatacak. Evrendeki bütün ana temalar, astrolojinin çalışma alanı içinde yer alırken aşkın da bunun dışında kalacağını düşünmeyin. Dünyayı yönetenlerin de yumuşak karnının neresi olduğunu göreceğiz.

Gönülde yer tutan her hayal, mahşer günü bir şekle bürünüp görünür.

2020 yılı kuralları, oyuncuları hatta çatışmaları değiştirecek. Çünkü dünyadaki otoriteler değişecek. 1 Ekim 1949'da kurulan natal haritasında Jüpiter'i Oğlak olan Çin Halk Cumhuriyet'i 2020 yılı boyunca yaşanacak olan Jüpiter-Oğlak transitinden destek görecek. Yani Çin, Jüpiter yılından geçiyor. ABD ile Çin büyük bir ticaret savaşına mı girdi sorusu her köşede konuşulacak. ABD'nin tıpkı bir ahtapot gibi her köşeyi eline geçirmek istemesi kafa tutma savaşlarını da beraberinde getirecek. Savaş, sadece yaptırım savaşı, boykot veya sınırlama savaşı olmayacak, bilgi savaşı da olacak. 1949 kuruluşlu Çin'le inatlaşmanın her ülkenin harcı olmadığını ise bu aydan itibaren göreceğiz. Teknoloji ve bilgi savaşları başlasın diyor gökyüzü!

Dört element yeryüzü ile dört anlaşma yapacak.

1949 yılını incelediğimizde bir tek Çin Halk Cumhuriyeti'nin kuruluşu yok. Aynı yıl NATO'da kurulmuş ve Türkiye'de 1952 yılında NATO'ya girdi. Eş zamanlı dünya ve ülkemiz başta olmak üzere makineleşmeye de ilk o yıllarda geçilmiş ve insan emeği ikinci plana atılmaya başlanmış. 2020 yılında makineleşme devrine inat edercesine bu sefer eski sistemler yeniden gündeme gelecek. 27 Ocak 1954 yılında kapatılan Köy Enstitülerine vurgu yapacak projelerin hayata geçmesi uygulamalı tarımın yolunu açacak diyor toprak gezegenleri. İleri derecede makineleşecek tarım, büyük kurumların en büyük gözdesi olacak. 1954 yılında kapatılan Köy Enstitüleri eskiye benzer bir şeklide hayata geçirilmeye çalışılırken, 1954 kuruluşlu İncirlik Üssü, Türkiye'nin gündeminden düşmeyecek.

Konuya çok daha uzaktan bakan gezegenler dünyanın kendi eksenindeki dönüşüne piksel piksel yeni renkler eklerken, tarihten de alıntı yaptıracak. Çemberin içinde dönen gezegenler 500 yıl da geçse 66 yıl da geçse zaman başlanan noktanın üzerinden bir kez daha geçiyor dedirtecek.

ŞUBAT AYI TEMASI

Türkiye'nin Ortadoğu'daki rolü...

2018 ve 2019 yılını yorumladığım kitaplarımda Ortadoğu'daki rolümüzün ortaya çıkacağından bahsetmiş, sınırlarımızda yeni ortak bir kararla farklı denemelerin yapılabileceğinin altını çizmiştim. Geçtiğimiz yaz aylarından bu zamana kurulan güvenlik koridorunun ülkemizde en çok konuşulan konular arasında yer almasının Oğlak tutulmaları ve Satürn'ün Oğlak seyrinde oluştuğunu düşünürsek , bize neler kattığını, geleceğinin de ne olacağını Satürn'ün Oğlak burcundaki son dereceleri ile göreceğiz. *"Dünya Değişiyor"*, *"Kader Yeniden Yazılıyor"* kitaplarımda seçimlerden sınırlara, ülkelerden politikalara kadar stratejik adımları birlikte okurken düşündük, düşünürken de yaşadık. Dönem kitabı gibi gözüken ancak devamlılığı olan 2020 yılı ise şifreleri çözen yıl olacak. Astroloji sen nelere kadirsin diyenler yeryüzüne düşen her ışık tanesinin bir anlamı var ve siz eğer göklerin şifrelerini takip eden biriyseniz bazı olaylara ve olasılıklara kendinizi çok önceden hazırlamış oluyorsunuz.

Bu yılın içinde yüzleşme var, gidenler var, yeni dünya düzeni var.

Tüketim alışkanlıklarından tutun da uç noktalara gelen satış ve pazarlama alanlarına kadar aklınıza ne gelirse her şeyin ama her şeyin düzeni, frekansı değişecek. Tüm bunların sebebi sadece tutulmaların aks değiştiriyor olması değil. Daha önce bu kadar çok tutulma sayısı, Retroların seyri, Satürn ve Ay düğümlerinin değişimi aynı yıla düşmemişti. Dünyanın alışılagelmiş enerjinin dışına çıkacak olması yarım asırdan fazla dünya pazarını avucunda tutan markaların, sanayi devlerinin birer ikişer sarsılmaya başlayacağının haberciliğini yapacak.

Bitişler başlangıçlara öncülük yapacak.

Değişim, önüne gelen herkesi sarıp sarmalarken bir taraftan da herkesi arkasını toplamak zorunda bırakacak. Aksi takdirde bu yıl yaşanacak altı tutulmanın ağır bedeller ödeteceğini de belirtmeliyim. Tutulmaların birini arkamızda bıraktığımıza göre biz şimdi şubat ayı temasına odaklanalım. Geçmişi değiştiremiyoruz, o zaman geleceği düşünelim.

Gitti ağalar paşalar, kellere kaldı köşeler.

Şubat ayında davulun sesi uzakta hoş gelir diyeceğiz. Ortadoğu'da sadece bir yere kadar rolümüz olmadığını, tamamen Ortadoğu'nun bir parçası olarak görüldüğümüzü fark ettirecek olaylara şahitlik edebiliriz. İster dünyayı yönetenler deyin ister ülke stratejilerinin bugüne kadar getirdikleri olaylar deyin, ülkemizi büyük kırılmaların tam ortasına getirip bıraktıklarını göreceğiz. Çünkü dünyanın her köşesi farklı kaynıyor olacak. Sonun başlangıcı olan son siyasal kartlar dağıtılırken devrim niteliğinde olaylar ardı ardına yaşanabilir.

Bu olayların aurası toprağımızla kesişerek, Ortadoğu'nun Mısır'a kadar büyük bir sürece girdiğini gösterebilir. Ülkemiz topraklarına Suriye'den bakıldığında kimiz ya da Suriye bizi nasıl görüyor gibi akla gelip bir türlü cevap verilemeyen sorular şubat ayında Satürn'ün son derecelerinde çözülebilir.

Suriye'nin kaderinin nereye evirildiğini ülkemizde bulunan yaklaşık 5 milyon vatandaşı da öğrenecek. Büyük resim net bir şekilde belirirken, Suriye dünyanın kara deliği olmaktan çıkacak. Ülkemizdeki 5 milyon Suriyelinin de artık ülkemizde kalmayacağı anlamına geliyor bu durum. Tabi bu sürecin sonuçlarını bir günde görmeyeceğiz, ama bir göç dalgasına şahit olacağız. 2020 Güneş-Kova döngüsünde sadece Suriye-Türkiye ortaklığı ile kurulan üniversiteleri konuşmayacağız. Aynı zamanda federal bir devlet yapısının zemininin oluştuğunu da görmeye başlayacağız. Suriye'ye daha önce yönetim modeline az rastlanır bir sistem yapısı getirilebilir.

İstediğini söyleyen, istemediğini işitir.

Suriye'nin ülke sınırları içinde il, ilçe, köy gibi idari birimler bulunan ama daha geliştirilmiş üst versiyon ve daha önce denenmemiş bir üniter yapı yoluna girdiklerini duyabiliriz. Barış Koridoru'nun ve güvenli bölgenin ayrı ayrı başımızı ağrıtacağını söylüyor sırlı kapıları aralayan Satürn'ün son dereceleri! Türkiye'nin mi ABD'nin mi yönetimi altında olduğu konusunda kafa karışıklığı yaşanırken, çok sesli ve her yöne çekiştirilen alanlar arasında olabilirler. Ticareti, yasaları, adaleti kim sağlayacak konusu büyük bir sorun olurken, koridorların çıkmaza açıldığını ise net bir şekilde yılın ilk Merkür Retro'su gösterebilir.

Kova burcu döngüsünde kurulan Suriye 2020 yılının ikinci ayında şifrelerin en büyüğünü önümüze koyarken, toprak bütünlüğünü mü yoksa halk bütünlüğünü mü koruyacağının cevabını uluslararası arenada bulabilecek.

Türkiye ise yine yorulduğu ile mi kalacak yaşayarak göreceğiz. Arkadan başlayan fırtına ise ayrı olacak. Ortadoğu'da yine tehlike çanlarının çalması da aynı tarihlere denk gelecek. İkinci İsrail'in kurulup kurulmayacağı bu süreçte açık açık ortaya konurken, yine çok konuşulan gündemlerin arasında yer alacak. Ülkemizin hem Avrupa'daki olaylardan hem de Ortadoğu'da kaynayan kazandan payına düşeni alması tek bir cevabı ortaya çıkaracak. Biz hem doğuyuz hem batıyız sözleri işte bu aylarda yükselecek. 13 Mart 2011'de gökyüzünde Uranüs, Koç burcuna geçerken 15 Mart 2011'de Suriye'yi savaşa sokmuştu. 9 yıl sonra bir mart ayı daha yaklaşırken, Suriye'nin baş döndürücü günleri ülkemizi içine çekmeye devam edebilir.

20 yıl sonra çocuklarımızın izleyeceği belgeselin baş aktörleriyiz.

Bizden önceki nesillerin yaşamadığı gökyüzü olaylarından geçiyoruz. Ülkemizin 7. evinde dizilim yapan gezegenlerin yüreğimize taş bağlatan olayları yaşayıp gündelik hayata karışmak şubat ayında pek mümkün olmayabilir. Sorularımız ilk defa aynı olurken, cevapların peşine her zamankinden çok düşeceğiz. Kirli bilgi ülkeleri galeyana getirirken arkasına takılıp düşenler de yazılı basın olacak. Bilginin kaynağının araştırılmadan kaç ülkeyi gezdiğine de şahit olacağız. Tabii bu süreçte birilerinin bir sözle ya da ima ile başı belaya girecek.

Ne garip değil mi bir ay düşünün adı ocak olsun takvimler 2020 Şubat ayını göstermesine rağmen, etkisi devam ediyor dedirtsin.

Kim bizim yanımızda!

Suriye'nin göbeğinin bize bağlı olması, İran'ın ABD'ye Türkiye üzerinden dayatmalarda bulunması bazı gerçeklerin su üstüne çıkmasına neden olabilir. Kim arkamızdan iş çeviriyor o gün göreceğiz.

2020 yılı gelmeden ülkemize derdi geldi dedirten 2020 yılının kapısında yaşananları bir türlü üstümüzden atamayabiliriz. Daha açık ifade etmek gerekirse neye üzülüp kime inanacağımızı şaşıracağız. Toplum olarak serzenişlerle uğraşırken ülkemizin dostu olmadığına bir kez daha karar vereceğiz.

2020 Şubat ayının ilk gününde yılın ilk Merkür gerilemesi Balık burcunda yaşanırken Türkiye'nin Ay düğümleri ile ilişki kuracak. Bu gökyüzü seyri süresince yaşanan olayların ardından kiminin aklı kiminin kalbi tutulacak. Merkür gerilemesi ülkemizi iç meselelerde çok daha içe kapanık bir hale getirirken kaç yerden düğümlendiğimizi de göreceğiz.

Yeni bir dünya kuruluyor.

Yeni kurulan partiler, eksilen sandalye sayısı, vekaleten atanan yöneticiler, istifa bile etmeden gidenlerden tutun da aklınıza gelmeyecek senaryoların döndüğü ayın adı şubat olacak. Yaşanan olaylar her kafadan ses çıkmasına sebep olurken yaşanan kaosu fırsat bilerek köşeyi tutanlar ise ardı ardına gelebilir. Seçimin ayak sesleri artık net bir şekilde konuşulmaya başlanırken

2017 yılında düzenlenen yasalara göre başkanlık seçiminin yanı sıra genel seçime de gidilsin mi sorusu gündeme gelebilir.

Türkiye'nin 7. evinde toplanan gezegenler, başkanlık sistemini destekleyecek bir senato mu kurulacak yoksa eski sisteme mi dönülecek sorularına hep bir ağızdan fikirler üreterek ve tartışarak karar vereceğiz diyor. Merkür gerilemesi rüzgârın dozunu artırırken, tarihe yolculuk yaptıracak. Ülkemizin dördüncü Cumhurbaşkanı Cemal Gürsel'in 1961 yılında ''bugünü İkinci Cumhuriyet ilan ediyorum" lafını yine kimden duyarız bilinmez ama tarihi tekrar ettiren günlerden geçtiğimizi hepimize söyletebilir.

Bir insanın kısmetinde varsa yüz yıl konuşulur yoksa günü gelince kaybolup gider.

Geçtiğimiz yıl Oğlak-Yengeç aksında yaşanan tutulmaları yorumlarken kader yeniden yazılıyor demeyi nasip etmişti feleklerin düzeni! Bu tutulmaların devamlılığı 2020 yılının başında tekrar karşımıza çıkıyor. 2020 yılı bilmediklerimizi öğretme yolunda bir eğitmen tavrı sergileyecek. Şoklar, travmalar, skandallar ve ihanetler döngüsünden geçerken küllerimizden doğma çabası sergileyeceğiz. Cebimizdeki paranın değerini her zamankinden daha çok sorgulayacağız. Türkiye'de ne zaman Oğlak burcunun son derecelerine bir gezegen gelse para, ekonomi en önemlisi ise batan bankalar konu olmuş.

Küllerimizden doğmak için dipleri görmemiz gerekir.

Geçmişe yolculuk yaptığımızda karşımıza Türk Ticaret Bankası'nın 1997'de TMSF'ye aktarıldığı çıkıyor. 1997 yılında bunlar yaşanırken gök kubbede Neptün-Oğlak burcunun son derecelerindeymiş. Tarih 2020 Şubat ayını gösterirken de bu sefer hem parayı temsil eden Satürn hem de Plüton Oğlak burcunun son derecelerinde hareket ediyor olacak. Gezegenlerin bu akıl almaz seyri yine benzer şoklar yaşatabilir. Daha önce bankalarda ardı ardına yaşanan krizleri bilenler şimdi ne olacak paniğine girerken yine kirli bilginin gazabına düşebilirler. Ekonomik olarak zorun zorunu görürken bu defa tekrar eden karma kırılacak. 1997-2001 yılları arasında bankaların, ekonomimizin başına gelenleri yad edip kenara çekilmeyeceğiz. Bunun bir daha olmaması için geçmişe ders verircesine ağır yaptırımları olan cezalar getirilebilir.

İnsanın içinde korkuya dair bir duygu yoksa adaletli kararlar almaya başlar.

2020 Şubat ayında dijital dünya ve sosyal medyanın üstünlüğü, kanunları yönlendirmeye devam edecek. Bankaların sırayla yaşayacağı travmalar tartışmaları da alevlendirecek. Yeni yasalarla suçluların cezalandırılması sağlanacak. 21. yüzyılı hangi siyasetçi yönetirse yönetsin kanunların ve yaptırımların ağırlaştırıldığı bir sistem getirilip yasalar yürürlüğe konulacak. Ülkeyi yönetenlerle bankaları yönetenleri ayıran kuralları bu ülkenin evlatları kurgulayacak ve uygulayacak. Zırh gibi bir yapı kurulacak diyor 80 yılda bir Türkiye'nin natal haritasında 11. ve 5. evine düşen devrim gezegeni Uranüs...

Don Kişot'luk dönemi bankacılık sisteminde bitiyor.

Geçmişi kimsenin örnek almadığı gibi yapılanların da kimsenin yanına kalmadığını göreceğiz. Güneş 19 Şubat'a kadar son burçta hareket ederken her duygu bir itiş gücü ise bu gezegendeki en yüksek tepkileri veren insanlar olduğumuza bir kez daha karar vereceğiz. Güneş'in Balık burcundaki seyrinin bir yanında Merkür gerilemesi diğer yanında yönetici gezegeni ile kavuşumu şubat ayında açık açık konuşalım gereği neyse yapalım sözlerini söyletecek.

Yıldızlarla gezegenlerin ilişkisi denize düşenin yılana sarılma günlerinin bittiğini işaret ediyor.

Yaşayacaklarımız büyük olurken hissedeceklerimizi ise ön görmek zor olacak. Burada size 2013'den 2020'ye kadar olan süreci düşünmenizi tavsiye ediyorum. Tam 7 yıl! O günden bugüne darbe kalkışması, ohal, TSK, başkanlık sistemi gibi pek çok değişken yaşadık.

Şubat ayı gezegen hareketlerinin enerjisi başkanlık sisteminin içine senato sistemini de getirmeye çalışırken yaşayan sistemin içine yeni bir sistemin entegre edilmesinin ne denli zor olduğunu fark ettirebilir.

Hanların sahibi değişirse dönen devran da değişir.

Hiç kimsenin ruhani lidere ihtiyacı olmadığını teknolojinin insanın günlük hayatta bir organı olma yoluna girdiğini göreceğiz. Kimimizin zararına kimimizin abartısına hasıl olan teknoloji kendi varlığını ortaya koyarken tarikatlaşan yapıların, gruplaşmanın, biat etmenin zinciri de kırılabilir. Biz bu durumun çok sonra farkına varacak olsak da dünyanın en popüler tarikatlarından Türkiye'nin en eski tarikatlarına kadar şubat ayı hiçbir şeyin eskisi gibi olmayacağının ilk sancılarını hissettirecek. Tabi bunu hepimizden önce cebindeki paranın, elinin altındaki insanın azalması ile fark edenler tarikatlar, kendini kanaat önderi ilan edenler olacak. Dijital dünyada köşe tutmaya, var olmaya çalışacaklarını da bu ay göreceğiz.

Şubat ayında dünyanın akıl oyunları İstanbul'da dönecek.

İstanbul en eski tarihi ile konuşulurken Heybeliada Ruhban Okulu diğer adıyla Papaz Okulu'nu konuşabiliriz. Ülkenin önde gelen isimleri faaliyete giren okulun dengeleri değiştirdiğini gündeme getirebilir. Heybeliada Ruhban Okulu, 2012 yılında eğitim ve öğretime açılırken, kıyamet yılını seçmelerinin ve Plüton geçişine denk gelmesi tesadüf değil. Geçtiğimiz yıl şubat ayında Yunanistan'ın eski Başbakanı Aleksis Çipras, Türkiye ziyareti kapsamında Heybeliada Ruhban Okulu'na gelerek incelemeler yapıp temennilerle ayrılmasından daha dikkat çekici olan 2019 yılının şubat ayını seçmiş olması. 2020 Şubat ayında, gökyüzünde geçtiğimiz ay başlayan, yavaş yavaş ayrışan 500 yılda bir olan kavuşumda dünyanın gündemine düşmesinin büyük bir amaca hizmet ettiğinin altını çizecek. Yunanistan-Türkiye arası kaosa

Heybeliada Ruhban Okulu da eklenirken, 2020 Şubat ayında hiç konuşulmayan konulara vakıf olacağız. Heybeliada Ruhban Okulu'nun kapatılması şubat ayının bir diğer gündemi olabilir.

Dinler ve dini yerler hakkında konuşulması bir amaca hizmet ediyor.

Tarikatlar, cemaatler, ruhban okulları ile gündem soğuyacak sanıyorsanız yanılıyorsunuz diye yer yüzüne seslenecek kadim bilgi. Gezegen hareketlerinin en büyüğünden geçtiğimiz gözle görülür hâle gelebilir diyor şubat ayı. Paranın, gücün çözemediği dertlerimiz olduğunu fark ederken dünyanın kalbinin İstanbul olduğunu hep bir ağızdan dile getirebiliriz. Dünyanın gizli konularının ortalık yere dökülmesi bu yıl mı olacak derseniz; gezegenlerin seyri İstanbul Fener Rum Patrikhanesi ve 2019 yılında temeli atılan Türkiye'de modern tarihin ilk Süryani Kilisesi'ni konuşmadan 2020 yılını kapatmayacağımızı işaret ediyor.

Roma'dan ülkemize uzanan Hıristiyanlığın ikinci adresi İstanbul!

Şubat ayında birçok tarikatın yapısal değişikliğe gittiğini eş zamanlı bir de liderlerini kaybettikleri duyabiliriz. Kışın yaprak dökümünün şubat ayına hasıl olmasının tek sebebi ise 17 Şubat'ta Mars'ın Oğlak burcuna geçecek olması. Her konunun sağladığı bir konum varsa bir lideri de vardır diyeceğiz. Liderlerin de insan olduğunu, onların da nefesinin sayılı olduğunu, boşalan koltukların yeni liderlerle daha farkı yönlere evrildiklerini konuşacağız konuşmasına ama gidenlerin gitme şekli, sağlığı hatta ölüm şekillerinin bile dikkat çekebileceğini vurguluyor şubat ayı. Bu duruma en büyük örnek ise 17 Haziran 2019'da Güneş tutulmasına günler kala ölen Muhammed Mürsî Îsa el-Eyyat! Mısır'a başa seçimle ilk gelen devrik 5. Cumhurbaşkanı olan siyasetçiydi. 3 Temmuz 2013 tarihinde Mısır Silahlı Kuvvetleri'nin askeri darbe yapması sonucu devrilmişti. Bu tarihlerde ülkemiz sokaklarında farklı konularla uğraşıyorduk hatırlarsanız. Aslında 2020 yılının şifreleri sayesinde 2012 yılından bu zamana bize projekte edilenleri öğreneceğiz. Dinler üzerinden yürütülen her türlü oyunun aslında kader olmadığını fark ederken İslam dini içinde kavga çıkarmak isteyenler de isim isim ortaya çıkabilir.

2020 Şubat ayı, koltuklarından inmez denilenleri indirmekle kalmayacak, Ortadoğu ülkelerinin içinde kavganın, kaosun nasıl yönetildiğine kadar ipuçlarını vermeye başlayacak.

21. yüzyıl bizi seyrediyor, kıran kırana seslerimizi dinliyor.

Tarihten bugüne gelinen sistemlere ve kişilere nokta koyup bambaşka başlıyoruz diyor Satürn-Oğlak yolculuğunun son dereceleri... Şubat ayının ikinci yarısında gelişmekte olan ülkelerin son 20 yıldır hizmet veren siyasi isimlerinin gidişine şahit olurken bilmediğimiz her türlü sırlarını da öğreneceğiz. Her dakika önümüze düşen haberlerin içine bizleri de sürükleyen günler ayrışmaların içine atacak hepimizi.

Şubat ayı, topraklara su olup akacak.

Güneş 19 Şubat 2020'de Balık burcuna geçerken, farklı teoriler duymaya başlayacağız. Ülkemizin sokakları karşıt siyasi görüşe sahip insanların çatışmalarına şahitlik edebilir. 23 Şubat'ta Balık burcunda Yeniay yaşanırken, Uranüs'le kuracağı iletişim devrim niteliğinde etkileri de beraberinde getirebilir. 21. yüzyılın doğmasına aylar kala gezegenlerin seyri neredeyse eskiye dair hiçbir konu ve kişiye fırsat vermezken şahidi yine bizi yapacak.

2020 bir değil, bin bir konuyla hepimizi yoğurmaya çalışacak.

Gerçek dışı gibi görünse de ağır, disiplinli kararlar alınacak diyor gezegenlerin Oğlak burcundaki dizilimi. Çürümüş sistemi devre dışı bırakarak başka bir sistemi devreye sokacağız. Bu sistemin adı da sendikalar olacak. 1947 yılında ilk kez yasal zeminde kurulan sendikaların alt yapısının 1946 yılında oluştuğunu düşünürsek, sendikaları canlandıran yeni dünya düzenine göre uyarlamaya çalışan bir dizi çalışmaya şahitlik edeceğiz. Şubat ayında zincirlerinden kopan sendikalar gerek dünyanın gerek ülkemizin gündemini de sokaklarını da doldururken eskisi gibi örgütlenip seslerini duyuracaklar. Eskiye göre en büyük fark ise yeni dünya düzeninde artık fişlenmeyecekler. Yeni sendikalaşma modelinin oturup oturmadığının seslerini ise 2020 Haziran ayında kadar duyacağız.

Dekordan saygı da zamansız korku da bitiyor.

Dijital dünya uç konuları gündelik hayatımıza getirmeye devam edecek. İnsanlık kendi türü üzerinde deneyler yapmaya, kromozomlarıyla uğraşmaya, ruh transferleri için yeni deneysel yollar üretmeye devam ederken daha ütopik konuları da tüm dijital platformlarda seyredeceğiz. Hatta gönüllü arayışlarına ülkemizden katılımcılar da olacak. Kova çağının ayak seslerini 2020 Şubat ayında anlamak istiyorsanız önünüze gelen haberleri, anne karnındaki bebeğin tekmelerine benzetebilirsiniz. Doğmadan önceki son sancılarda, korkulan her olay başımıza gelip hızlıca içinden çıkacağız. Yaşananları sineye çekerken, tarihe gömmek her zamankinden kolay olacak. Eskiden ütopik gelen her konuyu bu ay yeni bir televizyon şovu gibi izlemeye başlayacağız. Birçok ülkede adı daha önce duyulmamış araştırma bölümlerinin yanı sıra üniversite laboratuvarlarında neler yapıldığı gündeme gelmekle kalmayacak Youtube gibi dijital mecralarda seyredilecek. İnsanların öldükten sonra bedenlerini satması ve kadavraları üzerinde ütopik çalışmalar yapılmasına izin vermesi yaygınlaşacak. İnsanın ölüsünü satması tüm bu konuların sığ kısmında kalırken dünya bu duruma hemen adapte olacak.

İnsanlık adrenalin yüklü, daha az uyuyan, her konudan haberdar olan, her şeye ulaşabilen en önemlisi de daha hızlı öğrenebilen daha hızlı tüketebilen döneme geçtiğini fark edecek.

Dualar şekle bürünüp ortaya çıksaydı her saniye kafir de Allah'ı anardı, inanan da!

2020 yılının şok edici başlaması hepimizi derinden sarsmış olsa da ülkemizin yüce ruhunu ortaya çıkaracak. Yerde gökte her köşede Türkiye konuşulurken dünyanın hem batısı hem doğusu olduğumuzu bir kez daha göreceğiz.

Ülkemizin yaşadığı sürece kulak tıkayanların içimizde ne olduğunu merak etmesi toplumun her kesiminden insanın tepkisini çekecek. Türkiye sınırlarında doğmanın bir sebebe hizmet ettiğini astroloji haritalarımız açığa çıkarırken bir getirisi olduğunu bu yıl hissedeceğiz. Kadere razı gelmeyecek, çabamızı ortaya koyacak, bu enlem boylamda doğmanın kaosa açılmadığını yarınlarımızın gücünü fark edeceğiz. Yılın en kısa ayını bitirirken uluslararası konferanslarda, 19 Şubat 1959 Londra Anlaşması ile gündeme gelen ve 1960 yılında bağımsızlığını ilan eden Kıbrıslı Rumların federal yönetim sistemine geçmek istediklerini konuşmaya başlayabiliriz.

Tarihte bu tezi reddeden Kıbrıs Rum kesiminin niye böyle bir karar aldığını da kendi ağızlarından duyacağız ama zamanı geldiğinde... O güne kadar ise Kıbrıs Türk toplumu temsilcilerinin Türkiye Cumhuriyeti'nin yönetmesi gereken en keskin viraj olduğunu fark edebiliriz. Şubat ayının son günlerinde alınan kararlardan, yapılan anlaşmalardan sonra Kıbrıslı Türkler, Türkiye Cumhuriyeti'nin yaptırımlarını eleştirebilirler. Tabi kaderlerine çentik mi attık yoksa onlara iyilik mi yaptık işte onu bir cümleyle söylemek imkânsız. 2020 yılının şifreleri çözülmeye başlarken toplumlar her devleti açık sözlü davranmaya itecek. İnsanlık daha korkusuz davranırken umursamayan da bir o kadar çok olacak. Bu durum sadece ülkemiz için değil dünyanın her köşesindeki insan için geçerli olacak.

Dertler daha pürüzsüz ortaya çıkacak.

Ülkemiz için her şeyin üst üste geleceği 2020 yılı her şeyin düzeltilmesi, yenilenmesi en önemlisi ise iyi düşünüp sağlam tasarlanması için yön verecek.

2020 yılındaki Chiron'un Koç burcundaki seyri, 1974 Barış Harekatı'nın natal haritasındaki Chiron-Koç seyri ile uğraşmaya devam edecek. KKTC'nin ilelebet yaşamasına dair Cenevre'de yapılan anlaşmaların desteklenmediği artık gündelik hayatta tartışma konusu olabilir. Türk Silahlı Kuvvetleri Kıbrıs'a tatbikat yapar mı yapmaz mı tartışmaları arasından sıyırılıp bir anda asgari hareketliliği seyredebiliriz. Kıbrıs gibi tarihinde birçok değişimi barındıran ülkelerin kaderini yazan birden fazla tarih vardır. Eğer Kıbrıs'ın natal haritasında 2020 göstergelerinden yola çıkıp şifresini tam çözeceksek, 15 Kasım 1983 KKTC kuruluş tarihinden de bahsetmemiz gerekir. Kuruluş tarihine göre natal haritasında Uranüs'ü ve Jüpiter'i Yay burcu olan KKTC, 2020 Haziran ayında Yay burcundaki tutulmalar ile en sert şekilde tekrar önümüze gelebilir.

Gezegenler gökyüzünde bir sebeple döner.

Tarihine atıfta bulunacak KKTC yine siyasi olaylarla gündeme gelirken 2020 yılında Kıbrıs meselesinin gerçek bir mesele olduğunu ve elimizden almak isteyenlerin ayan beyan hamle yaptığını görebiliriz. Adanın %3'lük kısmı, bağımsızlık anlaşmasına göre Birleşik Krallık'ın askerî üssü olduğu için bu sefer İngiltere-Türkiye mücadelesi gündeme gelebilir. Kıbrıs karmik günlerden geçerken, sıkışmadan doğan itiş gücüyle Türkiye Cumhuriyeti belki de Kıbrıs'a üs kurarak tarihindeki en büyük kararı alabilir.

Bir ülke düşünün vicdanı ile gerçekleri arasında sıkışıp kalmış.

2020 masalının kahramanı bizleriz. 20 yıl sonra çocuklarımızın izleyeceği belgeselin baş aktörleriyiz. Tabi bunu bize sorduklarında o gün ne cevap veririz ön görmesi çok zor. 2013-2020 yılları arasında 7 yıla sığdırdığımız hızlandırılmış olayları sıralamaya belki de ayrıca bir kitap çıkarmak gerekir. Çocuklarımıza, kitlesel olaylardan başlayıp siyasetin merkezinde ardı ardına yaşanan kaosları, yıkıcı hatta dramatik terör olayları ile korkunun içinden geçerken diğer yanda tarihimizde ardı ardına seçim yapılan dönemi kısacası seçim sarmallarını anlatırken kesin dilimiz dolanacak. Biz neler yaşamışız demeyin. 2020 yılının en kısa ayına yine büyük olaylar sığdıracağız. Gezegenlerin seyri yine bir illüzyonun içinde miyiz dedirtirken ne oluyor hep birlikte sorgulayacak, yaşadıklarımızın da önümüze konan sebeplerin de bir düzmece olduğunu düşüneceğiz.

MART AYI TEMASI

Bu dünya kimin?

Yaşadığımız gezegenin yaklaşık 4,5 milyar yıl yaşında olduğu ön görülüyor. Keşfedilmeyen birçok canlı türünün peşine düşen insan sizce ne bulmayı umuyor, uzayda yaşayan canlıları mı yoksa yeni bir insan türünü mü? İnsan gelişimini yüz yıllardır farklı boyuta taşımayı başarırken gezegenlerin seyri de bu soruların cevabını 'her ikisi de' olarak veriyor.

Dunyanın yerleşik canlısı, durmadan çoğalan ve devamlı yeryüzünü kaplayan insan nelere ulaşmaz neleri bulup ortaya çıkarmaz ki... Yeni çağda nereye varacak insanların gücü, yetenekleri istekleri derseniz sınırları zorlayacağız diyor Satürn geçişiyle başlamaya çalışan, yazgıyı değiştiren çağ! 3. boyuta atlamaya çalışacak insan zamansızlığa varabilecek mi sorusunun cevabını da 2020 yılının değişen gezegen yerleşimleri sayesinde alacağız. Peki tam olarak ne zaman göreceğiz bu yüzyılın devrim geçirdiğini derseniz aklınıza mukayyet olun, bu yıl şifreleri çözerken insanları birleştiren koşullar, akımlar değişecek. Çocuklarımızın geleceğinin de bizim yaşadıklarımızın benzeri olacak sanıyorsanız yanılıyorsunuz. Onlar hıza da yeni çağa da 21. yüzyılın değişen koşullarına da zaten adapte oldular hem de bizden önce.

Meydanları boşaltın Satürn-Kova burcuna geçiyor ve insanoğlu çığır açıyor.

Teknoloji insanın Tanrısı olma boyutuna mı çıkacak yoksa sanal gerçekliğin gündelik hayata girmesi ile duygularımızı mı yok edeceğiz? Ya da şöyle mi sormak gerek insan robotlara yapay zekâ sayesinde irade verirken kendini mi robotlaştıracak? 2020 Mart ayında yeni dünyanın sahibini kestirmek zor olacak. Devlet, Avrupa Birliği, NATO gibi tüm büyük yapıları ardı ardına düşünün ve arkasından şunu ekleyin hepsinden büyük gelecekte ne olabilir? Bu yapılar yok olabilir. Yerine ise teknoloji devleri gelebilir.

2020'de başlayıp 2040'a kadar devam eden bir süreç var.

Teknoloji dünyasının sonsuzluğunu artık hepimiz anlamaya başlıyoruz. 2020 Mart ayında Satürn-Kova burcuna geçerken son 15 yılda teknoloji şirketleri yüz yıllık şirketleri sollamakla kalmadı, satın alıp bünyesine kattı ve katmaya da devam edecek. İnsanın aklına 21. yüzyılın kurdu kim, kuzusu kim olacak sorusunu getirirken 2020 Mart ayında dünyaya kulak kabartmak zorunda kalacağız. Cevapları burada alacağız başka bir tarih yok diye seslenecek Satürn'ün Kova burcuna geçişi! Satürn, dünyaya meydan okurcasına burç değiştirirken, ABD menşeili ürünlerin itibar kaybetmesiyle Çin'e yapacakları büyük bir hamleyi duyacağız. Satürn'ün hava burcuna geçişi Terazi burcu olan Çin'i de gündeme getirirken ABD'nin tarihinde yaşadığı benzer bir olayı Çin'e yaptığına şahit olabiliriz. 2001 yılında ABD'de İkiz Kuleler gibi bir anda her yerde duyulacak yıkıcı bir olay gündeme gelebilir. Tarihe direkt terör olayı olarak geçip geçmeyeceği ise muallakta kalacak. 20 Mart'ta Satürn Kova burcuna geçmeye başlarken sakince taşınmadığını hepimiz göreceğiz. Teknoloji endüstrisinde dertlerinin sadece dünyanın en büyük pazar payına sahip olmak olmadığını da Satürn tüm hesapları bozguna uğratırken fark edeceğiz. Ülkemize de yansıması dijital vergi yasaları, yaptırımları olacak.

Derdi dünya olanın, dünya kadar derdi olur.

Huawei teknoloji firmasının pazar payının birkaç ülkenin gelirini geçmesi dünyaya rahatsızlık vermeye devam ederken dünya devi olmaya giden yolu kesilmeye çalışılacak. 4 Eylül 1998 kuruluşlu öz burcu Başak, Ay burcu Kova olan hayatımızın bir parçası haline gelen Google hesaplarını dünyaya deşifre ederken hedefinde 1987'de kafası bozuk yılda kurulan Huawei şirketi olacak. İnsanoğlunun artık ezbere ihtiyacı olmadığını, cehalet kavramını arkamızda bırakacağımızı 2020 Mart ayı ile görmeye başlayacağız. Kişisel hayatlarımıza dair de gizli saklı hiçbir şey kalmayacak. Kullandığımız tüm cihazların işletim sistemi ile gezdiğimiz web siteleri, internet üzerinden satın aldıklarımız, kullandığımız araçlar bile ayak izlerimiz haline gelecek. İnsanın ilk gününden bugüne kadar olan tarihini tamamen kapatıp başka bir çağı açmaya hazırlanan Satürn-Kova döngüsü hiçbir şeyin gizlenemeyeceğini gösterecek.

Satürn'ün Kova burcundaki seyri 21. yüzyıl tam gaz ileri diyor.

20. yüzyılda kurulan, cirosu milyar dolarla ölçümlenemeyecek firmalarda büyük depremler yaratacak sürecin ilk kısa bölümünü bu ay seyredeceğiz. Neden kısa diye merak edecek olursanız planları ağır ağır devreye sokacak olan Satürn, Kova burcundaki seyrinde teknolojiyi şaha kaldırmayı planlarken Oğlak burcuna geri dönüp geleneksel yapıların sonunu hazırlayacak. İnsanlığa seçim yapabilmesi için aralık ayına kadar süre verecek.

Bazı yanlışlar zaferin taksitleridir.

Kapitalist sistemin nasıl işlediğini, kimin konforu için kimin üstüne basıldığını dünya el değiştirirken öğreneceğiz. Adalet ile rakamların savaşı yeryüzüne dökülürken devlet adamlarının da aslında kim oldukları tam anlamıyla ortaya çıkacak. Yaklaşık 10 milyar insanın kaderini tayin eden yüzyıl geldi kapıya dayandı. Hepimiz yaşam gayesiyle koşuştururken, gündelik hayatımızda parkurları tamamlamaya çalışacağız. Tüm bu süreç içinde birileri köşesinden seyrederek, birileriyse dünyaya karışarak dünyanın el değiştirilişinde yerini alacak.

İnsanlık büyük bir sancının eşiğinde, adı rasyonellik!

Takvimler 2020 Mart ayını gösterirken önümüzdeki yılların

da izlerini deşifre edecek. Bu durumu film içinde film izlemeye benzetebilirsiniz. Sanayi devlerinin yıllık **gelirini sadece birkaç ayda** kazanan milyar dolarlık teknoloji şirketlerine 1946 doğumlu Donald Trump'ın **müdahalesini de göreceğiz. Kendi iradesiyle yapmadığı hamlelerin arkasında** ABD derin devletini ve silah sanayisiyle artık **dünyayı yönetemeyenlerin** olduğunu da öğreneceğiz. Kanlı maşalarıyla dünyanın her köşesinde kurdukları örgütler, yapılar, yer altı kaynağı olan ülkeleri elini kirletmeden karıştırarak bir yere varmanın modasının geçtiğini de ABD derin devleti anlayacak.

Şeytan üçgenini kim bozacak?

Pentagon'la gizli bir yarış halinde olan 1760'lı yıllarda Avrupa'nın çeşitli merkezlerinde banka kuran Yahudi kökenli Alman asıllı Rothschild ailesi kurmaylarının dünya kaynaklarını ele geçirmek için her türlü kozu kullandıkları anlatılır. Ancak teknolojinin her geçen gün gelişmesi ile onlar da tüm yer altı kaynaklarını bulmanın en kolay yolu olduğunu rakamlarla anlamışlardı.

15 yıldır dünyayı ele geçiren teknoloji firmalarıyla dünyanın süper gücü, ABD sizce neden uğraşıyor? ABD iç ekonomisinde daralan hacminin yanı sıra IOS'un dünyada da küçülen pazarını göreceğiz. Günahların acımasızca ortaya çıkarılışına şahitlik edeceğiz. Kurumların günahlarını, istihbaratlar, devletler bile bilmiyorken kim biliyormuş, neler oluyormuş öğreneceğiz. Teknoloji devlerinin piyasayı sarsan siyasal yaptırımlara uğramasının devamı gelecek mi diye düşünüyorsanız hiç şüpheniz olmasın. Geçen yazdan bu zamana ABD'nin Çin'e uyguladığı vergi sadece buz dağının görünen yüzü. 15 Eylül 1987'de kurulan Huawei sadece teknoloji devi olduğu için Donald Trump'ın hedefi haline gelmedi. Huawei kendi işletim sistemini sahaya sürerek Android ve IOS işletim sistemlerine hodri meydan dedi.

Satürn'ün Kova burcundaki seyri başka nelere imza atacak?

Satürn'ün teknoloji burcundaki seyri birçok ülkeye ve sektöre kıvılcım atarken, herkes bu olaylar nerede başlamıştı diye düşünmeye başlayacak. 22 Mart 2020 belki de teknolojin uyanışı olarak tarihe not düşecek. Kova burcunda hareket etmeye başlayacak olan Satürn sanki sözleşmiş gibi 30 Mart'ta bir de savaş gezegeniyle Kova burcunda el ele tutuşup yeni dünyayı selamlayacak.

Dünya devi markalar siyasi yaptırımlara maruz kalacaklar.

Yeni dünya düzeninde artık lider de devlet de teknoloji devleri olacak. Hem en çok kazanan hem en çok istihdam yaratan hem de her türlü istihbaratı ellerinde tutan teknoloji devleri, toplumları sanal gerçeklikle yönetmek isteyecekler. Bu ay öncelikle Çin, ABD'nin en kıymetli firmalarını değil Dolar'ını sarsacak gelişmelerini sanal para ile ortaya koyacak.

Türkiye'de dijital para kullanımı artacak.

Ülkelerin birbirine sadece teknoloji yüzünden girmediğini mart ayı dev ekranlarda okumamızı sağlarken 2020 Mart-2024 Ocak tarihleri arasında teknoloji savaşlarının başladığına şahitlik edeceğiz. Sebebi ise 2020 Mart ayında rekabetin bittiğini bir gecede yaşanan yaptırımlarla öğrenecek olmamız. Nasıl mı? Esrarengiz ölümler, marka sahiplerinin açıklamaları, sosyal medyada yayılan viral video ve haberler hatta teknoloji devi firmaların manifestoları sayesinde... Bu işte bir tuhaflık var dedirtecek mart ayı hepimizi farklı bir rüzgârın peşine takacak. Bu yaşananlar çok uzak gibi görünse de iyiden iyiye aktif olmaya başlayan İpek Yolu bizim ülkemizde de sadece Çin'le ilişkilerimizi artırmayacak. Uzakları yakın yaparken, pilot ülke diye adlandırdıkları üretimleri de ülkemize taşıyabilirler. Ayrıca ülkemizde dijital para lisansı alan önde gelen kurumları duymaya başlayacağız. Ülkemizde sanal paranın test sürüşünü yabancı ortaklı bankalar yaparken telekomünikasyon firmaları da yönünü değiştirebilir.

En iyi intikam düşmanınız gibi olmamaktır.

Uranüs bir köşede sabit burçta, Satürn bir köşede sabit

burçta pozisyon alırken Plüton da son düzlüğe girecek. Elinize telefonu alın ve arkasına bakın, hangi marka ise içindeki işletim sistemi dünyayı yönetmek için adeta havadan sudan daha hızlı hareket ederek büyüyor. 2020 Mart ayında ise Çin her köşeden dünyaya meydan okurken ABD ile el sıkışması başka bahara kalabilir. Çin, farklı ülkelerde üretim alanları kurarken, sanal parasıyla dünyada hızlı para kazanmak isteyenlere istihdam yaratabilir. Hatta ve hatta 1'e 10 veren sanal parasıyla popüler kültürün gözdesi olabilir. Düşmanını yenmek için bonkör davranan tüccara dönen 1949 kuruluşlu Çin kendi ülkesindeki karışıklıklara kulak tıkayarak dünya sahnesinden inmeyecek.

Satürn döngüsünde kendi astroloji göstergelerinden de faydalanıp yola çıkan Çin'in 2020'de atağa geçmesi 1776'da temelleri atılan ABD kirliliğini sadece filmlerde, dizilerde mi izleyeceksiniz dedirtecek dünyaya. Çin artık ABD'yi karşısına aldığını, dijital savaşa girdiğini gösteren hamleleri ardı ardına yapacak. Mars'ın Kova burcundaki gücü de Çin'i destekleyecek.

Cehennemin ateşini kim yeryüzüne taşıyacak?

2020 Mart ayında, Ay düğümleri Oğlak-Yengeç aksının son derecelerinde hareket ederken sert yumruklarla gardı düşen ABD olacak. Yengeç burcu ABD'nin natal haritasını yakından ilgilendiren bu seyir son yıllarda yaşanan çekişmelerin bu noktaya gelmesinin tesadüf olmadığını da gösterecek. Bizler de gündelik hayatta daha yüksek bir enerjiye bürünecek, daha tepkili daha rasyonel hareket ediyor olacağız. Eğer bu satırları okuduğunuzda duygu durumunuzla örtüşürse gökyüzü ile yer yüzünün senkronize olduğunu hissediyorsunuz demektir.

21. yüzyıl toplumların korkuyla yönetilmediğinin ortaya koyacak.

ABD halkını sokağa dökecek, eyaletler arası yasa farklılıkları yüzünden kendi içinde büyük bir göç dalgası ile karşılaşacak. Satürn-Kova, Mars-Kova seyri ile koşan dünya para piyasalarını alt üstü ederken, dünyada Dolar'ın kanser olmaya başladığına şahitlik edeceğiz. Dolar'ın dünyada değerini kaybettirecek olaylar ardı ardına gelirken ABD piyasaları düşüşler yaşayabilir. Zaten o gün geldiğinde birileri kurban edilmek istenildiğinde hedefteki ilk kişi Donald Trump ve politikaları olurken, baş rolde ise ABD derin devleti yer alacak.

Mart ayı içinde ABD'nin derin devleti dışında kendi içinde 7 ayrı yapının olduğunu ve ciddi bir çatışma yaşadıklarını öğrenebiliriz. Donald Trump'ın özellikle Yahudi lobisi ile mücadele içine girdiğini 3 Kasım seçiminden önce kendi ağzından kampanyalarında duyabiliriz.

Sonsuzluğun kapıları aralanıp bize yüzünü gösterecek olsa Satürn-Kova seyrine denk gelir derdim.

22 Mart-2 Temmuz tarihleri arasında öğreten, zorlayan deyim yerindeyse dayatan gezegen gücünü donanıp yeryüzünü farklı bir enerjiye büründürürken, devrimler yaptıracak . Teknoloji savaşlarının dizilerdeki gibi gözle görülür değil tamamen strateji üzerine yürütüldüğünü konuşacağız. Birçok ülke ekonomisi, borsası ayağına taş bağlanıp okyanusa atılmış gibi hissedecek.

2012-2013 yıllarında Satürn'ün Akrep burcundaki seyri Çin devlet başkanı 15 Haziran 1953 doğumlu İkizler burcu Şi Cinping kendi toplumunda adını altın harflerle kazımak için dev adımlar attığını açıklamıştı. Hatta ülke ülke gezip her ülkeye bol kepçeden para veren, verdiği paraların ödenmemesi halinde belli bir süre liman işletmeciliğine soyunmasının bir sebebi varmış diyeceğimiz Çin Halk Cumhuriyeti'nin ticaret anlayışının gizli perdesi aralanacak. Son 7 yıldan feyz alarak yapılan hesapları okursak Çin'in ABD'ye ekonomik büyümede kaç kat fark attığını görürüz. Çin, İpek Yolu'nu hem karadan hem havadan ne kadar ilerlettiğini, dağları, denizleri ne kadar aştığını dünyaya gösterirken aynı zamanda tüm limanları tuttuğunu da göreceğiz.

Kibirli Donald Trump, her ne kadar göz dağı veren açıklamalar yapıp yaptırım yoluna girse de 2020 Mart ayı Çin-ABD savaşına zemin hazırlarken, Türkiye Cumhuriyeti de bir nevi geçmişin intikamını alırcasına ABD'yi yolda bırakacak anlaşmalara imza atabilir. Çin'in tarımda, teknolojide özellikle limanlarda eş zamanlı yapacağı çıkarmalar devrim niteliği taşırken tüm limanları ele geçirmesinin de asıl sebebini öğrenebiliriz. 2020'nin başından itibaren fırtınalar esen iç olaylarımızda ise Ay burcu Aslan olan Şi Cinping tuhaf bir şekilde ülkemizin yanında yer alabilir.

Dil, can kapısının perdesidir.

Düzenli olarak el değiştiren stratejik limanlar dünyanın bir diğer gündemi olacak. Denizler, sular, barajlar, limanlar, adalar, deniz üstündeki santraller ve üsler Balık burcunun yönetici gezegeni Neptün'den sorulur. Güneş-Neptün kavuşumu 8 Mart'ta gerçekleşecek. Bu kavuşum 8 Mart – 31 Mart tarihleri arasında deniz ve limanlarla ilgi birçok haberle karşılaşacağımız anlamına geliyor. 1 Ekim 1949 kuruluşlu Çin Halk Cumhuriyeti'nin çok önce planladığı bir oyunu her köşeden başlatıyor olması özellikle limanlarda, denizlerde ve Akdeniz'de yer alması ben varımdan öte benimle baş edemezsiniz gibi bir meydan okuma olarak anlaşılacak.

Sen nelere kadirsin Satürn-Kova diyeceğiz.

Çin, ekonomik gücünün görünenden daha büyük olduğunu bugüne kadar anladıklarımızdan daha fazlası olduğunu gösterecek. Çin'in dünyaya kafa tutacağını düşünüyorsanız algıyı burada biraz yükseltin derim dünyaya kafa atacak. Ağır harman geç kalkar edası ile sahnenin her daim kıyısındaymış gibi görünen ama ne gariptir ki hep bir adım önde olan ABD'den de güçlü İngiltere, Çin'in ayaklarına dolanacak.

İngiltere'nin Çin'le çekişmeli geçmişini bilenlerdenseniz tarihin bu sefer nasıl tekerrür edeceğini bir kez daha izleyeceksiniz.

Buz dağının arkasındaki dev görünecek.

Gelişmiş ülkelerle gelişmekte olan ülkelerin arasını açan sadece para olmayacak. Sömürgecilik artık tüm dünyanın sorunu haline gelecek. İnsanın tarımın keşfinden günümüze verdiği ödünlere yenileri eklenirken bu sefer gelişmiş ülkelerin sokakları, sınırları, yasaları hatta düzeni sarsılacak. Tabi gelişmekte olan ülkelerin de başka dertleri su yüzüne çıkacak. Son 7 yıldır modern soykırıma göz yuman toplumlar işin içinde sıyrılmak için dünya arenasına bazı siyasetçileri kurban olarak atacak. Satürn'ün Kova burcuna geçişine yetişip onunla birlikte burç değiştiren Mars, savaşı kaşıyanların bir şekilde savaşın içine düşeceğinin altını çiziyor. Satürn- Mars kavuşumu zulüm gören, yok olmaya yüz tutmuş tüm canlılara şans olarak algılanacak gelişmeleri tarihe not düşecek.

Dünyaya bir yumruk da biz indirir miyiz yoksa yine kursağımızda mı kalır bir şeyler?

Bizim de yolumuzu yönümüzü değiştiren bu iki önemli gezegenin kavuşması Türkiye Cumhuriyeti Devleti'nin natal haritasında 8. evine yerleşirken Neptün'ü ile 2023 yılının mart ayına kadar karşıtlık yapacak. Ülke haritasında 8. ev meclisleri, yöneticileri, dış ülkeler ile yapılacak anlaşmaları ve ölümleri temsil eder. 8. evin sahibi Akrep burcudur ve ülkemizin de burcu Akrep'tir. Bu süreç İngiltere'yle ülkemizin adaları ve garantörlüğünü yaptığımız Kıbrıs ile ilgili kesin bir şeklide masaya oturmak zorunda kalabileceğimizi işaret ediyor. Öngörülemez ocak ayını arkamızda bırakırken 2020 Mart ayında çok daha korkusuz ve cesur olacağız. Bu durum da dönmüyormuş gibi görünen bumerangın içinden çıkmak için fırsat olacak.

Referansımız hava elementi, hedefi gaz sıkışmaları!

Mars-Satürn ile Kova burcunda en son 1992 Mart ayında kavuşmuş. Hava burcunda hareket eden bu iki yıkıcı gezegen havanın sıkışmasını tetikleyebilir. Atığı, gaz sıkışmalarını, zehirli kimyasal maddeleri de hedefine alır ve aktive eder. 2019 yılından bu yana Türkiye nin çöp ithalatı katlanarak artarken işin en tuhaf detayı ithal çöplerin yüzde 60'ına yakınının dönüştürülmemiş olması. Hatta bu çöplerin zehirli ve tehlikeli atıklar içerdiğine dair birçok yazı ve makale bulunuyor. 2020 Mart ayında Mars- Satürn kavuşumunun izlerini takip ettiğimizde bize Zonguldak Kozlu'da yaşanan grizu faciasını referans gösteriyor.

NİSAN AYI TEMASI

Kim daha uyanıksa dertli olan da o'dur.

Zamanın ruhu o kadar baş döndürücü ki hissettirdiği hız dünyanın her köşesinden fark ediliyor. 2020 yılı her geçen gün daha da enteresan bir hâl alırken insanlar derinliğine bakmadan her şeye inanmak zorunda kalacaklar. Kimileri anlık mutlulukların peşine düşerken, yeni türeyen birtakım bakış açıları olan kişilerin etkisi altına girecekler. Sade, derin bilgili görüntülerini, yeni yaşam tarzlarını sosyal medyada akıma çevirip sunumlar yapanların gruplaşmaları artarken, diğer yandan teknolojinin dünyanın şah damarı olduğu bir kez daha anlaşılacak. Yeni dünya düzeninde yeni inançlar, yeni felsefeler, yeni varoluş seremonileri aranırken var olan tüm tarikatların da artık sonu gelebilir.

Mal, altın başa giyilen külaha benzer; külaha sığınansa keldir.

Jüpiter-Plüton kavuşumu, kapalı kapılar ardında yaşanan sadece maddi değil manevi ve cinsel istismarın da bilinenden daha korkutucu olduğunu gözler önüne serebilir. 2020 Nisan ayının kapısında en son 1771'de gerçekleşen bir kavuşumla karşı karşıya kalacağız. Bu kavuşum bizi o yıllara götürmeyecek tabi ama insanların ilk gününden bu yana olan ritüeller, ayinler ve birtakım inanışlar üzerinden bugüne kadar bir şekilde geldiği noktayı gündeme getirebilir. Duysak inanmayacağımız şeyleri seyrederek inanmak zorunda kalabiliriz. Jüpiter ve Plüton, Oğlak burcunda kavuşurken hangi inanışları, tarikatları ya da hangi cemaatleri konuşuruz derseniz; Paganları! Bu kavuşum Türkiye'nin 7. evinde gerçekleşirken İstanbul'u ilgilendirecek, dünyanın kalbinin yayacağı titreşimi iyicil ve kötücül enerjileri temsil eden gezegenler harekete geçirecek. Bu iki gezegenin toprak dizilimini bekleyenler de kendine göre atağa geçecek. Bu kavuşumun bu tarihte olacağı yüz yıllardır biliniyor ve bu tarz özel gökyüzü olaylarını en çok tarikatlar takip eder. Hatta biraz daha derine inersek ayazmalar, kutsal sular, İstanbul'un altından çıkan şifalı su olduğu düşünülen yerler Paganların baş adresi olabilir. Bu süreçte dünyaca ünlü isimler Türkiye'ye gelebilir.

Kaldır perdeyi aradan kalır sana Yaradan.

Yüz yıllık transitler gök kubbede yaşanırken, biz de Türkiye Büyük Millet Meclisi'nin açılışını, kurtuluş mücadelesinin en önemli safhalarını yad ediyor olacağız. 23 Nisan 2020'de gökyüzünde sadece bir Yeniay oluşmayacak milletimiz, meclisimiz için de çok önemli bir gün olacak. Gezegenlerin seyri 23 Nisan 1920 yılına atıfta bulunurken 100. yaşını kutlayan TBMM'nde büyük kararlar da alınabilir. Meclisimiz 100. yaşında kuvayi milli duyguları ortaya koydurabilir. 1920 yılında Mars Retro'sunda kurulan meclisimizin aldığı kararları ve değişiklikleri 2020 Eylül ayında net olarak fark edebiliriz.

Herkes kendi içinde yaşattığı ilahi güce yönelirken Jüpiter-Plüton kavuşumu dini inancı kullanarak bugünlere gelenleri deşifre edebilir. Böylece siyah ile beyazın kesiştiği en ince yer de ortaya çıkacak ve şerler hayra dönecek. Ama bu iki gezegen önce sıkışma diyor. Gündelik hayatta konforun, tüketimin, paranın peşine her zamankinden daha fazla düşen insanlık bu tarz yapıların içinde sıkıştıklarını fark edecekler. İnsanlık, dünyanın dört bir yanında farklı bir çözülmeye sürüklenecek.

Biat duygusu bitiyor.

Gündelik hayatta kimse kimseyi çekemiyorken, bağlayıcı yaptırımları olan bir de üstüne ne olup bittiği tam olarak çözülemeyen, neye, kime hizmet ettiği tam olarak anlaşılamayan cemaatler, tarikatlar artık insanları bir araya getirmekte zorlanacaklar.

Uranüs-Boğa, Satürn-Kova seyri gök kubbede hüküm sürerken tarikatların şahı olan paganizmin kalbine bıçak saplayacak gibi görünüyor. Jüpiter-Plüton kavuşumu insanlığı bir sebeple kullanmış tüm yapılarda depremler yaratmayı planlıyor. Gece ile gündüz kadar farklı bu iki gezegen 1771'den günümüze hiç kavuşamamış. Şimdi ise gecenin en zifiri karanlığında kalanları ortaya çıkarırken, beyazın içindeki ışığı göstermeyi planlıyor.

Yerin altında ayrı bir İstanbul, yerin üstünde ayrı bir İstanbul var.

İstanbul her zaman kutsal ve kıymetli olmuştur. Bunun sebebi ise yalnızca Asya ile Avrupa'yı bağlaması değil. Sizlerin de bildiği gibi medeniyetler beşiği İstanbul'un her taşında tarih var. İstanbul'un altı-üstü, sağı-solu deniz... Tüm suların buluştuğu şehre tarihteki tüm mitolojik anlatıları da dahil ettiğimizde karşımıza hepimizin bildiği ayazmalar ve kutsal sular çıkıyor. Bizans'tan öncesinde bile İstanbul vardı. İstanbul'un haritası 11 Mayıs 330 olarak açılır ve natal haritasında Jüpiter'i Yengeç burcundadır. 2020 Mart ayında Jüpiter-Plüton kavuşumu İstanbul'un natal haritasında Jüpiter'iyle karşıtlık yapacak olması paganların en büyük buluşması ya da ayinlerinden birinin İstanbul'da gerçekleşebileceğini işaret ediyor.

Kötüye kim hizmet ediyor?

Bu yapıyı anlamak için size gözümüzün önünde duran dünyaca ünlü bir ismi örnek vereceğim. Madonna, yeni albümünü sosyal medya hesabından en ince ayrıntısına kadar tasarlanmış gizli mesajların yer aldığı tanıtım videosunu geçtiğimiz yaz duyururken aslında bir mesaj veriyordu. Madame X adını verdiği klipi birkaç kez izlediğinizde açık açık deşifre ettiklerini yorumlayabileceksiniz. 1958 doğumlu natal haritasında Uranüs'ü Aslan olan ve bu yıl Satürn'ü Kova transitine maruz kalmaya başlayan Madonna'nın mart ayından itibaren pot üstüne pot kırmaya başlamasının da sebepleri var. Klibini şu sözlerle anlatan Madonna "Madame X, gizli bir ajan; dünyayı dolaşan, kimlikten kimliğe bürünen, özgürlük için savaşan, karanlığa ışık getiren, o bir cha cha dansçısı, profesör, bakıcı, devlet başkanı, anne, çocuk, öğretmen, rahibe, şarkıcı, aziz, mahkûm." derken kostümlerinden sahne dekoruna kadar hedeflediği bir şeyler vardı. Mutlaka seyredeceksiniz ama size hemen astrolojik olarak karşılığını söyleyeyim, Süleyman Tapınağı!

Gördüğümüz hiçbir şey masum değil, sebepsiz hiç değil!

Paganların İstanbul'u neden seçtiği parçalar birleştiğinde ortaya çıkıyor. Her ayinin enstrümana ihtiyacı olduğunu düşünürsek Bizans'tan kalan üzerinde kehanetler yazan sütunlar ayazmalardan akan suların Paganların en temel ihtiyacı olduğunu bilenler bilir. Plan yapanların planlarını bozacak toprak-su ağırlıklı gök kubbe. Allah'ın hakkı 3'tür lafından yola çıkarak yılın başında sallanan İstanbul bu sefer üstünde dönen planları savurmak için sallanabilir. İstanbul depremi bu sırlı kavuşumların içinde harekete geçip fay hatları gerilecekse deprem İstanbul'un makus talihi olmayacak, sırtındaki yükü indirecek. Dünyanın kalbi öksürdü diyeceğiz. Bu enerji çıkışı dalga dalga dünyaya birçok doğa olayı olarak yansıyabilir.

Bildiklerimizden sorumluyuz.

2020 Nisan ayı gezegen seyri 2007 Aralık ayını işaret ediyor. 2007'de Jüpiter Oğlak burcuna geçmeye hazırlanırken Boğaziçi Üniversitesi Kandilli Rasathanesi ve Deprem Araştırma Enstitüsü Bölgesel Deprem verilerine baktığımızda yıl boyunca 5834 deprem hareketi kayıt altına alınmış. 2008 yılında ise yine Jüpiter'in Oğlak burcundaki seyrinde 8387 deprem hareketi yaşayarak yılı kapatmışız. Jüpiter, 2019 Aralık ayında Oğlak burcuna geçtiğine göre sayılarda artış gözlemleyeceğiz.

2007 Kasım ayının son gününde düşen Isparta uçağının üstündeki sır perdesi de kalkar diyor 12 yıl aradan sonra Oğlak burcuna geçen Jüpiter. 5 Nisan'dan itibaren gökyüzün nabzını kimseye bırakmayan Jüpiter-Plüton kavuşumu Oğlak burcunda Türkiye'nin de 7. evini harekete geçirecek. Bu gezegen seyri 2020 yılında bir türlü çözülemeyen olayların üzerindeki şüpheleri ortadan kaldıracağını vurguluyor. Düşen Isparta uçağının içindeki bilim insanları ve uçakta bulunan diğer kişilerin bir kazaya mı yoksa suikastta mı kurban gittiklerine dair videolar, belgeler ve ses kayıtları 23 Nisan'da gerçekleşecek Boğa burcundaki Yeniay ve 26 Nisan'da Güneş'in Uranüs'ün kalbinde geçmesiyle ortaya saçılabilir.

Gidenler mutlaka bir iz bırakır ve bu izler mutlaka gün ışığına çıkar.

Gezegenler toprak takım yıldızlarında toplanırken, yeryüzü toprak meseleleri ile uğraşabilir. Toprağa dair her türlü konu nisan ayında gündemde olacak. Ülkemiz adına güzel gelişmeler yaşanırken, yer altı zenginliklerimiz gün yüzüne çıkarken, başı çekecek olan ise toryum olabilirim.

Toryum, maden envanteri olarak dünyada ticareti yapılan 90 çeşit madenden biri olmakla beraber petrolün yerine geçebilecek tek siyah maden niteliği taşıyormuş. Tabi bu öngörüyü ancak önümüzdeki 3 yıl içinde ortaya koyabiliriz. Uranüs-Plüton iletişimi ve hava elementinin gökyüzünü tam hakimiyet altına almasıyla artık dünya zenginliklerinin değiştiğini daha da iyi anlayacağız.

Türkiye'nin rahat edemediği yerde kimse istirahat edemez.

Ama önce şifrelerinin çözülmesi gereken 2020 yılını doğru hamlelerle geri de bırakmalıyız. Yokluk çektiğimiz madenlerin 2020 yılında şifreleri çözülmeye başlarsa nasıl başlar demeyin, iyi veya kötü diye bakmayın çünkü şerrin ne getireceğini bir tek zaman gösterir. 2019 yılında altın ve Kaz Dağları ile başlayan süreç evrenin algımızı işlediğini gözler önüne serebilir.

Gezegenler çemberin neresinde olursa olsun bir gün kavuşacaklar, kavuşsalar da bir sebebe hizmet edip ayrışacaklar tıpkı insan gibi...

MAYIS AYI TEMASI

Batı, kuyruğunu yiyen yılana döner mi?

Farklı inançlarda kendi kuyruğunu ısıran yılan yeniden doğuşu, dengeyi, sonsuz döngüyü simgeler. Simyacılar için ise başlangıcım sonumda, sonum başlangıcımda demektir. Tasavvuf dahil insanlığın en eski inançlarında dahi bir karşılığı vardır.

Taşıdığı sır şudur: "Aynı hayatı sonsuz kez yaşıyoruz vc hatırlamıyor muyuz?

Ülkemizin öz burcu Akrep ve natal haritasında ateş elementi az. Ülkemizin Güneş burcu üzerinde 7 Mayıs'ta gerçekleşecek Dolunay esnasında anın haritasında da ateş olmayacak. Bu seyir bizim ülkemizin üzerinde dönen hesapları gözümüze sokacakları anlamına da geliyor. Çıkacak kargaşalarla birtakım kişileri, grupları hatta üniversite yapılarını sorgulayacağız. Toplumlar eş zamanlı birçok ülkenin, sistemin, kurumun doğum sancısından geçtiğini fark edecek. Bizde üstümüze düşen sıkışmadan nasibimi alacağız.

Su hiçbir zaman ateşten korkmaz.

Kâinat bir ruh halinden diğerine geçerken vücut dengemiz dahi değişecek. 2020 Mayıs ayında siyasetçileri aşan olaylara, liderlerin söylemlerinin tam aksi yönünde manevraların yaşanmasına şahit olacak ve güçlerini sorgulayacağız.

Nefeslerimizi tutacağımız olaylar sadece Dolunay'dan sonra karşımıza çıkan Venüs'ün etkisi olmayacak. Aynı zamanda Uranüs 1 derece ile Kova burcunda yer alırken ev ödevimizin nereden geleceğini göstermeye çalışacak. Türkiye için önemli olan bu Dolunay ile Venüs Retro'su arasındaki 6 günlük süreçte Türk askerinin farklı ülkelere üs kurmasını konuşabiliriz.

Tarihin akışı içinde var olan düzeni değiştirerek toplumların ruhsal yapısını bozan kim?

Geçtiğimiz yıl mayıs ve haziran aylarında Fransa ve İngiltere oyuncu değişikliği yaparak başkanlarını ardı ardına değiştirdi. Şimdi ise 2020 yılının mayıs ayında bu değişimlerin nedenlerini yavaş yavaş anlamaya başlayacağız. Avrupa, mayıs ayında kutuplaşan dünyanın neresinde kalacağını da ortaya koyacak. Bu esnada Avrupa Birleşik Devletleri'nin kuruluşu da gündeme gelmeye başlayacak. Önce fikir, sonra girişim, daha sonra oluşum olarak hareket ettiklerini bir kez daha gözler önüne serecekler. Avrupa'nın devlet çıkarımı dağıtılan Avrupa Birliği'nin hemen ardından olgunlaştırılıp konuşulmaya başlanması bile en ince ayrıntısına kadar planlandığını ortaya koyacak.

Avrupa'nın bambaşka bir yapılanma içinde olduğunu politikalarını değiştirip kendi tarihine atıfta bulunacağı hamleleriyle öğreneceğiz. Son yıllarda özellikle mayıs aylarına denk gelen İngiltere ve Fransa'daki terör saldırılarının bir benzerinin 2020 Mayıs ayında da yaşanabileceğini işaret ediyor gezegenlerin seyri. Mayıs ayının gezegen seyrini incelerken Türkiye'nin natal haritasına göre Ay burcu İkizler'de etkili olacak Venüs Retro'su Avrupa'da yaşanan olaylara Avrupa'daki Türklerin ve dolaylı olarak Türkiye'nin de dahil edilmek isteneceğini vurguluyor.

Her kapının bir anahtarı vardır, ancak önemli olan anahtar değil, kapının ardındakidir.

Türkiye'nin Ay burcunu baskı altına alan Venüs gerilemesini hepimiz derinlemesine hissedeceğiz. Sevgiyi, aidiyeti, bağlılığı temsil eden Venüs Retro'su Avrupa'da yaşayan Türkleri koruma iç güdüsüyle davranan Türkiye'yi bir anda yükseltecek. 2020 yılında toplumlar dertlerini anlatmak için sosyal medyayı, tüm dijital platformları bugüne kadar kullandıklarının iki katına çıkaracaklar. Bu durum da siyasetçileri, hukukçuları bile baskı altına alacak.

Dimyat'a pirince giderken evdeki bulgurdan olanı da bu ay göreceğiz.

Türkiye'nin 11. evinin etkilerini tam tamına 44 gün boyunca hissedeceğimiz Venüs Retro'su diğer Retrolara benzemeyecek. Ay burcu hisleri, duyguları, en önemlisi ise değerleri ve zaafları temsil eder. Venüs Retro'su ülkemizin Ay burcunu abluka altına alırken toplumsal olarak hepimizi aynı sınıra getirebilir. Astrolojide 11. ev bir ülkenin komşularını, dış politikayı temsil eder.

Tarih 2020 mayıs ayını gösterdiğinde sadece yurt dışında yaşayan 5 milyon vatandaşımızı değil, yurt dışına göç etmeyi düşünenleri de ilgilendiren yeni yasal düzenlemelerle karşılaşabiliriz. Yurtdışına gitmenin de ülkemize gelip yatırım yapmanın da bedelleri değişebilir.

Seçilse de seçilmese de her lider kendi tarafına hedeflerini miras bırakır.

Sosyal medya mecralarında meydan okumalar (challenge) bu sefer "anda kal", "uyanış" gibi kelimeleri bir olayla paketlenip dünyanın diline dolayacaklar. Son 12 yılda (bir önceki Jüpiter-Oğlak süreci) büyük markaların konfor, istediğini yap, sen özgürsün gibi sloganlarının bir anda yok olup mistik ve daha mesaj içeren hale geldiğini göreceğiz. Aslında Binyamin Netanyahu'nun reklam videosu ile görmeye başladık. 21 Ekim 1949 doğumlu Akrep burcu İsrail Başbakanı Binyamin Netanyahu geçtiğimiz yaz yayınladığı seçim reklamında "sağda durun, orası daha güvenli, denizlerde de sizi korurum" sloganlarıyla ilk adımı attı.

1996-1999 yılları arasında ilk kez başkanlık koltuğuna oturan İsrail Başbakanı Binyamin Netanyahu'nun bile bir piyon olduğunu 2020'de göreceğiz. İsrail'deki sağ görüşün hedeflerini gösterirken onunla ya da onsuz İsrail'in tüm ataklarını Jüpiter Retro'su biterken 12 Mayıs 2020'de birlikte duyacağız. En önemli hedefi için ne plan yaptığını da çözmeye başlayacak birçok ülke. 2017 yılından bu zamana yeni dünya düzeninde yer almak isteyen Hamas, Binyamin Netanyahu'nun önüne geçmek istediğini çeşitli şekillerde ifade etmişti. 2017 Mayıs ayında Hamas'ın yayınladığı yeni siyaset belgesini Binyamin Netanyahu'nun buruşturup çöpe atarak canlı yayında rest çekmesiyle sağ görüşün, İsrail'in derdi bitmemişti. Bu ay itibariyle benzer bir yol ayrımına girdiklerini görebiliriz.

2020 Mayıs ayında tarihe not düşecek günlere şahit olacak dünya!

14 Mayıs 1948 yılında Boğa burcu döngüsünde kurulan İsrail devleti olay çıkarmadan yaş alma fikrinden çok uzak davranabilir. Dünyayı ayağa kaldıran bir süreci tetikleyen Filistin-İsrail savaşı bu yıl son bulur mu, barış imzalarlar mı derseniz anlamakta uzmanlar bile zorlanırken, neresinden tutarsak anlamlandıramayacağımız geçmişleri gözler önüne serilecek.

Ülkeler sınırlarını değiştirmek için girdiği mücadeleye dün başlamadı. Bundan 2 yıl önce Donald Trump'ın Tel Aviv'deki ABD konsolosluğunun Kudüs'e taşınacağını açıkladığında tarihi yad edecek olaylar aslında sahneye küçük küçük konmaya başlanmıştı. Donald Trump'ın Kudüs'ü İsrail'in başkenti olarak tanıdığını açıklamasının üzerine gündeme gelen Filistinliler için İntifada'nın anlamının büyük olduğu bir kez daha ortaya çıkmıştı. 1987'deki İntifada'nın bir benzeri bu sefer sizce yaşanır mı gibi büyük bir soruyu sorduran ise yine 2020 yılının gezegen seyri olacak. 14 Mayıs 1948 kuruluşlu natal haritasında öz burcu Boğa, Chiron'u Akrep olan İsrail'in öngörülemeyen çıkışlarını mayıs ayı geldiğinde yorumlayamazsanız, şehir efsanesine dönen dedikoduların gün yüzüne çıktığını düşünebilirsiniz.

İsrail Devleti Süleyman Mabedi'ni buldu mu?

Yapılan kazılarla Mescid'i Aksa'nın zarar görüp görmediği mayıs ayının diğer gündemi olurken Süleyman Mabedi ile ilgili de haberler gündemi dolduracak. 2020 Mayıs ayında Güneş

Boğa burcunda Uranüs'ün kalbinden geçerken, Boğa burcunun yönetici gezegeni Venüs'ün geri hareketi ise insanlığı, insanlığın ilk temellerine götürecek.

Astrolojik kronolojiye baktığımızda İsrail-Filistin olaylarının başlangıcını Yay burcunda hareket eden gezegenler yönetiyor. Yaşanan üç İntifada'nın da haritalarını açtığımda Yay burcunda hareket eden bir gezegenle karşılaşıyorum. 2020 yılının mayıs ayının son günlerinde Ay düğümleri İkizler-Yay aksına taşınmaya hazırlanırken Filistin için kader kapıları da aralanıyor.

Dünyadaki en zor süreç karar almaktır.

Güney ve Kuzey Ay düğümleri İkizler-Yay aksına taşınmaya hazırlanıyor. 2020 Mayıs ayında dini ve tarihi temsil eden yerlerde olaylar, gerginlikler, ayinler gündeme gelirken, Süleyman Mabedi'yle ilgili buyük laflar duymaya da başlayacağız. Yaptığı kazılarda bulduklarını kendisine saklamaya çalışan burcu Boğa, Jüpiter'i Yay, Satürn'ü Aslan olan İsrail, başarılı olamayacak. Dünya daha hızlı dönerken, tarih her köşeden fışkırmaya güçlü bir şekilde devam edecek. Aynı tarihlerde ülkemizin her köşesinde yeni tarihi eserler bulunurken özellikle ahitler, sandukalar ve mezarlıklar çıkıyor olmasını bir mesaj olarak algılayanların üreteceği komplo teorileri herkesi düşündürecek.

Dünya kehanetlerin mi yoksa süper güçlerin mi peşinde?

2020 yılında insanlık her konuyu, yıpratmanın ötesine geçecek. Devletler, uç davranışları ve haberleri deneyimlediğini dünyanın önüne serecek. Yeni dünya düzenini anlatanlar, eylemleri ile söz sahibi olacaklar. Aklınıza gelebilecek her konuyu sanki bir düğmeye basılmış gibi ardı ardına yaşayacağız. İnsanlığın bilgiye en hızlı ulaştığı bu yüzyılda, hiçbir şey yapmayıp seyirci kalmak isteyenler için ise yeni bir davranış bozukluğunun adı konacak. 21. yüzyıl hızla 2021 yılına doğru yaklaşırken bir yanda çok kazananlar, zihinleri hiç uyumayanlar, devamlı bir devinim içinde olanlar, bir yanda ise yetişemeyip geride kalanlar, silikleşenler kabuğuna çekilenler olacak. Aşırılığın tavan yaptığını, akıl dışı projelerin hayata geçirilmesi adına milyarlarca dolar harcayan ve lojistik destek veren liderler ve iş insanları gösterecek.

Merhametin paslandığına tanıklık edeceğiz.

Tarihten bugüne gelen din kitaplarında yüzyıllardır anlatılan kıyametin provasının yapılıp yapılmadığını yine bizim deneyimlediğimiz yerden bize hatırlatacaklar. Milenyum gelip kapıya dayandığında dünyayı kasıp kavuran Matrix fırtınasının uzun yıllar aradan sonra 2020 yılında sessizliğini bozması tesadüf değil. Astrolojiye göre 1999-2000 yıllarında parlayan ve 4 dalda Oscar alan filmin 2020-2021 yıllarında ortaya çıkması astrolojiye göre 19 yılık karması. İsterseniz sizinle 2020 Haziran tutulmaları gelmeden basit bir akıl oyunu oynayalım. Siz olsanız gerçek hayatta son 20 yıldır yaşadıklarınızı dünyaya eş zamanlı olarak en kolay ve en hızlı nerede anlatırdınız? Tabii ki Hollywood!

Ay düğümleri inançla bilgi arasındaki aksa doğru ilerlerken özellikle bu yıla denk gelmesi insanı daha da düşündürüyor. İnsanlığın nereye doğru gittiğini değil hangi boyuta geçtiğini, nerelere ulaşabildiğini, her türlü gücü, sınırları zorladığını göreceğiz. Neden hep görmekten bahsettiğimi sorarsanız; 2020 yılı her şeyi görmeye hitap ediyor. Bu durumu ister video çağı ile adlandırın ister dünyanın görsele döndüğünü düşünün, 2020 yılı her şeyi seyredeceğiz diyor.

Geleceğin nasıl şekillendirileceğini bilenler var.

2020 yılında dünyanın nereye sürüklendiğini 1962-1968 yılları arasından doğanlardan seyredebilirsiniz. Dünya devr-i daimden geçerken elini taşın altına sokarak gelecek 20 yılı dünyaya projekte etmek isteyenler olacak. 1962-1968 yılları arasında doğan natal haritalarında Uranüs'ü ve Plüton'u Başak burcu olanlar gücünün yettiği, dilinin döndüğü kadar kendilerini er meydanına atacaklar. 2 Eylül 1964 doğumlu burcu ve natal haritası Başak olan Keanu Reeves gibi acıdan geçmiş bir adam kendini dünyaya tanıtan filmin ne anlatmak istediğini tabii ki biliyor. Bunu da bize 13 Mayıs-27 Haziran arasında iletişim kuracak olan Mars-

Neptün gösterecek. O günler gelecek hep birlikte deneyimleyip öğreneceğiz. Hepimizin bir şeklide önüne gelen kehanetlerin, kıyametin yaşanması için ellerinden geleni yaptıklarını seyredeceğiz. Kavga, ekonomik kriz, eş zamanlı tıkanan insanlık....

Hep daha fazla derken nereye doğru koşturuluyoruz?

Devletler, ülkeleri birbirlerine düşürmek için tüm milliyetçi, ırkçı duygularla oynarken yanı sırada yer altı kaynaklarını ele geçirerek yeni dünyanın sahibi olmak istiyorlar. Mahşerin dört atlısı olarak adlandırdığım Çin, İsrail, İngiltere ve Rusya 2020 yılının başından itibaren farklı olay, skandal ve kaoslarla gündemden hiç düşmediler. Yeni dünya düzeninin sahibi olmak isteyen bu ülkeler Türkiye Cumhuriyeti'nin yüzüne gülüp arkasından iş çevirdiğini 4 ay boyunca seyretmekle kalmadık bir de uğraştık.

Kozlar Akdeniz'de paylaşılacak.

Çin, İsrail, İngiltere ve Rusya kozlarını Akdeniz'de paylaşırken 20 yıl içinde birbirlerinin ölüm fermanını da imzalayabilirler. Kaldı ki biz savaşlar ve anlaşmalar üzerine kurulmuş bir devletiz. Bu durumu en iyi biz öngörecek ve avantaja çevireceğiz. Zor olacak ama denizlerde deyim yerindeyse Anka kuşu misali küllerimizden doğacağız. Stratejik konumumuzun ötesinde bu ülkelerin birbirlerine verdikleri sözlere, anlaşmalara bağlı kalmadıklarına tüm dünya şahit olacak. Kısacası kıyametin provasını yapmak istediklerini dünya konuşurken kimi kurban verecekler derseniz tabii ki ABD. Son 20 yıldır müttefikimiz diye geçinen, Fransa'nın sarı yeleklilerinden Hong Kong sokaklarına kadar toplumları maşaları ile sokağa döken ve bu devletlerin arkasından iş çeviren ABD dünyanın derdini sırtlanacak.

Gezegenler birleştikleri burçtan ayrılırken dünyayı bir kaosun içinde bırakacak.

Belirsizliğin yükselen öfkeyle büyük bir enerji patlamasına dönüşmesi toplumları konuştururken, siyasi isimleri de susturabilir. 2019 yılını yorumladığım *"Kader Yeniden Yazılıyor"* kitabımda 1954 doğumlu Angela Merkel'in sağlık sorunları ile gündeme geleceğini yazmıştım ve hep beraber dünya medyasında bu habere şahit olduk. Mayıs ayının son günlerinde değişken burçlara teslim olan gökyüzü büyük kare açıyı oluşturuyorken bakalım bu sefer hangi siyasi liderin sağlık sorunlarını, siyasetten çekilişini dev ekranlarda izleyeceğiz?

HAZİRAN AYI TEMASI

Kozmik kurallar devreye girer ve ne yaptıysan yaptığının karşılığı önüne gelir.

2020 Haziran ayı gövde gösterisi yaparak başlıyor. Sebebi ise devam etmekte olan Venüs Retro'su! Taşınmaya çalışan Ay düğümleri en önemlisi ise 5 Haziran'da gerçekleşecek Yay burcundaki Ay tutulması kolları sıvayın ben geliyorum dedirtiyor haziran ayına.

Seçimler, vazgeçişin başlangıcıdır.

Türkiye'nin Ay burcunda aktif olan Venüs Retro'suna Güneş'in de İkizler burcunda Retro'da saf tutması sadece haziran ayını başlatmıyor. Ay tutulmasını da Türkiye'den gözlemleyecek olmamızın büyük payı var. Yine erken seçim yapıp yapmayacağımızı tartacağız, tartışacağız. Ülke seçim sandıkları sarmalının peşine düşerken, oy kullanmanın baş döndürücü gündemine hızlı bir giriş yapabiliriz. Bu sefer oy pusulasında yıllardır bilinen partiler, isimler olmayabilir. 2020 seçimlerine öyle isimler adaylığını koyabilir ki sürprizlerle dolu bir seçim hazırlığına girebiliriz. Haziran ayında Türkiye, seçimi bir yanda adayları diğer yanda konuşurken aynı zamanda kapanan partilere inanamayacaksınız diyor Ay düğümleriyle kol kola yeni bir aksta başlayacak Ay tutulması serisi!

Türkiye'nin Ay burcuna karşıtlık yapacak olan Ay tutulması aynı zamanda ülkemizin 6. evinin konularını gündeme getirirken, hizmet eden her kesimden insanımızı, ordumuzu, donanmamızı, savaş gemilerimizi, limanlarımızı gündeme getirecek. Bu sefer sahneye 12 Ocak 1952 doğumlu Hulusi Akar gelebilir.

Her yerde onun açıklamaları ve tavırları konuşulabilir. Bu sefer ülkemizin denizlerini dünya çekiştirirken geçtiğimiz yıl yaşanan bürokrasi krizinin sebepleri de tekrar gündeme gelebilir.

İnsan tecrübelerinin bir laboratuvarı yok maalesef ama toplumların tarihi var.

Yaralarımızı sarmak için çıktığımız deyim yerindeyse içte dışta seferberlik yoluna girdiğimiz 2020 yılının bu ayına kadar seçim sarmallarından bir türlü çıkamadığımızı bu ay görebiliriz. Gezegenlerin seyri sandıkları kurup toplayıp içinden çıkan sonuçları da bir yere koyamadığımızı net bir şeklide fark etmemizi sağlarken, aynı zamanda seçenlerle seçilenlerin son yıllarda bir türlü beklentilere cevap veremediği söylemleri yükselebilir diyor haziran ayının en önemli tutulmalar sarmalı... Sarmalı diyorum çünkü arka arkaya üç tutulma yaşayacağız.

Tutulmalar 40 gün boyunca en çok kimi etkileyecek?

Geçtiğimiz haziran ayında İstanbul tarihine adını iki kere yazan İkizler burcu ama en önemlisi 1971 doğumlu natal haritasında Jüpiter-Yay döngüsünde doğup 2019'da Jüpiter'in Yay burcuna geçişinden büyük destek alan Ekrem İmamoğlu konuşulabilir. Topluma mâl olmuş kişiler, yeni kurulmuş partiler gündemi doldururken Ekrem İmamoğlu bu sefer parti değiştirmesi ile gündeme gelebilir. Türkiye'nin bugüne kadar gelen partilerinin başarılarını ya da hazin sonlarını analiz ederken, ülkemizin particilik seferberliğinin de bittiğini görebiliriz.

2020 Venüs Retro'su ülkemizin Ay burcunun kulağına parti için her şeye göğüs germe döneminin bittiğini fısıldarken, bu durumu fırsata çevirecek kişi geçtiğimiz haziran ayında olduğu gibi Ekrem İmamoğlu'nun olabileceğini işaret ediyor Ay tutulması!

Dünyada hızla artan benim bayrağım, benim insanım, benim sınırlarım düşüncesi Türkiye siyasetine de yansırken sağ görüşün boş kalan yerini var olan değil yeni gelen parti ya da partiler doldurabilir.

Film sahnelerini artık seyretmiyor, yaşıyoruz.

Haziran ayında dünyada var olan tüm siyasi platformlar ön görülemez bir değişime girecek. Bu durum en çok türlü planları olan siyasetçileri yoracak. Satürn'ün Kova burcundaki yolculuğunun da dahil olacağı Ay tutulması şeffaf ve eleştiriye açık olanın kazanacağının altını çiziyor. 2016 Kasım ayında seçilen ABD başkanı Donald Trump'ın, 2020 yılının sonunda yapılacak seçime 15 ay kala Google ve Facebook 'a dava açmasının sebebini seçimi kazanmak ve uğradığı adaletsizliği gözler önüne sermek istiyor demek oldukça masumane olur. ABD'nin ve Donald Trump'ın oyun içinde oyun çevirdiklerini düşünürseniz seçimleri garanti altına almak için Başak burcu Google'a ve Kova burcu Facebook'a benim için çalış mesajı vermek istiyor. Bu durumda seçim kampanyasında çalışacak olanlar sadece destekçileri değil aynı zamanda teknoloji de olacak.

Herkes tuttuğu köşeye göre konuşmayı bırakacak.

Donald Trump'ın derdinin diktatörlük mü yoksa 290 milyon ABD'linin milliyetçi duygularını kaşımak mı, bunu hep birlikte yaşayarak göreceğiz. Haziran 1946 doğumlu Donald Trump doğum gününü kutladığı günlerde dijital dünyanın verilerini eline geçirmek istediği için açtığı savaşı bir anda tatlıya bağlayabilir. Biliyorsunuz ki Facebook ve Google'ın sadece ABD'nin değil tüm dünyanın bilgilerini, harcamalarını, gittiği yerleri, internette hangi linkleri tıkladığını biliyor. Donald Trump'ın hedefi ise tüm bunları ele geçirerek bir simülasyon yaratıp yeni dünya düzenine hazırlanmak.

5 Haziran 2020 tarihinde Ay tutulurken, dünyadaki tüm siyasetçiler veri akışının peşine düşecek. Gücün artık şekil değiştirdiğini göreceğiz.

Devler liginde kargaşalar çıkacak.

5-21 Haziran tarihleri arasında Ay ve Güneş ardı ardına tutulurken büyük bir kargaşa çıkaracaklar. Gezegenlerin düellosundan ortaya çıkacak olan enerji Dolar'ı devirirken, veri ise bir çığ gibi büyüyecek ve hepimizi yapay zekâ karşılayacak. Belki de Ay ve Güneş tutulurken 2020 yılının şifrelerini de çözmek bize düşecek.

Korkuyu yavaşça yüreğinizden uzaklaştırın.

Teknolojinin ilerlemesi gelişmekte olan birçok ülkeyi, toplumu daha ileri taşıyacak. Faili meçhul cinayetlerin şüphelileri, kaçırılmalar, hırsızlıklar, aklınıza gelecek tüm suçlular kolaylıkla yakalanıyor olacak. Bu kolaylığı sağlayan teknoloji olunca ispatlamakta zor olmayacak. Yaşanan vahim olayların perdesi aralanırken sanki gizli bir el dokunmuş gibi son 7 yıldır yaşanan olaylar bir bir aydınlatılacak. Sırların bu yüzyılda mezardan bile çıktığını öğreneceğiz. Perdeleri ilk ne aralayabilir derseniz iki tutulma arasından geçerken Gezi olaylarından başlayıp, 2016'da darbe girişimi olarak kalplerimize giren o karanlık gecenin bile bilinmeyenleri ortaya çıkabilir.

Denizin diplerini seyretmemizi sağlayan Google kamerasından, dijital ayak izine kadar hepsini ortaya koyan teknoloji, suç unsurlarını bırakın kimin kime yardım ettiğine kadar ortaya çıkaracak. İlk izlerini de ülkemizde yüzleşme olarak önümüze koyabilir.

Ay'ın ardından Güneş tutulmak için hizalanırken enerjileri de birbirine karışacak. Yeryüzünün boynuna bu sefer nasıl dolanacağını merak ediyorsanız gelişmiş olan toplumlarda kaosun fitilini ateşleyecek ve milyarlarca insanın karşısına yapay zekayı çıkaracak.

Yeni dünya düzeni, kapitalist sistemin çarkına çomak sokuyor.

Üretim araçlarına sahip olan sermaye sınıfının kâr ederek başkalarının aleyhine zenginleşebilmesi uğruna ucuz hammadde ve ucuz işgücünden beslenen kapitalist sistem 2020 yılında hızla düşüşe geçecek. Emekçileri ve doğayı sömüren siteme dur diyen ise teknoloji olacak.

Haziran ayında Güneş tutulması gerçekleşirken yeryüzüne

de Yay burcunun adaletini sağlayacak. 5 Haziran ateş burcunda Ay tutulurken, 4 Temmuz'da su burcunda Güneş tutulacak. Tüm dünya yine Türkiye'yi diline dolayabilir.

Artık Rockefeller ailesinden daha zengini var.

12 Ocak 1964 doğumlu Oğlak burcu Jeff Bezos, 2020 yılının en zenginleri arasında yer alırken, 1900'lü yıllarda Amerikan gayri safi yurt içi hasılasının yüzde 2'sine sahip, bugüne kadar dünyayı elinde tutan ailelerin en zengini olan Rockefeller'ı geçmek üzere.

Toprağı yönetmek için iş makinası olanlara boyun eğen dünyanın gerilerde kaldığına şahit olurken teknolojiye tabii olan insanlığın Dolar'ın da simülasyonuna hazırlık yaptığını göreceğiz. Gelişmiş birçok konuda öne geçmiş, sırtı yere gelmez diye görülen ABD Dolar'ının bir sürece girdiğini anlatmak istiyorum. Ve ben bu süreci 2016 yılında Shemitah döngüsü itibariyle takip ediyorum. 1785 yılında resmi olarak ABD'nin para birimi olan o günden bugüne de uluslararası para birimi haline gelen Dolar, 2020 Haziran ayında ateş (Yay) burcunda tutulacak Ay, illüzyonu temsil eden Neptün'le iş birliği yaparken dünyada alternatifleriyle yani Azrail'i ile tanışacak. Kripto para yani dijital para iniş çıkışlardan kurtulup kendi borsasının yatırımcısını bulmaya başlarken gördüğü rağbette artacak. 2020 Haziran tutulmaları birçok kripto paraya hacim kazandırırken, bu işin alt yapısı ile uğraşan sanal para çeşitlerine yenileri katılacak. Ekonomi dünyası ise son 2 yıldır Dolar'ın başına gelenleri yorumlarken bir taraftan da geleceği ile ilgili tahminlerde bulunacak.

Yeni bankacılık sistemleri, uluslararası yaptırımlar, taahhütler, para transferleri revizyondan geçerken, ülkemizin gündeminde konuşulan konular arasında devlet bankaları da olacak. Boynumuza dolanmaya çalışan tutulmalar devalüasyon kelimesi ile 7'den 70'e hepimizi tanıştırmayı hedefliyor.

Altının altın çağına hoş geldiniz.

2020 yaz aylarında birçok ülke altın stoklarken, ABD yine gündem olmayı başaracak. Haziran ayı itibariyle dünyanın her köşesini karıştırmaya devam edecekler. Her taşın altından ya ABD anlaşmaları çıkacak ya da ambargoları...

ABD, 3. Dünya savaşını çıkarmak için her türlü duyguyla toplumların üstüne giderken yeni dünya düzeninde gücünü kaybetmemek adına elinden geleni yapacak. Her geçen gün itibarsızlaşan Dolar'ın henüz alt yapısı dahi tam anlamıyla oluşmayan kripto para dünyasına taşınması gerçekleşirken dünyanın yeni rezervi altın olacak. Son 2 yıldır birçok ülke bankasında altın toplanmaya başlandığını da bu süreçte öğreneceğiz.

2020 yılının haziran ayına kadar gezegenlerin seyrinden ABD'nin teknolojiyle başının derde gireceğini fark ettiniz. Panzehir olarak 3. Dünya savaşını küçük küçük parçacıklar halinde başlatmaya çalıştığını da birçok olay üzerinden gördünüz. Peki şimdi ne olacak? 2020 tutulmalarına göre Doları kurtarmak için bu sefer nereyi karıştıracak?

Toplumların yumuşak karnı toprakları ve inançlarıdır.

Sizce toplumlar inançları için mi yoksa yaşayacağı toprakları için mi sesini yükseltir? Astrolojiye göre yeni dünya düzeninde topraklar, sınırlar için sesler yükselecek. Eğer sizin cevabınız farklı ise 2016 yılında süper Shemitah döngüsünde dünyanın her köşesi terör ile sarsılırken Pandora'nın kutusundan Donald Trump'ın çıktığını hatırlatırım. Geçmişinde siyaset hayatı olmayan, karakteriyle çizgi filmlere konu olan filmlerde yan rolde oynayan bu adamı sizce 327,2 milyon ABD'li mi seçti yoksa seçtirdiler mi? 2017 yılını yorumladığım *'Büyük Hesaplaşma Başlıyor'* kitabımda bu sorunun cevabını Kudüs meselesi olarak vermiştim. Okumayanlar için tekrar tozlu sayfalardan çıkarıp ekliyorum. "1948 kuruluşlu İsrail'in siyasi arenadaki yön değişikliği çok konuşulacak. Aynı zamanda birçok Ortadoğu ülkesini yakından ilgilendiren konular dünyanın gündeminde olacak." Bu tarihlerde Donald Trump, ABD konsolosluğunu Kudüs'e taşıyacağını dünya kamuoyuna açıklıyordu. Bunları neden anlattığımı sorarsanız; yeni dünya düzeninde konforlu yaşamak, topraklarımız, ülkemiz gibi haberler, konuşmalar her yerde karşımıza çıkarken inançları, kültürü için insanların pek de bir şey yapamadığını bir kez daha gözlemleyeceğiz.

Kötülerin çukuru önce ipek yorgan gözükür.

Zeus'un, insanlıktan intikam almak içi yaptırdığı Pandora'nın kutusu artık bir kere açılmıştı. Dünyanın son 4 yıldır bizi yoran gündelik olaylarını anlamaya ne zihnimiz ne de yüreğimiz el vermiyorken bir de üzerine Yay burcunda gerçekleşen tutulma daha da yorucu günleri işaret ediyor. Bu tutulma ile insanlığın arasına mutsuzluk salınacak. Büyük kötüler, kötülüklerin dünyaya ve insanlığa yayılması için daha da hızlanacaklar. Sorulmamış tüm soruların cevapları aralanırken, biz yeryüzünde isimleri okumaya başlayacağız.

Köprüleri kuranlar gidince köprülerin de adı değişir.

Jüpiter'in geri gitmesi bazı olaylarla iki kere karşılaşacağımız anlamına gelirken, tüm zifiri karanlık hesapları tutan yer altı gezegeniyle kavuşum yapacak olması astroloji dünyası için büyük bir mesajdır. Biri siyahı biri beyazı temsil eden bu iki gezegen bu yıl ikinci kez kavuşacak. Tarihler 30 Haziran'ı gösterdiğinde Jüpiter-Plüton ilişkisini size her köşeden anlatmaya çalışacağım. Ancak bu kavuşumun kişisel haritalarımızdan çok toplumsal olayları, değerleri en önemlisi dinlerde ve tarihte yeri olan toprakları ilgilendirdiğini belirtmeliyim. 23 Eylül 1932 İbn-i Suud tarafından kurulan Suudi Arabistan'ın 2016'dan bu zamana yeni dünya düzenine ayak uydurmak için nelerin kimlerin üstüne bastığını göreceğiz. Dünya Suudileri ağır bir dille yargılarken kendileri de içlerinde karışacaklar. Gezegenlerin seyrine göre bu karışıklık deprem ile başlayacak. Yemen, Umman, Pakistan gibi ülkelerde çıplak gözle seyredilecek tutulma Suudi Arabistan'ın daha önce az rastlanır doğa olayları ile karşı karşıya kalacağını işaret ediyor. Ayrıca Mısır ile Suudi Arabistan'ın

Kızıldeniz üzerinde yapmayı planladığı Kral Selman Köprüsü iyice ortaya çıkarken, Mısır'ın Kızıl Deniz'deki adaları Suudi Arabistan'a devretmesinin ardından adalar için biçilen kader ortaya çıkacak.

TEMMUZ AYI TEMASI

Denizler batmaz taşar, insanlar batar!

Hancı ile yolcuyu ayıran gök kubbe şifreleri bir bir çözmeye başlarken, gündelik hayatta geldiğimiz noktaya neyin "hıncı" bu diyeceğiz. Şöyle düşünün yer yüzünde sevgi kapılarını açık tutmaya çalışan insanlıkla cehennemin kapılarını açmaya çalışan insansılar arasında ezeli bir köşe savaşı başlıyor. Temmuz ayı ise sözün neresinden başlasak az kalır dedirtiyor. 2020 yılının en can alıcı olaylarını ardı ardına duyacağımız, yaşarken de hissedilecek 3. tutulmayla aralıyoruz bu ayın gündemini.

5 Temmuz 2020'de geçekleşecek Ay tutulması Oğlak aksında ruh bulurken bu aks üzerinde sonuncu tutulma olduğu için daha güçlü olacak. Türkiye'nin natal haritasında Oğlak tutulması çok önemli çünkü ülkemizin natal haritasında 7. evini temsil ediyor. Yengeç-Oğlak aksındaki tutulmalar jübile yaparken 2019 Ocak ayından bu zamana yaşananların sebeplerini de ortaya dökecek.

İnsan düşünceye sığmayacak kadar yücedir.

Astroloji de 7. ev ülkelerin iç meselelerini temsil eder. Bugüne kadar ülke olarak hangi sorunları çözmüşüz ya da çözümlerimiz yarım kalmış hepsini belgeleriyle öğreneceğiz. Ay tutulurken Satürn-Oğlak burcuna geri gelmiş olacak ve Jüpiter-Plüton'la yine kavuşacak. Kavuşmaları olay, birbirlerinden uzaklaşmaları ayrı olayken bir de Retrolar sayesinde yine buluşup kavuşacak olmaları, insanlığın ne denli hoyrat bir süreçten geçtiğinin ispatı niteliğinde olacak.

Temmuz ayının içine 4. tutulma var, ucundaysa IMF!

Ülkemizin ilk kez IMF ile stand-by anlaşması yapması 1960 darbesinden sonra, 1 Ocak 1961 yılında dönemin dördüncü

Cumhurbaşkanı Cemal Gürsel zamanında gerçekleşmiş. 1961 yılında başlayan Uluslararası Para Fonu (IMF) ile başlayan ilişkimiz Türkiye'ye 49 yılda 50 milyar dolarlık kredi vermesi ile devam etti. Tam 19 kez anlaşma sağladık ve IMF'ye olan borcumuz 2013 yılında bitti. 2020 yılında tekrar gündemimize gelebilir. Bu duruma 1961 yılında yaşanan transitlerin benzerinden geçiyor olmamız neden olabilir. 1961 yılında Satürn ve Jüpiter tıpkı bu yıl olduğu gibi Oğlak burcunda hareket ediyormuş. Gezegenlerin seyri 1961 yılına vurgu yaparken geçtiğimiz yıllarda olduğu gibi bu defa IMF ile yapacağımız anlaşma klasik bir anlaşma olmayacağını işaret ediyor olmazları oldurtan 2020 Temmuz ayı!

Kumdan kurulacak sağlam kaleler...

Satürn'ün Oğlak burcuna geri gelip Ay tutulmasında rol alması yeni dünya düzeninde tanzim edilen turizmi gündeme getirecek. Ne tuhaf bir temmuz ayı derken, bir günde kaybedenler, kimin ya da kimlerin kandırıldığı belgelerle ortaya dökülecek. Her gün tırmanan kargaşada iş insanları ise kumla kaplı ülkelere kurulacak yeni şehirleri konuşacak. Peki bu şehirler kime rakip olacak derseniz; kurulurken vergi alınmayan şimdilerde ise vergi uygulaması gelen Dubai'ye rakip olacak. Gazino cenneti kurmayı düşünenler, Türkiye'deki birçok iş insanına ilaç gibi gelebilir. Turizmin yeni turistlik şehirlere kaydırılacak olması gelecekte Türkiye'de de alternatifi çıkacağı anlamına gelirken, denizleri, limanları yakından ilgilendirecek temmuz ayındaki Ay tutulması dünyada popüler olan turizm cenneti bölgelerin adresini değiştirecek.

Plütonyen tutulmanın gözlemleneceği topraklarda akla hayale gelmeyecek fantastik şehirler kurulmaya başlanırken görselleri de dünya basınına düşebilir.

Nereler olacak derseniz; Hazar Denizi'nin etrafını turizm şehri yapmak için kolları sıvamış birilerinin olduğunu öğrenirken, ekonomimizde önemli payı olan inşaat firmaları bu lokasyonlara kayacak. Dünyanın ekseni kayarken, turizm adreslerine yenilerinin kazandırılması sonra ki yıllarda da devam edebilir diyor temmuz ayı.

Ama önce 2020 Temmuz ayında Kazakistan'ın Aktau şehrinin Rusların yeni tatil mekânı olabileceğini de ön görmeden geçmeyelim. Faslıların Fransızca biliyor olması bile yeni dünya düzeninde her şeyin en ince ayrıntısına kadar düşünüldüğünü hiçbir şeyin karşımıza bir anda çıkmadığını fark edenler muhakkak olacak ve yazacak.

Büyük yüzleşmelerden geçerken korkusuz sorular soracağız.

15 Temmuz – 20 Temmuz tarihleri arasında Güneş; Jüpiter, Plüton ve Satürn'e meydan okuyacak. Çemberin karşısında oturan bu 3 jenerasyon gezegeni ülkemizin 7 köşesinde hukuksal sıkışmanın en keskin virajını hissettirebilir. Bin bir türlü olayın içinden geçeceğimiz haziran ve temmuz ayları için bugüne kadar görmezden gelinenleri artık birer birer ortaya çıkarabilir. Duymaktan öteye geçtiğimizi konuşmayı zaten geride bıraktığımızı ne olursa olsun görerek yol aldıran 2020'nin dilini hepimiz çözeceğiz. Türkiye Cumhuriyeti'nin kuruluş gününden yola çıkarsak 2020'ye kadar özelleşen tüm devlet ve askeri alanları da konuşabiliriz.

Güneş-Satürn karşıtlığı Türkiye siyasetinde son 2 yıldır yapılan ittifakları hedefine alırken Türkiye tarihinin tozlu sayfalarına bir yenisini daha ekleyebilir. 2020 Temmuz ayının yeni bir gündemi de olacak. Bugüne kadar kapatılan 28 partiye bir yenisi daha eklenebilir. En son 2009'da kapatılan partinin ardından Oğlak tutulmasının 11 yıl sonra tekrar etmesi kapatılan parti kim olacak dedirtebilir. Gezegenlerin seyri 2001-2012 yılları arasında kurulan partileri işaret ediyor.

Bir kere açılmıştı Pandora'nın kutusu!

Gezegenlerin seyri bu defa ABD'nin hedefinin adını çöl fırtınası koydukları Irak olmayabilir diyor. Yıllar sonra Satürn 2020 yılında aynı yerden geçerken kimimiz biz bu filmi görmüştük diyeceğiz. Kimimiz dünyaya hangi mesajı vermeye çalışıyor ABD derken kimimiz 3. Dünya savaşını iyice kaşıyor diye dillendireceğiz. Temmuz ayını, dünyanın kaostan beslenen ayı diye adlandırırken insan üstü teorileri üretenleri de dehşetle dinleyeceğiz. 2020 Temmuz ayı müttefik olduğumuz ülkelerin yaptıklarına seyirci kalıp kalmamak arasındaki ikilemden geçirecek ülkemizi. Türk siyasetinin uluslararası duruşu gündem olacak. Gezegenler öncü burçlarda hareket ederken tarihin inanması en güç olayları yaşanabilir. Ülke olarak siyasi tavrımızı korurken dünya için neden önemli olduğumuzu bir kez daha ortaya koyacağız. Biz denizlerimizdeki ve topraklarımızdaki sınır ihlallerini yönetmeye çalışırken limanlarımız da gündeme gelebilir. Çemberin içinde ikiye bölünen gezegenler bir yandan safları sıklaştırırken bir yandan karşıtlık yapıyor olacak. Astrolojik olarak tarihi günlerden geçerken yer yüzünde insanların sakin durma olasılığı imkânsız gibi görünüyor. 2020 Temmuz ayında yüzümüze gülenler daha önce arkamızdan iş çevirenlerin ta kendisi olurken ülkemizi ziyarete gelen ülke başkanlarıyla ilgili komplo teorileri de ortaya atılabilir.

İnsanoğlu bekasını da belasını da kendi seçer.

Türkiye'nin önde gelen limanlarıyla alakalı alınan kararlar kolay kararlar olmayabilir diyor temmuz ayı gezegen seyri. Dünya limanlarında büyük bir hızla güç dengeleri değişirken, arkasından sistematik olarak yapılan bir hareket olduğu zamanlar ortaya çıkabilir. Kimin etkisi ile olacak derseniz Neptün'ün! Neptün'ün 2026 yılına kadar Balık burcunda hareket edecek olması dünyanın göz bebeği olan boğazlardaki güç dengelerini değiştirmek için 2012'den bu yana kendi burcunda usul usul düzen kuruyor. Bu durum Türkiye'de ve Asya'da bulunan limanların tekrar tanzim edileceğini gündeme getirebilir.

Kıtaları birbirine bağlayan boğazların yönetim şekli değişebilir.

İnsanlığın ilk gününden bu zamana denizler sadece özgürlük değil, aynı zamanda ticaret yolu! 2020 Temmuz ayı Plüton ve Neptün'den aldığı cesaretle tüm dünyaya parası olanın değil stratejik davrananın boğazlarda ve limanlarda büyük anlaşmalar yapabileceğini gösterecek.

21. yüzyılda her başlık altında büyük değişikliklerden geçen dünyaya yetişmek zor olacak. Sistematik bir değişim sürecinden geçtiğini fark eden birçok iş insanı ve stratejistin diline dünyanın damarları yani boğazları, limanları düşecek. 2020'in en sıra dışı ayında turizmde yeni lokasyonlar, boğazlarda sözü geçen ülkeler, el değiştiren limanlar tabii ki dünyanın en zenginleri listesini de değiştirecek. 2020 yılının şanında zengini fakir, fakiri zengin yapmak gibi bir güç var.

Güle güle git Oğlak-Yengeç tutulmaları, merhaba İkizler-Yay tutulmaları...

Gökyüzündeki seyir 3 tutulmayla yeryüzüne ayna tutarken devir teslim töreni Şangay'dan Hayfa Limanı'na, Kızıldeniz'deki Elat kentinden Akdeniz kıyısına, Süveyş Kanalı'ndan Dovar Boğazı'na kadar sanki tarihe gönderme yapıp yeni bir sayfa açacak. Ülkeler önce hedeflerini, sonra yollarını, sonra da dengeleri değiştirmek için adım adım plan yaparken hepimiz bu duruma şahit olacağız. Boğazlar ve limanlar güç dengelerinin hedefi haline gelirken medya bize bu gelişmeleri ulaştırmayacak çünkü kendi dertleriyle uğraşmak zorunda kalacaklar.

Olacakları dizilerden, filmlerden öğreneceğiz.

Dünyanın en büyük film yapım ve dağıtım şirketlerinden olan 9 Ekim 1986 kuruluşlu Fox Broadcasting Company, Arjantin, Avustralya, Brezilya, Bulgaristan, Şili, Almanya, Japonya, Hindistan, İtalya, Meksika, Portekiz, Rusya, Güney Amerika, Orta Amerika, Sırbistan, Güney Kore, İspanya ve Türkiye gibi ülkelerde birçok kanalı idare ederken bu ülkelerdeki haber akışlarında yaptıkları değişikliğin nedenini 2020'de anlayacağız.

Geçen yıl satışı tamamlanan FOX gibi her ülkeye uzanan yapının eğlence sektörü olarak bilinen Walt Disney çatısı altına girdiğini sanırım herkes biliyordur. Uluslararası eğlence ayağının bir anda medya ayağını da bünyesine katmasının değişen güç dengelerine yardım etmek olduğu herkesin dikkatini çekmekten öteye gidecek. Seyredeceklerimizin uzantısında yol yine ABD'ye çıkacak. ABD'nin ahtapot gibi dünyaya müdahalesi her koldan devam ederken diğer ülkeler ise atak yapmakta geç kalmayacak. Gücü kıtaları aşan, tekelleşen global medyanın rakibi ise elinde telefonu olan her sade vatandaş olacak. Ama tabii seyredeceklerimiz yanımıza kâr kalacak türde olmayabilir.

Dünyanın dört bir yanında insanlık kendi haberini kendisi yaparken her dakika viral olan gelişmelerin üzerine geleneksel medya üzerine pek fazla bir şey koyamayacak. Dünya'nın gerçekleri görmesini engellemeye çalışan her türlü medya kuruluşunun en büyük derdi borsadaki değerleri olacak. Temmuz ayında darbeyi medya grupları alacak. Uluslararası arenada medya ve sinema sektörü borsada değer kaybederken, kendi panzehrini de çoktan dünyaya sunduğunu ve peşine takıldığımızı fark edeceğiz. Netflix!

2020 yılı antitezleri yıkıyor.

Bir avukatın oğlu olarak 1960 yılında Satürn-Oğlak dönencesinde dünyaya gelen Netflix'in sahibi Reed Hastings; deniz kuvvetlerinde astsubaylık yapmakla beraber Stanford Üniversitesi'nde yapay zekâ alanında da yüksek lisans yapmış. 130 ülkede inovatif bir şeklide büyüyen ve komplo teorisi içeren içerikleri ile ününe ün katan Netflix, dünyaya gerçekleri mi sunuyor yoksa toplum mühendisliği mi yapıyor sorularının cevaplarını 2020 Temmuz ayının sonunda Netflix hakkında çıkacak haberlerle alacağız. 29 Ağustos 1997 yılında natal haritasında Uranüs'ü Kova, öz burcu Aslan olan Netflix, Türkiye'nin de içinde yer alacağı bir diziyi 2020 Ağustos ayında dünyaya servis edebilir. Ne de olsa ağustos gelmeden sesi gelir diyecek sonra Netflix satılıyor mu satılacak mı kim alacak o da FOX gibi daha büyük bir ismin altına mı girecek onu konuşacağız. Netflix'in yayınladığı siyasi kurgu, ülkelerin savunma sanayisiyle ilgili hedeflerini ifşa ederken neye kime hizmet ettiği de ortaya çıkacak. Hangi savunma sanayii derseniz Suhoy Su-57 savaş uçakları olabilir diyor temmuz ayı transitleri.

AĞUSTOS AYI TEMASI

Geleceğimizi mi düşünüyorlar yoksa sonumuzu mu hazırlıyorlar?

Dünya tepeden tırnağa silahlanmaya, silaha dair her türlü konuya bulanırken dizilerde, filmlerde, belgesellerde seyredeceğiz. Kaçışı yok. 2020 yılında şifreleri çözmemizi sağlayan en önemli ayrıntılardan biri bize servis edilen ile sokakta yaşananları karşılaştırabilecek olmamız. Toplumlar iyiliğimizi, geleceğimizi bizden başka düşünen yok derecesine bilinçlenecek. Geçtiğimiz yıl G7 zirvesinde 7 lider buluşurken, 1952 doğumlu natal haritasında Uranüs'ü Yengeç Vladimir Putin'in eş zamanlı tanıttığı hava savunma silahı Suhoy Su-57'nin yaşadığımız gezegene katacağı değeri bu ay öğrenebiliriz. Güneş kendi yönettiği ateş burcunda yücelirken diğer yandan Merkür- Plüton karşıtlığıyla ağustos ayına başlıyoruz. Bu durum neye sebep olacak derseniz; ağustos ayında birbiriyle alakası olmayan sektörlerin birbirleriyle bağlantılı çalıştığı anlamamıza.

Dersimiz silahlanma, derdimiz hava sahası!

Suhoy Su-57 savaş uçaklarının kullanım alanları, zararları ve faydaları kamuoyuyla paylaşılırken farklı bir yöntem deneneceğini temmuz ayı temasında da belirtmiştim. Rusya-ABD ilişkilerini dizilerden, filmlerden takip ederken Vladimir Putin'in uluslararası toplantılarda dışlanıyor mu yoksa ön plana mı çıkıyor göreceğiz. Suhoy Su-57 savaş uçaklarını Türkiye aldı alacak derken Türkiye'nin siyasi karışıklığına, erken seçimine rağmen bu hamle önce Rusya'nın ticari reklamına yarayacak daha sonra ise Rusya'nın müttefiki olmamızın ilk adımları olarak hatırlanacak. 3 Ağustos 2020'de gerçekleşecek Dolunay bize Suhoy Su-57 savaş uçakları sahibi olmanın yolunu açabilir. Türkiye'nin F35'i yoksa Suhoy Su-57'si var diyebiliriz. 2020 Ağustos ayında Türkiye'nin Neptün'ü üzerinde etkili olacak Dolunay canımızı sıkacak haberleri de gündeme getirebilir. Uluslar yönlerini değiştirirken sadece tarihten ders almaz, jenerasyonların ön görülerinden de ilham alır diyeceğiz.

Tarihi günler tarihi anlaşmalarla nam salar.

Ağustos ayında bir diğer tartışma konumuz 100 yılını yad edeceğimiz Sevr Antlaşması olabilir. Takvimler 2020 Ağustos ayını gösterirken bize I. Dünya Savaşı sonunda 10 Ağustos 1920'de Osmanlı Devleti ile İtilâf devletleri arasında imzalanan antlaşma gündeme gelebilir. İnternet arama motorlarında en çok aranan, Sevr Antlaşması'nı anlamaya çalışırken, testi misali yüz yıldır içinde ne saklıyorsa ortalığa sızabilir. Sevr Antlaşması'nın 100. yılında insanımızın üslubunun da coğrafyasının yazgısının da 100 yıl geçse de yine konuşulduğunu göreceğiz. Olayların akışı geçtiğimiz yaz tam bugünlerde güvenli bölge adı altında haberlere yansıyan karelere kadar götürebilir hepimizi...

2020'nin astroloji birleşenlerinde toprak burcunun hükümdarlığında süregelen dönemin bitmek üzere olduğunu ağustos ayında anlamaya başlayacağız. Jüpiter ve Satürn döngüleri kimlerin öne çıkacağını kimlerin geride kalacağını anlatmak isterken aslında başlayan yeni çağa ayak uyduranları da görmemizi sağlayacak. Herkesin doğum tarihi olduğu gibi kurduğu şirketin de tarihi vardır. Jüpiter ve Satürn hareketi kişinin veya kurumun kapasitesini daha sonraki yıllarda pozisyonu ile ne yöne gideceğin anlatır. 2020 yılında koltuklarından inecek başkanlar görebiliriz. İçlerinde sürpriz isim olacak mı derseniz; evet çok şaşıracağınız, koltuğunu bırakmaz dediğiniz isimleri dünya arenasından ayrılırken göreceğiz.

Dünya 10 milyar insan olma yoluna doğru gidiyor.

Türkiye son aylarda ticaret bakımından zorlandıkça tıkandı, tıkandıkça birbirimizi kırdık. Ağustos ayının ön izlemesinde fırtınanın uğultusu devam ederken içimizde itiş gücü de olacak. Ülkemizin yarısı öldürmeyen acı diriltir misali hareket edecek. 7 yıldır bir türlü aradığı hızı yakalayamayan enerji sektörü 2020 yılında ivme kazanabilir. 30 yıldır kentsel dönüşüm ve inşaat ile uğraşan Türkiye bu sefer 7'den 70'e her köşede dönüştürülen enerjiye kafa yoracak hatta uygulamaya koyacak. Devletin desteği ve teşvikiyle ayağa kaldırılmaya çalışılan enerji sektörü özel sektörün de hedefi olacak. Ülkemizin rüzgâr alan bölgelerinde rüzgâr santralleri sayısı artabilir. Ülkemiz, 2020 Ağustos ayı itibari ile enerji, elektrik ithalatını neredeyse bitirme noktasına getirebilir. Satürn, Oğlak burcunun son derecelerinde yeni bir sinerji yayarken yeryüzünde enerji temel konuların arasında yer alacak. Rusya dünya enerji sektöründe dünyanın köşe taşlarında biri olduğunu da hatırlatacak.

Yeni dünya düzeninde taşlar yerinden oynayacak. Gaz piyasaları, dünya piyasasının ticari ilişkilerini değiştirirken Katar, Avustralya ve ABD için öngörülemeyen günler yaşanabilir. Bu ülkeler enerji üretiminde hız kesmeyecekler ancak pazarlarına ülkemizin de ortak olması stratejilerini değiştirmelerine neden olacak.

Her geçen gün artan insan sayısı, yeni çözümler aramamıza neden olacak.

Gelişen teknoloji, yarışan ülkeler, ayrışan toplumlar, artan ekonomik sıkıntı, coğrafya olarak yaşadığımız kadersizlikler yeni dünya düzeninde Türkiye refahını kendi topraklarının altından tayin edecek diyor gezegenlerin seyri. Ağustos ayı doğal kaynaklar sayesinde yönümüzü değiştireceğimizi vurguluyor. Ekonomiye can suyu olacak enerji ve gazlar komşulara muhtaç olma döngüsünü de kıracak.

Enerji ile jeopolitik konular ayrışacak mı yoksa daha da mı karışacak?

Bu soruların cevabını 2020 Ağustos ayının ikinci yarısında 19 Ağustos 2020 tarihinde gerçekleşecek Yeniay verecek. Öncelikle Güneş kendini güçlü hissettiği burçta Yeniay'a eşlik ederken

Mars'ta Koç burcunda yani kendi yönettiği burçta kâinata karşı kılıç kuşanıyor olacak. Bu demektir ki gezegenlerin çoğu kendi yönettiği burçta hareket ederken yeryüzüne yeni bir kıvılcım düşecek. Kıvılcımın adı da jeopolitik konular da keskin ayrışmalar olabilir. Bu ayrışmanın ucu nereye dayanır derseniz, NATO'ya!

4 Nisan 1949 yılında kurulan natal haritasında öz burcu ve Mars'ı Koç, Satürn'ü Aslan olan NATO jeopolitik konumları kullanmaya başlayabilir. 4 Nisan 1949 ile 19 Ağustos 2020 yıllarının sinastri haritası anlatılmaz seyredilir tadında çıkıyor. NATO bazı ülkelere yaptırımda bulunurken jeopolitik konularda ve sınırlarda söz geçirmek isteyebilir. NATO'ya bağlı ülkeler, kendi içlerinde bazı ülkeleri dışlayabilir. Deyim yerindeyse evlat ayrımını artık daha keskin bir şekilde yapacak.

Mars, Mars olalı kendi yönettiği burçta bu kadar uzun süre kalmadı derken tüm astrologlar, 28 Haziran- 7 Ocak 2021 tarihleri arasında NATO'dan ayrılan ülkeler göreceğiz.

Avrupa Birliği dağılırken ardından NATO'da mı dağılacak?

Elbette hiç şüpheniz olmasın diyor gezegenlerin seyri. Sebep olarak da maddi zorluklar içindeki ülkelere bakmak istemeyen ülkeler önce kendi topraklarını sonra iç refahını korumak adına keskin bir viraj alacak. 1993 yılında Satürn-Kova döngüsünde kurulan Avrupa Birliği'ne ilk veto, 10 milyar nüfusa doğru giden hızlı artıştan kendisini korumak isteyen İngiltere tarafından geldi. Avrupa Birliği gerçekten mi dağılıyor yoksa dağılmanın arkasına saklanıp kendi ordusunu mu kuracak işte bunun cevaplarını bu yılın son ayları verecek. Size küçük bir hatırlatma notu bırakmak istiyorum buraya; tüm 1993'lüler gibi Avrupa Birliği'nin natal haritası güçlü ve bireysel kararları destekliyor. Bir taşla üç kuş vurmak isteyebilir, iç içe karışmış yasalar ve yaptırımlardan top yekûn kurtulurken asıl hedefinin de Akdeniz olduğunu ortaya çıkarabilir.

Dünya'nın yükü ağır.

İngiltere'nin yeni Başbakanı Boris Johnson'ın Brexit'ten ayrılık fermanını imzaladıktan sonra yaşanan süreci hep birlikte izledik. Ali Kemal'in torunu olarak bildiğimiz Boris Johnson sizce kraliçe ile birlikte İngiltere'nin Brexit'ten çıkma isteğini yerine getirmek için mi apar topar erken seçimle getirildi? Onun adı Kraliçe Elizabeth gitse de ardında büyük planlar bırakır. Merkür -Plüton karşıtlığı ile başlayan ağustos, Venüs- Jüpiter karşıtlığı ile viraj alıp Merkür -Neptün karşıtlığı ile ayı kapatacak. Hızlı hareket eden gezegenler jenerasyon gezegenlerine karşıtlık yaparak yeryüzüne manyetik dalgalar yayacaklar, bizler de böylece büyük devlerin büyük hesaplarını okuyacağız. Dostlar düşman, düşmanlar dost olurken müttefiklik kalmayacak.

Uzun soluklu bir barış istiyorsanız savaşa hazır olun.

2020 Ağustos ayında birçok devlet eteğindeki taşları dökerken, ardı ardına yıkılan yapıları konuşacağız. 4 Nisan 1949 kuruluşlu NATO'nun ipini Avrupa Birliği'nin dağılması çekerken, yeni bir ordunun kurulacağının da ayak seslerini duyabiliriz. Fransa, 30 yılda bir farklı bir ruha bürünüp kendini tekrarlarken, 1959-1961 yıllarından feyz alacak. O günlerle bu ayı aynı yapan Satürn-Oğlak transiti 2020 yılının her köşesinde aslında farklı bir yaygara koparıyor.

1960'lı yıllarda nükleer silah geliştirip, test eden dördüncü ülke olan Fransa'nın ne yapmak istediğini anlamak kolay olmayacak. 1995 yılında Nükleer Silahların Yayılmasını Önleme Antlaşmasını belirsiz bir tarihe uzattığı ruhundan mı feyz alacak, yoksa 1960'lara atıfta bulunurcasına Akdeniz'de tatbikat adı altında olay mı yaratacak derseniz; gezegenler olay yaratacağını işaret ediyor.

Burada size ünlü Amerikalı stratejist Zbigniew Brzezinski'nin AB projesi ve Avrupa entegrasyonunda tarihe geçen ilginç bir sözünü paylaşayım "Avrupa entegrasyonu projesiyle Fransa reenkarnasyon, Almanya ise günahlarının affedilmesini amaçlamıştır".

Herkes oyunun içinde, oyunun dışında kalan yaşamıyor.

Bizim toplumumuz da "bir şeyi 40 kere söylersen olur"

diye bir söz vardır, bunu hepimiz biliriz. 1950'lerde Avrupa'nın gündeminde olan ortak orduyu kurmanın günümüz şartlarında mümkün olup olmadığının cevabını bize 2020 yılı verecek. 1950 yılında Uranüs Yengeç burcunda hareket ediyordu. 2020 Ağustos ayında ise Plüton ve Satürn Oğlak burcunda hareket ediyor. Yani 1950 yılında doğanların, kurulan yapıların natal haritasında Uranüs'üne meydan okuyacak.

2018 yılını yorumladığım *'Dünya Değişiyor'* kitabımda Satürn'ün Oğlak burcundaki seyrinden bahsetmiş, dünyaya yeni tohumlar ekildiğini anlatmıştım. O tarihlerdeki haber arşivini incelediğinizde Emmanuel Macron'un Avrupa'da 1. Dünya Savaşı'nın sona ermesinin 100. yılı etkinliklerinde 70 dünya liderinin katıldığı bir konuşmada ortak ordu söyleminde bulunması astrolojiye göre tesadüf değil. Kulağa gerçekten garip geliyor. Buradan şu ara başlıkta çıkıyor, hiçbir lider ruhuna göre hareket etmiyor, hesaba göre hareket ediyor. Neyin hesabı derseniz; yeni dünya düzeninin tanzim edilen hesabı!

O yüzdendir ki Avrupa'nın bu ay hatta bu yıl itibari ile ortak ordu projesi hayata geçirilmeye adım adım başlanabilir. Biz ise yararını, zararını müzakere ederken tüm sosyal medya alanlarında asıl düşünmemiz gereken sorun olarak karşımıza mülteci sorunu çıkarabilir.

Ülkelerin motivasyon kaynağı toplumların tepkileridir.

Avrupa ortak ordu düşüncesi ile hareket ederken, her Avrupalı genç tüm imkanlarını bırakıp orduya mı yazılacak ya da para için, milliyetçi duygular için robotlaşma çağında üniforma mı giyecek? Astrolojinin bu sorulara da verecek cevabı var. 2020 yılında bir ordu kurulacaksa ki kurulacak, askerleri mülteciler olacak.

2011'de başlayan Suriye savaşı, yerinden yurdundan edilen 17 milyondan fazla insan!

Dünyaya dağılan ve artık mülteci olarak adlandırılan Suriyelileri, Avrupa dikenli tellerin arkasında tutmaktan vazgeçecek. Ağır işçilik gerektiren işlerde mültecileri kullanmayı tercih ederken gerekirse mültecilere hayatlarını tehlikeye atacakları görevler de verecek. Bunun yanı sıra tabii ki kendi vatandaşlarını en üst düzeylerde konumlandırmayı tercih edecek. Bu fikir kimilerine ilham verirken kimileri tarafından Avrupa iki yüzlülükle suçlanacak.

Bazı tarihlere kan bulaşır ve geleceğini kimse okuyamaz.

15 Mart 2011'de Uranüs Koç burcuna geçerken, Tunus'tan başlayıp pek çok Ortadoğu ve Kuzey Afrika ülkesini etkisi altına alan "Arap Baharı", "darbe, karşı devrim, iç savaş ve dış müdahalelerin" etkisiyle coğrafyasında değişiklikleri nereye getirmek istediğini tüm dünya bu ay görecek. 2020 Ağustos ayında Avrupa jeopolitik değişimin ekseninde dönmeye başlarken sokaklarında örgütler, yasal olmayan gösteriler yaparken, her kesimden insanı rehabilitasyona tabi tutup kazanamayacağını anlayacak. Ağustos ayında Türkiye'de palazlanmaya çalışan partileri konuşurken, mülteci konularında atarlı olabiliriz. Avrupa'ya kapıları bir kere değil birden fazla kez açarak dünya gündemine bol bol gelebiliriz.

Taht dediğin tahtadan yapılma tuzaktır.

Ağustos ayının son günlerinde gerek Akdeniz'de gerek ülkemizin kıyılarında yine mültecilerin yaşam koşulları, dramları konuşulurken toplumlar üzerinde de ağır baskı oluşabilir. Siyasi liderler, bir insanın acısını değil milyarlarca insanın sesini duymak zorunda kalacaklar ve samimi olmayan açıklamaları ile tepki çekecekler. Bu süreçte kalbi geniş sosyal medya devleri ve ünlüleri dünyayı sorumluluk almaya, örgütlenmeye çağıracak. Sosyal medyada yaşanacak etkileşim dünyada anlık olarak en çok konuşulan konu haline gelecek. Ne fikir üretsek kaybolan dijital dünyada ilk defa dev bir yardım kuruluşunun temelleri acının en sert halinden ders alarak atılacak diyor 2020 yılı. Merhametli insanların sayısı her geçen gün artarken zırhlanmaya çalışan devletlerin karşısında olacaklar. Bir şerden bin hayır açılır misali dünyanın merhametle çırpınan kalpler sayesinde döndüğünü de

2020 yolculuğunu belki okurken değil ama yaşarken derinden hissedeceksiniz. Tüm bu gelişmeler yaşanırken uluslararası yardım kuruluşları da hedefte olacak. Siyasi amaç gütmeleri belki kimse için hayal kırıklığı olmayacak ancak büyük bir çöküşün de başlangıcı olacak.

Sağır olan dilsizdir, çünkü anasından işitmemiştir.

7 Nisan 1948 yılında kurulan burcu Koç, devrim gezegeni İkizler olan Dünya Sağlık Örgütü'nün gerçekten dünyayı bilinçlendirip bilinçlendirmediği de bu ayın gündeminde yer alacak. Güneş, Başak burcunun ruhuna bürünürken dünya basını dev skandallarla dolup taşabilir. 2020 Ağustos ayının son günlerinde salgın hastalıklar gündeme gelecek.

Dünyanın gündemi yaygınlaşmaya yüz tutmuş tam olarak duyurulmayan bir salgın türü ile değişirken, Dünya Sağlık Örgütü eleştirilerin hedefi olacak. Hatta ülkeler arası ayrımcılık yaptığı da ortaya çıkacak. Salgının eş zamanlı birçok ülkede belirmesi değişen iklim hastalığı olarak literatüre bile geçebilir.

EYLÜL AYI TEMASI

Dünya, gözlerde ve kalplerde merhamet kuruyana kadar dönecek.

2020 yılında göz görmeyince gönül katlanır sözü geçerliliğini yitiriyor. Tarihte az görünen duymanın, hissetmenin ötesinde bir süreçten geçmeye başladığımızı daha yılın ilk günlerinde ülkemizdeki hararetli olayları seyrederken anlamıştık aslında... 2 Eylül 2020'de gerçekleşecek Balık burcundaki Dolunay göreceklerimize yenilerini ekleyecek.

Vakıflara, derneklere bağlı kursların geleceği değişirken maalesef çocuk istismarına adı karışan yapılarla da karşılaşabiliriz. Çocuk istismarı karşısında ölüm sessizliğine bürünen yönetim bu defa ağır yaptırımlarla sahneye çıkacak. Özellikle izinsiz, ruhsatsız açılan, dini kullanarak kurumsallaşmaya çalışan yapılara ilk defa ezici yaptırımlar getirileceğinin haberciliğini de yapacak Balık burcunda gerçekleşecek Dolunay. Mücadele gezegeni Mars'ın da Koç burcunda yavaşlamasıyla önüne kattığını götürecek yasalar, yaptırımlar kurallar gündeme gelebilir. Son yıllarda kapanan dershaneler, açılan kurslar derken her şeyin birbirine karıştığı, siyahın beyazı kirlettiği günleri de arkamızda bırakacağız. Bu yapılara karşı ilk defa güçlü müdahaleler yapılacak. Mars'ın uzun yıllar aradan sonra kendi burcunda 6 ay gibi bir süre kalıp 9 Eylül'de sahneye çıkması acımayanları acınacak hale getirecek.

Işığın karanlıkla yaşayamayacağını anlayacağız.

Türkiye'nin natal haritasında, Chiron 18 derece Koç burcunda konumlanırken, bu ay ise Chiron gökyüzünde 8 derece ile konumlanıyor olacak. 9 Eylül'de yeri göğü inletecek Mars gerilemesi başladığında ise 28 derecede olacak. Mars önce anın haritasında şifacı gezegeni sonra Türkiye'nin natal haritasında Chiron'u yakalamaya çalışacak. Chiron, 1977'de keşfedilen ve Satürn, Uranüs gibi zor iki gezegenin arasında duran bir kuyruklu yıldızdır. Yaraların nereden geldiğini, kimseyle paylaşılamayan günahların ve korkuların ne boyutta olduğunu temsil eder. O yüzdendir ki savaşçı gezegenin bu asteroitte gök kubbede kovalamacaya tutuşması çok önemli. Ülkemizin haritasında 11. ve 5. evini etkisi altına alacak. Bu durum çocuklarla ilgili konuları gündeme getirirken sapkınlıklara varan olaylar zincirini de bir gecede ortaya dökebilir. Tarihe not düşecek günler yaşayabilir ülkemiz...

Yüzleşmeler, şoklar ardı ardına yaşanırken toplumuzda da büyük bir çıkış tetiklenecek. Çocukları ve gençleri hırpalayan her türlü yapıya, kişiye ağır yaptırımlar uygulanmaya başlanacak. Hastanede yeni doğan bölümünden, eğitim sisteminde sıkışıp kalmış gençlere kadar yelpazeyi geniş tutacak Mars'ın geri hareketi. Çocuklara dair her türlü konu masaya yatırılıp irdelenirken ülkemizin 5. evini yeniden tasarlayacak. Eğitim kursları, dershane açmak zorlaşırken Mili Eğitim Bakanlığı da büyük bir dönüşüm yaşayabilir. Geliştirecekleri yeni eğitim sisteminde eğitimi tasarlama ve uygulamada şeffaflık ve açıklığı ön plana almak için çırpınırlarken tozu dumana karıştıkları günlere denk gelmesi ise yine tesadüf olmayacak. Mars Retro'su 67 gün boyunca yılların intikamını alırcasına hareket edecek. Retro toplumlara aksiyon aldırırken, yöneticilerimize de gün gelecek gaf yaptıracak gün gelecek destek aldıracak. Harekete geçmekte geç kaldığımız çocuk istismarı konularına ağır cezalar gelirken toplumun algısında yıldırıcı etki bırakacak. Kimyasal cezalar bu süreçte konuşulurken, bebeklerin ve çocukların her türlü hakları tekrar hep bir ağızdan konuşarak, tartışarak tasarlanacak.

Korkan yürek aynı sularda bir daha yüzmez!

Gürültüsü dünyanın her köşesinde duyulacak eylül ayı 1988 yılının haziran ayına götürecek bizi. Mars, yıllardır yüreğimizin burkulduğu yerleri tek tek tamir ettirmek için var gücü ile gaza basacak. Olduramadığımızı olduracak, öğrenmediğimiz ne varsa bu dönemde öyle ya da böyle öğretecek.

Astroloji dünyasında savaşı, mücadeleyi gerekirse kavgayı, çekişmeyi temsil eden Mars kendi liderliğini yaptığı Koç burcunda geri hareket ederken hepimize olaylar nasıl bu kadar tersine döndü dedirtecek. İmkânsız gibi görünen her şey bu 67 gün içinde ruh bulabilir. Mars Retro'su özellikle Türkiye'nin önde gelen başkanlarını yakından ilgilendirecek. 21 Ağustos'tan bu zamana Güneş, Başak seyri 1948 yılını mercek altına almıştı. Devlet Bahçeli'nin arkasında bıraktığı kararları uygulayanlar da bir bir partiden ayrılırken, eylül ayında bundan 3 yıl önce neyi konuşuyorlardı şimdi ne yapıyorlar dedirtebilir. Komplo teorilerinin, asparagas haberlerin havada uçuştuğu eylül ayını yaşarken, 1948 yılının başında doğan Devlet Bahçeli'nin Ay burcu ve Mars'ı natal haritasında Başak burcunda konumlanıyor. Bahçeli'nin ardında kalanlar bir köşede didişirken, 2020 yılının sonbahar akşamları son dakika haberlerle dolup taşacak. Devlet Bahçeli ve Kemal Kılıçdaroğlu'nun 1948 doğumlu olması aynı anda aynı kaderi yaşayacakları anlamına gelmez. Ay burcu Yengeç olan Kemal Kılıçdaroğlu Satürn'ün Oğlak'ın son derecelerindeki seyrinden en çok etkilenenlerden olacak. Asker kökenli bakanlardan birinin diline düşebilir. Aynı zamanda sağlık sorunları ile sınanabileceğini işaret ediyor gezegenlerin seyri.

Ülke gündeminde birlik beraberlik mesajları verilirken, son 2 yıldır partilerin içindeki ayrışmalar ve ayrılmalar en keskin virajları alacak. Bu süreçte CHP'ye katılan yeni yüzler de olabilir. Tarihte az görülen partiler arası transferler bir gecede yaşanırken eylül ayının dünyanın kalbi için aktığını Türkiye'nin önde gelen kurumlarındaki isimlerin ani değişikliklerini gördükçe bambaşka bir sonbahardan geçtiğimizi düşünebiliriz.

Ülkemizin en önemli kurumlarındaki değişim rüzgarları 2020 yılının son günlerine kadar sürecek. Barolar Birliği Başkanı'ndan tutun da Borsalar Birliği hatta Kızılay gibi önde gelen kurumların yönetim kadroları değişimlerden geçecek diyor jenerasyon gezegenlerin eş zamanlı atağı.

Ülkemizin üzerindeki etiketler kalkıyor.

Eylül ayına videolar ayı desek yeridir. Dünyada ırkçılığı, Türkiye'de milliyetçiliği had safhalara getirecek videoların, paylaşımların olayların ardı arkası kesilmeyecek. Böylece her sıkışmanın bir aydınlığa hizmet ettiğini fark edeceğiz. 2020 Eylül ayında tarihe atıfta bulunacak başka bir konu da Türklerin dünyada gördüğü sınıf farklılığı olacak. Sınıf farklılığı, ayrımcılık gibi davranışlara maruz kalıp Türklere bugüne kadar yapılan yakıştırmalar, yaftalamalar hatta soykırım lafları bile ortadan kalkabilir. Kâinat, zamanı öngörülemeyen olaylara doğru bükerken, uluslararası arenada gördüğümüz sınıf farkı muamelesi kapanmaya başlayacak. Nasıl olacak derseniz; kendi içinde onlarca çarpışma gören Anadolu'dan çıkacak kıvılcım sayesinde! Anadolu'yu dünyada hiç sönmeyen ateş olarak da düşünebilirsiniz.

Her 1000 yılda başlayan devinimin ilk kıvılcımı ortaya çıkarken, dünyaya yayılan manyetik alanın kaynağının Türkiye olduğu keşfedilecek. Yine kavim enerjinin aslında topraktan çıktığını fark edeceğiz. Dünyada sadece arkeologlara değil dinlere de yön verecek ateşin kıvılcımı bu sefer bizi yakmayacak, aydınlatacak. Kıvılcım denilen şeyin ilki canınızı yakan ateş parçası diğeri ise aydınlıktır. İnsanın yaratılışı 7 safhada oluşmuş, doğduğumuz günde ay ve yıl 7 ayrı duyguyu, 7 ayrı gizemi barındırır. Dünyamız ise 7 ayrı gezegenden etki alır. 2020 şifreleri Doğu Anadolu'da çözülürken 1000 yıl da bir açılan enerji açığa çıkacak. Bölgenin en önemli akarsuları; Fırat ve Dicle nehirleri Güneş- Neptün karşıtlığında masal gibi gelen bu sözleri hepimize hatırlatacak.

2012'den bu yana 9. kez Güneş'in Neptün'e çemberin içinde iki semazen gibi karşılıklı durup selam vermesi aslında 168 yılda olan bir gökyüzü olayı. Bu seyir dünyanın kalbi için çok önemli. Dünya somutu soyuta dökmek için var gücüyle dönerken, dünyanın gözü Anadolu'ya çevrilecek, bizde en büyük hazinemizin neresi olduğunu öğreneceğiz.

Haklı hakkını er ya da geç alır.

En eski uygarlıklara atıfta bulunacak 2020 yılı, Anadolu'nun altından dünyanın asıl sahibinin kim olduğunu anlatırcasına 21. yüzyıla ışık tutacak. Fırat ve Dicle, bir ipin iki ucu vardır kimse göremez ama gün gelir o uçlar bağlanır misali 1000 yıllık yeni kaderini yazacak. 2020 Mars gerilemesinin Neptün'e meydan okuması derken insanlığı Ziggurat kavim bilgilerine götürecek.

Ziggurat, Antik Mezopotamya vadisinde ve İran'da terası bulunan piramitlere benzeyen tapınak kulesidir. Zigguratlar eski Mezopotamya'da Sümerlerde, Babillerde ve Asurlarda bir çeşit tapınaktır. En eski Ziggurat örnekleri MÖ 4000'li yıllara aittir. En üst katında ilahi tapınağın sunağı bulunan, etrafından dönen merdivenle çıkılan, rasathane olarak da kullanılan, Mezopotamya kültüründe görülen tapınaklar toprağın yüzeyine çıkarken insanlığı da zaman yolculuğuna çıkaracak. Bu durum sadece arkeologları ve turizm sektörünü ilgilendirmeyecek, 1000 yılda bir yeryüzü ile iletişime geçecek titreşim bu yıldan sonra tarih kitaplarında da yerini alacak. 2020 yılının geçmişle geleceğinin buluştuğu yılın adı olduğunu da birçok tarihçi dile getirecek. Bütünden bakarak bu durumu astroloji nasıl tarif eder derseniz; dünyanın her köşesinde hissedilecek titreşim, aslında doğum sancılarının başlayışı olarak da düşünülebilir. 2020 Mars Retro'su masallara, filmlere konu olan hikâyelerin gözlü görülür kanıtlarını ortaya çıkarırken, gizli bilgilerin, tapınakların da yeryüzüne çıkış tarihlerini bile kendileri seçtiklerini hiçbir zaman çoğunluk fark etmeyecek. Sizin gibi astroloji severlerin, göklerin yerle bir düzende aktığını çok iyi hissedenlerin sayısı da artacak. Farklı perspektiften bakanlar ise ışık hızında bir yüzyılda olduğumuzun adını koyacaklar. Eğer her şey ışık hızında ise aynı zamanda birçok şey oluşacağı anlamına da geliyor. Bu ahitlerin, içinden çıkacak hazineler sadece bizim ülkemizle sınırlı kalmayacak. Sınır komşumuz Bulgaristan'ı da ilgilendirecek. 2012- 2016 yıllarında yaşananlar gibi Bulgaristan'da da kiliseler, ahitler, taçlar hatta din kitapları ortaya çıkacak. Hangi uygarlıklara ışık tutacağını ise o gün geldiğinde göreceğiz. Bulgaristan'ın topraklarının altıdan çıkan üstündekileri sevindirirken, kendi halkının asli sorunları da daha sert bir şekilde ifade edilmeye başlanacak.

Ayna ve terazi hiç yalan söyler mi?

Bulgaristan 2020 yılında sevinçle üzüntüyü aynı anda yaşayan ülkeler arasında yer alacak. Yaşlı nüfusunun yüksek olduğu bu ülkenin sokağa dökülme şekli de ölüm şekilleri de çok konuşulabilir. Bulgaristan, Avrupa Birliği'ne en son dahil edilen ülkeler arasında yer alıp Avrupa Birliği dağılırken ilk üzülen hatta Avrupa Birliği'nden ağır yaptırımlar gören ülkeler arasına girebilir. 9 milyon nüfusa sahip olduğu lanse edilen ülke, 3 yıl önce 7,102 milyon nüfusa düşmüş. Nüfusu her geçen gün azalan, genç nüfusu Avrupa'ya göç eden Bulgaristan'ın artık kocaman bir köy konumuna düşmesi ise an meselesi olacak.

Komşu komşunun külüne muhtaçtır sözü ise tam burada yer alacak diyor Mars gerilemesi. Bulgaristan, eski tarihine atıfta bulunurcasına ülkesinde yaşayan Türklere birçok konuda kolaylık sağlayacak. Dara düşenin derdini dara düşen anlarcasına kendi içindeki yokluğu, zorluğu kendi çabaları ile aşmaya çalışan Bulgaristan kendi göbeğini kendi keserken geçmişte yürüdüğü yollardan bir daha geçmeyeceğini de gösterecek. Bulgaristan-Türkiye ilişkileri Avrupa'da çok konuşulurken, sınır komşuları tarihte yaşananlara inat birbirlerine kol kanat gerecek. Bu dayanışma sadece iki sınır kapısı arasında da olmayacak. Neptün'ün seyri denizler arası gelişmelerin de yaşanacağını işaret ediyor.

2 yıl önce Fransız enerji şirketi Total, ortakları OMV ve Repsol ile Bulgaristan kıyılarında petrol ve doğalgaz aramaları için üçüncü bir kuyu açma çalışmalarına başlarken bu yıl işin içine Türkiye'yi de dahil etmek zorunda kalabilir.

Bir ülkenin geleceği bir günde değişmez ama, bir günde tarih tekerrür eder.

Gelmiş geçmiş tüm siyasetçilere atıfta bulunacak gelişmeler yaşanırken, "bunlar zamanında neden olmadı ya da oldurulmadı diyeceğiz. Makus talihimizin döndüğüne inanırken yolumuz açılacak. Tarihler 2020 Eylül ayını gösterirken 18 Şubat 1952'den bu yana yaşadıklarımızı bir filmi şeridi gibi düşünmemizi sağlayacak yapının adı ise NATO olacak. Bu yapının kökleri hırpalanırken hedefine alacağı ülkeler arasında biz de olacağız. Terazinin iki ucuna ağırlık koyduğumuzda bizi yoran tek şey dengelemektir. NATO'nun eziyetlerinin de bu cinsten olduğunu fark edeceğiz. Komşu ülkelerimizin hem natal haritalarına hem de NATO'ya katıldıkları yılların haritalarına 2020 üzerinden baktığımda çıkan sonuç olası savaşı ayıracak yapının aslında savaş tohumlarını ektiği.

NATO, Bulgaristan-Yunanistan-Türkiye üçlemi yaratmaya çalışsa da Bulgaristan son 30 yıldır yaşadıklarından pay çıkarmışçasına Türkiye ile bağını bozmak istemeyecek. Fakat dünya atlasında Türkiye ve Yunanistan'ın düştüğü toprak burcu Başak, her iki ülkenin de NATO'ya giriş tarihi 1952 yılı. Bu durum iki ülke karşı karşıya geldiğinde NATO'nun taraf tutması ile sonuçlanacak. 2020 Eylül ayında son dakika haberleri olarak Akdeniz'deki sıcak gelişmeleri takip etmek zorunda kalabiliriz. Şunu da belirmek isterim ki Yunanistan-Türkiye didişmesi 2020 yılında birçok kere olabilir diyor astroloji seyri... Bunun sebebi ise Türkiye artık petrolünü kendisi çıkaracak. Size burada 2016 Mart ayında yaşanan tutulma yazımdan bir paragrafı paylaşıyorum.

"OPEC nedir? Gezegenlerin adaletinden ilk nasibini alacak uluslararası bir denge şirketi diyelim. Gezegenlerin adaletini mesajlarla görmeye çalışırız. Bünyesinde yer alan ülkeleri göz önüne alırsak, bu ismi özellikle veriyorum. Çünkü kuruluş tarihi ve etkili olduğu tarihler belli bölgelerin finansal geleceğini anlatıyor. Bu kurumun, dünya piyasalarına ve borsaya etkisini yakın zamanda görebiliriz. Dünya petrol üretiminin denetimini elinde tutan ve dünya petrol üretiminin yaklaşık yarısını sağlayan OPEC ülkeleri ham petrol rezervlerinin üçte ikisine ve doğalgaz rezervlerinin de üçte birine sahiptir. Bu sebeple dünya petrol piyasasında zaman zaman etkili olmaktadır. Eylül 1960'ta kurulmuş. İlk olarak ham petrol fiyatlarındaki düşüşü durdurmak gayesiyle Venezuela'nın teklifiyle kurulan teşkilata Venezuela, İran, Irak, Suudi Arabistan ve Kuveyt katılmış. Daha sonra sırasıyla Katar, Libya, Endonezya, Birleşik Arap Emirlikleri, Cezayir, Nijerya, Ekvator ve Gabon da katılmış. " Bu ülkelerin sıkıntıları, dünyanın derdi olabilir demek için bu örneği verdim. Unutmayın gökyüzü bir dizi seri olaydan geçiyor, biz onun altındayız. Aslında filme kimin sponsor olduğunu iyi görmeye çalışırsak, bir de tabi sözleşme maddelerini incelersek, yakın tarihlerde çekilecek filmin konusunu tahmin edebiliriz. Eğer bu dev prodüksiyona bizim ülkemizi de içine çekmeye çalışıyorlarsa yer altı kaynaklarımıza ulaşmaya bir adım kaldığını düşünüyor olabilirler.

Bu sözleri yazdıran 2016 gökyüzünde toprak tutulmaları söz konusuydu. Şimdilerde ise toprağın en güçlü burcunda dizilim ve Retro yapmış gezegenlerin altındayız. OPEC, Eylül 1960'da Bağdat, Irak'ta kurulurken Satürn Oğlak burcundaydı tıpkı 2020 yılında Satürn-Oğlak burcunda olduğu gibi...

Petrol yataklarının dibi görünürken, köşeleri tutanlar yok olacak.

OPEC'in dengeleri nasıl bozduğunu, elinin uzanmayan ülkeleri bile içine almaya çalıştığını fark edeceğiz. Geçtiğimiz yıl dünyanın en önemli petrol rafinerisi olan Katar'ın ayrılma kararını açıklamasının ardından bu yıl OPEC'in Türkiye'nin kapısına dayanması da tesadüf olmayacak. Aslında 2020 yılında her türlü oluşumun arka mutfağında büyük bedeller de ödettiğini öğreneceğiz.

Biz niye bunları devamlı konuşuyor, yaşıyor olacağız derseniz Satürn Oğlak burcuna geri geldi! Gör diyor!

Halkanın içinde kalmak her zamankinden zor olurken, bugüne kadar gelen tüm enerjileri dağıtan Jüpiter, Plüton ve Satürn önüne kattığını yıkmayı planlıyor. Hem de tüm dünyada! Tarihler 28 Eylül'ü gösterdiğinde Satürn düz seyrine geçerken, Plüton ile son kez yaklaşmış olacak sonra ağır harman geç kalkar misali dünyaya yeni gündemler sunacak. Yeni oluşumlar, yeni yapılanmalar, yeni liderler, yeni isimler yeni yüzler... Ama önce koltuktaki, gündemdeki, uluslararası arenadaki köşeleri tutmuş kişileri, yapıları ve kurumları bozguna uğratacak.

İbret almayan ibret alınacak hale düşer!

1 Temmuz 2003'te San Carlos, Kaliforniya'da kurulan Güneş burcu ve Satürn'ü Yengeç Tesla fabrikası bittiğinde dünyanın en büyük pil fabrikası olacak mı yoksa ona rakip mi gelecek ve Tesla'nın kurucusunun içindeki cevher yerine her insan gibi bir tutam da öfke olduğunu görecek miyiz? Kimden bahsettiğimi anladınız sanırım. 28 Haziran 1971 doğumlu şirketi gibi kendi de Yengeç burcu olan Elon Musk'tan bahsediyorum. Teknoloji sürekli değiştikçe en çok ihtiyaç duyulan nesnenin pil olduğunu keşfeden Elon Musk SpaceX'in elindeki roket gücüyle dünyanın çevresine Pisa Kulesi büyüklüğünde 12 bin mini uydu yerleştirme hayalini hayata geçirip geçiremeyeceğini de göreceğiz. 2020 Eylül ayının son günlerinde gezegenler Oğlak burcunda hareket ederken, Elon Musk'ın kendinden sıkça söz ettirmesinin en büyük sebebi reklam çalışması olmayacak, doğum günü ve şirketinin natal haritasına karşıtlık yapan Oğlak transitleri sayesinde olacak.

Sebebi ise hayalini gerçeğe dönüştürüp projesini çalmaya çalışanların ortaya çıkacak olması. Tabi bu çekişme dünyanın ortak dilde en sevdiği çekişme olacak çünkü ister Elon Musk olsun ister başka biri dünyayı ücretsiz internetle kaplama fikrini gerçek yapma konuşmaları bile herkesin ayaklarını yerden kesecek. Kaldı ki bu fikirde de kalmaz diyor 2023 yılında Plüton'un Kova burcuna geçişi! Tabi o tarihe kadar yakın geleceği mercek altına alan 2020 yılı uzay madenciliğinin uçsuz bucaksız günlerini de aralayacak. Her ne kadar 1971 doğumlu Elon Musk, SpaceX şirketi ile dünyanın yakınlarından geçen çeşitli metro hatlarıyla uzay aracı ile değerli maden çıkarma fikrinin reklamını yapacak olsa da kendisine ülkelerden büyük destekler aldığını da eş zamanlı öğreneceğiz.

Dünyayı yönettiği varsayılan zümrenin kaynaklarının ve hedeflerinin değiştiğini bu ay önümüze sürülen her türlü haberden anlayabiliriz. Petrolün önümüzdeki 35 yıl içinde tükeneceği öngörülürken uzaya çıkma planlarının içinde öz sermayenin her zaman insan gücü olduğu konuşulacak.

EKİM AYI TEMASI

2020 yılının şifreleri yeryüzüne yağacak.

Dünyayı ele geçirmek isteyen ülkelerin sınırları değiştirme çabaları ekim ayında karşılığını bulacak mı? 2020 şifreleri dünya perdesinde yankılanırken, hepimizin yorumu aynı olacak. Ekim ayında sınırlarda yaşanan kargaşa her zaman olduğundan daha yüksek olacak. Bizler de yeni dünya düzeni adına bir uyanışa geçeceğiz. 2020 yılında sonbaharı getirenin ekim ayı olmadığını eylül ayını yaşarken fark etmiştik. Bu ay eylül ayının ardına takılmış lokomotif gibi Mars Retro'su etkilerini sahnelemeye daha büyük bir hiddetle devam edecek. Ekim ayının ilk gününde kapıda bekleyen Dolunay ise insanların uçluk arayışını coşturdukça coşturacak. Koç burcunda gerçekleşecek Dolunay hiddeti artırırken artan göç dalgasının heybeti de büyüyebilir. Bu ayın duygusunu kelimelere dökerken ete kemiğe büründürmeden anlamak da anlatmak da zor. Göç dalgasına kapılan toplumlar bu ay kendi içine çekilmek yerine büyük bir psikolojik sınav vererek büyük duygu patlamasını meydana getirebilirler.

Gelişen dünyanın tersine açlık, sefalet gibi kavramların bir köşede hala ısrarla yaşatılmaya çalışıldığını göreceğiz.

10 milyara doğru yükselen dünya nüfusuyla baş edemeyen sistemler yaşam koşullarını değiştirmek için ellerinden geleni yapacaklar. Bilinen şu ki Güneş, Ay ve 7 ayrı ummanı temsil eden gezegenler savaş ruhuna bürünürken, dünyada sadece sarı yeleklileri ya da Hong Kong sokaklarını değil dünyanın her köşesinde insanın baş kaldırışını seyredeceğiz. Şiddetle yönetmeye çalışan

sistemler, öfkeli tepkilere, baş kaldırışlara maruz kalmak gibi bir kaderi de tadacak.

İnsanlık şifasını arayacak.

Ne derdin var insanlık söyle kurtulalım, neyin bitmez tükenmez hırsındasın diye veryansın ederken, Mars'ın en çıplak haline bürünen gökyüzü tükenmişliğin en derin çukurlarından dünyayı çekip çıkaracak. Ekim ayında felsefenin yeniden doğuşuna, gücü terk edenlerin artışına, tarikatların ve büyük kurucu sistemlerin yıpranışına şahit olacağız. Tamamlayıcı farklı alternatif inançların, sistemlerin sayısı artarken felsefi akımlar da çoğalacak. Ekim ayında gök kubbenin her yanından ateş çıkan seyrinin sadece eş zamanlı gezegen hareketlerinden ibaret olmadığını da düşüneceğiz. Mars'ın Koç burcunda, Merkür'ün Akrep burcunda geri gitmesi çemberin içinde tüm algılarımızı yükseltirken yeryüzündeki basınç ise insanlığa arınması, şifalanması için bir şans verecek. Yunus Emre'nin dediği gibi "İnsan kendinin nereden gelip nerede olduğunu ve nereye gittiğini öğrenmek ister bu da ancak ilm-i ledün ile öğrenilir. Gaflet bu yolu engelleyici, gönül ise hedefe ulaştırıcıdır." Gönlünü dinleyenlerle gaflete kapılanları tayin etmeye başlayacağız.

Küresel durumun vahametinin çılgınca sona sürükleniışini sorgulamanın ötesinde dünyada yürütülen bir propagandanın hedefi de bu ay ortaya çıkabilir. Sınırlara yürüyen insanlar görebiliriz. Girilmez bölgelere giren insanların paylaşımlarını anbean takip edeceğiz. Aynı yıla aynı aya denk gelen Merkür ve Mars Retro'su 14 Ekim itibari ile el ele tutuşup dünyanın kahrına dem vurmaya çalışırken, Türkiye'de hapishaneleri, dünyada uçak kazalarını gündeme taşıyabilir.

Dışa aldanma ne varsa içte ve özde vardır.

Dünyada herkes tarafından yaygınlaşan haber üretme isteği toplumlarda hastalık derecesine gelirken internet çöplüğü her gördüğümüze inanmamamız gerektiğini de gözler önüne serecek. Tam bu noktada gerçeği gönül gözü açık olanlar ayırt edebilecek. Savaş gezegeninin iki yılda bir geri gitmesi 12 burcu kenara itip kendi burcunu bulması gökyüzünde fırtınalar estirecek. En derin karanlığın nerede yaşadığını da sorgulatacak. Ömür tohumlarını çorak toprağa ekmediğiniz gibi savaşla beslenen ülkelerin kavgasını hangi anlaşma ve yaptırımla durdurabilirsiniz ki dedirtecek 2020'nin komşu ülkelerimizdeki sınırlarını değiştirecek Merkür ve Mars Retroları! Dünyada düştüğü topraklardan incelediğimizde İsrail ve Suriye, Koç burcuna düşüyor. Bu durum da geçtiğimiz aylarda hava sahalarında yaşadıkları olayların nereye varacağını nasıl sonuçlanacağını gösterecek. Savaş gezegeninin dünyaya kafa tutuşu bununla da bitmeyecek. Yıllardır kan pompalayan bu ülkelerin toprakları keskin kılıç misali yıkıcı bir süreçten geçecek.

Satürn katları!

Gezegenlerin kendi içinde mertebe atladıkları süreçler vardır. Baş öğretmen Satürn 28 ila 30 yıl arasında hepimizin hayata bakış açısını farklı bir bölüme taşır. 2020 yılından 28-30 yıl geri gittiğinizde ortalama 1988-1990 yılları gelir. Bir otuz yıl daha geri gittiğimizde 1959-1961 yılları... Bir otuz yıl daha gittiğimiz de ise 1930-1932... Şimdi durun. Yavaş hareket eden zamanı içinde öğreterek akışta olan bu gezgen en soğuk en cengâver yüzünü bu yıllar arası gösterdiyse zaman yolculuğunda hangi yıllara geri dönüp bakacağımızı sanırım artık biliyoruz.

Aklın yoksa yandın, kalbin de yoksa işte o zaman sen de yoksun.

1930'lu yıllarda Adolf Hitler'i başkan seçenler sizce olacakları ön görseydi seçer miydi, devamında İsrail 1948 yılında kurulmuş olur muydu? Ya da şuradan bakın olaylara 1960'lardaki 27 Mayıs darbesinden önce birileri o olayları ön görebilseydi Türkiye nasıl bir yola girmiş olurdu? Tıp Fakültesi'nden 1988 yılında mezun olan Beşşar Esad, eğitimine devam etmek için gittiği İngiltere'de kalsaydı bugünün Suriye'si ne kadar farklı olurdu? Bu büyük soruların cevaplarını tabii ki ekim ayı bir anda vermeyecek, bu kişilerin sadece seçilmiş olduklarını bize kimse bir kere de ispat edemeyecek. Fakat yukarıda bahsi gecen toprakların tarihi yeniden yazılıyorsa bu yıl da Satürn döngüsünde yaşanan olaylara büyük bir vurgu yapacak. Satürn-Oğlak döngüsünün son dereceleri geçmişin de şifrelerin çözecek.

Avcılık hırsı insanı avdan habersiz hale getirir.

Tarihe baktığımızda sistem daima olayları benzer süreçlere sokarak bir üst seviyeye çıkarmış. Dikkatinizi çektiyse sistem diyor astroloji, her insan elbette bir gün hikmete ulaşma gayesi ile daha hırslı daha çetin olayların içine girer. Ama tarihe sistem karar verir, neyin ne zaman başlayacağına, nerede biteceğine karar veren mekanizmanın adı yeni dünya düzenini kurmaya çalışanlar da olabilir. Sitemin sahibi ise kendi içinde devamlı yetiştirdikleri kişiler. Ve devamlı diri olup 100 yıllık planlar yapanlar. 100 yıllık plan yapanlar yüzyıllara dayanan kökleşmiş kurumlardır. Sanmayın ki onlar filmlerdeki gibi James Bond ajanlarıdır. Hayır!

Menfaatler ön plana geldiği zaman öteki ihtiraslara susmak düşer.

2 yıl önce ne tesadüftür ki dünyanın en eski İngiliz istihbarat servisi MI6 televizyon reklamıyla ajan aradığını duyurmuştu. Reklamın yayınlanma tarihi ise 25 Mayıs 2018. Bu tarihte *'Dünya Değişiyor'* kitabımı alıp okuyanlardansanız mayıs ayı temasında mutlaka dikkatinizi çekmiştir. Uranüs, toprak burcuna geçerken dünyanın en güçlü istihbarat servisinin "istihbarat memuru" pozisyonu için verdiği reklamın akvaryumda geçmesi, çocuk temasını seçmesi, aradığı vasıflarda ise İngiliz yerine kadın ve etnik azınlık mensuplarına ulaşmayı hedeflemesi tesadüf değil. Astroloji aynı zamanda iz sürme sanatını da barındırır. 2020 yılında MI6, sanki sade bir iş yeriymiş de büyümeye çalışıyormuş gibi hareket etmeye devam ederken bu defa dünyaya farklı bir mesaj verecek. Devrim gezegeni Oğlak olan, MI6 gibi bir sistemin de kendi içinde yenilikler yaptığını göreceğiz. Madem

Satürn-Oğlak burcu döngüsüne geldiğinde çok tuhaf kitleleri ilgilendiren olaylar ortaya çıkıyor, bu durumdan MI6 natal haritası da etkilenecek. Temmuz 1909'da kurulan, geçtiğimiz temmuzda 100. yılını kutlayan İngiltere'nin gizli haber alma servisi MI6 ülkemizde de seçtiği kişileri ifşa edebilir.

Bu yol sana çıkıyor canım Türkiye'm.

Türkiye İngiltere ilişkileri ekim ayında tuhaf bir hale gelirken ülkemizde en çok konuşulan bir başka yapı ise Exeter Üniversitesi olacak. Kökleri 1922'ye dayanan kuruluş tarihi 1955 olan üniversite kendi bünyesindeki bölümlerle ilgili birtakım tezler yayınlarken kendini bir anda hedef göstermesi ülkemizin gündemine de gelebilir. Türkiye gündeminde yine sert siyaset havasını üniversitenin yayınlayacağı bir belge, Türkiye'de son yıllarda alınan tüm kararları etkisiz bırakabilir.

Gezegenlerin en derin şifreleri!

Sistemlerin kendi içinde büyük bir temizlik yaptığını da ekim ayında fark edeceğiz. Bu süreçte tüm istihbaratlar çalıştıkları kişilere, kurumlara veya ülkelere bile bağımlı olmadıklarını ispat etme fırsatı bulabilirler. 2020 yılı her yapıya yek ve tek hırsı verecek.

Ölmekten korkan sistemlerin hep diri kalmak adına her türlü entrikayı çevirdiklerin göreceğiz. Eğer bu süreçte yaşananlara akıl erdiremezseniz sistemler için yalnızca bir sayı olduğumuzu hatırlayın. Bu dünyada sonsuza dek hüküm sürebilmek adına yalnız kalmayı bile göze alan sistemler yine sahnede yerini alacaklar.

Zihin bildikleri ile bilmediklerini gün gelir ayıramaz.

Mars esip gürlerken tehlikeli kurumlara, yapılara sert tavırlar sergiletirken, hayal mi gerçek mi dedirtecek çıkan sonuçlar. Dış politika adına son yıllarda alınan tüm kararlar bir anda etkisiz hale gelirse, yaşadığımız sıkışmalar yanımıza kâr kalacak. Eğer 2020 Ekim ayında olması mümkün olmayan şeyler olur da başa dönersek unutmayın, bu filmin de seçmeli 2 sonu olduğunu işaret eder. Toplumsal olarak korktuğumuz her duyguyu neredeyse ortaya çıkaran 2020 yılının hepimize şunu da fark ettirecek, düşünmediğimiz şeyler yaşamıyoruz. Anlatırken zorlayan yaşarken ne kadar hissedileceği meçhul olan Mars ve Merkür Retro'sunun bir muadili de 14 Temmuz 1988 - 15 Ocak 1989 tarihleri arasında yaşanmış. Mars 1988'de 186 gün boyunca kendi burcunda geri giderken tarihte unutulmaz kırılmaları yaşatmış. Dünyanın başını döndürüp ritmini bozmuş. Dünyayı yüksek oktavda bir enerjiye taşıyan 2020 yılının başından bu yana toprak dizilimiyle uğraşırken, Marsyen Retrolar ile birleşince bu ayları ön görmek imkansızlaşıyor.

14 Temmuz 1988-15 Ocak 1989 tarihleri arasında neler olmuş?

Her 28 ila 30 yılık döngülerde dünyanın rotasını değiştirişine gelin birlikte bakalım.

Irak ordusundan kaçan Kürtlere devlet kapılarını açtı, Hakkâri ve Çukurca'ya yerleştiler. Iraklı Kürtlerin sayısı 100 bini geçti.

2 Kasım: Erzurum Atatürk Üniversitesi'ndeki başörtülü öğrenciler ölüm orucuna başladı

8 Kasım: ABD başkanı George Bush oldu.

10 Aralık: Kenan Evren'in veto ettiği öğrenci affı yasası kabul edildi, yasa üniversitede türbana izin veriyordu.

5 Ocak: ABD, Libya uçağını düşürdü.

Nicedir insan, yücedir. Gelin görün ki kendi türüne de en çok eziyet edendir.

Yazar Jonathan Cahn'ın Shemitah'ın gizemini anlattığı kitabıyla çok satanlar listesine girmesi bile aslında sıkı bir evanjelist tarikatın üyesi olduğunun kanıtı olarak görülüyor. İncil ve onunla bağlantılı Tevrat'ta geçen antik bir zamanlama kodundan bahseder. Buna göre tıpkı Yahudilerin Şabat, yani Tanrı'nın dünyayı 6 günde yaratıp 7. günde dinlenmesini hatırlamak için kutladıkları

7. gün olan cumartesi günü gibi her 7 senenin sonu borçlardan arınma zamanıdır. Astrolojinin devrim gezegeninin de dünyanın ilk gününden bu yana her 7 yılda bir burç değiştiriyor olması ile ilişkilendirdiğini düşünebiliriz. Kabala astrolojisinin de 7 yıllık döngüler üzerine kurulmasının tesadüf olmadığı bağlantısını da kurarsak aklımızdaki şema çok daha net şekillenir.

Tarihin efsaneleri bitmeyeceği gibi sisteminde algoritmaları bitmeyecek.

Shemitah döngüsünün her 7 yılda bir dünya çapında planlı bir şekilde finansal krizden tutun yıkımları ve başlangıçları temsil ettiğine inanılıyor. Her 7 yıllık Shemitah bitiminde yani 7x7=49. seneden sonra gelen 50. seneye ise Süper Shemitah ya da Jübile senesi olarak adlandırılıyor. Şu an gözlerinizin önüne gelen 2016 yılında aklınızda yer eden olayların bir türlü bulamadığınız cevaplarını da veriyordur bu döngü. 2016 yılından 7 ve katlarını çıkarak geri giderseniz önünüze 1988 Satürn Oğlak dönencesi gelir. Size ekim ayını anlatırken başlarda yazdığım bir cümleyi tekrar burada yenilemek isterim sistemin maşaları vardır. Hedefe gidebilmek için bir de öğüttüğü rakamları vardır. Biz sistem için de sadece rakamız. 2023 yılında olacak Shemitah döngüsü ön hazırlığı başlarken bizim ülkemizde de 1988 yılının sene-i devriyesi yapılabilir.

Bir yandan severken bir yandan yok edenin adıdır sistem!

Ekim ayında dünyada lobiler, kulisler, sistemi yönetenler ABD seçimlerine harıl harıl hazırlanırken, değişen dengeleri de açıkları da ortaya dökülecek. Mars Retro'su bir yandan devam ederken Satürn Oğlak burcundan taşınmaya hazırlanırken sistemler daha da şişecek. Tabi ilk kurbanlarını da burada verecekler. ABD başkanının yine Donald Trump olup olmayacağının cevabını da verecek.

Geçmişten feyz alarak dünyadaki tüm ABD vatandaşlarına sorsanız ABD'ye en büyük kazığı atan Bush ailesidir der. Gelin görün ki 30 yıllık döngülerde toplumların algısında zaman makinasını olmadığından mıdır yoksa jenerasyonlar değiştiğinden midir bilinmez 3 Kasım 2020 seçimlerinde ABD, 14 Haziran 1946 doğumlu Donald Trump'ı seçerse ne olur seçmezse ne olur muhasebesini sizinle başta yaptık sanırım. 8 Kasım 2016'dan bu yana 327,2 milyon ABD vatandaşı sadece milliyetçi duyguları besliyor diye tekrar Donald Trump'ı seçerse 30 yıl sonra çocuklarına vermeleri gereken bir hesabı açacaklar. Bu arada George W. Bush'un 6 Temmuz 1946 doğumlu olduğunu düşünürsek tesadüflere yer bırakmayan sitemi daha yakın okuyabiliriz.

28 Haziran 2020-7 Ocak 2021 tarihleri arasında dinlerle para karşı karşıya gelecek.

Haziran ayında başlayan 186 günlük süreç toplumları uyandırmak, uçurumun ucundan döndürmek için son çağrı niteliği olduğunu gösterecek. En çok bildiğini sandığı zamanlarda bile kendine en yabancı olan insan bakış açısıyla yola çıkacağız. Liderlerin hedeflerine aldıkları toprakları ve ahlaki çöküşleri izleyeceğiz. Tabi 2020 Ekim ayına savaş gezegenin yön verdiğini düşünürsek en büyük kavgayı verenin yeni dünyada adını altın harflerle yazdırdığını da göreceğiz.

İnsandır nihayetinde, tutturur bir yol ve kendisi için en doğru yol olduğuna inanıverir.

Oysa ki ilk düzlükte fikri değişip dönüşen en yüce varlıktır insan. İnsanın bir yanı gecedir, diğer yanı gündüz... 31 Ekim'de gerçekleşecek 2020'nin süper Dolunay'ı ülkemizin burcunda etkili olurken, anayasamızı yakından ilgilendirebilir. Ülkemizin son yıllarda örgütlerle ilgili geçtiği süreçlere bir yenisi eklenebilir. Süper Dolunay, ülkemizin kontrollü bölgesinde tampon ülke kurulma çabasına en sert tepkileri verirken, ülkemizin doğusunda operasyondan öteye geçeceğimizi işaret ediyor. Süper Dolunay, 2020 yılı içinde sırlı bir gece gibi saklanırken Süper Dolunay'ı kör bir kurşuna da benzetebilirsiniz.

KASIM AYI TEMASI

İnsan diliyle değil, yaptığı işlerle konuşmalı.

Kasım ayı hepimize büyük adamların ağzından çıkan tüm sözlerin doğru olmadığını gösterecek. Özellikle geçtiğimiz 67 gün boyunca kapalı kapılar ardında dünyanın geleceğini nasıl tanzim ettiklerini öğrenebiliriz. Denizleri, boğazları, adaları, rezervleri, devam eden sınır sorunları gibi büyük dertlere ya da sorulara verdikleri küçük cevaplar kimseyi tatmin etmeyebilir. 14 Kasım'da Mars kendi burcundaki geri hareketine son verirken "sizinle işim henüz bitmedi sahneden kolay kolay inmem "dercesine bu sefer de toplumları sosyal medyada harekete geçirecek. Etkileşimin hızlı, konuların en çıplak haliyle tartışıldığı hale gelen sosyal medya platformları yine gündeme gelecek. Ama bu sefer kısıtlanamayacak türden! Çünkü her kısıtlanmada sokaklara taşan insanlarla sıcak çatışmaya giren yönetimler bu işin de çözüm olmadığını 2020'nin ilk aylarında görmüştü.

Sosyal medyada yelkenler fora dercesine hareket edilecek.

İnsanlar sosyal medya platformlarını o kadar aktif kullanacaklar ki kirli bilginin botlar arasından sıyrılmasını bırakın, farklı ülkelerin toplumları birbirine destek olacak. Sizin anlayacağınız elimizdeki telefon uzakları yakın yapmakla kalmayacak dünyanın her köşesindeki derde yorum yapmaktan öte geçirerek örgütlenmeleri de beraberinde getirecek. Toplumları takip eden, toplumların dertlerinin, görüşlerinin peşine takılan, örgütlenmelerinde yer alan dünyaca ünlü sanatçıları da bu dönemde duyacağız. Mars Retro'su kendi burcundan geçtiği yollarda tekrar yürürken izler bırakacak. Kimine ilham olacak olan sosyal medya örgütlenmesine katılacak isimler de duyacağız. Hem de bu kişiler dev adamların yanındaki insanlar olacak. Sosyal medyada kör kuyuya konuşur gibi sırlarını, dertlerini anlatacaklar. Güneş-Akrep burcunda, Mars-Koç burcunda düz seyrinde yol alırken 2020'nin son ayında geçmişi sır olan bir kahramanın hikayesine yer vermek istiyorum çünkü Mars'ı ancak İskender'in boynuzları anlatır.

"Boynuzlu İskender"

İskender'in kafasında iki boynuz vardır. Lakin boynuzlar tılsımlıdır ve her kim ki bu sırrı yayarsa İskender ölecektir. Boynuzlarını saklamak için de uzun saçları vardır (çoğu eserlerdeki kabartma ve çizimlerde o meşhur aslan yeleli saçları görebiliyoruz zaten). Lakin, bazen saçını kesme ihtiyacı hasıl oluyor. Saçı kesen berberler bu boynuzları görüyor. Koskoca İskender, bu sırrın dışarıya çıkmasına izin verir mi! Her kendini tıraş eden berberi öldürürmüş Gel zaman git zaman bu durum devam etmiş, ta ki İskender'in karşısına çok güzel yakışıklı yağız bir berber çıkana kadar. Bu berber İskender'i çok etkilemiş. Berber sırrı öğrenmiş ama İskender berbere o kadar değer vermiş ki öldürmeye kıyamamış ve anlaşma yapmışlar. Berber sözüne sadık kalmış söylememiş ve İskender'de onu sağ bırakmış ve daimî berberi yapmış.

Ama insanoğlu bu, cüz-i irade, sır tutabilir mi ki! Berber artık sıkıntıdan uyuyamaz olmuş, o sır içinde dağlar kadar büyümüş, kimseye de anlatamıyor. Sır, adeta bir kurt gibi onu yemeye başlamış, hastalanmış. Kendince bir çare bulmuş. Çok uzaklarda, bir çölde bir kuyunun başına geçmiş. Kuyuya sırrı haykırmış. Berber bir rahatlamış, içi huzur bulmuş, hem de kimsenin haberi olmadığı için hem kendi canı hem İskender'in canı da sağ kalmış.

Gel zaman git zaman, çiftçiler kuyudan çektikleri su ile mahsullerini sularmış. O civarda bir karpuz tarlası da varmış. Bir gün, o bölgede hayvanları otlatan bir çoban, sıcak havaya dayanamamış ve karpuzlardan birini yemeye başlamış. Bakmış ki karpuzun çekirdekleri üzerinde harfler var. Tüm karpuzu yiyip çekirdekleri yan yana koyunca, "Büyük İskender'in boynuzları var" yazdığını görmüş. Tabii, sır ortaya çıktığı için büyü işlemiş ve İskender ölmüş.

Toplumlar, liderleri yönetebilir mi?

2020 yılı insanların eline öyle kozlar verecek ki herkes ya şeffaf olmayı ya da zalim olmayı seçecek. Bu yılın hızına davayla, belgeyle yetişmek pek mümkün olmayabilir. Bu durumun sıkıntısını ise en çok liderler çekecek. Çünkü hukuk artık teknolojiye yetişemeyecek. O yüzdendir ki devletleri yöneten sistemler teknoloji ile masaya otururken patronun kim olacağını tartışacaklar. Masada teknoloji devleri ve ülkeler kapışırken, dijital dünyada ise liderlerin çevresinde sırları ifşa edenler çemberin artık daralmaya başladığını belli edecekler.

Bu süreçte toplumlar sadece siyasetçilere veya yapılan düzenlemelere tepki vermeyecek. Hayatlarını zorlaştıran en ufak yaptırıma karşı tepkiler çığ gibi büyüyecek. Her geçen gün dünya nüfusu artarken sel gibi çoğalan insanlık önüne kattığını götürecek. Sınırlara örülen duvarların da göstermelik olduğu ortaya çıkacak. Bu kasım ayının başka olduğunu gösteren bir diğer gezegen seyri ise Satürn olacak. Satürn arkasına bakmadan burç değiştirmeye hazırlanıyor. 22 Mart 2020'de Satürn, Oğlak burcunun eteklerinden ayrılıp Kova burcuna geçmişti. Ne var ki geri hareketi başladığı için tekrar Oğlak burcuna dönmüştü. Yazımızı yaz gibi geçirtmeyen yazgımızı değiştiren de kendi burcuna geri gelmesinden kaynaklanmıştı. Ama gelin görün ki insan değil ikna edelim, sistem değil zamanı gelince çürümesini bekleyelim. Satürn gökyüzünde el uzanmaz bazen gönül de anlamaz dedirten bir yerde seyrine devam ederken bize de bir çemberin içinde olduğumuzu hatırlatmak istiyor.

İnsanları yüz yüze bırakan kâinat, gezegenleri de yüz yüze bırakıyor.

2020 yılı soğukluğunu iyiden iyiye hissettirirken ABD kendi seçim sonuçları ile sınanacak. Yılın ilk 3 ayında üstü kapatılan teknoloji savaşlarının ismi de eş zamanlı konulacak. Mars ve Satürn'ün taç savaşları ABD seçimlerini gölgede bırakacak başlıkları hedef gösteriyor. Tarihler 3 Kasım 2020'yi gösterdiğinde ABD seçim sonuçlarından Donald Trump çıkar mı derseniz çıksa da çıkmasa da ABD kendi tarihinde ilkine doğru yürüyor. Donald Trump'ın favori olarak ilan ettiği 30 Ekim 1981 doğumlu Akrep burcu Ivanka Trump, babasının seçim çalışmalarında ön planda yer almaya devam ederken, sakin tavrı ve organizasyon yeteneği ile dikkatleri üzerine çekmeye devam edecek. Yetki seviyesi, ağırlığı, güvenilirliği ile kendisini ailesine ve babasına ispat eden Ivanka Trump, 2016 yılından sonra dünyada boy gösterip pek çok ülkenin de onayını alıp almadığı bu ay ortaya çıkacak.

Ivanka Trump'ın siyasetteki yerini yorumladığım 'Donald Trump ve Kadınları' başlıklı yazımda kendisinin seyahatleri ile dikkat çekeceğini belirtmiştim, nitekim dünyanın pek çok ülkesinde boy gösterip, kendisini tanıtma sürecine hep beraber şahit olduk.

Amerika Birleşik Devletleri Başkanı Donald Trump bir mayıs gününde seçim vaadini gerçekleştirirken Kudüs'ü İsrail'in başkenti olarak tanımasının ardından İsrail'deki Amerikan Büyükelçiliği'ni Kudüs'e taşımıştı. Bu gösterişli törende de yer alan Ivanka Trump'ın sistemin yeni insanı olup olmadığıyla ilgili 3 Kasım'dan sonra net cevaplar almaya başlayacağız.

Gök kubbede büyük virajlar var, tutunun!

Tabii ki bu keskin virajları yeryüzünde çok daha şiddetli hissedeceğiz. Masada yapılan anlaşmalar ardı ardına gündeme gelirken yeni dünya düzeninin doğum sancıları da iklim sorunlarıyla kendini gösterebilir. Gezegenler de kendi içlerinde bu düzenden daha önce geçtikleri zaman nelere vesile olduklarını hatırlayacak. Kasım ayında gezegenlerin seyri 1975-1982 yılları arasında Uranüs-Akrep döngüsünde yaşananları referans alarak benzer olayları yeryüzüne taşıyacak. Güneş, Akrep burcunda hareket ederken ayın tam ortasında yine Akrep burcunda bir Yeniay gerçekleşecek ve 21 Kasım'da Venüs de yanlarına yetişecek.

Dünya bu süreçte iklim sorunlarını her köşede hissederken 2020 yılının başında yaşanan büyük olayların devamının gelip gelmeyeceğini herkes sorguluyor olacak. 1975 yılının başında birçok doğa olayına tepki veren hayvanlara bugüne kadar kulak vermeyen insanlık bu konuyla ilgili büyük bir araştırmaya başlayarak insanın doğa olaylarına karşı acizliğini, hayvanların ise bu konu ile ilgili üstünlüğünü kabul edecek buluşlar yapılabilir.

Herkes tek başına hareket etmeye başlayacak.

Dünyada artan bireyselleşme bulaşıcı hastalık gibi yaygınlaşırken, Dünya Sağlık Örgütü ve benzer kuruluşlar doğumla ilgili birçok istatistiği ortaya koyacak. 21. yüzyılın 21. yaşı gelmeden çağın vebasının da bireysellik, yalnızlaşma olduğunu fark edeceğiz. Dünya her zaman olduğundan daha kalabalık oldu diye mi herkes kabuğuna çekilecek yoksa böyle bir dünyaya çocuk getirmek istemeyenlerin sayısı mı aratacak ya da kısırlık gibi bir sorun mu insanlığa aşılanacak 2023 yılında öğreneceğiz. Ancak o tarihe kadar astroloji bize şu cevabı verecek. Dünyayı kısırlaştırmaya çalışan bulaşıcı hastalıkların yaygınlaşmaya başladığını bu aydan sonra görebiliriz. Bizler kalabalıkların içinde telefonlarımıza gömülürken, dünya 21. yüzyılın nasıl şekillenmesi ve nasıl bitmesi gerektiğini tartışıyor olacağız. Ve tabii ki dünyadan izole edilmiş şehirler kurulmaya başlanacak. 2020 yılının son aylarından itibaren doğurganlığın genlerini ele geçirmeye çalışan insanlığı izleyebiliriz. Sistematik olarak yıllardır izlediklerimize, okuduklarımızın üzerine tepki vermekte de deforme olduğumuzu da bu zamanlarda fark edeceğiz. Atalete, umursamazlığa bürünenlere ise yine insan tepki verecek. O günlere geldiğimizde "Nasıl bunu anlamazlar veya tepki vermezler" kısmında olursanız dünyanın yarısının hareket halinde diğer yarısının ise izole olmayı tercih ettiğini fark edeceksiniz. 2020 yılının astrolojik şemasını oluşturmaya çalışırken, bütünden baktığınızda büyük bir uyanışın içinde bocaladığımızı da hissettirdi.

Madenler, güneş ışıklarının parladığı yerdir.

İster sistemin içinden olun, isterseniz kendi halinizde izole bir hayatınız olsun, bir bütünden baktığınızda herkes her şeyi göstererek yapıyor olacak. Sır yok diyen 2021 yılı bize doğru yaklaşırken akıl almaz olayları henüz izlemediyseniz bu aylarda hayatın hangi köşesinden bakarsanız bakın bir tuhaflık olduğunu fark edeceksiniz. Yardım kuruluşlarının bile ne kadar yardımsever olup olmadığını düşündürecek iddialar ortaya atılırken skandallarla da desteklenebilir. Türkiye'de yardım faaliyeti yürüten kuruluşların eş zamanlı gündeme gelmesi kişisel ilişkilerin ne boyutta olduğunu görmemizi sağlarken, Türkiye tarihinde yardım kuruluşu adı altında farklı faaliyetler yürüten tüm yapılara ağır yaptırımlar getiren ayın adı kasım olabilir.

Biz de Akrep burcu bir ülke olarak tarihimizde büyük yeri olan Türk Kızılay'ını konuşabiliriz. 11 Haziran 1868 tarihinde kurulan İkizler burcu, Türk Kızılay'ı 2008 yılında Jüpiter Oğlak burcunun son derecelerindeyken onaylanan tüzüğün değiştirilme kararı ilk Türk Kızılay'ı ile gündeme gelebilir.

Dost kötü günde belli olur.

Şansı temsil eden gezegen Jüpiter, Oğlak burcunun son derecelerinde gezinirken 12 yıl önce aynı döngüden geçerken neler yaşandıysa benzerlerini tekrar gündeme getirir. Satürn ve Jüpiter el ele verip Oğlak burcundan çıkmak için gün sayarken yüzleşme, cesaret, içsel güç, irade bütün bunlar sabit su enerjisinde potansiyel olarak açığa çıkabilir. 2020 Kasım ayı hepimizi yeni oluşumlara tabii tutarken yeni kurulan partilerle kapatılan partiler arasında tüm yıl mekik dokuyan gündem içine yolsuzlukları da alabilir. Zan altında kalacak siyasi isimlere tanık olabiliriz.

Yılın 5. tutulması danışan akıllar aydın kandillere benzer dedirtecek.

2020 yılının 5. tutulması hava elementinde aktif olurken toplumumuzun hassas olduğu konularda önemli gelişmeler yaşanabilir. Yaz aylarından bu zaman yürütülen seçim kampanyaları daha önce hiç görülmemiş seçim öncesi açıklamalar ile daha da yükseldiğine şahit olabiliriz. Hiç aklımızda olmayan isimlerin aday olması ve o adayların yan yana gelmesi Türkiye Cumhuriyeti'nde az rastlanır hesaplaşmaları da beraberinde getirebilir. Ülkemiz sandıklarda yeni liderini ararken, sınırlarda ise haklarımız gündeme gelebilir.

Bu süreci yönetemeyenler gerek siyasetçi gerek sanatçı toplumda öne çıkmaya çalışan herkes payına düşeni alabilir. Ayrışmayı geçen günler yaşarken, yeni dünya düzeninde kaybolup gidecek isimler olabilir.

Ülkemizin nabzına yetişemeyeceğiz. Çünkü astroloji haritasında Ay burcu İkizler ve İkizler burcunda 30 Kasım'da gerçekleşecek yılın 5. tutulması hava elementinde aktif olurken toplumumuzun hassas olduğu konularda önemli gelişmeler yaşanacak. Ay, bir insanın haritasında duygularını, ülke haritasında ise yumuşak karnını temsil eder. Ay'ın tutulacağı bölüm ise sorunun nereden gelebileceğini anlatır. Ay, İkizler burcunda tutulurken ülkemizin 12. evinde etkili olacak. Bu evin etkileri korktuğumuz başımıza mı geliyor sorusunu sorduracak. 2019 yılında yaşanan tutulma İdlip'te bir operasyon olacağını işaret ediyordu. 2020 yılının kasım ayında yaşadığımız bunca şeyin üstüne tekrar operasyondan öteye geçen günler yaşayabiliriz.

Yıldızlar sayısızdır ama Ay birdir.

2020 yılının ocak ayında yaşanan tutulma silahlanma, sınırlar ve yeni kurulan ordulardan bahsediyordu. Tarihte az rastlanan en çok tutulmalı sene unvanına sahip 2020 yılının en yüksek tutulması ise Türkiye-İdlip arasında yaşanan ama bilinmeyen olayları dökebilir. Bu durum bir kaosa sebep olurken geçtiğimiz yıl açılan sınır kapılarının ardından sadece Suriyeli sivillerin değil, cihatçıların da sızdığını öğrenebiliriz. İdlip'te çok sayıda yabancı terörist savaşçı olduğunu tüm dünyanın bildiği gerçeği ise bu ay yaşananların arkasından ortaya çıkabilir. Biz ise gerçekleri en sert haliyle Ay tutulurken öğrenebiliriz. Batının bildiği ve göz yumduğu bu sorun bize bıçak sırtı günlerin kararını aldırabilir. Kasım ayının gezegen seyri ''Ya Suriye'yi dağıtacağız ya Suriye'ye karışacağız" dedirtebilir.

ARALIK AYININ TEMASI

Helalleşeceğiz.

Gönlümüzü soğutan, bağlarımızın nereye ait olduğunu gösteren 2020 yılı dünyanın kilitli kapılarının mühürlerini açtı. Hepimizin hayatında olmazları olduran bir yılı bitirirken cihanın girdiği yolu anlamaya çalıştık. Yormanın yorulmanın da bir yöreye açıldığını fark ettik. Her canlıyı ait hissettiği topraklarına, vatanına daha da yaklaştırdı. Adı 2020 olan 365 günü devirirken, dünyanın nereye yuvarlandığını hep birlikte adım adım tahlil etik. Cümleleri sizinle kurduk. Yoğurulduk. Kelimeler küçük kaldı, biz yaşadık. Herkes kendi tabiatına göre 2020 yılı geçti gitti diyecek. Bu yılın dünyaya öyle dönme böyle dön derken tabiatına ayrı, üstündeki insanına ayrı, toprağın altındaki tarihe ayrı dokunduğunu gördük. Sistemlerin sırlarını ifşa ettiren, toplumlara zorluk verirken üstünlük veren tanrıcılık oynayan teknolojinin sınır tanımayan uçluklarını gösteren yeni dünya düzeni adı altında sayı olarak 10 milyara varmak üzere olan insanın savrulduğunu gördük. Bizi yoran evrenin, göstermek istediklerini gördük, okuduk. Her şeyin bir sebeple birbirine bağlı olduğu algısının tüm dünyaya yerleştiğini fark ettikçe bağımsızlığı, bireyselliği, baş kaldırışı daha iyi tahlil edebildik. İçinde bin bir gizemi barındıran, yazarken zor, yaşarken kim bilir ne kadar zor olacağı bir türlü tahmin edilemeyen yılın adı 2020…

Haramlarla helallerin yerinin değiştiğine tüm canlılar olarak şahitlik ettik. Şimdi ise aralık ayında yılın 6. tutulmasını da yaşayarak 2020'yi kapatacağız.

21. yüzyılın 21. yaşına merhaba!

Tüm hesapları bozguna uğratan devran dönerken sadece kendi cebrini gören insanlığa gezegenlerin mesajları bu ay da devam edecek. Nasip ile ısrarın kıvamını kaçıran bizler sizce akışı yakalayabilecek miyiz? Bize bir şey olmaz konforundan çıkarken adeta uyanışa geçeceğiz. Sadece şansın değil hakların temsilcisi ateşin oğlu Yay burcunda gerçekleşecek yılın 6. tutulması Güneş'in değil ateşin sıcağını hissettirecek. Yay burcu, genişleten bir burç olduğu için herkese aynı duyguyu verecek. Zodyak'ın 9. burcunda yaşanacak olan tutulma Birleşmiş Milletler 'in, IMF'nin, dünyayı 20. yüzyıldan bugüne getiren tüm sistemlerin çürümüş çarklarını yıkacak, büyük gücün adını ortaya çıkaracak. İnsanlığı uyandıracak, hakları tanzim edecek bu aydan sonra başka bir dünya olması için başlayan savaşların adı 21. yüzyılın doğuşu olacak. Zaman tüm mesajları almamız için var gücüyle çalışıyor. 21. yüzyılın göbeğini kesecek Güneş tutulması belki de yeni bir doğumun can suyudur.

Güneş, artık eril burçlarda tutulacak.

2020 Haziran ayında pozitif burçlara geçen Ay düğümleri gökyüzündeki devir teslim törenlerin en önemlisiydi. Zaten haziran ayından sonra da dünyanın dönüşüne yetişmekte zorlanmaya başladık.

Bir yandan yıkımlara bir yandan yenilenebilir enerjiye adapte olmaya çalıştık. 2020 yılında dünyanın enerji kaynağını artırma çabası eski yüz yüzyıllarda olduğu gibi sadece gelişmiş ülkelerin hayalinin olmadığını gördük. Aralık ayı itibari ile gelişmekte olan ülkelerin de yenilenebilir enerjiye kafa yoracaklarını, birçok insanın yeni iş modeli geliştirmeye yatkın olduğunu hatta bir yandan savaşan bir yandan istihdam sağlayan ülkelerin aynı olması eski ile yeninin geçişi olacak.

Güneş tutulması Türkiye'nin Ay burcunun tam karşında gerçekleşecek. 30 Kasım'dan bu zamana gündeme gelen konuların kim ya da kimler tarafından başımıza geldiğini öğrenebiliriz. Bu süreçte bir taraftan da ülkemizdeki birçok sektöre yeni yaptırımlar uygulanırken en çok eğlence ve turizm sektöründe değişimler yaşanabilir. Ayrıca sağlık sektöründeki güncellemeler devlet ve özel sektörün senkronize olmasını sağlayabilir. Dış ticaret, limanlar ve gümrüklerle ilgili atılacak adımlar ise Türkiye'nin natal haritasında yeni bir dönemin başladığının haberciliğini yapacak.

Bir safta duran Güneş-Ay-Merkür ve Güney Ay düğümü polisi, orduyu, kolluk kuvvetlerini yakından ilgilendiren yasal ve sorumluluk değiştirici kurallar da getirilebilir diyor.

1097 günümüze bulaşan Satürn-Oğlak döngüsü!

17 Aralık 2020 hepimizin hayatında başka bir sürecin başladığını hissettirecek. Öğreten, disipline eden, düzelten, dayatan yeri geldiğinde zorlayan gezegen Satürn kendini güçlü hissettiği Kova burcuna artık tam teşekküllü geçiş yapacak. Yaşadığımız gezegenin her köşesinde bilinmezi ortaya çıkaran adeta doğum sancısı gibi tüm çürümüş yapıları ortaya döken sürenin adı... Satürn 2017 Aralık ayından bu yana bize çok büyük öğretiler bıraktı. Çünkü ülkemizin 7. evinde konumlandı. Her ne kadar 2020 Mart ayında ilk Kova geçişini yapmış olsa da geri gitmeye hemen başladığı için 5 Temmuz tutulmasından önce Satürn Oğlak burcuna geri geldi. Bir nevi yarım bıraktığı işlere bu sefer daha ağır darbeler indirerek bitirecekti. Bu yıl bir de kendi gibi zor gezegenlerle kavuşum yaptıkça hepimizi tarihin daha derinine daha eskiye attı. Her ne kadar bir önceki Satürn döngülerinden referans almaya çalışsam da peygamberimizin doğum yılında görülen kavuşumlara kadar götürdü beni...

Jüpiter ve Satürn'ün Kova burcundaki kavuşumu insanın kendine bile yozlaştığı bu süreci yeni bir doğum olarak gör diyor.

Arşa değecek günlerden geçebiliriz. Jüpiter-Satürn kavuşumu; klasik astrolojide büyük bir ön bilgiye sahiptir. Hayatlarımız bir yanda Oğlak tutulmalarını yani 19 döngüsünü kapatıp yenisini açmaya hazırlanırken diğer yanda 28-30 Satürn Oğlak döngüsünü kapatıyor olacağız. Dünyada da kişisel hayatlarımızda da zihinleri aydınlatan, ruhları yükselten dünyayı yöneten sistemlerin aleni davranışlarını hep birlikte seyrettik. 2020 yılı beklemiş binlerce olayı önümüze koydu. Astrolojiye göre dünyanın neresinde bu gezegenlerin burç değiştirmesine baksanız enlem boylam değiştirsenize de 9-10 saat bir ileri bir geri alsanız da 2020 Aralık ayının hikmeti dünyaya bambaşka sirayet edecek.

İnsanlığın anlam arayışı değişecek.

Satürn Oğlak burcundan çıkıp Kova burcuna geçerken bize bu zamana kadar öğrenemediğimiz çok şey öğretti. Göz ardı ettiğimiz her şey bir çığ gibi üstümüze düştü. 1097 günü boşuna yaşamadığımızı anlayarak mikrodan makroya Satürn Kova geçişini yani 21. yüzyılın kapılarını aralayacak. Yaşadığımız gezegene ister Güneş'ten ister gezegenlerden bakın, hepsinin ayrı ayrı derdi olduğunu ay ay size anlatırken, evren sistemi değil yine insanı seçecek ve insana farkındalık, değer katacak. Öyle olmasa zaten peygamberlere eşlik etmiş dizilimlere denk gelmezdik sanırım.

Uyanış...

17 Aralık'ta Satürn'ün Kova'ya taşınması hemen ardından gök kubbedeki merasime 19 Aralık'ta Jüpiter de Kova burcuna geçerek katılacak. Sanki hızları aynıymış gibi Satürn ve Jüpiter'in son yıllarda yan yana yürümelerinin de ilahi bir mesaj olduğunu düşünmek gerek. Dünya daha hızlı dönmeye başlayacak, 2020 yılında neyi neden yaşadığımızı anlamak kolay olsa da geride bırakmak, yeniye adapte olmak ise bir seçim değil mecburiyet olacak.

Yüzünü güneşe çeviren insan, gölge görmez.

Zamanında Sovyet Birliği'nin dağılması gerekiyordu diyen dünya şimdi birleşme yollarını konuşabilir. 1900'lerden 2000'lere kadar dünyada hangi yapılar kurulmuş, dünyayı yönetmeye çalışmış ise sistemi çürüten son 20 yılda yaşadıklarımızı döken 2020 yılına belki de gelecekte kendimizi borçlu hissedeceğiz. El yordamı ile giden eski düzeni yıkan yeni dünya düzeni yapay zekaya teslim olmaya başlayacak. Akıllı şehirlerin sayısının artmasına artık şaşırmayacak akıllı şehirlerin dünyanın derdi olduğunu düşünmeye başlayacağız. Teknolojinin yüz yılı başlarken hepimiz içine gömüldüğümüz dünyadan çok daha farklı bir dünyaya uyandığımızı içinde koşarken anlayacağız. Yılın başında bankaların yaşadığı travmalar sonun başlangıcını işaret ederken, bankacılık sistemlerinin bankacılık diye bir sektörün kalmadığını 20.12.2020 tarihi ile anlayacağız. Dünyada ise hukuk sistemi yapay zekaya teslim edilmeye çalışacak. İnsanın insana göstermediği adaleti, adalet yüklediğimiz akıllı makinalar yapacak. Bu gelişmişliği 2021 yılının ortalarında duyarken, teknoloji devlerinin bu kavim bilgiden kendi kültlerine göre yararlandıklarını da öğreneceğiz.

Satürn , Türkiye'nin natal haritasında 8. evine taşınacak. 8. ev morglar, özel meclisler, yöneticilerin ölümleri ve devamında ortaya çıkacak olaylar, dış ülkelerle finansal antlaşmalar, miras, miras hukuku, sigortacılar ve sigorta işlemleri gibi konuları temsil eder. Önümüzdeki 2,5 yıl boyunca bu başlıklar altındaki alanlarda aklımızın almayacağı kadar marjinal değişiklikler olacağı anlamına geliyor. 21. yüzyıl doğarken tüm dünya bu doğum sancısını çekerken, içine bizi de dahil edecek. En köklü değişiklikleri büyük bir hızla önümüzdeki 2,5 yıl içinde yaptıracak. Olanları, gidenleri çok çabuk unutacak; gelenlere, alınan kararlara çabuk adapte olacağız. Satürn'ün Kova burcuna geçişi ülkemizin nizamını değiştirecek. 2020 Aralık ayı gelmeden bu gökyüzü olayları kapıya dayanmadan bizim ülkemizin sokakları çoktan hareketli bir sürece girmiş bile olabilir.

2020 Aralık ayının referans aldığı yıllar hangileri olacak?

Kova burcu kendi yüzyılına yaraşır bir Satürn döngüsü tasarlarken sadece ülkemiz değil dünya feleğin çemberinden geçecek. Bunu ilk hisseden biz olacağız. 1991-1994 yılları arasında

Satürn yine Kova burcundaydı. O tarihlerde yaşanan gelişmelere baktığımızda 21. yüzyılda yaşanacak Satürn-Kova döngüsü ise çok daha üzerinde şeyler yaşanacağını vurguluyor. Aynı yolda yürümeyi reddeden 21.yüzyıl 2021 yılını başlatırken bitişleri de başlangıçları daha keskin ve güçlü yaptıracak. Herkes harekete geçecek, aynı yöne bakabilmemizi öğretmek isteyen Satürn'ün Kova burcundaki yolculuğunun bir ışık gibi yükselmesini Jüpiter'le el ele geçişi ile yakalayacak.

21 Aralık 2020!

Güneş'in Oğlak burcuna geçişiyle en uzun gece yaşanacak. Kış dönencesi olarak bilsek de Şeb-i Yelda olarak adlandırılan felsefeyi bu sefer tam anlamı ile yaşatabilir. Bilim dünyası birçok alanda yeni yöntemler, yeni yollar bulduklarını bu ay açıklarken çığır açma ayını seçmeleri de manidar olacak. Tıp alanında kök hücrelerden yapılan deneylerin insan organları yetiştirme aşamasına gelindiği konuşulabilir. Ölümcül bazı hastalıklara çözümler getirildiğini ve uygulamaya geçirilmeye başlanacağını öğreneceğiz. 2020 yılında tüm dünyaya tarih yazdıran sıkışmalara imza atan astroloji dünyasında geri giden Mars etkilerinden sıyrılıp fiziki olarak insanlık Mars'a 21. yüzyılın 21. yılı gelmeden imzasını atabilir. NASA'nın Mars'a yeni bir insan-robot yollama tarihi olarak bu dönemi seçmesi ise artık size tuhaf gelmeyecek.

2020 yılını 30 Aralık'ta gerçekleşecek Dolunay ile kapatırken Türkiye için yeri ayrı olabilir. O gün geldiğinde Türkiye'de son 19 yıldır popüler olan her türlü insanı ve mesleği kenara itecek bir akım başlayacak. 2020 yılını anlatırken, kadim bilgi astroloji ile Güneş ve Ay tutulmalarının ve 7 ayrı gezegenin hareketini, etkilerini anlatırken insanlık yeniden tasarlanıyor dedirtti, yaşarken de demek dileğiyle...